Friedrich Hauss

Biblische Taschenkonkordanz

Darstellung und Erläuterung der wichtigsten biblischen Begriffe

Hänssler-Verlag
Neuhausen-Stuttgart

ISBN 3 77 51 0141-1

4. Auflage
TELOS-Taschenbuch Nr. 66
Unverkürzte Taschenbuchausgabe
mit freundlicher Genehmigung des
Furche-Verlages H. Rennebach KG,
Hamburg

Umschlaggestaltung: D. Dolmetsch, Stuttgart
Gesamtherstellung: St.-Johannis-Druckerei C. Schweickhardt
7630 Lahr-Dinglingen
Printed in Germany 17641/1980

VORWORT ZUR SIEBENTEN AUFLAGE

Wir haben von den Reformatoren gelernt, daß es Gott gefallen hat, sich in dem Wort der Heiligen Schrift zu offenbaren. »Das Wort ist das Mittel, durch das Gott den Heiligen Geist gibt. Dieser wirkt den Glauben, wo und wann er will in denen, die das Evangelium hören.« (Augsburgisches Bekenntnis Art. V.) Wer also zur Wirklichkeit Gottes kommen will, muß die Bibel lesen. Nun bietet das Lesen der Bibel Schwierigkeiten, die durch die Übersetzungen in die Sprache der Gegenwart, so dankbar sie auch begrüßt werden, nicht zu beheben sind. Der Heilige Geist spricht seine eigene Sprache und gibt den Begriffen, die er benützt, oft einen Inhalt, der vom profanen Sprachgebrauch erheblich abweicht. So bedürfen die biblischen Begriffe einer sorgfältigen Erklärung. Sie ergibt sich aus dem Gebrauch der Begriffe an den verschiedenen Stellen der Schrift, aber auch aus sprachgeschichtlichen Untersuchungen. Der Weg der biblischen Begriffe durch das hebräisch geschriebene Alte Testament, durch seine griechische Übersetzung, die sogenannte Septuaginta, bis zum griechisch geschriebenen Neuen Testament, ein Vergleich mit profaner griechischer zeitgenössischer Literatur ist außerordentlich aufschlußreich.

Wieviel an der richtigen Erfassung eines biblischen Begriffs liegt, sehen wir an Luther, der dadurch, daß er den Sinn des Begriffs »Gerechtigkeit« im Römerbrief entdeckte, zum Reformator wurde. Hier lassen nun die rein mechanisch alphabetisch arbeitenden Konkordanzen eine Lücke. Das Handwerkszeug des Bibellesers, die Konkordanz, sollte eine ernsthafte Besinnung auf den sprachlichen und biblisch-theologischen Gehalt der biblischen Begriffe aufweisen.

So kam ich dazu, die wichtigsten biblischen Begriffe nach ihrem sprachlichen und biblisch-theologischen Sinn darzustellen. Als Vorarbeit war mir Cremers biblisch-theologisches Wörterbuch und Schlatters Neutestamentliche Theologie wertvoll. Es schien mir unmöglich, daß eine solche Begriffskonkordanz an den reichen Erkenntnissen, die uns die Arbeit der Exegeten und Erforscher der biblischen Sprachen in Kittels Theologischem Wörterbuch (ThW) vorlegt, vorübergehen kann. Darum versucht die siebente Auflage der Begriffskonkordanz, die Darstellung der biblischen Begriffe durch die wichtigsten Ergebnisse dieser Forschung zu ergänzen und zu erweitern und hofft damit dem nachdenklichen Bibelleser einen Dienst zu tun. Die Klarheit des Wortes Gottes, das klar ist wie die Sonne (so Luther), wird dadurch nicht verschleiert, sondern erst recht offenbar. Den Dienst, den nun diese Konkordanz dem einfachen Bibelleser tun kann, stelle ich mir folgendermaßen vor. Man stößt etwa beim Lesen von Philipper 1,2 auf den Begriff »Gnade«. Nun schlägt man in der Konkordanz den Begriff »Gnade« auf. Da wird unterschieden zwischen der Auffassung der Gnade im Alten und Neuen Testament. Für das Neue Testament faßt die Begriffskonkordanz die Bedeutung so zusammen: »Gottes Geneigtheit zu dem Sünder ohne Verdienst und Würdigkeit, ohne jeglichen Rechtsanspruch«. Dabei sind zwei Unterabteilungen gemacht. Die erste redet von »Gottes Geneigtheit zu dem Sünder ohne Verdienst und Würdigkeit«, die zweite sagt, »wie der Mensch der Gnade teilhaftig wird und ihrer verlustig geht«.

In der ersten Unterabteilung werden dann die Stellen nach vier Gesichtspunkten zusammengefaßt. Zunächst werden Bibelworte angeführt, die zeigen, daß die Gnade in Jesus geoffenbart ist. Man liest, daß Jesus um ihretwillen arm wurde und starb. So ist also Gottes Gnade in Jesus zu uns gekommen. Eine zweite Gruppe von Bibelworten zeigt uns, daß die Gnade das Gegenteil ist von Verdienst und guten Werken. Sie ist ein unverdientes Geschenk. Eine dritte Gruppe von Bibelstellen sagt uns, daß die Gnade allen Menschen gilt. In der vierten Gruppe werden dann die Gnadengaben Gottes aufgezählt.

Wenn nun die Stellen der zweiten Abteilung uns klarmachen, daß die Gnade Gottes uns durch die Offenbarung Jesu Christi angeboten wird, daß sie im Kreuzestod Jesu uns geschenkt wird, daß man sie versäumen und durch Mutwillen verscherzen kann, dann entsteht vor uns ein anschauliches Bild von dem, was Gnade Gottes ist.

Möge das Buch in seiner erweiterten und ergänzten Gestalt dem Bibelleser einen guten Dienst tun und mithelfen bei der Unterweisung zur Seligkeit!

Friedrich Hauß

Dietlingen (Baden)

Im Sommer 1957

ALPHABETISCHES VERZEICHNIS DER BEHANDELTEN BEGRIFFE

(Abkürzung: s. = siehe)

Abendmahl, das von dem Herrn Jesus am Abend vor seinem Kreuzestode eingesetzte Mahl, das seinen Jüngern den Sinn des Kreuzes aufschließen und seiner Gemeinde die Frucht seines Sterbens übermitteln soll.

1. Der Schatten, der vom heiligen Abendmahl in dem Alten Testament vorausfiel, ist das Passahmahl und der Bundesschluß am Sinai. Siehe Bund.

2 Mose 12 — Stellvertretend für die Erstgeburt stirbt das Lamm.
Joh. 1, 36 — Siehe, das ist Gottes Lamm.
1 Kor. 5, 7 — Wir haben auch ein Passahlamm, das ist Christus, für uns geopfert.
Joh. 6, 54 — Wer mein Fleisch isset (Hinweis Jesu auf seinen Tod).
2 Mose 24, 8 — Da nahm Mose das Blut und sprengte das Volk damit und sprach: Sehet, das ist das Blut des Bundes, den der Herr mit euch macht über all diesen Worten.
Mtth. 26, 26 — Einsetzung des heiligen Abendmahls. Der Neue Bund in Jesu Blut. Gebrochen wird sein Leib; vergossen wird sein Blut auf Golgatha (Mrk. 14, 22–24; Luk. 22, 19–21; 1. Kor. 11, 23–25). ThW: »Blut Christi« ist wie Kreuz nur ein anderer anschaulicherer Ausdruck für den Tod Christi in seiner Heilsbedeutung. Nach den Einsetzungsworten des Abendmahls leistet das Blut Jesu Christi Gewähr für die Verwirklichung der neuen Gottesordnung.

2. Die Gemeinde Christi und das Abendmahl.

a) Sie gedenkt Jesu Opfertodes.

1 Kor. 11, 26 — Sooft ihr von diesem Brot esset . . ., sollt ihr des Herrn Tod verkündigen.
11, 24 — Das tut zu meinem Gedächtnis (Luk. 22, 19)!

b) Sie nimmt Jesu Opfertat als Gabe für sich.

Mtth. 26, 26 — Nehmet, esset (Das ist das Tun des Glaubens)! Mrk. 14, 22.

c) Sie hofft, indem sie an die Tischgemeinschaft mit dem Herrn im Himmelreich denkt.

Mtth. 26, 29 — Ich werde vom Gewächs des Weinstocks nicht mehr trinken, bis ich's neu trinken werde im Reich Gottes.
1 Kor. 11, 26 — Des Herrn Tod verkündigen, bis daß er kommt.

d) Würdig zur Teilnahme am heiligen Abendmahl ist der, der in diesen drei Beziehungen lebt. Die Warnung 1 Kor. 11, 27 fordert keine moralische Qualität, sondern eine vom Evangelium bestimmte Haltung. Das erfordert Selbstprüfung.

1 Kor. 11,28 — Der Mensch aber prüfe sich selbst.

e) Wird der Genuß des heiligen Abendmahls durch Teilnahme Unwürdiger gestört?

Luk. 22, 21 — Siehe, die Hand meines Verräters ist mit mir über Tische.
Mtth. 13, 27 — Es ist immer Unkraut zwischen dem Weizen.
Luk. 14, 23 — Gehe auf die Landstraße und nötige sie hereinzukommen (Eingeladen sind alle, aber es sind nicht alle würdig).
1 Kor. 11, 29 — Wer unwürdig ißt und trinkt, ißt und trinkt sich selbst zum Gericht.

3. Worin besteht die Gabe des Abendmahls?

a) Im Neuen Bund durch Vergebung der Sünden s. Sünde II 3. (Mtth. 26, 28; Jerem. 31, 31).

b) In der Vereinigung mit dem Gekreuzigten.

Mtth. 26, 26 Das ist mein Leib, das ist mein Blut.
1 Kor. 10, 16 Gemeinschaft des Blutes Christi, Gemeinschaft des Leibes Christi.
Joh. 6, 63 Der Geist ist's, der lebendig macht, das Fleisch ist nichts nütze (Des Herrn Erklärung zu der Frage: »Wie kann dieser uns sein Fleisch zu essen geben?«). Das Wort Gottes macht durch sein Hinzutreten aus Brot und Wein ein Sakrament. Der Geist erweckt den Glauben, daß sich mit Brot und Wein Christus selbst naht als der Gekreuzigte, Auferstandene und Wiederkommende.

c) Im Gewinn des ewigen Lebens.

Joh. 6, 54 Wer mein Fleisch isset und trinket mein Blut, der hat das ewige Leben.

d) In der Einheit mit Christus die Einheit der mit ihm Verbundenen.

1 Kor. 10, 17 Ein Brot, so sind wir viele ein Leib.

Ablegen, siehe Alter Mensch, heilig.

Absondern im Sinne von Erwählen, Weihen (beim Hohenpriester), sich trennen von dem Unheiligen, auch als Verfolgungsmaßregel: in den Bann tun.

1. Die Reinigung der Gemeinde.

Hebr. 7, 26 Der Hohepriester Christus von den Sündern abgesondert.
2 Kor. 6, 14 Ziehet nicht am fremden Joch mit den Ungläubigen.
6, 17 Darum gehet aus von ihnen und sondert euch ab (siehe Jes. 52, 11).
Eph. 5, 11 Habt nicht Gemeinschaft mit den unfruchtbaren Werken der Finsternis, strafet sie aber vielmehr (Innere Trennung vom bösen Wesen).
1 Kor. 5, 10 Das meine ich nicht von den Hurern in dieser Welt, sonst müßtet ihr die Welt räumen.
5, 13 Tut von euch selbst hinaus, wer da böse ist (Zucht nach Mtth. 18, 15–17).
Apgsch. 5, 13 Der anderen aber wagte sich keiner zu ihnen zu tun, sondern das Volk hielt groß von ihnen (Zucht durch die Wirkung des Wortes und Geistes).

2. Die ersten Christen gingen aus der jüdischen Volkskirche, als sie in Bann getan wurden.

Luk. 6, 22 Selig seid ihr, so euch die Menschen hassen und euch absondern (in den Bann tun) um des Menschensohns willen.
Apgsch. 21, 27 Paulus im Tempel.

Allmacht, allmächtig. Dieser Name Gottes am häufigsten in den Büchern Mose, Hiob und Offenbarung. Da gebraucht, wo Gottes Macht zu segnen und zu richten zum Ausdruck kommt. Jesus Christus hat teil an Gottes Allmacht. Der ohnmächtige Mensch bekommt Anteil an Gottes Kraft durch den Glauben.

1. Christus hat teil an Gottes Allmacht.

Mtth. 28, 18 Mir ist gegeben alle Gewalt im Himmel und auf Erden.
11, 27 Alle Dinge sind mir übergeben von meinem Vater.

Mtth.	9, 6	Christus vergibt Sünde.
Joh.	5, 27	Er hält das Gericht (Mtth. 25, 31).
1 Kor.	15, 27	Er hat ihm alles unter seine Füße getan.

2. Gottes Macht zu segnen.

1 Mose	17, 1	Ich bin der allmächtige Gott, wandle vor mir!
	28, 3	Der allmächtige Gott segne dich!
Hiob	22, 25	Der allmächtige Gott wird dein Gold sein.
5 Mose	32, 39	Ich kann töten und lebendig machen.
Ps.	77, 11	Die rechte Hand des Höchsten kann alles ändern.
Mrk.	10, 27	Alle Dinge sind möglich bei Gott.
Luk.	3, 8	Gott kann Abraham aus den Steinen Kinder erwecken.
2 Kor.	9, 8	Er kann machen, daß allerlei Gnade unter euch reichlich sei.
Hebr.	2, 18	Er kann helfen denen, die versucht werden.
	11, 19	Gott kann wohl auch von den Toten aufwecken.
Jak.	1, 21	Das Wort kann eure Seelen selig machen.

3. Gottes Macht zu richten.

Hiob	37, 23	Den Allmächtigen können wir nicht begreifen.
Offenb.	1, 8	Der da ist und der da war, der Allmächtige.
	19, 15	Tritt die Kelter des Zornes Gottes, des Allmächtigen.
	19, 6	Der allmächtige Gott hat das Reich eingenommen.
Dan.	4, 34	Er kann demütigen.
Jerem.	17, 10	Ich, der Herr, kann das Herz ergründen.

4. Der Mensch ist ohnmächtig, im Glauben nimmt er teil an Gottes Kraft.

Ps.	62, 10	Menschen sind ja nichts.
Mrk.	10, 27	Bei den Menschen ist's unmöglich.
1 Kor.	2, 14	Der natürliche Mensch vernimmt nichts.
Joh.	3, 27	Der natürliche Mensch kann sich nichts nehmen;
Gal.	6, 3	so er doch nichts ist.
Phil.	4, 13	Ich vermag alles durch den, der mich mächtig macht.
Ps.	18, 30	Mit dir kann ich über Mauern springen.
2 Kor.	12, 9	Meine Kraft ist in den Schwachen mächtig.

Alter Mensch, die durch die Erbsünde verderbte Wesensanlage der Menschen, die durch die Wiedergeburt überwunden wird (siehe Wiedergeburt und heilig). Das Alte und Neue ist unvereinbar miteinander.

Luk.	5, 36	Niemand flickt einen Lappen von einem neuen Kleid auf ein altes Kleid.
1 Kor.	5, 7	Feget den alten Sauerteig aus.
2 Kor.	5, 17	Ist jemand in Christo, so ist er eine neue Kreatur, das Alte ist vergangen, siehe, Neues ist geworden.
	3, 14	Die Decke bleibt unaufgedeckt über dem Alten Testament. (ThW: »Der Bund des Gesetzes wird bei Paulus erstmalig Altes Testament genannt. Er hat seine Eigenart im Fehlen des Geistes und ist vom Buchstaben, der da tötet, beherrscht«.)
Röm.	6, 6	Dieweil wir wissen, daß unser alter Mensch samt ihm gekreuzigt ist.
Eph.	4, 22	Leget von euch ab, nach dem vorigen Wandel, den alten Menschen, der durch Lüste im Irrtum sich verderbet.
Kol.	3, 9	Ziehet den alten Menschen mit seinen Werken aus.

Amt, siehe Dienst.

Anfang, Gott hat die anfangende Gewalt. Weil Christus ganz auf seiten Gottes steht, ist er hineingebettet in den Anfang und hat teil an Gottes Schöpferkraft, die Anfänge setzt. Der gottesfürchtige Mensch beginnt alles mit Gott.

1. Gott und Christus haben die anfangende Gewalt, sind selbst der Anfang.

Offenb.	1, 8	Ich bin das A und O, der Anfang und das Ende.
	3, 14	Christus, der Anfang der Kreatur.
Kol.	1, 18	Der Anfang und der Erstgeborene von den Toten.
Micha	5, 1	Welches Ausgang von Anfang und von Ewigkeit her gewesen ist.
Joh.	1, 1	Im Anfang war das Wort. ThW: »Das, was vor aller Zeit liegt, von dem die Zeitaussage überhaupt nicht gemacht werden kann.«
1 Mose	1, 1	Im Anfang schuf Gott Himmel und Erde.
Hebr.	12, 2	Lasset uns aufsehen auf Jesum, den Anfänger und Vollender des Glaubens.
Phil.	1, 6	Der in euch angefangen hat das gute Werk.

2. Der gottesfürchtige Mensch beginnt alles mit Gott.

1 Mose	12, 8	Abraham baute Gott einen Altar (Beginn der Siedlung).
1 Sam.	7, 5	Samuel beginnt den Krieg mit Buß- und Bettag in Mizpa.
	23, 2	David fragte den Herrn: Soll ich hingehen?
Tobias	8, 5	Tobias beginnt seinen Ehestand mit Gott.
Apgsch.	13, 3	Da fasteten sie und beteten . . . und ließen sie gehen (Anfang der Heidenmission).
Joh.	15, 5	Ohne mich könnt ihr nichts tun.

Anfechtung, siehe Versucher.

Angst, Bedrängnis, die das Herz beklemmt und die Fähigkeit zum Glauben wie zum Handeln lähmen will. Angst lehrt beten. Die Bedrängnisse widerfahren dem Christen notwendig als endzeitliche Leiden (Röm. 8, 35). Durch Christi Angst (Mtth. 26, 37) und Sieg ist die Angst derer, die an ihn glauben, überwunden.

1. Angst lehrt demütig beten.

2 Sam.	22, 7	Da mir angst war, rief ich den Herrn an.
Nehem.	9, 27	Zu der Zeit ihrer Angst schrien sie zu dir.
Ps.	22, 12	Sei nicht ferne von mir, denn Angst ist nahe.
	31, 10	Sei mir gnädig, denn mir ist angst.
	118, 5	In der Angst rief ich den Herrn an.
Jona	2, 3	Ich rief zum Herrn in meiner Angst.
Jes.	26, 16	Wenn du sie züchtigst, so rufen sie ängstlich.
Ps.	51, 19	Opfer, die Gott gefallen, sind ein geängstigter Geist.

2. Der Tröster in Angst.

Ps.	4, 2	Der du mich tröstest in Angst.
	32, 7	Du wirst mich vor Angst behüten.
	138, 7	Wenn ich mitten in der Angst wandle, so erquickst du mich.
Jes.	8, 23	Es wird nicht dunkel bleiben über denen, die in Angst sind.
Mtth.	26, 37	Jesus fing an zu trauern und zu zagen (Gethsemane).
Jes.	53, 8	Er ist aus Angst und Gericht genommen (der Messias).

Joh.	16, 33	In der Welt habt ihr Angst; aber seid getrost, ich habe die Welt überwunden.
Röm.	8, 35	Wer will uns scheiden . . . Trübsal oder Angst?
2 Kor.	6, 4	Wir beweisen uns als Diener Gottes in . . . Angst.
Röm.	8, 22	Alle Kreatur ängstigt sich noch immerdar.
2 Kor.	4, 8	Wir haben allenthalben Trübsal, aber wir ängstigen uns nicht.

Antichrist, siehe Widerchrist.

Apostel, das heißt Abgesandter. 1. Es gibt Apostel im allgemeinen Sinn, Abgesandte mit einem bestimmten Auftrag. 2. Apostel im besonderen Sinn sind die von Christus unmittelbar zum Aposteldienst Berufenen. Eine Fortsetzung dieses besonderen Apostelamts gibt es nicht. Ein durch Menschen berufener Apostel ist kein Apostel im eigentlichen Sinn. Der Auferstandene erneuert den Auftrag an die Jünger. Die Apostel sind Zeugen der Auferstehung, ohne daß alle Zeugen der Auferstehung Apostel geworden wären. So ist der persönliche Auftrag des Auferstandenen der alleinige Grund des Apostolats. Damit haben die Apostel eine autoritative Stellung in der Gemeinde, und so werden sie auch zugleich Missionare. Mit der nachösterlichen Situation hängt auch der bleibende Charakter des nun erteilten Auftrags zusammen. Der Auferstandene bestellt seine Vertreter für den ganzen Zeitraum, der zwischen seiner Auferstehung und seiner Wiederkunft liegt, und bestellt sie aber darum nur einmal. Für das durch den Auferstandenen erneuerte Apostolat (Joh. 20, 22) ist der Geist unentbehrlich. Durch ihn empfangen die Apostel die Gewißheit der Gegenwart Jesu und damit auch seine Kraft. Die Gemeinde ist der Ort, wo Jesus als der Auferstandene wirkt, und seine Apostel können nur als ihre Glieder seine Bevollmächtigten sein.

1. Apostel im allgemeinen Sinn.

Joh.	13, 16	Noch der Apostel größer als der ihn gesandt hat.
2 Kor.	8, 23	Apostel der Gemeinden (Abgesandte mit der Geldgabe; nach der neu durchgesehenen Lutherbibel: Boten).
Apgsch.	14, 4	Sie hielten es mit den Aposteln (Paulus und Barnabas).
2 Kor.	11, 13	Solche falschen Apostel und trügliche Arbeiter verstellen sich zu Christi Aposteln. (Offb. 2, 2).

2. Apostel im besonderen Sinn.

Mrk.	3, 13	Apostelwahl.
Joh.	17, 18	Gleichwie du mich gesandt hast in die Welt (Hebr. 3, 1 wird Christus selbst Apostel genannt), so sende ich sie auch in die Welt.
Joh.	20, 22	Nehmet hin den heiligen Geist!
Apgsch.	1, 2	Nachdem er den Aposteln, welche er hatte erwählt, Befehl getan hatte.
Gal.	1, 1	Paulus, ein Apostel nicht von Menschen, auch nicht durch Menschen, sondern durch Christus.
Eph.	2, 20	Erbaut auf dem Grund der Apostel und Propheten (der Grundstein ist ein für allemal gelegt, für den gibt es keine Nachfolgerschaft).

Arbeit, arbeiten, Arbeiter. Die Schrift kennt körperliche und seelische Arbeit. Gott will, daß wir arbeiten, verheißt der Arbeit Segen und fordert den gerechten Lohn für sie.

1. Die Arbeit der Hände.

2 Mose	29, 9	Sechs Tage sollst du arbeiten.
Ps.	128, 2	Du wirst dich nähren von deiner Hände Arbeit.

2. Arbeit der Seele.

Jes.	53, 11	Darum, daß seine Seele gearbeitet hat, wird er seine Lust sehen und die Fülle haben.
	43, 24	Mir hast du Arbeit gemacht mit deinen Sünden und hast mir Mühe gemacht mit deinen Missetaten.
Joh.	4, 38	Ich habe euch gesandt, zu schneiden, das ihr nicht gearbeitet habt.
Mtth.	9, 37	Die Ernte ist groß, aber wenige sind der Arbeiter.

3. Gott will, daß wir arbeiten.

Eph.	4, 28	Wer gestohlen hat, der stehle nicht mehr, sondern arbeite.
1 Thess.	4, 11	Arbeitet mit euren eigenen Händen, wie wir euch geboten haben.
2 Thess.	3, 10	So jemand nicht will arbeiten, der soll auch nicht essen.
	3, 12	Solchen gebieten wir, daß sie mit stillem Wesen arbeiten.
Haggai	2, 4	Sei getrost . . . und arbeite.

4. Segen der Arbeit.

Sirach	40, 18	Wer sich mit seiner Arbeit nährt und läßt sich genügen, der hat ein fein ruhig Leben.
	31, 27	Nimm dir etwas vor zu arbeiten, so widerfährt dir keine Krankheit.
1 Kor.	15, 58	Wisset, daß eure Arbeit nicht vergeblich ist in dem Herrn.
Offenb.	2, 2	Ich weiß deine Arbeit.
	14, 13	Selig sind die Toten, die in dem Herrn sterben, sie ruhen von ihrer Arbeit.

5. Gott will, daß die Arbeit den gerechten Lohn erhalte (siehe Lohn).

Ärgernis, sich ärgern, ärgerlich (eigentlich: Falle, in eine Falle geraten). Etwas, woran man zu Fall kommt, wodurch ein widergöttliches Verhalten herbeigeführt wird.

1. Ursprung des Ärgernisses.

Mtth.	13, 27	Woher das Unkraut? Das hat der Feind getan.
2 Sam.	19, 23	Daß ihr mir heute wollt zum Satan werden.
Mtth.	16, 23	Hebe dich, Satan, von mir! Du bist mir ärgerlich.
Luk.	17, 1	Es ist unmöglich, daß nicht Ärgernisse kommen.

2. Art des Ärgernisses.

a) Verführung.

2 Mose	23, 33	So du ihren Göttern dienst, wird es dir zum Ärgernis (Fall) geraten.

Mrk.	34, 12	Daß sie (gottlose Einwohner) dir nicht zum Ärgernis (Fallstrick) werden.
Offenb.	2, 14	Bileam, welcher lehrte den Balak ein Ärgernis aufrichten . . . Hurerei zu treiben.
Röm.	16, 17	Achthaben auf die, die da Zertrennung und Ärgernis anrichten.
1 Tim.	4, 1	In den letzten Zeiten werden etliche von dem Glauben abtreten und anhangen den verführerischen Geistern und Lehren der Teufel.
Mrk.	9, 42	Wer der Kleinen einen ärgert, die an mich glauben, dem wäre besser, daß er ins Meer geworfen würde.
	9, 43	So dich deine Hand ärgert, haue sie ab!
		b) Anstößiges Verhalten.
2 Mose	32, 4	Aaron gibt den Israeliten Ärgernis durch das goldene Kalb.
2 Kor.	6, 3	Wir geben niemand irgendein Ärgernis, auf daß unser Amt nicht verlästert werde.
1 Joh.	2, 10	Wer seinen Bruder liebt, der bleibt im Licht, und ist kein Ärgernis bei ihm.
		c) Selbst Erlaubtes kann zum Ärgernis werden.
1 Kor.	8, 13	So die Speise meinen Bruder ärgert, wollte ich nimmermehr Fleisch essen.
Röm.	14, 13	Daß niemand seinem Bruder einen Anstoß oder Ärgernis darstelle.
		d) Der Sohn Gottes, wenn er infolge seiner Niedrigkeit nicht erkannt wird, wird zum Ärgernis.
Mtth.	11, 6	Selig ist, der sich nicht an mir ärgert.
	13, 57	Sie ärgerten sich an ihm.
	17, 27	Auf daß wir sie nicht ärgern, so gehe hin an das Meer.
	26, 31	In dieser Nacht werdet ihr euch alle an mir ärgern.
	26, 33	Wenn sie auch alle sich an dir ärgern, so will ich mich doch nimmermehr ärgern.
Joh.	16, 1	Solches habe ich zu euch geredet, daß ihr euch nicht ärgert (wenn sie den Haß der Welt erfahren).
Mtth.	24, 10	In den letzten Tagen werden sich viele ärgern.
Jes.	8, 14	Ein Stein des Anstoßes und ein Fels des Ärgernisses.
1 Kor.	1, 23	Wir predigen den gekreuzigten Christum, den Juden ein Ärgernis.

3. Das Gericht über den, der auf sündige Weise Ärgernis gibt.

Mtth.	13, 41	Des Menschen Sohn wird seine Engel senden, und sie werden sammeln aus seinem Reich alle Ärgernisse und die da Unrecht tun.
	18, 7	Wehe dem Menschen, durch den Ärgernis kommt . . . besser daß du einäugig zum Leben eingehest, denn daß du zwei Augen habest und werdest in das höllische Feuer geworfen.
Mrk.	9, 44	Da ihr Wurm nicht stirbt und ihr Feuer nicht erlischt.

Armut, arm. Gott hat eine Vorliebe für die Armen, weil sie vom Mammonsgötzendienst nicht umstrickt sind und daher mehr Sinn haben für die himmlischen Güter. Der Sohn Gottes erwählte die Armut, weil sie seinen inneren Reichtum am wenigsten verhüllte. Er hat unter den Armen seine Jünger gefunden und sie auf den Weg der Armut gewiesen. Allerdings muß die Armut auch im Herzen sein, weil nur der aufs Bitten Angewiesene den göttlichen Reichtum erlangt.

1. Die Armut ist Gott wert und steht unter seinem Schutz.

Ps.	72, 14	Der Armen Blut wird teuer geachtet vor ihm.
	9, 10	Der Herr ist der Armen Schutz.
	12, 6	Weil die Elenden verstört werden und die Armen seufzen, will ich auf, spricht der Herr.
	69, 34	Der Herr hört den Armen.

2. Reich und arm.

Sprüche	19, 17	Wer sich des Armen erbarmt, der leiht dem Herrn.
Amos	5, 11	Wider die Unterdrücker der Armen.
Sprüche	22, 2	Reiche und Arme müssen untereinander sein, der Herr hat sie alle gemacht.
	29, 13	Reiche und Arme begegnen einander, beider Augen erleuchtet der Herr.
	28, 6	Es ist besser ein Armer, der in seiner Frömmigkeit geht, als ein Reicher, der in verkehrten Wegen geht.
	13, 7	Mancher ist arm bei großem Gut, und mancher ist reich bei seiner Armut.

3. Oft ist Armut selbstverschuldet.

Sprüche	10, 4	Lässige Hand macht arm.
	28, 19	Wer dem Müßiggang nachgeht, wird Armut genug haben (Sprüche 24, 33).
Luk.	15, 13	Er brachte sein Gut um mit Prassen.

4. Gottes Sohn ward arm, predigte den Armen und wies den Weg den Armen.

Sacharja	9, 9	Siehe, dein König kommt zu dir arm.
2 Kor.	8, 9	Ihr wisset die Gnade unseres Herrn Jesu Christi, daß, ob er wohl reich ist, ward er doch arm um euretwillen.
Mtth.	8, 20	Des Menschen Sohn hat nicht, da er sein Haupt hinlege.
Jak.	2, 5	Hat Gott nicht erwählt die Armen, die im Glauben reich sind?
Mtth.	11, 5	Den Armen wird das Evangelium gepredigt.
	19, 21	Verkaufe, was du hast, und gib's den Armen.
Luk.	14, 21	Führe die Armen, Krüppel, Lahmen und Blinden herein.
Zephanja	3, 12	Ich will lassen in dir übrigbleiben ein arm, gering Volk, die werden auf des Herrn Namen trauen.
Luk.	16, 22	Der Arme starb und ward getragen von den Engeln.
Mtth.	5, 3	Selig sind, die geistlich arm sind!
Offenb.	2, 9	Ich weiß deine Werke . . . deine Armut (du aber bist reich!).

Auferstehung, Auferweckung, auferstehn. Auferstehung der im Alten Bund geahnte, in Christus verwirklichte Sieg Gottes über den Tod. Er wirkt sich aus im Leben der Glaubenden durch Befreiung von der Todesfurcht, in ihrem Sterben durch die Gewißheit des Heimgangs. Er vollendet sich durch die Wiederkunft Christi in der Umwandlung und Enderneuerung aller Dinge, auf die die ganze Schöpfung wartet.

1. Der Sieg Gottes über den Tod im Alten Bund geahnt.

1 Mose	49, 18	Herr, ich warte auf dein Heil (Der sterbende Jakob)!

Hiob	14, 14	Bis daß meine Veränderung komme.
	19, 25	Ich weiß, daß mein Erlöser lebt.
Hosea	13, 14	Tod, ich will dir ein Gift sein.
Hesek.	37, 1–15	Die Totengebeine werden wieder lebendig.
Jes.	26, 19	Deine Toten werden leben.
Dan.	12, 2	Viele werden aufwachen . . . Die Lehrer werden leuchten.
2 Makk.	7, 14	Daß uns Gott wird wieder aufwecken.
	12, 43	Dieweil er dachte an die Auferstehung.

2. Der Sieg Gottes in Christus verwirklicht.

Mtth.	16, 21	Christus zeigte seinen Jüngern, wie er sollte auferstehen.
Joh.	2, 19	Tempelabbruch und Wiederaufbau.
Mtth.	16, 4	Das Jonaszeichen.
	21, 42	Verworfener Stein – Eckstein.
	28	Auferstehungsberichte (Mrk. 16; Luk. 24; Joh. 20 und 21).
1 Kor.	15, 1	Auferstehungsberichte des Paulus (Apgsch. 9, 3).
Apgsch.	1, 22	Zeuge seiner Auferstehung.
	4, 33	Sie gaben Zeugnis von der Auferstehung des Herrn mit großer Kraft.
	26, 23	Christus sollte der erste sein aus der Auferstehung.

3. Das Auferstehungsleben in den Glaubenden schon jetzt gegenwärtig.

Joh.	5, 24	Wer mein Wort hört und glaubt, der hat das ewige Leben.
	11, 26	Wer da lebet und glaubet an mich, der wird nimmermehr sterben.
Eph.	2, 5	Samt Christo lebendig gemacht.
Kol.	3, 1	Seid ihr nun mit Christo auferstanden.

4. Den Glaubenden ist Leben nach dem Tod verheißen.

Joh.	11, 25	Ich bin die Auferstehung und das Leben, wer an mich glaubt, der wird leben, ob er gleich stürbe.
	17, 24	Vater, ich will, daß, wo ich bin, auch die bei mir seien, die du mir gegeben hast.
Luk.	23, 43	Heute wirst du mit mir im Paradiese sein.
Phil.	3, 20	Unser Wandel (Heimat) ist im Himmel.
	1, 23	Bei (mit) Christo zu sein.
1 Thess.	4, 17	Bei dem Herrn sein allezeit.
2 Kor.	5, 1	Wir wissen aber, so unser irdisches Haus dieser Hütte zerbrochen wird, daß wir einen Bau haben, von Gott erbaut ein Haus, . . . das ewig ist, im Himmel (Gott wird der mit Christus verbundenen Seele nach dem Tode ein Organ geben, das dem Leib entspricht).
	5, 8	Daheim sein bei dem Herrn.
Joh.	14, 2	In meines Vaters Hause sind viele Wohnungen . . . Ich gehe hin, euch die Stätte zu bereiten.
Hebr.	2, 15	Er erlösete die, so durch Furcht des Todes im ganzen Leben Knechte sein mußten.

5. Die Vollendung des Sieges über den Tod bei der Wiederkunft Christi.

Joh.	5, 28	Es kommt die Stunde, in welcher alle, die in den Gräbern sind, werden seine Stimme hören und werden hervorgehen, die da Gutes getan haben, zur Auferstehung des Lebens, die aber Übles getan haben, zur Auferstehung des Gerichts (A l l g e m e i n e Auferstehung).
1 Kor.	15, 22	Sie werden in Christo alle lebendig gemacht werden, ein jeg-

		licher aber in seiner Ordnung: der Erstling Christus; danach die Christo angehören, wenn er kommen wird, danach das Ende. (Das Ende: vgl. der Rest der Toten).
	15, 26	Der letzte Feind, der aufgehoben wird, ist der Tod.
1 Thess.	4, 16	Die Toten in Christo werden auferstehen zuerst . . ., danach wir, die wir leben und überbleiben.
1 Kor.	15, 52	Die Toten werden auferstehen unverweslich, und wir werden verwandelt werden.
Offenb.	20, 6	Erste Auferstehung (Auferstehung der G l ä u b i g e n).
	20, 13	Das Meer gab die Toten, die darin waren; und sie wurden gerichtet, ein jeglicher nach seinen Werken (a l l g m e i n e Auferstehung).
1 Kor.	15, 54	Wenn dies Verwesliche wird anziehen die Unverweslichkeit, dann wird erfüllt werden das Wort: Der Tod ist verschlungen in den Sieg.
Röm.	8, 22	Alle Kreatur sehnt sich mit uns . . . Wir warten auf unseres Leibes Erlösung (Vers 23).
Offenb.	21, 1	Ich sah einen neuen Himmel und eine neue Erde (Die Schöpfung wird wie der Leib erneuert werden, so daß das gegenwärtige Leben, soweit es aus Gott ist, keimhaft dem zukünftigen zugrunde liegt. Vgl. 1 Kor. 15, 37, Gleichnis vom Samenkorn; doch geht jede Auferstehung durch den Tod hindurch. 1 Kor. 15, 36: Das du säest, wird nicht lebendig, es sterbe denn. So geht auch die Neuschaffung von Himmel und Erde durchs Todesgericht).
2 Petr.	3, 12	Die Himmel werden vom Feuer zergehen und die Elemente vor Hitze zerschmelzen.

Auserwählt, siehe Erwählung und Leiden.

Barmherzigkeit, barmherzig. Die Gesinnung, die das Elend nicht sehen kann, ohne sich zum Helfen angetrieben zu fühlen. Paulus redet von Gottes Barmherzigkeit nur in heilsgeschichtlichen Aussagen. Gottes Barmherzigkeit ist seine heilsgeschichtlich-endzeitliche Tat in Christus (Tit. 3, 5; Röm. 9, 23; 15, 8.)

1. Die Barmherzigkeit Gottes.

a) Sie ist väterliche und mütterliche Liebe.

Hosea	11, 8	Meine Barmherzigkeit ist zu brünstig.
	2, 21	Ich will mich mit dir verloben in Ewigkeit, ich will mich mit dir vertrauen in Gerechtigkeit und Gericht, in Gnade und Barmherzigkeit.
Jes.	49, 15	Kann auch ein Weib ihres Kindleins vergessen, daß sie sich nicht erbarme über den Sohn ihres Leibes?
Jerem.	31, 20	Ist nicht Ephraim mein teurer Sohn und mein trautes Kind? Darum bricht mir mein Herz gegen ihn, daß ich mich sein erbarmen muß.
Luk.	1, 78	Durch die herzliche Barmherzigkeit unseres Gottes, durch welche uns besucht hat der Aufgang aus der Höhe.
Mtth.	9, 36	Da er das Volk sah, jammerte ihn desselbigen.
Luk.	15, 20	Es sah ihn sein Vater, und es jammerte ihn.

b) Sie währet ewig.

2 Chron.	5, 13	Gottes Barmherzigkeit währet ewig.
Ps.	23, 6	Gutes und Barmherzigkeit werden mir folgen mein Leben lang, und ich werde bleiben im Hause des Herrn immerdar.
Klagel.	3, 22	Die Güte des Herrn ist es, daß wir nicht gar aus sind, seine Barmherzigkeit hat noch kein Ende.

c) Sie wendet das Gericht ab bei Bußfertigkeit.

Jerem.	3, 12	Ich bin barmherzig und will nicht ewiglich zürnen, allein erkenne deine Missetat, daß du wider den Herrn gesündigt hast.
Joel	2, 13	Der ist gnädig und barmherzig . . . und reuet ihn bald der Strafe.
Jona	4, 2	Ich weiß, daß du barmherzig bist und lässet dich des Übels reuen.

d) Sie gedenkt unserer Sünden nicht und löst uns von ihnen durch die Heilstat in Jesus Christus.

Ps.	25, 7	Gedenke nicht der Sünden meiner Jugend, gedenke aber meiner nach deiner Barmherzigkeit.
Jes.	54, 7	Ich habe dich einen kleinen Augenblick verlassen, aber mit großer Barmherzigkeit will ich dich sammeln.
Dan.	9, 18	Wir liegen vor dir mit unserem Gebet, nicht auf unsere Gerechtigkeit, sondern auf deine große Barmherzigkeit.
Hebr.	2, 17	Daher mußte er in allen Dingen seinen Brüdern gleich werden, auf daß er barmherzig würde und ein treuer Hoherpriester vor Gott, zu versöhnen die Sünden des Volkes.
2 Kor.	1, 3	Der Vater der Barmherzigkeit.
Röm.	9, 23	Daß er kundtäte den Reichtum seiner Herrlichkeit an den Gefäßen der Barmherzigkeit.
Röm.	15, 8	Ich sage aber, daß Jesus Christus sei ein Diener gewesen der Juden, . . . zu bestätigen die Verheißungen . . ., daß die Heiden aber Gott loben um der Barmherzigkeit willen.
Titus	3, 5	Nicht um der Werke willen der Gerechtigkeit, die wir getan hatten, sondern nach seiner Barmherzigkeit machte er uns selig . . . durch Jesum Christum unseren Heiland.
1 Petr.	1, 3	Der uns nach seiner großen Barmherzigkeit wiedergeboren hat durch die Auferstehung Jesu Christi . . .
Hebr.	4, 16	Laßt uns hinzutreten mit Freudigkeit zu dem Gnadenstuhl, auf daß wir Barmherzigkeit empfangen und Gnade finden.
Judä	21	Wartet auf die Barmherzigkeit unseres Herrn Jesu Christi zum ewigen Leben.
1 Tim.	1, 13	Aber mir ist Barmherzigkeit widerfahren.
Röm.	12, 1	Ich ermahne euch durch die Barmherzigkeit Gottes, daß ihr eure Leiber gebet zum Opfer.
1 Kor.	7, 25	Als der ich Barmherzigkeit erlangt habe von dem Herrn, treu zu sein.

2. Wir sollen barmherzig sein.

Hiob	6, 14	Wer Barmherzigkeit seinem Nächsten verweigert, der verläßt des Allmächtigen Furcht.
Mtth.	9, 13	Ich habe Wohlgefallen an Barmherzigkeit und nicht am Opfer.
	23, 23	Sie lassen dahinten das Schwerste im Gesetz, nämlich das Gericht, die Barmherzigkeit und den Glauben.
Luk.	10, 37	Der die Barmherzigkeit an ihm tat.
	6, 36	Seid barmherzig, wie auch euer Vater barmherzig ist.
Röm.	12, 8	Übt jemand Barmherzigkeit, so tue er's mit Lust.
Phil.	2, 1	Ist nun bei euch Ermahnung, ist herzliche Liebe und Barmherzigkeit.
Kol.	3, 12	So ziehet nun an als die Auserwählten Gottes herzliches Erbarmen.
Mtth.	5, 7	Selig sind die Barmherzigen, denn sie werden Barmherzigkeit erlangen!
Jak.	2, 13	Es wird ein unbarmherziges Gericht über den ergehen, der nicht Barmherzigkeit getan hat.

Behüten, siehe bewahren.

Bekehrung, sich bekehren, Buße tun. Sich abwenden von dem Zustand der Heilsferne, sich zuwenden in den Zustand der Heilsgemeinschaft.
Im Hebräischen ist Buße und Bekehrung dasselbe Wort: »Umkehr«. Im Griechischen wurde der Begriff wiedergegeben mit »Sinnesänderung«, im Deutschen mit »Bekehrung und Buße«, wobei das Wort Buße aus dem alten Katholizismus und dem altgermanischen Sühnegedanken einen moralistischen Beigeschmack hat.
Es gab im Alten Bunde eine kultisch-rituelle Buße mit Fasten, Weinen, im Sack und in der Asche, die an allgemeinen Bußtagen zur Abwendung einer allgemeinen Not getätigt wurde. 1. Sam. 7, 3; Jona 3, 5; Neh. 9 und Dan. 9 (Bußliturgie).
Die Kritik der Propheten wandte sich gegen die äußerliche Buße. Sie verlangten die Umkehr des Herzens zu Gott, weil an der Stellung zu Gott sich alles entscheidet. Joel 2, 13; Jes. 58, 5 ff. Sie wissen, wie schwer die rechte Umkehr ist, und erwarten sie daher von Gott und nicht von Menschen. Jer. 13, 23; Jes. 30, 15; 10, 20 u. 21.
Johannes, der Täufer, verlangt echte Umkehr ohne falschen Schein, Umkehr aller, nicht nur der bekannten Sünder und der Heiden, sondern auch der jüdischen Frommen, die meinen, sie brauchen sie nicht, er verlangt Umkehr des ganzen Wesens von innen heraus und verbindet damit die Umkehrtaufe, die durch Gottes Wirken die Sündenvergebung und Umwandlung schafft. Gott schafft sich eine Gemeinde für das kommende Heil. ThW: »So steht an der Pforte des Neuen Testaments der Umkehrgedanke, der die letzten Erkenntnisse prophetischer Frömmigkeit umfaßt, aber sie in die Sicht endzeitlicher Gewißheit rückt.«
Jesus fordert Buße in der Befehlsform, die aber mit der Botschaft vom in seiner Person gegenwärtigen Reich zusammengehört. Das Tätigkeitswort »seinen Sinn ändern« überwiegt das von den Juden bevorzugte Hauptwort »Sinnesänderung« (14mal, das letztere nur 3mal) ThW. Zur Umkehr zu rufen, ist das Ziel seines Kommens. Luk. 5, 32. Das ist auch das Ziel seiner Wunderzeichen. Matth. 11, 20. Er fordert letzte, unbedingte Entscheidung vom Menschen, endgültige Abkehr vom Bösen, entschlossene Hinkehr zu Gott in ganzem Gehorsam. Wer nicht umkehrt, verfällt dem Gericht. Aus der Umkehr erwächst der Glaube (Mrk. 1, 15). ThW: »Die Geistestaufe, die Jesus in der Vollmacht des Weltvollenders vollzieht, ist nichts anderes als die Verleihung der Gotteskraft, die Menschen schafft, die der Gottesherrschaft untergeben sind.«
Die Botschaft der Apostel enthält als Grundforderung die Umkehr. Das Wort von der Umkehr gehört zu den grundlegenden Sätzen der urchristlichen Unterweisung (Hebr. 6). So verknüpft die Pfingstpredigt des Petrus die Umkehr mit der Taufe. Sie ist Abkehr des Menschen vom Bösen und Hinkehr zu Gott, Tat des Menschen und Gabe Gottes. Sie ist Geisteswirkung und umfaßt den Glauben. Sie

gründet sich auf die heilsgeschichtliche Offenbarung in Jesus Christus und geschieht in endzeitlicher Spannung.
Die Bußermahnungen der Sendschreiben stehen ganz im endzeitlichen Licht. Buße tun heißt nicht nur einmal sein Leben ändern, sondern sich immer von neuem ausrichten auf das Ziel.
Bei Paulus tritt das Wort Umkehr zurück. Die Umkehr ist im Glauben einbeschlossen. Er verwendet für Buße die Ausdrücke Sterben und Auferstehen mit Christus. Ebenso ist es bei Johannes. Er gebraucht gern die Ausdrücke: gezeugt, wiedergeboren, Licht, Finsternis, Leben und Tod. ThW: »Der innere Zusammenhang der Umkehridee geht durch das ganze Neue Testament.«
Der Hebräerbrief betont, daß der Mensch nicht beliebig über die Buße verfügen kann. Fällt er wieder von Gott ab, so verfällt er dem endzeitlichen Gericht.

1. Volkstrauertage und ihre Kritik durch die Propheten.

1 Sam.	7, 3	Israel weinte vor dem Herrn. Samuel aber sprach zum ganzen Hause Israel: So ihr euch von ganzem Herzen bekehret zu dem Herrn, so tut von euch die fremden Götter und dienet ihm allein, so wird er euch erretten aus der Philister Hand.
Jona	3, 4	Es sind noch 40 Tage, so wird Ninive untergehen. Sie ließen predigen, man solle fasten, und zogen Säcke an.
Neh.	9, 33	Du hast recht getan, wir aber sind gottlos gewesen. (Aus der Bußliturgie des Nehemia).
Dan.	9, 3	Ich kehrte mich zu Gott, dem Herrn, zu beten und zu flehen im Sack und in der Asche.
Joel	2, 13	Zerreißet eure Herzen und nicht eure Kleider!
Jes.	58, 5	Sollte das ein Fasten sein, das ich erwählen soll, daß ein Mensch seinem Leibe übel tue? Das ist aber ein Fasten, das ich erwähle, laß los, welche du mit Unrecht gebunden hast, . . . reiß weg allerlei Last, brich dem Hungrigen dein Brot . . .
Jerem.	13, 23	Kann auch ein Mohr seine Haut wandeln und ein Pardel seine Flecken? So wenig könnt ihr Gutes tun, die ihr böse seid.
Jes.	30, 15	Wenn ihr umkehrtet und stille bliebet, so würdet ihr stark sein, aber ihr wollt nicht.
Jes.	10, 20	Zu der Zeit werden die Übriggebliebenen in Israel sich auf den Herrn verlassen.

2. Die Täuferpredigt.

Mtth.	3, 2	Tut Buße, das Himmelreich ist nahe herbeigekommen.
	3, 7	Zu den Pharisäern: Ihr Otterngezücht, wer hat denn euch gewiesen, daß ihr dem zukünftigen Zorn entrinnen werdet?
	3, 11	Ich taufe euch mit Wasser zur Buße, aber der nach mir kommt, wird euch mit dem heiligen Geist und mit Feuer taufen.

3. Die Bußpredigt Jesu und der Apostel.

Mrk.	1, 15	Die Zeit ist erfüllt, das Reich Gottes ist herbeigekommen. Tut Buße und glaubt an das Evangelium!
Luk.	5, 32	Ich bin gekommen, zu rufen die Sünder zur Buße und nicht die Gerechten.
Mtth.	11, 20	Er fing an, die Städte zu schelten, in welchen am meisten seiner Taten geschehen waren und hatten sich doch nicht gebessert.
Luk.	13, 5	So ihr euch nicht bessert, werdet ihr alle auch also umkommen.

Apgsch.	2, 38	Petrus sprach: Tut Buße und lasse sich ein jeglicher taufen auf den Namen Jesu Christi, zur Vergebung der Sünden, so werdet ihr empfangen die Gabe des heiligen Geistes.
Hebr.	6, 1	Ich will nicht abermals Grund legen von Buße der toten Werke.
Röm.	6, 8	Sind wir mit Christus gestorben, so glauben wir auch, daß wir mit ihm leben werden.
Joh.	3, 5	Es sei denn, daß jemand geboren werde aus Wasser und Geist, so kann er das Reich Gottes nicht sehen.

4. Der Sünder bekehrt sich von:

Hesek.	18, 21	allen seinen Sünden, die er getan hat;
	18, 23	von seinem Wesen, von aller seiner Bosheit;
Jerem.	25, 5	von seinem bösen Wege;
Apgsch.	14, 15	von diesen falschen zu dem lebendigen Gott.
Klagel.	3, 40	Lasset uns erforschen und prüfen unser Wesen und uns zum Herrn bekehren!

5. Er bekehrt sich zu dem Herrn.

Apgsch.	11, 21	Eine große Zahl bekehrt sich zu dem Herrn.
	26, 18	Sich bekehren von der Finsternis zu dem Licht.
Jerem.	24, 7	Sie werden sich von ganzem Herzen zu mir kehren (Jerem. 3, 7; Joel 1, 13).
Hiob	22, 23	Sich bekehren zu dem Allmächtigen.
1 Petr.	2, 25	Ihr seid nun bekehrt zu dem Hirten und Bischof eurer Seelen.

6. Die Folge der Bekehrung.

Apgsch.	3, 19	Eure Sünden werden vertilgt.
2 Kor.	3, 16	Die Decke wird abgetan.
Mtth.	13, 15	Daß sie sich bekehren und ich ihnen hülfe.
Jes.	19, 22	Sie werden sich bekehren zum Herrn, und er wird sich erbitten lassen und sie heilen.

7. Die Bekehrung ist Gottes Werk.

Jerem.	31, 18	Bekehre mich du, so werde ich bekehrt.
Phil.	2, 13	Gott ist's, der in euch wirket beides, das Wollen und Vollbringen.
Hesek.	37, 5	Die Totengebeine werden durch Gottes Geist lebendig.
Mtth.	19, 26	Bei den Menschen ist's unmöglich, aber bei Gott sind alle Dinge möglich.

8. Doch wird der Mensch aufgefordert dazu, kann also auch Folge leisten durch die Kraft des Geistes.

Jerem.	3, 14	Bekehret euch, ihr abtrünnigen Kinder.
Maleachi	3, 7	Bekehret euch zu mir, so will ich mich zu euch kehren.

9. Heute bekehre sich der Mensch!

Sirach	5, 8	Darum verziehe nicht, dich zum Herrn zu bekehren, und schiebe es nicht von einem Tag auf den anderen!

Bekennen, Bekenntnis. Bekennen heißt, eine Aussage machen vor Gericht, Zeugnis ablegen, feierliche Glaubensaussagen machen, sich im Glauben zu etwas bekennen. Im Gottesdienst antwortet schon die alttestamentliche Gemeinde auf die Heilstaten Gottes mit Lob-

und Dankpsalmen, ebenso im Neuen Testament. Röm. 15, 7—13 ist Paulus der liturgische Vorbeter der Heiden, in 1. Tim. 6, 12 wird an das Bekenntnis vor vielen Zeugen erinnert (Ordination des Timotheus). In der himmlischen gottesdienstlichen Gemeinde bekennen alle Zeugen, daß Jesus Christus der Herr sei zur Ehre Gottes, des Vaters. Phil. 2, 11. Ähnlich Offenbarung 4 und 5.
Das Sündenbekenntnis hat seine Stelle schon im alttestamentlichen Gottesdienst (Bußliturgien Neh. 9 und Dan. 9), dann bei der Taufhandlung Johannes', des Täufers, bei der Erweckung in Ephesus (Apg. 19, 18) und in Krankheitsfällen (Jak. 5, 16). ThW: »Es ist möglich, daß in allen diesen Fällen auch das öffentliche, freie Bekenntnis der eigenen Schuld möglich gewesen ist.« Das Sündenbekenntnis vor Gottes Richterstuhl: Röm. 14, 12, das jeder einzelne ablegen muß.

1. Das Bekennen zu Christus.

Mtth.	10, 26	Es ist nichts verborgen, was nicht offenbar werde.
	10, 32	Wer mich bekennt vor den Menschen, den will ich bekennen vor meinem himmlischen Vater.
	10, 33	Wer mich verleugnet vor den Menschen, den will ich auch verleugnen vor meinem himmlischen Vater.
Luk.	12, 8	Den wird auch des Menschen Sohn bekennen vor den Engeln Gottes.
Röm.	10, 9	So du mit deinem Munde bekennst Jesum, so wirst du selig.
1 Joh.	4, 2	Ein jeglicher Geist, der bekennt, daß Jesus Christus ins Fleisch gekommen, der ist von Gott.
	4, 15	Welcher nun bekennt, daß Jesus Gottes Sohn ist, in dem bleibt Gott und er in Gott.
2 Kor.	9, 13	Preisen Gott über euer untertäniges Bekennen.
1 Tim.	6, 12	Du hast bekannt ein gut Bekenntnis vor vielen Zeugen.
1 Tim.	6, 13	Christus Jesus, der unter Pontius Pilatus bezeugt hat ein gutes Bekenntnis.
Hebr.	4, 14	Lasset uns halten an dem Bekenntnis.
	10, 23	Lasset uns halten an dem Bekenntnis der Hoffnung und nicht wanken.

2. Das Bekenntnis der Sünden ist notwendig zur Selbstdemütigung und zur völligen Lösung.

4 Mose	5, 7	Sie sollen ihre Sünde bekennen, die sie getan haben.
Esra	9, 6	Priesterliches Bekenntnis der Volkssünde (Nehemia 1, 6).
Dan.	9, 20	Als ich noch . . . betete und meine und meines Volkes Sünde bekannte.
3 Mose	16, 21	Aaron soll alle Missetat auf den Bock (Sündenbock, auf den damit die Sünde gelegt wurde) bekennen.
	26, 40	Da werden sie dann bekennen ihre Missetat (nämlich unter dem Gericht).
2 Chron.	30, 15	Priester und Leviten bekennen ihre Schande (bei der Tempelreinigung).
Nehemia	9, 2	Sie traten hin und bekannten ihre Sünden und ihrer Väter Missetaten (Bußtag).
Ps.	32, 5	Ich will dem Herrn meine Übertretungen bekennen, da vergabst du mir die Missetat meiner Sünde.
Mark.	1, 5	Sie ließen sich taufen im Jordan und bekannten ihre Sünden.
1 Joh.	1, 9	So wir aber unsere Sünden bekennen, so ist er treu und gerecht, daß er uns die Sünden vergibt und reinigt uns von aller Untugend.

Jak.	5, 16	Bekenne einer dem anderen seine Sünde und betet füreinander, daß ihr gesund werdet.
Röm.	14, 12	So wird nun ein jeglicher für sich selbst Gott Rechenschaft geben.

Berufung. Der Ruf Gottes in sein Reich ist der göttliche Anfang, der zu unserem persönlichen Heil führt. Der himmlische Beruf hebt den irdischen nicht auf, sondern vertieft ihn.
Gott beruft durch seine Mittel und zu seinem Zweck die Menschen in Christus. Die Antwort des berufenen Menschen kann nur das Glauben sein im Sinn des Gehorchens. Das Wort »Berufen« ist im Neuen Testament ein technischer Ausdruck für den Heilsvorgang. Die Berufung vollendet sich in seiner ewigen Herrlichkeit, die das eigentliche Ziel seiner Berufung ist.

1. Das Rufen Gottes.

a) Gott macht den Anfang.

Offenb.	3, 20	Siehe, ich stehe vor der Tür und klopfe an.
Mtth.	20	Die Arbeiter im Weinberg werden von dem Hausvater gerufen.
Joh.	10, 27	Meine Schafe hören meine Stimme.

b) Gott ruft durch das Evangelium und das Zeugnis seiner Boten.

2 Thess.	2, 14	Darein er euch berufen hat durch unser Evangelium.
2 Tim.	1, 9	Gott hat uns berufen mit einem heiligen Ruf.
Hebr.	3, 1	Berufen durch die himmlische Berufung.

c) Gott ruft zunächst das Volk Israel, dann die Heiden, viele, die Mühseligen.

Apgsch.	13, 46	Euch mußte zuerst das Wort Gottes gesagt werden, nun ihr es von euch stoßet, wenden wir uns zu den Heiden.
Mtth.	20, 16	Viele sind berufen, aber wenige sind auserwählt (22, 14).
	11, 28	Die Mühseligen und Beladenen: Kommt her zu mir alle.
1 Kor.	1, 26	Nicht viele Weise nach dem Fleisch, nicht viel Gewaltige sind berufen.
Luk.	14, 21	Führe die Armen, Krüppel, Lahmen und Blinden herein!

d) Wozu beruft Gott? Er beruft:

1 Petr.	2, 9	von der Finsternis zu seinem wunderbaren Licht;
1 Thess.	2, 12	zu seinem Reiche und zu seiner Herrlichkeit (1 Petr. 5, 10);
1 Kor.	1, 9	zur Gemeinschaft seines Sohnes Jesu Christi;
Gal.	5, 13	zur Freiheit;
1 Thess.	4, 7	nicht zur Unreinigkeit, sondern zur Heiligung;
2 Thess.	2, 14	zum herrlichen Eigentum;
Eph.	4, 4	auf einerlei Hoffnung;
Offenb.	19, 9	zum Abendmahl des Lammes.
1 Kor.	7, 15	Zum Frieden hat euch Gott berufen.
2 Kor.	4, 14	Er wird uns auch auferwecken.

2. Der Mensch und der Ruf Gottes.

a) Er kann den Ruf Gottes verwerfen.

Mtth.	13, 13	Mit hörenden Ohren hören sie nicht.
Röm.	10, 21	Den ganzen Tag habe ich meine Hände ausgebreitet zu dem Volke, das sich nicht sagen läßt.
Hosea	13, 9	Israel, du bringst dich ins Unglück.
Röm.	11, 7	Die anderen sind verstockt.

b) Der Mensch kann den Ruf Gottes annehmen und festmachen, denn Gott ist treu.

2 Petr.	1, 10	Tut desto mehr Fleiß, eure Berufung festzumachen.
Röm.	8, 30	Welche er berufen hat, die hat er auch gerecht gemacht.
	11, 29	Gottes Gaben und Berufung mögen ihn nicht gereuen.
Phil.	3, 14	Jage nach dem vorgesteckten Ziel, welches vorhält die himmlische Berufung!
2 Thess.	1, 11	Gott mache euch der Berufung würdig.

c) Himmlischer und irdischer Beruf.

1 Kor.	7, 20	Ein jeglicher bleibe in dem Beruf, darinnen er berufen ist.
	7, 18	Er bleibe in seinem Volk, in seiner sozialen Stellung, in seiner Ehe, Familie, wo Gott ihn hingestellt hat.

Beschneidung, beschneiden, Vorhaut. Beschneidung, das äußere Bundeszeichen Israels, das das männliche Geschlecht Gott weihte. Schon die Propheten verlangen eine Verinnerlichung, Beschneidung des Herzens. Durch Christus bekommt auch dieses Gebot seine Sinnerfüllung. Der Heilige Geist wandelt die Herzen um. So wird das äußere Zeichen im Neuen Bunde überflüssig. Paulus bezeichnet Israel oft als die Beschneidung, die Heiden als die Vorhaut (so Gal. 2, 7). Die neu durchgesehene Lutherbibel setzt dafür »Juden« und »Heiden«.

1. Leibliche Beschneidung.

1 Mose	17, 10	Alles, was männlich ist unter euch, soll beschnitten werden.
Luk.	2, 21	Da acht Tage um waren, daß das Kind (Jesus) beschnitten wurde.

2. Die Erfüllung dieses Gebots:

a) gefordert;

5 Mose	10, 16	So beschneidet nun eures Herzens Vorhaut!
Jerem.	4, 4	Tut weg die Vorhaut eures Herzens.

b) geschenkt.

Kol.	2, 11	In welchem ihr auch beschnitten seid mit der Beschneidung ohne Hände, durch Ablegung des sündlichen Leibes im Fleisch, nämlich mit der Beschneidung Christi, indem ihr mit ihm begraben seid durch die Taufe (Beschneidung wird mit der Taufe in Parallele gesetzt).
Röm.	2, 29	Beschneidung des Herzens, die im Geist, nicht im Buchstaben geschieht.
Gal.	5, 2	Wo ihr euch beschneiden lasset, so nützt euch Christus nichts.
	2, 3	Nach der Entscheidung des Apostelkonzils ward Titus nicht gezwungen, sich beschneiden zu lassen.
	5, 6	Denn in Christus gilt weder Beschneidung noch unbeschnitten sein etwas, sondern der Glaube, der in der Liebe tätig ist.

Beten, siehe Gebet.

Bewahren, beobachten, beständig im Blick haben, vor Schaden, vor Verlust behüten.

1. Bewahrt von der Treue Gottes.

a) Gott bewahrt in leiblicher Not.

Ps.	121, 4	Hüter Israels, der nicht schläft noch schlummert.
Luk.	4, 10	Gott wird seinen Engeln befehlen, daß sie dich bewahren.
Ps.	141, 9	Bewahre mich vor dem Stricke, den sie mir gelegt haben.
	140, 5	Bewahre mich vor der Hand der Gottlosen.

b) Gott bewahrt die Seele.

Ps.	97, 10	Der Herr bewahrt die Seelen seiner Heiligen.
2 Thess.	3, 3	Der Herr wird euch stärken und bewahren vor dem Argen.
Joh.	17, 15	Jesus bittet: Daß du sie bewahrest vor dem Übel.
Phil.	4, 7	Der Friede Gottes bewahre eure Herzen und Sinne.
2 Tim.	1, 12	Ich bin gewiß, er kann mir bewahren, was mir beigelegt ist, bis an jenen Tag.
1 Petr.	1, 5	Wir werden durch den Glauben bewahrt zur Seligkeit.

2. Bewahrt von der Treue des Menschen, auf die es ebenso ganz ankommt als auf die Treue Gottes.

2 Tim.	1, 14	Dies beigelegte Gut bewahre durch den Heiligen Geist, der in uns wohnet.
Jes.	26, 2	Hereingehe das gerechte Volk, das den Glauben bewahrt.
Maleachi	2, 7	Des Priesters Lippen sollen die Lehre bewahren.
5 Mose	4, 2	Die Gebote des Herrn bewahren.
Hiob	23, 12	Ich bewahre die Reden seines Mundes.
Luk.	11, 28	Selig sind, die Gottes Wort hören und bewahren.
Sprüche	21, 23	Wer seinen Mund und Zunge bewahrt . . ., bewahrt seine Seele vor Angst.
Pred.	4, 17	Bewahre deinen Fuß, wenn du zum Hause des Herrn gehst!
1 Joh.	5, 18	Wer von Gott geboren ist, der bewahrt sich, und der Arge wird ihn nicht antasten.

Bewährung, bewähren, als echt erweisen, prüfen, nach Prüfung als echt anerkennen. Der Christ hat das Heil Gottes empfangen und steht unter dem Gericht Gottes, vor dem er als bewährt erscheinen soll. Die Bewährung des empfangenen Heils in der jeweiligen Lage der Gemeinde, in der Trübsal, die ihr widerfährt, besteht darin, daß sie den Christusglauben festhält in Geduld. Dazu muß der Christ prüfen, was der Wille Gottes ist. Er muß sich selbst prüfen, ob er sich bewährt hat. Dabei ist nicht das Gericht der Menschen, sondern das Gericht Gottes maßgebend.

1. Bewährt ist das, was Gottes ist.

Ps.	12, 7	Die Rede des Herrn ist lauter wie durchläutert Silber im irdenen Tiegel, bewährt siebenmal.
Jes.	28, 16	Ich lege in Zion einen bewährten Stein, einen köstlichen Eckstein.
Apgsch.	9, 22	Paulus bewährte es, daß dieser ist der Christ.

2. Das, was im Menschen göttlichen Ursprungs ist, das Heil, das er im Glauben an Jesus Christus empfangen hat, wird bewährt durch Trübsal und Anfechtung; es waltet das Ewigkeitsmaß des höchsten Richters.

Sirach	27, 6	Die Trübsal bewährt des Menschen Sinn.
2 Kor.	8, 2	Durch viel Trübsal bewährt.

1 Petr. 1, 7 Der Glaube bewährt in mancherlei Anfechtungen, köstlicher erfunden als das vergängliche Gold, das durchs Feuer bewährt wird.
1 Kor. 3, 13 Welcherlei eines jeglichen Werk sei, wird das Feuer bewähren.
1 Thess. 2, 4 Bewährt von Gott, der unser Herz prüft.
Röm. 16, 10 Apelles, der Bewährte in Christo.
Jak. 1, 12 Selig ist der Mann, der die Anfechtung erduldet, denn nachdem er bewährt ist, wird er die Krone des Lebens empfangen.
1 Kor. 9, 27 Daß ich nicht anderen predige und selbst verwerflich (nicht bewährt) werde.
2 Kor. 10, 18 Darum ist einer nicht tüchtig (bewährt), daß er sich selbst lobt, sondern daß ihn der Herr lobt.
Röm. 5, 4 Geduld bringt Bewährung.
1 Kor. 11, 19 Es müssen Parteien unter euch sein, auf daß die, die rechtschaffen (bewährt) sind, offenbar werden.

3. Darum sollen die Christen prüfen, welches der Wille Gottes ist, sie sollen sich selbst prüfen, ob sie in der Bewährung stehen.

Röm. 12, 2 Verändert euch durch Erneuerung eures Sinnes, auf daß ihr prüfen möget, welches da sei der gute, wohlgefällige und vollkommene Gotteswille.
2 Kor. 13, 5 Prüfet euch selbst!
1 Kor. 11, 28 Der Mensch aber prüfe sich selbst (in zuchtloser Haltung darf er dem im heiligen Abendmahl gegenwärtigen Christus nicht entgegentreten).
Matth. 21, 42 Jesus wird von den Bauleuten abschätzig beurteilt und ist doch der von Gott auserkorene Schlußstein. (Nicht auf der Menschen Urteil kommt es an, sondern auf Gottes Urteil).

Bezeugen, siehe Zeugnis.

Bild, siehe Christus [4. h.]

Bleiben, soviel wie beständig sein, beharren bis ans Ende, eine Eigenschaft Gottes im Unterschied vom Menschen.
Schon im Alten Testament ist die Ewigkeit Gottes vor allem in den Psalmen vielfältig bezeugt, erst recht im Neuen Testament. Jesus Christus hat Anteil an Gottes Ewigkeit. Der Geist bleibt auf ihm. Das hebt ihn weit hinaus über die Propheten. Gott bleibt in ihm (Joh. 14, 10). Christus bleibt ewiglich (Joh. 12, 34). Christus bleibt in den Gläubigen (Joh. 15, 4—7). Es gilt, zu bleiben in Christus und durch ihn in Gott. Es bleiben die göttlichen Lebensäußerungen in den Gläubigen: Gottes Wort, Gottes Leben, Gottes Liebe, seine Wahrheit, seine Lehre, seine Salbung. Der Gläubige bleibt im Licht, während der Ungläubige umgekehrt in der Finsternis und im Tode bleibt.

1. Das Bleiben der Menschen.

Hebr. 13, 14 Wir haben hier keine bleibende Stadt.
1 Joh. 2, 17 Die Welt vergeht mit ihrer Lust.

2. Gottes Bleiben. Das Bleiben Gottes in Jesus Christus.

Ps.	45, 7	Dein Stuhl bleibt immer und ewig (Ps. 9, 8).
	119, 89	Dein Wort bleibt ewig (1 Petr. 1, 23; Jes. 40, 8).
	33, 11	Der Rat des Herrn bleibt ewiglich.
Offenb.	1, 8	Ich bin das A und das O, der Anfang und das Ende.
2 Tim.	2, 13	Glauben wir nicht, so bleibt er treu.
Joh.	1, 32	Der Geist blieb auf ihm (auf Jesus).

3. Das Bleiben Gottes — durch Christus auf die Menschen bezogen.

Joh.	1, 14	Das Wort ward Fleisch und wohnte unter uns.
Luk.	24, 29	Bleibe bei uns, denn es will Abend werden und der Tag hat sich geneiget. Und er ging hinein, bei ihnen zu bleiben.
Mtth.	28, 20	Siehe, ich bin bei euch alle Tage.
Joh.	14, 16	Gott soll euch einen Tröster geben, daß er bei euch bleibe ewiglich, den Geist der Wahrheit.
	14, 17	Der Geist der Wahrheit bleibt bei euch und wird in euch sein.
	15, 11	Daß meine Freude in euch bleibe.
2 Joh.	2	Die Wahrheit, die in uns bleibe.
Joh.	15, 7	So ihr in mir bleibet und meine Worte in euch bleiben.
1 Joh.	2, 14	Denn ihr seid stark und das Wort Gottes bleibt bei euch.
	3, 15	Und hat nicht das ewige Leben bei ihm bleibend.
	3, 17	Wie bleibt die Liebe Gottes bei euch?
2 Joh.	2	Um der Wahrheit willen, die in uns bleibt und bei uns sein wird in Ewigkeit.
	9	Wer in der Lehre Christi bleibt, der hat beide, den Vater und den Sohn.
1 Joh.	2, 27	Und die Salbung, die ihr von ihm empfangen habt, bleibt bei euch.
	2, 10	Wer seinen Bruder liebt, der bleibt im Licht.
Joh.	12, 46	Ich bin gekommen in die Welt ein Licht, auf daß, wer an mich glaubt, nicht in der Finsternis bleibe.
1 Joh.	2, 10	Wer seinen Bruder liebt, der bleibt im Licht.
	3, 14	Wer seinen Bruder nicht liebt, der bleibt im Tode.

4. Das Bleiben Christi in uns durch den Heiligen Geist hängt ab:

a) von unserem Glauben;

Kol.	1, 23	So ihr anders bleibt im Glauben gegründet und fest (1 Tim. 2, 15).
Joh.	8, 31	So ihr bleiben werdet an meiner Rede.
Gal.	3, 10	Der nicht bleibt in alledem, was geschrieben steht.
2 Tim.	3, 14	Bleibe in dem, was du gelernt hast.

b) von unserer Liebe;

Joh.	15, 9	Bleibet in meiner Liebe.
1 Tim.	2, 15	So sie bleiben in der Liebe.
1 Joh.	4, 16	Wer in der Liebe bleibt, der bleibt in Gott und Gott in ihm.
	4, 12	So wir uns untereinander lieben, so bleibt Gott in uns und seine Liebe ist völlig in uns.

c) vom Gehorsam;

1 Joh.	2, 17	Wer den Willen Gottes tut, der bleibt in Ewigkeit.
	3, 24	Wer seine Gebote hält, der bleibt in ihm.

d) vom Gebet;

1 Tim.	5, 5	Bleibet am Gebet und Flehen Tag und Nacht.
1 Thess.	5, 17	Betet ohne Unterlaß.
Röm.	12, 12	Haltet an am Gebet.

e) zusammenfassend.

1 Mose	5, 22	Henoch blieb in einem göttlichen Leben.
Ps.	73, 23	Dennoch bleibe ich stets an dir.
Joh.	15, 4	Bleibet in mir und ich in euch.

5. Die Frucht des Bleibens in ihm.

Joh.	15, 5	Wer in mir bleibt und ich in ihm, der bringt viel Frucht.
1 Joh.	3, 6	Wer in ihm bleibt, der sündigt nicht.
	4, 13	Daran erkennen wir, daß wir in ihm bleiben, daß er uns von seinem Geist gegeben hat.

Blind sein im geistlichen Sinn heißt: verschlossene Augen haben für die Wirklichkeit Gottes und seines Gesalbten wie für die eigene Sünde und Verlorenheit. Die Erleuchtung ist ein schöpferisches Werk Gottes, durch das der Blick für Gotteswirklichkeit und Sünde wieder geöffnet wird.

1. Blindsein ist Gerichtsfolge auf unsere Sünde.

5 Mose	28, 28	Wenn du nicht gehorchen wirst der Stimme des Herrn (Vers 15): der Herr wird dich schlagen mit Wahnsinn, Blindheit und Rasen des Herzens.
Jes.	6, 10	Verstocke das Herz dieses Volkes . . . und blende ihre Augen, daß sie nicht sehen und genesen (Befehl Gottes an Jesaja).
	9, 1	Das Volk, das im Finstern wandelt.
Luk.	1, 79	Die da sitzen in Finsternis.
Joh.	3, 19	Das ist aber das Gericht, daß das Licht in die Welt gekommen ist und die Menschen liebten die Finsternis mehr denn das Licht, denn ihre Werke waren böse.
Mtth.	13, 13	Mit sehenden Augen sehen sie nicht.
Röm.	11, 25	Blindheit ist Israel zum Teil widerfahren.
Mtth.	23, 24	Ihr verblendeten Leiter, die ihr Mücken seiht und Kamele verschluckt.
	23, 26	Du blinder Pharisäer.
	15, 14	Lasset sie fahren, sie sind blinde Blindenleiter.
Offenb.	3, 17	Du weißt nicht, daß du bist elend, . . . blind und bloß.
2 Kor.	4, 3	Ist nun unser Evangelium verdeckt, so ist's in denen, die verlorengehen, verdeckt, . . . bei welchem der Gott dieser Welt der Ungläubigen Sinn verblendet hat, daß sie nicht sehen das helle Licht des Evangeliums.
Eph.	4, 18	Sie sind entfremdet von dem Leben, das aus Gott ist, . . . durch die Blindheit des Herzens.

2. Nur die göttliche Erleuchtung macht die geistlich Blinden sehend.

a) Die Quelle des Lichts.

Ps.	36, 10	In deinem Licht sehen wir das Licht.
Jak.	1, 17	Der Vater des Lichts.
2 Kor.	4, 6	Gott, der da hieß das Licht aus der Finsternis hervorleuchten, hat einen hellen Schein in unsere Herzen gegeben, daß durch uns entstünde die Erleuchtung von der Erkenntnis der Klarheit Gottes im Angesicht Jesu Christi.

b) Der Messias erleuchtet.

Jes.	42, 6	Ich habe dich gegeben zum Licht der Heiden, daß du sollst öffnen die Augen der Blinden.
Jerem.	31, 34	Sie sollen mich alle kennen.

Luk. 2, 32 Ein Licht, zu erleuchten die Heiden.
Joh. 1, 9 Das war das wahrhaftige Licht, welches erleuchtet alle Menschen, die in die Welt kommen.
Eph. 1, 18 Gott gebe euch erleuchtete Augen des Verständnisses (weil Gott erleuchtet, darum Fürbitte und Gebet um Erleuchtung).
5, 8 Ihr waret weiland Finsternis, nun aber seid ihr ein Licht in dem Herrn.
5, 14 Wache auf, der du schläfst . . ., so wird dich Christus erleuchten.
Kol. 1, 13 Welcher uns errettet hat von der Obrigkeit der Finsternis.

c) Die Leuchte ist Gottes Wort.

Ps. 19, 9 Die Gebote des Herrn sind lauter und erleuchten die Augen.
2 Kor. 4, 4 Das helle Licht des Evangeliums.
2 Petr. 1, 19 Ein Licht, das da scheinet an einem dunklen Ort.
Apgsch. 26, 17 Unter welche (die Heiden) ich dich jetzt sende, aufzutun ihre Augen, daß sie sich bekehren von der Finsternis.
Ps. 119, 105 Dein Wort ist meines Fußes Leuchte.
Eph. 3, 8 Mir ist gegeben diese Gnade, zu verkündigen . . . und zu erleuchten jedermann, welches da sei die Gemeinschaft des Geheimnisses.
Offenb. 3, 18 Salbe deine Augen mit Augensalbe.

d) Wachstum in der Erkenntnis.

2 Kor. 3, 18 Wir werden verklärt in dasselbige Bild . . . von einer Klarheit zur anderen.
1 Kor. 1, 5 Ihr seid durch ihn in allen Stücken reich gemacht, an aller Lehre und in aller Erkenntnis.
Kol. 1, 9. 11 Wir hören nicht auf zu beten, daß ihr wachset in der Erkenntnis Gottes.
Hebr. 6, 4 Es ist unmöglich, die, die einmal erleuchtet sind und geschmeckt haben die himmlische Gabe und teilhaftig geworden sind des Heiligen Geistes und geschmeckt haben das gütige Wort Gottes und die Kräfte der zukünftigen Welt, wo sie abfallen, wiederum zu erneuern zur Buße (Unterbrechung dieses Wachstums und Rückfall vernichtet den Gnadenstand).
Ps. 25, 14 Das Geheimnis des Herrn ist unter denen, die ihn fürchten . . ., meine Augen sehen stets zu dem Herrn (Bedingungen des Wachstums).
Mtth. 13, 12. 16 Wer da hat, dem wird gegeben . . ., selig sind eure Augen, daß sie sehen.
Offenb. 21, 23 Die Herrlichkeit Gottes erleuchtet sie, und ihre Leuchte ist das Lamm (Vollendung).
Mtth. 13, 43 Dann werden die Gerechten leuchten wie die Sonne in ihres Vaters Reich.

Blut, der Träger der tierischen und menschlichen Lebenskraft.

I. Das Blut im Alten Bund.

1. Über ihn waltet die Ehrfurcht vor dem Leben. Es ist ein Frevel, der zu Gott schreit nach Vergeltung, unschuldig Blut zu vergießen.

1 Mose 4, 10 Es schreit die Stimme von deines Bruders Blut zu mir von der Erde.
Offenb. 6, 10 Und sie (die Seelen unter dem Altar) schrien: Wie lange . . . rächest du nicht unser Blut?
Mtth. 27, 24 Pilatus sprach: Ich bin unschuldig an dem Blut dieses Gerechten. Das Volk antwortete: Sein Blut komme (wenn es unschuldig ist und gerächt werden muß, was sie bezweifelten) über uns und unsere Kinder!

2. Man nimmt das Blut daher nicht für sich. Verbot, Blut zu essen.

3 Mose 3, 17 Das sei eine ewige Sitte, daß ihr kein Blut esset.
Apgsch. 15, 20 Daß sie sich enthalten ... vom Blut.

3. Man gibt es Gott, dem Ursprung des Lebens, zurück. Aus der Schlachtung wird das Opfer als Gabe an Gott. Dabei der Gedanke der Sühnung und Stellvertretung. Besonders bei Bundesschluß das Opfer, um durch das Blut den Ernst der Sache und durch die Teilung des Bluts die Verbindung der Teilnehmer zu bekunden.

1 Mose 4, 4 Opfer Abels.
8, 20 Opfer Noahs.
15, 10 Bundesopfer Abrahams Gott dargebracht.
2 Mose 24, 8 Bundesopfer am Sinai (Das Blut des Bundes).

4. Die sühnende, stellvertretende Bedeutung des Bluts eines Opfertieres. Die Sünde wird durch Handauflegung dem Tier übertragen, sein Blut vor dem Altar und dem Vorhang vergossen und das Fleisch außerhalb des Lagers verbrannt (3 Mose 4).

2 Mose 12, 23 Blut an der Überschwelle (Passah, 3 Mose 4).
3 Mose 17, 11 Das Blut ist die Versöhnung, weil das Leben in ihm ist.
16 Versöhnungstag.
Jes. 53, 4 Fürwahr er trug unsere Krankheit ..., durch seine Wunden sind wir geheilt.
Hebr. 10, 1 Das Gesetz hat den Schatten von den zukünftigen Gütern, nicht das Wesen selbst.

II. Das Blut Jesu. ThW: »Das »Blut Jesu Christi« ist wie »Kreuz« nur ein anderer anschaulicher Ausdruck für den Tod Jesu Christi in seiner Heilsbedeutung.« Es ist, sowohl im Abendmahl wie bei Paulus und Johannes, die Gewähr der Entsündigung in der neuen Gottesordnung. Es hat seine Wirkung nicht als Stoff, sondern als Ausdruck für die Selbsthingabe Jesu Christi in seinem Gehorsam bis zum Tod (Phil. 2, 8; Röm. 5, 19; Hebr. 5, 8).

1. Das Wort Jesu.

Joh. 1, 29 Siehe, das ist Gottes Lamm (Johannes der Täufer bezieht Jes. 53 auf Jesus).
Luk. 12, 50 Ich muß mich zuvor taufen lassen mit einer Taufe (Mtth. 20, 22 Bluttaufe, siehe Taufe).
Mtth. 20, 28 Gebe sein Leben zu einer Erlösung für viele.
Joh. 6, 54 Wer mein Fleisch isset und trinket mein Blut.
Mtth. 26, 26 Abendmahl, das Blut des Neuen Testaments, des Neuen Bundes zwischen Gott und Menschen (Mrk. 14, 22–24; Luk. 22, 19. 20).

2. Das Wort der Apostel.

Apgsch.	8, 34	Von wem redet der Prophet solches (Jes. 53 auf den Tod Jesu bezogen)?

Das Blut Jesu Christi ist gegeben:

a) zur Erlösung;

Apgsch.	20, 28	Die Gemeinde, welche er durch sein eigenes Blut erworben hat.
Offenb.	5, 9	Du hast uns erkauft mit deinem Blut.
1 Petr.	1, 19	Erlöset mit dem teuren Blut Christi.

b) zur Reinigung;

1 Joh.	1, 7	Das Blut Jesu Christi, des Sohnes Gottes, macht uns rein von aller Sünde.
Offenb.	1, 5	Gewaschen von den Sünden mit seinem Blut.
	7, 14	Sie haben ihre Kleider gewaschen im Blut des Lammes.

c) zur Gerechtigkeit;

Röm.	5, 9	Nachdem wir durch sein Blut gerecht geworden sind.

d) zum Frieden;

Kol.	1, 20	Er macht Frieden durch das Blut an seinem Kreuz.

e) zur Heiligung;

Hebr.	13, 12	Jesus heiligte das Volk durch sein eigenes Blut.

f) zum Eingang in das Heilige;

Hebr.	10, 19	Freudigkeit zum Eingang in das Heilige durch das Blut Jesu.
Eph.	2, 13	Nahe geworden durch das Blut Christi.

g) zur Gemeinschaft und Versöhnung mit Gott;

Hebr.	13, 20	Das Blut des ewigen Testaments (9, 20; 10, 29).
1 Kor.	10, 16	Gemeinschaft des Blutes Christi.
Röm.	3, 25	Gnadenstuhl durch den Glauben in seinem Blut.
1 Petr.	1, 2	Zur Besprengung mit dem Blut Christi.

h) zur Überwindung;

Offenb.	12, 11	Sie haben überwunden durch des Lammes Blut.

III. Das Blut in der Verbindung »Fleisch und Blut« bringt die menschliche Ohnmacht, Todverfallenheit, Autoritätslosigkeit im Vergleich zur göttlichen Autorität zum Ausdruck.

Mtth.	16, 17	Fleisch und Blut hat dir das nicht offenbart, sondern mein Vater im Himmel.
1 Kor.	15, 50	Daß Fleisch und Blut können das Reich Gottes nicht ererben.
Eph.	6, 12	Wir haben nicht mit Fleisch und Blut zu kämpfen, sondern mit Fürsten und Gewaltigen.
Hebr.	2, 14	Nachdem die Kinder Fleisch und Blut haben, ist er desselben gleichermaßen teilhaftig geworden.
Joh.	1, 13	Welche nicht nach dem Geblüt, sondern von Gott geboren sind.

Brot, das unentbehrliche Lebensmittel, in übertragener Bedeutung die Nahrung der Seele.

Ps. 104, 14 Gott bringt es aus der Erde.
2 Thess. 3, 12 Es soll durch Arbeit verdient werden.

1. Gott ernährt in der Teuerung.

2 Mose 16, 14 Das Manna.
1 Kön. 17, 6 Die Raben bringen Elia Brot.
Mtth. 14, 19 Jesus speist die Fünftausend.
4, 4 Ablehnung der Versuchung, aus Steinen Brot zu machen.

2. Jesus Christus ist das Brot, das vom Himmel gekommen ist.

Joh. 6, 51 Das lebendige Brot.
6, 32 Das rechte Brot.
6, 48 Ich bin das Brot des Lebens.
6, 58 Wer dies Brot isset, wird leben in Ewigkeit.

3. Das Essen des Brotes ist gleichbedeutend mit »für sich nehmen«, glauben. Christus will unser Lebensmittel sein, nach dem wir hungern und an dem wir satt werden.

5 Mose 8, 3 Der Mensch lebt nicht vom Brot allein.
Amos 8, 11 Es kommt die Zeit, da will ich einen Hunger ins Land schicken ... nach dem Wort des Herrn.
Mtth. 5, 6 Selig sind, die da hungert und dürstet nach der Gerechtigkeit; denn sie sollen satt werden.

Bruder, brüderlich, Bruderliebe. Bruder sein heißt, in Lebensgemeinschaft stehen mit dem anderen. Die Sünde vereinsamt, aber ihre Überwindung durch Christus verbindet zu wahrer Bruderschaft. Die gliedliche Verbundenheit untereinander ergibt sich ohne weiteres aus der Verbindung mit dem Haupte Christus (1. Kor. 12, 12).

1. Die Sünde vereinsamt.

1 Mose 4, 9 Soll ich meines Bruders Hüter sein (Kains Bruderschaft zerstörte der Neid)?
11 Turmbau zu Babel (Infolge des Hochmuts verwirrt und zerstreut).
Luk. 22, 24 Es erhub sich auch ein Zank unter ihnen, welcher unter ihnen sollte für den Größten gehalten werden.

2. Wahre Bruderliebe schafft Christus. Die mit ihm Verbundenen sind auch untereinander verbunden.

Mtth. 12, 50 Wer den Willen tut meines Vaters im Himmel, der ist mein Bruder.
Joh. 20, 17 Gehe hin zu meinen Brüdern und sage ihnen (der Auferstandene von den Jüngern).
13, 34 Ein neu Gebot gebe ich euch, daß ihr euch untereinander liebet.
Mtth. 23, 8 Einer ist euer Meister, ihr aber seid alle Brüder.
Apgsch. 1, 14 Diese alle waren stets beieinander einmütig mit Beten und Flehen.

Apgsch.	4, 32	Die Menge der Gläubigen war ein Herz und eine Seele (dieses eine Herz war Christus, der in ihnen lebte).
Phil.	1, 14	Brüder in dem Herrn.
1 Joh.	3, 14	Wir wissen, daß wir aus dem Tode in das Leben gekommen sind, denn wir lieben die Brüder. Wer den Bruder nicht liebt, der bleibt im Tode.
	4, 20	Wer seinen Bruder nicht liebt, den er sieht, wie kann er Gott lieben?
	2, 9	Wer da sagt, er sei im Licht und hasset seinen Bruder, der ist noch in der Finsternis.
2 Petr.	1, 7	Reichet dar in der Gottseligkeit brüderliche Liebe und in der brüderlichen Liebe allgemeine Liebe.
1 Petr.	2, 17	Habt die Brüder lieb!
Röm.	12, 10	Die brüderliche Liebe untereinander sei herzlich.
Eph.	4, 3	Seid fleißig zu halten die Einigkeit im Geist durch das Band des Friedens!
1 Petr.	1, 22	Machet keusch eure Seelen im Gehorsam der Wahrheit durch den Geist zu ungefärbter Bruderliebe und habt euch untereinander inbrünstig lieb aus reinem Herzen.
	3, 8	Seid allesamt gleichgesinnt, mitleidig, brüderlich!
Hebr.	13, 1	Bleibet fest in der brüderlichen Liebe!

3. Volksbruderschaft, Bruderschaft nach dem Fleisch.

Röm.	9, 3	Ich habe gewünscht, verbannet zu sein von Christo für meine Brüder, die meine Gefreundete sind nach dem Fleisch (Paulus von den Juden).

Buchstabe, siehe Schrift.

Bund: Gott schließt in seiner unendlichen Liebe einen Bund mit der Menschheit. Als dieser Bund im Paradies gebrochen wird, schließt Gott den Bund der Verheißung, der vom Menschen Glauben erwartet, und den Bund des Gesetzes, der die Sehnsucht nach Erfüllung der Verheißung erweckt. Der Bund der Verheißung, der den Bund des Gesetzes immer begleitet, wird von Christus erfüllt durch seinen Kreuzestod. Der Neue Bund wird mit jedem geschlossen, der an Christus glaubt. ThW: »Der Vorgang, der mit Bund oder Testament nicht in seinem eigentlichen Sinn wiedergegeben wird, ist durchgehend die Verfügung Gottes, die machtvolle Kundgebung Gottes in der Geschichte, durch die er das Verhältnis zwischen sich und den Menschen gemäß seiner Heilsabsicht gestaltet, die autoritative göttliche Verordnung (Stiftung), die eine entsprechende Ordnung der Dinge herbeiführt.«

1. Der erste Bund.

1 Mose	2, 15	Gott, der Herr, nahm den Menschen und setzte ihn in den Garten Eden, daß er ihn baute und bewahrte . . .; du sollst essen von allerlei Bäumen im Garten, aber von dem Baum der Erkenntnis des Guten und Bösen sollst du nicht essen.
Hosea	6, 7	Sie übertreten den Bund wie Adam.

2. Der Bund der Verheißung.

1 Mose	3, 15	Derselbe soll dir den Kopf zertreten, und du wirst ihn in die Ferse stechen.

1 Mose 8, 22 Solange die Erde steht, soll nicht aufhören Same und Ernte (Bund Gottes mit Noah, als er opferte).

12, 3 In dir sollen gesegnet werden alle Geschlechter auf Erden (Bund Gottes mit Abraham).

15, 18 An dem Tage machte Gott einen Bund mit Abraham (verbunden mit dem blutigen Opfer, das Opfer ein Hinweis auf die Versöhnung durch Christus).

17, 11 Die Beschneidung, das Bundeszeichen.

3. Der Bund des Gesetzes fordert Gehorsam und gewährt Segen. Er ist zur Erziehung des Volkes Israel zwischen hineingekommen (Röm. 5, 20).

2 Mose 19, 5 Werdet ihr nun meiner Stimme gehorchen und meinen Bund halten, so sollt ihr mein Eigentum sein vor allen Völkern . . ., ihr sollt mir ein priesterlich Königreich und ein heiliges Volk sein.

2 Mose 24, 7 Alles, was der Herr gesagt hat, wollen wir tun . . ., da nahm Moses das Blut . . . und sprach: Das ist das Blut des Bundes, den der Herr mit euch macht über diesen Worten.

3 Mose 26, 42 Gottes Versprechen, an diesen Bund zu gedenken (Ich werde gedenken an meinen Bund).

5 Mose 7, 9 Der Herr, dein Gott, ein treuer Gott, der den Bund und Barmherzigkeit hält denen, die ihn lieben und seine Gebote halten.

Ps. 25, 10 Die Wege des Herrn sind eitel Güte und Wahrheit denen, die seinen Bund und seine Zeugnisse halten.

25, 14 Das Geheimnis des Herrn ist unter denen, die ihn fürchten, und seinen Bund läßt er sie wissen (seinen Segen erfahren).

50, 5 Versammelt mir meine Heiligen, die den Bund mit mir gemacht haben beim Opfer.

Jerem. 11, 3 Verflucht sei, wer nicht gehorcht den Worten dieses Bundes (3 Mose 26, 15; 5 Mose 31, 16; Jos. 7, 11; Ri. 2, 20; Jes. 24, 5).

Ps. 50, 16 Was verkündigst du meine Rechte und nimmst meinen Bund in deinen Mund, der du doch Zucht hassest und wirfst meine Worte hinter dich?

4. Der Neue Bund (durch Verheißung an Adam und Abraham gegeben, wird von den Propheten weitergeführt, bis der Erfüller kommt).

Jes. 42, 6 Ich habe dich behütet und habe dich zum Bund unter das Volk gegeben.

54, 10 Es sollen wohl Berge weichen . . ., aber der Bund meines Friedens soll nicht hinfallen.

55, 3 Ich will mit euch einen ewigen Bund machen, daß ich euch gebe die unverbrüchlichen Gnaden Davids (2 Sam. 7).

Jerem. 31, 31 Ich will mit dem Hause Israel und dem Hause Juda einen neuen Bund machen, nicht wie der Bund gewesen ist, den ich mit ihren Vätern machte, welchen sie nicht gehalten haben.

Sacharja 9, 11 Auch lasse ich durchs Blut des Bundes los deine Gefangenen aus der Grube (Heimkehr aus der Gefangenschaft).

5. Die Erfüllung der Verheißung des Neuen Bundes (Im Neuen Testament tritt das Wort Bund zurück, es wird das hebräische Wort für Bund im Griechischen wie schon in der griechischen Übersetzung des Alten Testaments mit dem Wort Testament [letzte Willensverfügung] wiedergegeben).

Luk.	1, 72	Gott hat geredet durch die Propheten, daß er Barmherzigkeit erzeigte unseren Vätern und gedachte an seinen heiligen Bund.
Mtth.	26, 28	Das ist mein Blut des Neuen Testaments, welches vergossen wird für viele zur Vergebung ihrer Sünden (siehe Abendmahl).
Joh.	1, 29	Siehe, das ist Gottes Lamm.
Mtth.	26, 26	Nehmet, esset (wer den für ihn gekreuzigten Christus für sich nimmt, das heißt glaubt, der ist aufgenommen in den Gnadenbund).
Gal.	3, 15	Verwirft man doch eines Menschen Testament (letzte Willensverfügung) nicht, wenn es bestätigt ist, und tut auch nichts dazu.
Hebr.	9, 17	Ein Testament wird fest durch den Tod.
Gal.	4, 24. 26	Das sind zwei Testamente: eins vom Berg Sinai, das zur Knechtschaft gebiert, welches ist die Hagar, . . . aber das Jerusalem, das droben ist, das ist die Freie.
Röm.	11, 27	Das ist mein Testament mit ihnen, wenn ich ihre Sünde werde wegnehmen (Anspielung auf Jerem. 31, 33. 34; Jes. 27, 9).
Gal.	3, 17	Das Testament, das zuvor bestätigt ist auf Christum (siehe Abschnitt 2), wird nicht aufgehoben (durch das Gesetz).
Hebr.	9, 20	Das ist das Blut des Testaments, das Gott euch geboten hat (vom Bund am Sinai).
	7, 22	Also eines soviel besseren Testamentes Ausrichter ist Jesus geworden.
Offenb.	11, 19	Die Lade seines Testamentes ward in seinem Tempel gesehen (4 Mose 10, 33; Bundeslade, 5 Mose 10, 8; Jos. 6, 7. Sie enthält die Gesetzestafeln [Zeugnisse, 2 Mose 25, 16] und den Gnadenstuhl, vereinigt also den Bund des Gesetzes und der Verheißung. Christus ist der rechte Gnadenstuhl. Röm. 3, 25).

Buße, Buße tun soviel wie sich abwenden vom Bösen mit dem schmerzlichen Rückblick der Reue; der Beginn einer Bewegung, die ihre Vollendung findet in der Zuwendung zu Gott und Erneuerung des Herzens. Wesen und Geschichte des Begriffs siehe Bekehrung.

1. Buße entsteht:

a) im Anblick der Gerichte Gottes;

Mtth.	12, 41	Die Leute von Ninive taten Buße nach der Predigt des Jonas.
Apgsch.	17, 30	Nun gebeut er allen Menschen an allen Enden, Buße zu tun, darum, daß er einen Tag gesetzt hat, an welchem er richten will.
Offenb.	3, 19	Die ich liebhabe, die strafe und züchtige ich, so sei nun fleißig und tue Buße.
Luk.	15, 17	Da schlug er in sich.
Hiob	42, 6	Darum spreche ich mich schuldig und tue Buße (im Anblick der göttlichen Erhabenheit).
Jes.	6, 5	Wehe mir, ich vergehe!
Apgsch.	16, 29	Er ward zitternd (der Kerkermeister).

b) im Anblick der Güte Gottes;

Röm.	2, 4	Weißt du nicht, daß dich Gottes Güte zur Buße leitet?
Mrk.	1, 4	Johannes predigte von der Taufe der Buße zur Vergebung der Sünden.
	1, 15	Das Reich Gottes ist herbeigekommen, tut Buße und glaubet an das Evangelium.
Mtth.	9, 13	Ich bin gekommen, die Sünder zur Buße zu rufen.
Luk.	7, 37 ff.	Die große Sünderin.
	19, 2 ff.	Zachäus.
	23, 40	Der Schächer, der Jesu Fürbitte für seine Feinde gehört hatte.
Mrk.	6, 12 f.	Sie gingen aus und predigten, man solle Buße tun, und trieben die Teufel aus.

c) durch die geistesmächtige Bezeugung des Gekreuzigten und Auferstandenen, die Gericht und Gnade zusammenfaßt.

Apgsch. 2, 37 Da ging es ihnen durchs Herz (Petruspredigt).
3, 19 So tut nun Buße und bekehret euch (nach der Heilung des Lahmen).

2. Buße ist ganz Gottes Tat, darum ist sie Evangelium.

a) Gott gibt Raum zur Buße (Weisheit 12, 10).

Apgsch. 5, 31 Gott hat Jesum erhöht, zu geben Israel Buße.
11, 18 Gott hat auch den Heiden Buße gegeben zum Leben.
2 Tim. 2, 25 Ob ihnen Gott dermaleinst Buße gebe, die Wahrheit zu erkennen.

b) Gott kann Buße verweigern.

Hebr. 12, 17 Esau fand keinen Raum zur Buße.
6, 6 Es ist unmöglich, wo sie abfallen, wiederum zu erneuern zur Buße (siehe Sünde 1, 7).

3. Sie ist ganz der Menschen Tat, darum wird durch Gericht und Gnade aufgefordert, Buße zu tun.

Luk. 16, 31 Hören sie Mose nicht (der Aufforderung wird kein Gehör geschenkt).
Offenb. 9, 20 Die Leute, die nicht getötet wurden von diesen Plagen, taten nicht Buße.
Mtth. 11, 21 Wären solche Taten in Tyrus ... geschehen, sie hätten Buße getan.
21, 32 Ob ihr's wohl sahet, tatet ihr dennoch nicht Buße (die Bekehrung der Sünder macht keinen Eindruck).

4. Buße bedeutet Abwendung vom Bösen:

Hebr. 6, 1 Buße von den toten Werken;
Offenb. 3, 15 Buße von Lauheit, Sattheit, Blindheit;
2, 21 Buße tun von Hurerei;
9, 21 Buße tun für Mord, Zauberei, Dieberei;
Apgsch. 8, 22 Tue Buße für Bosheit;
Joh. 5, 14 Sündige hinfort nicht mehr!

5. Die Abkehr äußert sich:

a) im Leidtragen über die Sünde;

Jak. 4, 9 Seid elend und traget Leid.
Mtth. 5, 4 Selig sind, die da Leid tragen.
2 Kor. 7, 10 Die göttliche Traurigkeit.
Luk. 22, 62 Petrus ging hinaus und weinte bitterlich.
7, 38 Die Sünderin netzte des Herrn Füße mit Tränen.

b) im Bekenntnis der Schuld;

Ps. 32, 5 Darum bekannte ich dir meine Sünde.
2 Sam. 12, 13 Bei David, Jes. 6, 5 bei Jesaja, Mtth. 3, 6 bei den Zuhörern des Täufers, Luk. 15, 21 beim verlorenen Sohn.
Luk. 18, 13 Bei dem Zöllner, Luk. 23, 41 beim Schächer.
1 Joh. 1, 9 So wir unsere Sünden bekennen, so ist er treu.

c) im Reinigen der Hände;

Jak. 4, 8 Reiniget die Hände, ihr Sünder.
Luk. 19, 8 Zachäus gibt das unrechte Gut zurück.
1 Mose 35, 2 Reiniget euch (Jakob zu seinen Söhnen).
Josua 7, 13 Es ist ein Bann unter dir, Israel.

6. Buße bedeutet Hinkehr zu Gott.

Apgsch.	20, 21	Buße zu Gott, Apgsch. 11, 18 Buße zum Leben.
Mrk.	1, 4	Taufe der Buße zur Vergebung der Sünden. Die Buße vollendet sich in der Antwort Gottes, die in der Vergebung der Sünden besteht.
	1, 15	Tut Buße und glaubet an die frohe Botschaft (Vergebung).
Apgsch.	2, 38	Tut Buße und lasset euch taufen auf den Namen Jesu zur Vergebung der Sünden.
Luk.	15, 22	Die Vergebung ist völlig, sie ist Einsetzung in die Sohnschaft.
	15, 7	Freude bei Gott über einen Sünder, der Buße tut.
Apgsch.	2, 38	Ihr werdet empfangen die Gabe des Heiligen Geistes (mit der Vergebung der Heilige Geist gegeben).

7. Aus der Buße kommt rechtschaffene Frucht.

Mtth.	3, 8	Sehet zu, tut rechtschaffene Früchte der Buße!
Luk.	3, 11	Die Frucht zeigt sich nicht im Außerordentlichen, sondern im praktischen Berufsleben. Der Reiche, der Zöllner, der Soldat bringen diese Frucht in ihrem Beruf.

8. Ist Buße etwas Einmaliges, oder währt sie ein ganzes Leben hindurch?

Offenb.	2, 5	Tue Buße und tue die ersten Werke (die Gemeinde war schon bekehrt, hatte aber die erste Liebe verlassen).
Jak.	4, 7	Widerstehet dem Teufel, nahet euch zu Gott (ein Leben lang Versuchung, darum ein Leben lang Abkehr vom Bösen und Hinkehr zu Gott).

Christus, der Gesalbte, der Messias, Christus, hebräisch der Messias, deutsch der Gesalbte, in vielen Stellen des Alten Testaments Bezeichnung des Königs, der ebenso wie der Hohepriester gesalbt wurde, dann Bezeichnung des erwarteten Heilands; in den Evangelien nur als Amtsname, in den Paulinischen Briefen und im ersten Petrusbrief auch als Eigenname gebraucht.

1. Vom König Israels.

1 Sam.	2, 10	Der Herr erhöht das Horn seines Gesalbten (2, 35; 12, 3).
Jes.	45, 1	Kores, der Gesalbte des Herrn.
1 Chron.	16, 22	Tastet meinen Gesalbten nicht an.

2. Vom Heilskönig.

Ps.	2, 2	Wider den Herrn und seinen Gesalbten.
Dan.	9, 25	Bis auf den Gesalbten.
Luk.	23, 2	Jesus spricht, er sei Christus, ein König (Anklage vor Pilatus).
	23, 38	Der Juden König (Kreuzesüberschrift).

3. Jesu Selbstbekenntnis und Bekenntnis der Jünger.

Mtth.	26, 63	Daß du uns sagtest, ob du seiest Christus, der Sohn Gottes. Jesus sprach: Du sagst es.
Mrk.	9, 41	Daß ihr Christus angehöret.
Mtth.	16, 16	Du bist Christus, des lebendigen Gottes Sohn (Joh. 6, 69).
Joh.	4, 25	Der Messias kommt, der Christus heißt. Jesus spricht zu ihr: Ich bin's.

4. Zeugnis der Jünger von Christus.

a) Jesus ist der Christus.

Apgsch. 2, 36 Gott hat Jesus zu einem Herrn und Christus gemacht.
8, 5 Philippus predigte ihnen von Christus.
1 Kor. 3, 23 Ihr aber seid Christi, Christus ist Gottes.
1 Joh. 2, 22 Wer ist ein Lügner, wenn nicht, der da leugnet, daß Jesus der Christus sei?

b) Christus, Gott, siehe Gott 3.
c) Christus, der Sohn Gottes, siehe Sohn Gottes.
d) Christus, der Menschensohn, siehe Menschensohn.
e) Christus, der Herr, siehe Herr.
f) Christus, der Geist, siehe Geist I. 2.
g) Christus, der Hohepriester, siehe Priester.
h) Christus, das Ebenbild Gottes.

2 Kor. 4, 4 Christus, welcher ist das Ebenbild Gottes.
Kol. 1, 15 Welcher ist das Ebenbild des unsichtbaren Gottes.
Hebr. 1, 3 Glanz seiner Herrlichkeit und Ebenbild seines Wesens (Ebenbild, Urtext: Siegelabdruck).

Wir sollen seinem Bild ähnlich werden:

Röm. 8, 29 Sie sollen gleich sein dem Ebenbilde seines lieben Sohnes.
Kol. 3, 10 Ziehet den neuen Menschen an, der da erneuert wird nach dem Ebenbild dessen, der ihn geschaffen hat.
2 Kor. 3, 18 Wir werden verklärt in dasselbige Bild.

i) Christus, der Erstgeborene aller Kreatur, durch den alles geschaffen ist.

Kol. 1, 16 Erstgeborener vor allen Kreaturen, denn durch ihn ist alles geschaffen.
Hebr. 1, 3 Trägt alle Dinge.
Joh. 1, 3 Alle Dinge durch dasselbige gemacht.
Röm. 8, 29 Der Erstgeborene unter vielen Brüdern.

k) Christus, das Wort Gottes, siehe Wort 1.

l) Christus, der Mittler (1. Mittler zwischen Gott und den Menschen, indem er die Ansprüche Gottes an die schuldbeladenen Menschen bezahlt; 2. Bürge, der die Ausführung der Verheißung garantiert).

Gal. 3, 19 Mose, der das Gesetz dem durch seine Sünde von Gott getrennten Israel vermittelt.
1 Tim. 2, 5 Christus: Es ist ein Mittler zwischen Gott und den Menschen.
Hebr. 8, 6 Christus: Ist eines besseren Testamentes Mittler.

m) Christus, Eckstein und Haupt seiner Gemeinde (Eckstein das Haupt [wörtlich so im Hebräischen] des Gebäudes, in dem alle Linien zusammenlaufen. Im Haupt werden alle Lebensäußerungen des Leibes beherrscht und zusammengefaßt).

Jes. 28, 16 Ich lege einen köstlichen Eckstein.
8, 14 Stein des Anstoßes und Fels des Ärgernisses.
Ps. 118, 22 Der Stein, den die Bauleute verworfen haben, ist zum Eckstein geworden.
Mtth. 21, 42 Anwendung des Herrn auf sich selbst.
Apgsch. 4, 11 Anwendung des Petrus auf Christus.
Eph. 1, 22 Christus, gesetzt zum Haupt seiner Gemeinde.
4, 15 Wachsen an dem, der das Haupt ist, Christus.
5, 23 Christus, das Haupt der Gemeinde.

n) Was sie an Christus haben.

1 Kor.	15, 3	Christus gestorben für unsere Sünden nach der Schrift.
Röm.	6, 9	Christus von den Toten erweckt.
1 Kor.	1, 24	Christus göttliche Kraft und göttliche Weisheit.
	1, 30	Christus uns gemacht von Gott zur Weisheit und zur Gerechtigkeit.
Eph.	1, 7	An welchem wir haben die Erlösung.
	5, 14	Christus wird dich erleuchten.
Phil.	1, 21	Christus ist mein Leben.
	3, 8	Achte alles für Schaden gegen die überschwengliche Erkenntnis Christi.
	1, 23	Ich habe Lust, abzuscheiden und bei Christus zu sein.

o) Christus wird sein Werk vollenden.

Phil.	2, 11	Alle Zungen bekennen sollen, daß Jesus Christus der Herr sei.
Hebr.	13, 8	Jesus Christus gestern und heute und derselbe in Ewigkeit.
Offenb.	20, 4	Diese regierten mit Christus.

Danken, Dankbarkeit, dankopfern, loben. Weil der Mensch alles von Gott empfangen hat und empfängt, darum ist seine normale Stellung zu Gott das Danken. Dankbarkeit führt zu tieferer Gotteserkenntnis. Undankbarkeit verfinstert. Die Schrift fordert uns kräftig auf zum Danken für alles. Oft lernen wir erst danken dadurch, daß uns Gott etwas wegnimmt. Der rechte Dank führt zum Lobpreis und Zeugnis. Wofür man Gott danken kann, das ist keine Sünde.

1. Alles, was wir Gutes haben, ist von Gott empfangen

1 Kor.	4, 7	Was hast du aber, das du nicht empfangen hast?
Mtth.	25, 16	Fünf Zentner empfangen.
Luk.	16, 25	Gedenke, daß du dein Gutes empfangen hast in deinem Leben.
Apgesch.	7, 53	Ihr habt das Gesetz empfangen.
	2, 38	Tut Buße, so werdet ihr empfangen die Gabe des Heiligen Geistes.
Röm.	8, 15	Ihr habt nicht einen knechtischen Geist empfangen.
2 Kor.	6, 1	Wir ermahnen euch, daß ihr nicht vergeblich die Gnade Gottes empfanget.

2. Dankbarkeit führt zu tieferer Heilserkenntnis.

Ps.	50, 23	Wer Dank opfert, der preiset mich, und da ist der Weg, daß ich ihm zeige mein Heil

3. Undank verfinstert.

Röm.	1, 21	Dieweil sie wußten, daß ein Gott ist, und haben ihn nicht gepriesen als einen Gott noch ihm gedankt, sondern sind in ihrem Dichten eitel geworden, und ihr unverständiges Herz ist verfinstert.

4. Die Erkenntnis der Gabe Gottes verpflichtet zum Dank.

Röm.	1, 19	Was man von Gott weiß, ist ihnen offenbar, denn Gott hat es ihnen geoffenbart (Da jeder wenigstens anfangsweise Gotteserkenntnis hat, ist er auch zum Dank verpflichtet).
Eph.	1, 18	Erleuchtete Augen des Verständnisses.

5. Daher Aufforderung zum Dank.

Ps.	118, 1	Danket dem Herrn (106, 1; 107, 1)!
	95, 2	Lasset uns mit Dank vor sein Angesicht kommen.
	100, 4	Gehet zu seinen Toren ein mit Dank.
Eph.	5, 20	Saget Dank allezeit und für alles.
Kol.	2, 7	Seid fest im Glauben, wie ihr gelehret seid, und seid in demselbigen reichlich dankbar.
	3, 15	Der Friede Gottes regiere in euren Herzen, und seid dankbar.
	3, 17	Danket Gott und dem Vater durch ihn.
	1, 12	Danksaget dem Vater, der uns tüchtig gemacht hat zu dem Erbteil der Heiligen im Licht.

6. Der Weg zum Dankbarwerden führt oft über Leiden.

Ps.	118, 21	Ich danke dir, daß du mich demütigst und hilfst mir.
Jes.	12, 1	Ich danke dir, daß du zornig bist gewesen über mich.

7. Dank für irdische und geistliche Gaben; Dank für den Heilsstand anderer.

Luk.	17, 16	Er fiel auf sein Angesicht . . . und dankte ihm (der geheilte Samariter).
Mtth.	14, 19	Jesus dankt über den Broten.
1 Kor.	15, 57	Gott aber sei Dank, der uns den Sieg gegeben hat.
2 Kor.	2, 14	Gott sei gedanket, der uns allezeit Sieg gibt in Christo.
	9, 15	Gott aber sei Dank für seine unaussprechliche Gabe!
1 Tim.	1, 12	Ich danke unserem Herrn Jesu Christo, der mich stark gemacht.
Röm.	7, 25	Ich danke Gott durch Jesum Christum, unseren Herrn.
1 Kor.	1, 4	Ich danke Gott allezeit eurethalben.
Phil.	1, 3	Ich danke Gott, so oft ich eurer gedenke.

8. Der rechte Dank führt zum Lobpreis und zum Zeugnis.

Ps.	92, 2	Das ist ein köstlich Ding, dem Herrn danken und lobsingen.
1 Chron.	16, 8	Danket dem Herrn, predigt seinen Namen.
Ps.	9, 2	Ich danke dem Herrn von ganzem Herzen und erzähle alle deine Wunder.
	40, 4	Ein neu Lied, zu loben unseren Gott. Das werden viele sehen.
Eph.	5, 4	Nicht schandbare Worte, sondern vielmehr Danksagung (soviel wie Lob Gottes).
Kol.	4, 2	Wachet im Gebet mit Danksagung.
Luk.	24, 30 f.	Die Emmausjünger erkennen Jesum an der Danksagung.
1 Thess.	5, 18	Seid dankbar in allen Dingen (Lobet Gott in allen Lebenslagen).
Phil.	4, 6	In allen Dingen lasset eure Bitten im Gebet und Flehen mit Danksagung vor Gott kundwerden.
Ps.	34, 2	Ich will den Herrn loben allezeit.
	104, 33	Ich will den Herrn loben, solang ich bin.
	148, 13	Sein Lob geht, soweit Himmel und Erde ist.
Mtth.	21, 16	Aus dem Mund der Unmündigen . . . hast du . . . Lob zugerichtet.
2 Kor.	1, 20	Alle Gottesverheißungen sind Ja in ihm, Gott zu Lobe durch uns.
Eph.	1, 6	Zu Lob seiner herrlichen Gnade.
	1, 12	Auf daß wir etwas seien zu Lob seiner Herrlichkeit.
Ps.	103, 1	Lobe den Herrn! (147, 1; 148, 1; 150, 1).
Röm.	15, 6	Auf daß ihr einmütig, mit einem Munde lobet Gott.
Offenb.	19, 5	Lobet unseren Gott, alle seine Knechte.
Jak.	3, 10	Aus einem Munde geht Lob und Fluchen.

Apgsch.	16, 25	Paulus und Silas lobten Gott um Mitternacht.
Offenb.	5, 12	Das Lamm, das erwürget ist, ist würdig zu nehmen Preis und Lob.

9. Wofür man danken kann, das ist keine Sünde.

1 Tim.	4, 4	Nichts ist verwerflich, das mit Danksagung empfangen wird.

Demut, demütig, demütigen. Demut entsteht durch die volle Wahrhaftigkeit, in der der Mensch sich so einschätzt, wie Gott ihn beurteilt. Der Demütige weiß, daß er in allem auf die Gabe und Gnade Gottes angewiesen ist. Durch Gericht und Leiden führt Gott zur Demut. Die Demut hat Gottes und der Menschen Wohlgefallen.

1. Gott demütigt durch Leiden und Gerichte und durch Offenbarung seiner Majestät.

1 Mose	32, 8	Da fürchtete sich Jakob sehr (als Esau ihm entgegenzog).
	32, 11	Ich bin zu gering aller Barmherzigkeit und Treue.
5 Mose	8, 3	Er demütigte dich und ließ dich hungern und speiste dich.
Ruth	1, 21	So mich . . . der Herr gedemütiget und der Allmächtige betrübt hat (Naemi).
Ps.	102, 24	Er demütigt auf dem Wege meine Kraft.
	119, 67	Ehe ich gedemütigt ward, irrte ich.
Jes.	13, 11	Ich will die Hoffart der Gewaltigen demütigen.
Dan.	4, 34	Wer stolz ist, den kann er demütigen.
Ps.	119, 71	Es ist mir lieb, daß du mich gedemütigt hast, daß ich deine Rechte lerne.
	119, 107	Ich bin sehr gedemütigt, Herr, erquicke mich nach deinem Wort!
	18, 36	Wenn du mich demütigst, machst du mich groß.

2. Gott hat Wohlgefallen an der Demut.

a) Er erhört sie.

Luk.	5, 8	Gehe hinaus von mir, ich bin ein sündiger Mensch (Petrus beim großen Fischzug).
	22, 61	Der Herr wandte sich und sah Petrus an . . ., und Petrus ging hinaus und weinte bitterlich.
Ps.	118, 21	Ich danke dir, daß du mich demütigst und hilfst mir.
Judith	9, 13	Allezeit hat dir gefallen der Demütigen Gebet.

b) Er gibt ihnen Gnade.

Zephan.	2, 3	Suchet Demut, daß ihr am Tag des Zorns des Herrn möget verborgen werden.
1 Petr.	5, 5	Gott widersteht den Hoffärtigen, aber den Demütigen gibt er Gnade.
Sirach	3, 21	Der Herr ist der Allerhöchste und tut doch große Dinge durch die Demütigen.

c) Er erhöhet die Demütigen.

Hiob	22, 29	Die sich demütigen, die erhöht er.
Luk.	18, 14	Wer sich selbst erniedrigt, wird erhöht werden.
1 Petr.	5, 6	So demütigt euch nun unter die gewaltige Hand Gottes, daß er euch erhöhe zu seiner Zeit.
Jak.	4, 10	Demütigt euch vor Gott, so wird er euch erhöhen.
Phil.	2, 8	Er erniedrigte sich selbst, darum hat ihn auch Gott erhöht.

3. Beispiele der Demut.

Joh.	1, 27	Des ich nicht wert bin, daß ich seine Schuhe auflöse.
	3, 30	Er muß wachsen, ich aber muß abnehmen (Johannes der Täufer).
Luk.	1, 48	Er hat die Niedrigkeit seiner Magd angesehen (Maria).
Joh.	5, 19	Der Sohn kann nichts von ihm selber tun, sondern was er sieht den Vater tun.
Mtth.	11, 29	Lernet von mir, denn ich bin sanftmütig und von Herzen demütig.
	8, 8	Ich bin nicht wert, daß du unter mein Dach gehest (Hauptmann von Kapernaum).
1 Kor.	15, 9	Ich bin der geringste unter den Aposteln, als der ich nicht wert bin, daß ich ein Apostel heiße.
Eph.	3, 8	Mir, dem allergeringsten unter allen Heiligen (Paulus).
1 Tim.	1, 15	Sünder selig zu machen, unter welchen ich der vornehmste bin.

4. Demut bewahrt Liebe und Einigkeit.

Eph.	4, 2	Mit aller Demut und Sanftmut mit Geduld, und vertraget einer den anderen in der Liebe.
Phil.	2, 3	Nichts tut durch Zank oder eitle Ehre, sondern durch Demut achte einer den anderen höher, denn sich selbst.
Kol.	3, 12	So ziehet nun an . . . Demut, Sanftmut, Geduld.
1 Petr.	5, 5	Allesamt seid untereinander untertan und haltet fest an der Demut.

5. Falsche, hochmütige Demut.

Kol.	2, 18	Der nach eigener Wahl einhergeht in Demut und Geistlichkeit der Engel.
	2, 23	Selbsterwählte Geistlichkeit und Demut.

Dienst, dienen. Dienst heißt: sich zur Verfügung stellen mit seinen Kräften und Gaben. Gott hat uns gedient durch Christus. Der Gott gehorsam Gewordene dient Gott und den Menschen um Gottes willen. Das griechische Wort für Amt ist diakonia = Dienst. Damit ist jedem Berufswirken ein neuer Sinn gegeben. Alles Wirken des Christen, Wortverkündigung, Armen- und Krankenpflege, die schlichteste Berufstätigkeit ist Dienst. Zur Geschichte des Begriffs: Die ursprüngliche Bedeutung des Wortes ist Dienen bei Tische. Diesen Sinn hat das Wort nie ganz eingebüßt. Entscheidend in der christlichen Geschichte des Begriffs ist die neue Wertung des Dienstes durch Jesus. Jesus ist unter den Seinen als der Dienende. In Matth. 25 faßt der Herr mannigfache Tätigkeiten wie speisen und tränken, kleiden und beherbergen, Kranke und Gefangene besuchen in dem Begriff dienen zusammen. Was getan wird einem der Geringsten, ist dem Herrn selbst getan. Der höchste Dienst, der Gott und den Menschen getan werden kann, ist das Opfer des Lebens, zu dem der Christus gekommen ist. Der Jünger Jesu ist zur Nachfolge in diesem Dienen berufen. ThW: »Dem Nächsten, Christus und Gott dienen, ist eins. Jede Gottesgabe, die einer empfangen hat, wird zur Gabe, die er dem Nächsten schuldet (1. Petr. 4, 11). Nichts von Werkgerechtigkeit darf dem christlichen Dienen anhaften. Es geschieht von Gott her und zu Gott hin.« Das Sammeln und Überbringen einer Kollekte nennt Paulus einen Dienst (2. Kor. 8, 19). Selbst die heidnische Staatsobrigkeit ist in Ausübung ihres Amts eine Dienerin Gottes. Das Diakonenamt, das Phil. 1, 1 und in den Pastoralbriefen (Timotheus- und Titusbriefe) erscheint, ist dem Bischofsamt zugeordnet. Vielleicht hat dieses Amt seinen Ursprung im Abendmahl, da es auch weiterhin sich nicht nur im Außendienst, sondern auch im Gottesdienst der Gemeinde betätigt hat. Von Diakonissen ist die Rede Röm. 16, 1, vielleicht auch 1. Tim. 3, 11.

1. Gott hat uns gedient.

Phil.	2, 7	Entäußerte sich selbst und nahm Knechtsgestalt an.
Luk.	22, 27	Ich aber bin unter euch wie ein Diener.
Mtth.	20, 28	Gleichwie des Menschen Sohn nicht gekommen ist, daß er sich dienen lasse, sondern daß er diene und gebe sein Leben für viele.
Joh.	13	Fußwaschung.

2. Der Gottesdienst soll sein auf Erden wie im Himmel.

Mtth.	6, 10	Dein Wille geschehe auf Erden wie im Himmel.
Dan.	7, 10	Tausendmal tausend dienten ihm.
Ps.	103, 21	Lobet den Herrn, alle seine Heerscharen, seine Diener, die ihr seinen Willen tut.
2 Mose	23, 25	Dem Herrn, eurem Gott, sollt ihr dienen, so wird er dein Brot und Wasser segnen.
Josua	22, 5	Da ihr ihm dienet von ganzem Herzen und von ganzer Seele.
Ps.	2, 11	Dienet dem Herrn mit Furcht.
	100, 2	Dienet dem Herrn mit Freuden.
Sirach	35, 20	Wer Gott dient mit Lust, der ist ihm angenehm und sein Gebet reicht bis an die Wolken.
Mtth.	4, 10	Du sollst anbeten Gott, deinen Herrn, und ihm allein dienen.
	6, 24	Ihr könnt nicht Gott dienen und dem Mammon.
Titus	3, 3	Wir waren auch weiland . . . dienend den Begierden und mancherlei Wollüsten.
Mtth.	15, 9	Vergeblicher Gottesdienst (Menschengebot).
Jak.	1, 26	Eitler Gottesdienst (wenn man die Zunge nicht im Zaum hält).

3. Dienst an Menschen Christus zulieb ist Gottesdienst.

1 Petr.	4, 10	Dienet einander ein jeglicher mit der Gabe, die er empfangen hat.
Joh.	13, 14	So sollt ihr auch euch untereinander die Füße waschen.
Mrk.	10, 43	Welcher will groß werden unter euch, der soll euer Diener sein.
Apgsch.	6, 1	Almosenpfleger.
	9, 36	Tabea.
Röm.	12, 5	Untereinander ist einer des anderen Glied.
Gal.	5, 13	Durch die Liebe diene einer dem anderen.
Eph.	6, 6	Nicht im Dienst allein vor Augen, als den Menschen zu gefallen, sondern als die Knechte Jesu Christi.
	6, 7	Lasset euch dünken, daß ihr dem Herrn dienet und nicht den Menschen.
Mtth.	25, 40	Was ihr getan habt einem unter diesen meinen geringsten Brüdern, habt ihr mir getan.
Jak.	1, 27	Ein reiner und unbefleckter Gottesdienst vor Gott dem Vater ist der: die Waisen und Witwen in ihrer Trübsal besuchen.

1 Petr.	4, 11	So jemand ein Amt hat, daß er es tue als aus dem Vermögen, das Gott darreichet.
Apgsch.	6, 4	Wir wollen anhalten am Gebet und am Amt des Worts.
2 Tim.	4, 5	Tue das Werk eines evangelischen Predigers, richte dein Amt redlich aus.
2 Kor.	5, 18	Das Amt, das die Versöhnung predigt (3, 9, das Amt, das die Verdammnis predigt).
	3, 6	Welcher uns tüchtig gemacht hat, das Amt zu führen des Neuen Testaments, nicht des Buchstabens, sondern des Geistes.
	6, 3	Wir geben niemand irgendein Ärgernis, auf daß unser Amt nicht verlästert werde.
Röm.	12, 7	Hat jemand ein Amt, so warte er des Amts.
Kol.	4, 17	Siehe auf das Amt, das du empfangen hast in dem Herrn, daß du es ausrichtest.

4. Das Diakonen- und Diakonissenamt.

Apgsch.	6, 2 u. 3	Es taugt nicht, daß wir das Wort Gottes unterlassen und zu Tische dienen. Sehet unter euch nach sieben Männern die ein gut Gerücht haben und voll heiligen Geists und Weisheit sind, welche wir bestellen mögen zu dieser Notdurft. (Doch wird für sie die Amtsbezeichnung Diakon nicht gebraucht. Auch sind sie tätig im Wort und in der Lehre, was 1 Tim. 3 den Bischöfen und Tit. 1 Ältesten vorbehalten wird.)
Phil.	1, 1	Allen Heiligen in Christo Jesu in Philippi samt den Bischöfen und Dienern.
1 Tim.	3, 8	Die Diener sollen ehrbar sein, nicht zweizüngig, nicht Weinsäufer, nicht unehrliche Hantierung treiben, die das Geheimnis des Glaubens in reinem Gewissen haben.
	3, 11	Desgleichen die Weiber sollen ehrbar sein (nicht ihre Weiber, vgl. Diakonissen).
Röm.	16, 1	Phöbe, welche ist im Dienst der Gemeinde zu Kenchreä.

Durst, dürsten, hungern. Der bildliche Ausdruck für die heiße Sehnsucht nach Erquickung. In Jesus ist alles Sehnen gestillt.

1. Das große Sehnen und die Verheißung der Stillung.

Ps.	42, 1	Wie der Hirsch schreit nach frischem Wasser.
	42, 3	Meine Seele dürstet nach Gott, nach dem lebendigen Gott.
Amos	8, 11	Ich werde einen Hunger ins Land schicken . . ., nicht Durst nach Wasser, sondern nach dem Wort des Herrn.
Jes.	44, 3	Ich will Wasser gießen auf das Durstige.
	55, 1	Wohlan alle, die ihr durstig seid, kommet her zum Wasser!
Sacharja	13, 1	Der freie, offene Born wider die Sünde.

2. Jesus stillt das Sehnen.

Joh.	19, 28	Mich dürstet (Jesus am Kreuz, als er stellvertretend all unser Sehnen in seiner Gottabgeschiedenheit litt).
Mtth.	5, 6	Selig sind, die da hungert und dürstet nach der Gerechtigkeit, denn sie sollen satt werden.
Luk.	1, 53	Er füllt die Hungrigen mit Gütern und läßt die Reichen leer.
Joh.	4, 14	Wer von dem Wasser trinkt, das ich ihm gebe, den wird ewiglich nicht dürsten.
	6, 35	Wer zu mir kommt, der wird nicht hungern; und wer an mich glaubt, den wird nimmermehr dürsten.
	7, 37	Wen da dürstet, der komme zu mir und trinke.
Offenb.	7, 16	Sie wird nicht mehr hungern noch dürsten, denn das Lamm wird sie leiten zu den lebendigen Wasserbrunnen.

Offenb.	22, 17	Wen dürstet, der komme; und wer da will, der nehme das Wasser des Lebens umsonst.

3. Wer an Jesus vorbeigeht, leidet ewiglich an ungestillter Sehnsucht.

Luk.	16, 24	Kühle meine Zunge, denn ich leide Pein in dieser Flamme.

Eckstein, siehe Christus [4 m.]

Ehe. Die natürliche lebenslängliche Verbindung von Mann und Weib.

1. Ihre göttliche Stiftung.

1 Mose	2, 24	Darum wird ein Mensch Vater und Mutter verlassen und seinem Weibe anhangen, und werden die zwei sein ein Fleisch.

2. Ihr Zweck.

1 Mose	2, 18	Hilfe in allen Mühsalen (»Es ist nicht gut, daß der Mensch allein sei«).
	1, 28	Zur Vermehrung des Menschengeschlechts (»Seid fruchtbar und mehret euch«).
1 Kor.	7, 9	Zur Vermeidung der Zuchtlosigkeit (»Es ist besser freien, denn Brunst leiden«).

3. Ihre Vertiefung durch den Herrn Christus.

Mtth.	19, 6	Was Gott zusammengefügt hat, soll der Mensch nicht scheiden.

4. Die Unauflöslichkeit der Ehe, die wahre Herzensgemeinschaft bedingt die Einehe.

Mtth.	5, 28	Wer ein Weib ansiehet, ihrer zu begehren, hat schon die Ehe gebrochen in seinem Herzen.
Eph.	5, 25	Ihr Männer, liebet eure Weiber, gleichwie Christus geliebet hat die Gemeine und sich selbst für sie dargegeben.
1 Tim.	3, 2	Ein Bischof soll sein eines Weibes Mann.
	3, 12	Die Diener laß einen jeglichen sein eines Weibes Mann.

5. Die Ehe soll gottwohlgefällig begonnen werden.

1 Mose	24, 12	Eliesers Gebet.
Tobias	8, 5	Des Tobias Gebet (Man soll nicht auf Schönheit, nicht auf großes Gut, sondern auf Tugend schauen).
Sirach	9, 8	Wende dein Angesicht von schönen Frauen.
Sprüche	31, 10	Ein tugendsam Weib ist viel edler denn die köstlichsten Perlen.

6. Die Ehe soll gottwohlgefällig geführt werden.

1 Petr.	3, 7	Mit Vernunft, nicht umnebelt von den trügerischen Leidenschaften der Sinne, sondern mit Erkenntnis des wahren Zwecks der Ehe (siehe 2).
1 Thess.	4, 5	Der Leib soll in Heiligung und Ehren gehalten werden, nicht in der Brunst der Lust, wie die Heiden.
Gal.	5, 16	Wandelt im Geist, so werdet ihr die Lüste des Fleisches nicht vollbringen.
1 Mose	38, 9	Die Onanssünde.

Hebr. 13, 4 Die Ehe soll ehrlich gehalten werden bei allen und das Ehebett unbefleckt.

1 Petr. 3, 7 Daß eure Gebete nicht verhindert werden (Das Geistesleben muß die Oberhand behalten; ist das nicht der Fall, so ist Zuchtlosigkeit, Sünde da).

1 Kor. 6, 12 Ich habe es alles Macht; es frommt aber nicht alles. Ich habe es alles Macht; es soll mich aber nichts gefangen nehmen.

1 Tim. 4, 4 Alle Kreatur Gottes ist gut und nichts verwerflich, das mit Danksagung empfangen wird, denn es wird geheiligt durch das Wort Gottes und Gebet.

Ehescheidung. Die Ehe ist unauflöslich, Scheidung unter dem mosaischen Gesetz erlaubt.

Mtth. 19, 8 Mose hat euch erlaubt euch zu scheiden um der Herzenshärtigkeit willen.

für den Gläubigen nur:

Mtth. 19, 9 Es sei um der Hurerei willen (geschlechtliche Zuchtlosigkeit eines Teils der Ehegatten, die den anderen tief erniedrigt).

1 Kor. 7, 15 So aber der Ungläubige sich scheidet, so laß ihn sich scheiden.

aber dann ohne Wiederverheiratung, um die Möglichkeit der Versöhnung offen zu lassen.

Mtth. 19, 9 Wer die Abgeschiedene freit, bricht auch die Ehe (Ob, wenn der eine Teil der geschiedenen Ehegatten wieder heiratet, auch der andere heiraten darf, muß nach den Verhältnissen und innerer Geistesleitung entschieden werden).

Ehre, ehren. Ehren heißt: Lobpreisend Tugend und Herrlichkeit anerkennen. Die Ehre beansprucht der Mensch für sich. Sie kommt aber Gott allein zu. Ihn zu ehren und von ihm Ehre zu empfangen, soll uns das allerwichtigste sein.
Es ist bezeichnend für die vom Heiligen Geist geprägte Sprache der Bibel, daß sie im Hebräischen für die »Ehre« Gottes ein eigenes Wort entwickelt hat, die kabod, den Lichtglanz Gottes, eine Bedeutung, die das griechische Wort für Meinung, Ansehen (doxa) mit einem ganz neuen Sinn erfüllt hat. Luther hat dieses Wort teils mit »Ehre«, teils mit »Herrlichkeit« übersetzt (s. Herrlichkeit). Jesus Christus hat Anteil an Gottes Herrlichkeit durch seinen Tod und seine Auferstehung.

1. Der gottferne Mensch nimmt die Ehre für sich.

Joh. 5, 44 Wie könnt ihr glauben, die ihr Ehre voneinander nehmet, und die Ehre, die von Gott allein ist, suchet ihr nicht!

7, 18 Wer von sich selbst redet, der sucht seine eigene Ehre.

12, 43 Sie hatten lieber die Ehre bei den Menschen, denn die Ehre bei Gott.

Röm. 1, 25 Sie haben geehrt und gedient dem Geschöpfe mehr denn dem Schöpfer.

Gal. 5, 26 Lasset uns nicht eitler Ehre geizig sein!

Phil. 2, 3 Nichts tut durch Zank oder eitle Ehre.

1 Thess. 2, 6 Wir haben auch nicht Ehre gesucht von den Leuten.

1 Mose 11, 4 Laßt uns einen Turm bauen ..., daß wir uns einen Namen machen.

4 Mose	12, 1	Mirjam, da sie Mose gleich sein wollte, ward aussätzig.
2 Sam.	24, 1	David für die Volkszählung mit Pestilenz bestraft.
Dan.	4, 27	Nebukadnezars Ehrgeiz und Fall.
Mtth.	20, 20	Der Ehrgeiz der Mutter der Söhne des Zebedäus.
Apgsch.	8, 9	Simon, der Zauberer, gab vor, er wäre etwas Großes.
	12, 23	Agrippa geschlagen, weil er die Ehre nicht Gott gab.
1 Petr.	5, 5	Gott widersteht den Hoffärtigen.

2. Gott allein gebührt die Ehre.

5 Mose	32, 3	Gebt unserm Gott allein die Ehre.
Jes.	48, 11	Ich will meine Ehre keinem anderen lassen.
Ps.	115, 1	Nicht uns, Herr, nicht uns, sondern deinem Namen sei Ehre!
Luk.	2, 14	Ehre sei Gott in der Höhe!
	19, 38	Der König der Ehre!
Joh.	5, 23	Den Sohn ehren wie den Vater.
	11, 4	Die Krankheit ist . . . zur Ehre Gottes, daß der Sohn Gottes dadurch geehrt werde.
	8, 50	Ich suche nicht meine Ehre, es ist aber einer, der sie sucht.
Hebr.	2, 7	Mit Preis und Ehre hast du ihn gekrönt.
	3, 3	Dieser ist größere Ehre wert denn Mose.
Phil.	2, 11	Christus der Herr zur Ehre Gottes, des Vaters.
Röm.	11, 36	Ihm sei Ehre in Ewigkeit! Röm. 16, 27; Gal. 1, 5; Eph. 3, 21; Phil. 4, 20; 1 Tim. 1, 17; 6, 16; 2 Tim. 4, 18; 1 Petr. 4, 11; 5, 11; 2 Petr. 3, 18; Offenb. 1, 6; ThW: besser übersetzt mit »ist Ehre« nach 1 Petr. 4, 11 (die Schrift hallt wider vom Lobpreis der Ehre Gottes).
Joh.	14, 13	Was ihr bitten werdet, das will ich tun, auf daß der Vater geehret werde in dem Sohne (Was Christus und seine Jünger tun und leiden, zielt auf die Ehre Gottes ab).
	15, 8	Darin wird mein Vater geehrt, daß ihr viel Frucht bringt.
1 Petr.	4, 16	Leidet er aber als Christ, so ehret er Gott in diesem Falle.

3. Gott gibt Ehre denen, die ihm und Christo angehören.

Joh.	12, 26	Wer mir dienen wird, den wird mein Vater ehren.
Ps.	91, 15	Ich will ihn herausreißen und zu Ehren bringen.
	73, 24	Du leitest mich nach deinem Rat und nimmst mich endlich mit Ehren an.
Sprüche	29, 23	Der Demütige wird Ehre empfangen.
	15, 33	Ehe man zu Ehren kommt, muß man zuvor leiden.
Röm.	2, 7	Preis und Ehre und unvergängliches Wesen denen, die mit Geduld in guten Werken trachten nach dem ewigen Leben.
1 Petr.	5, 4	So werdet ihr, wenn erscheinen wird der Erzhirte, die unverwelkliche Krone der Ehre empfangen.

4. Wir sollen einander ehren nach göttlicher Ordnung.

1 Petr.	3, 7	Gebet dem weiblichen als dem schwächeren Werkzeuge seine Ehre.
2 Mose	20, 12	Du sollst deinen Vater und deine Mutter ehren.
3 Mose	19, 32	Vor einem grauen Haupte sollst du aufstehen und die Alten ehren.
Sprüche	16, 31	Graue Haare sind eine Krone der Ehre.
Maleachi	1, 6	Ein Knecht soll seinen Herrn ehren.
Sirach	7, 32	Den Priester.
1 Tim.	5, 17	Die Ältesten, die wohl vorstehen, halte man zwiefacher Ehre wert.
1 Petr.	2, 17	Den König ehren.

Röm.	13, 7	So gebet nun jedermann, was ihr schuldig seid ... Ehre, dem Ehre gebührt.
1 Petr.	2, 17	Tut Ehre jedermann.

Eigentum. Die Erde und alles, was darinnen ist, ist Gottes Eigentum. Das Volk Israel war in besonderem Sinn erwählt, Gottes Eigentum zu sein. Anerkannt wird das Eigentumsrecht Gottes erst durch das Volk des Neuen Bundes. Welcher Trost und welche Verpflichtung, sein Eigentum zu sein! Der Herr hat auch das volle Eigentumsrecht über unseren Besitz. Freudig können wir Christen opfern und verlassen, wenn Gott es will. Wir tragen unser Eigentum zu Lehen von Gott, sind Verwalter, die weder verprassen noch geizen dürfen, sondern arbeiten, die Erde sich untertan machen sollen, auf daß sie haben zu geben dem Dürftigen.

1. Das Volk des Eigentums.

1 Mose	14, 19	Gott, der Himmel und Erde besitzt.
2 Mose	19, 5	Werdet ihr nun meiner Stimme gehorchen und meinen Bund halten, so sollt ihr mein Eigentum sein vor allen Völkern, denn die ganze Erde ist mein.
5 Mose	7, 6	Dich hat Gott, dein Herr, erwählt zum Volk des Eigentums, Ps. 135, 4; Maleachi 3, 17.
Joh.	1, 11	Er kam in sein Eigentum und die Seinen nahmen ihn nicht auf.
Eph.	1, 14	Daß wir sein Eigentum würden zu Lob seiner Herrlichkeit (im Neuen Bund).
2 Thess.	2, 14	Darein er euch berufen hat durch unser Evangelium zum herrlichen Eigentum unseres Herrn Jesu Christi.
Titus	2, 14	Er reinigte sich selbst ein Volk zum Eigentum, das da fleißig wäre zu guten Werken.
1 Petr.	2, 9	Ihr seid das Volk des Eigentums.

2. Es hat den Trost, sein zu sein.

Jes.	49, 16	Siehe, in die Hände habe ich dich gezeichnet.
	43, 1	Fürchte dich nicht, ich habe dich erlöset – du bist mein.
Joh.	10, 27 f.	Meine Schafe – niemand soll sie aus meiner Hand reißen.
2 Tim.	2, 19	Es kennt der Herr die Seinen.

3. Die Verpflichtung.

Joh.	10, 27	Meine Schafe hören meine Stimme, und sie folgen mir.
Eph.	1, 14	Daß wir sein Eigentum würden, zu Lob seiner Herrlichkeit.
Titus	2, 14	Fleißig zu guten Werken.

4. Die Kraft, das Eigentum zu opfern und zu verlassen, wenn Gott es will, denn wir gehören ihm, und er, in dem wir alles haben, gehört uns.

1 Mose	22	Isaaks Opferung.
Hiob	1, 21	Der Herr hat's gegeben, der Herr hat's genommen, der Name des Herrn sei gelobt!
Luk.	5, 11	Sie verließen alles und folgten ihm nach.
Mtth.	13, 44	Und verkaufte alles, was er hatte, und kaufte den Acker.
	19, 29	Wer verlässet Häuser oder Brüder ... um meines Namens willen, der wird's hundertfältig nehmen und das ewige Leben ererben.

Ps. 73, 25 Wenn ich dich nur habe, so frage ich nichts nach Himmel und Erde.

5. Wir sind Verwalter unseres Eigentums, die Gott Rechenschaft geben müssen.

Mtth. 25, 14 Er tat ihnen seine Güter aus.
25, 19 Hielt Rechenschaft mit ihnen.
Luk. 15, 12 Gib mir das Teil meiner Güter, das mir gehört . . ., brachte sein Gut um mit Prassen (Wer das Höchsteigentumsrecht Gottes vergißt, wird ein Verschwender oder Geizhals).
1 Tim. 6, 6 Es ist ein großer Gewinn, wer gottselig ist und lässet sich genügen (Nur wer die göttlichen Güter kennt, ist genügsam. Joh. 10, 11).
6, 10 Geiz ist eine Wurzel alles Übels.
Mtth. 6, 24 Ihr könnt nicht Gott dienen und dem Mammon.
Eph. 4, 28 Arbeite und schaffe mit den Händen etwas Gutes, auf daß er habe zu geben dem Dürftigen.

Einfalt, Einfältigkeit, einfältig: Einfalt ist Einheitlichkeit in Wahrhaftigkeit und Treue. Einfalt ist Einfachheit und Lauterkeit. Gott hat sich in Christus als höchste Einfalt offenbart. Der Mensch ist unwahrhaftig und verworren, unlauter und untreu. Er ist aus der Einfalt herausgefallen. Glaube ist Rückkehr zur Einfalt. Die Früchte des Glaubens tragen das Gepräge der Einfalt.

1. Gott ist Einfalt, ganz gerade und ganz treu.

1 Joh. 1, 5 Gott ist Licht und in ihm ist keine Finsternis.
Jak. 1, 5 Gott gibt einfältig jedermann und rücket's niemand auf.
Apgsch. 13, 10 Die richtigen Wege des Herrn.
Jak. 1, 17 Der Vater des Lichts, bei welchem ist keine Veränderung noch Wechsel des Lichts und der Finsternis.
1 Joh. 1, 9 Er ist treu und gerecht.

2. In Christus ist Gottes Einfalt Fleisch geworden.

Luk. 2, 49 Wisset ihr nicht, daß ich sein muß in dem, was meines Vaters ist?
Joh. 4, 34 Meine Speise ist die, daß ich tue den Willen des, der mich gesandt hat und vollende sein Werk (Einfalt zu Gott).
Mtth. 11, 26 Ja, Vater, denn es ist also wohlgefällig gewesen vor dir (kein Zwiespalt in seinem Wollen).
Joh. 1, 9 Das war das wahrhaftige Licht, das alle Menschen erleuchtet.
2 Kor. 1, 19 Der Sohn Gottes war nicht Ja und Nein, sondern Ja in ihm.
Offenb. 19, 11 Hieß Treu und Wahrhaftig.

3. Der Mensch ist aus der Einfalt gefallen.

2 Kor. 11, 3 Die Sinne verrückt von der Einfalt in Christo.
5 Mose 32, 5 Die verkehrte und böse Art fällt von ihm ab.
Eph. 4, 18 Welcher Verstand verfinstert ist und sind entfremdet von dem Leben aus Gott.
Pred.Sal. 7, 29 Gott hat den Menschen aufrichtig gemacht, aber sie suchen viele Künste.
Mtth. 6, 22 Wenn dein Auge einfältig ist, so wird der ganze Leib licht sein, ist aber dein Auge ein Schalk, so wird der ganze Leib finster sein.
Apgsch. 8, 23 Ich sehe, daß du bist verknüpft mit Ungerechtigkeit.

4. Der Glaube ist der Schritt in die Einfalt.

Weish.	1, 1	Suchet den Herrn mit einfältigem Herzen!
Mtth.	18, 3	Wenn ihr nicht umkehret und werdet wie die Kinder.
	11, 25	Du hast es den Unmündigen geoffenbart.
Sprüche	2, 7	Der Herr läßt es den Aufrichtigen gelingen.

5. Die Auswirkungen des Glaubens in der Einfalt.

Röm.	14, 23	Was nicht aus dem Glauben geht, ist Sünde.
Apgsch.	2, 47	Sie lobten Gott mit Freuden und einfältigen Herzen.
Röm.	12, 8	Gibt jemand, so gebe er einfältig.
2 Kor.	8, 2	Sie haben reichlich gegeben in aller Einfältigkeit.
	9, 11	Daß ihr reich seid in allen Dingen mit aller Einfalt.
Eph.	6, 5	Ihr Knechte seid gehorsam . . . in Einfalt eures Herzens als Christo.
2 Kor.	1, 12	Unser Ruhm ist dieser, daß wir in Einfalt und göttlicher Lauterkeit gewandelt haben (Des Apostels Vorbild).
Ps.	116, 6	Der Herr behütet die Einfältigen.
	119, 130	Dein Wort macht klug die Einfalt (Der Segen der Einfalt).
Joh.	16, 23	An jenem Tage werdet ihr mich nichts fragen (Vollendung der Einfalt).

Einigkeit, siehe Bruderliebe [2], Geist [I 3. b. 3], Kirche.

Empfangen, siehe Danken 1.

Ende.

1. Die Endlichkeit und Vergänglichkeit alles Irdischen ist für das Alte und Neue Testament feste Überzeugung und zugleich Antrieb, den ewigen Gott zu suchen (Ps. 90, 12).

1 Mose	6, 13	Alles Fleisches Ende ist vor mich gekommen.
Sirach	14, 20	Alles vergängliche Ding muß ein Ende haben.
Jes.	38, 12	Du machst mit mir ein Ende den Tag vor Abend.
	24, 8	Die Freude der Harfe hat ein Ende.
	60, 20	Die Tage deines Leides sollen ein Ende haben.
Ps.	119, 96	Ich habe alles Dinges ein Ende gesehen.
	39, 5	Lehre mich doch, daß es ein Ende mit mir haben muß.
Sirach	28, 6	Gedenke an das Ende. Sirach 38, 29.
Mtth.	5, 18	Himmel und Erde vergehen. Mtth. 24, 35; Luk. 13, 3; 21, 33.
	24, 3	Welches wird das Zeichen sein . . . des Endes der Welt?
	28, 20	Ich bin bei euch bis an der Welt Ende.
1 Kor.	15, 24	Danach das Ende.
Jak.	4, 14	Was ist euer Leben? Ein Dampf ist's, der eine kleine Zeit währet, dann aber verschwindet er.
Luk.	12, 20	Du Narr, diese Nacht wird man deine Seele von dir fordern.

2. Demgegenüber: Gott und alles, was sein ist und von ihm kommt, kennt kein Ende:

a) weder in zeitlicher Beziehung (siehe Ewigkeit);

Ps.	102, 28	Deine Jahre nehmen kein Ende.
Dan.	6, 27	Gottes Herrschaft hat kein Ende. Dan. 7, 14.
Klagel.	3, 22	Seine Barmherzigkeit hat noch kein Ende.
Offenb.	1, 8	Ich bin der Anfang und das Ende. Offenb. 3, 22.
Jak.	1, 17	Bei welchem ist keine Veränderung noch Wechsel des Lichts und der Finsternis.

b) noch in räumlicher Beziehung.

Dan.	4, 19	Deine Gewalt langt bis an der Welt Ende.
Sirach	50, 24	Der große Dinge tut an allen Enden.
Ps.	98, 3	Aller Welt Enden sehen das Heil Gottes.
Jes.	62, 11	Der Herr läßt sich hören bis an der Welt Ende.
	43, 6	Bringe meine Söhne von ferne und meine Töchter von der Welt Ende.
Mark.	13, 27	Dann wird er versammeln . . . seine Auserwählten . . . von dem Ende der Erde bis ans Ende des Himmels.
Apgsch.	1, 8	Ihr sollt meine Zeugen sein . . . bis an das Ende der Erde.

3. Das Ende der Welt tritt ein, wenn ihre Entwicklung zum Abschluß gereift ist und Jesus wiederkommt zum Gericht und zur Vollendung des Reichsplanes Gottes.

Mtth.	13, 39	Die Ernte ist das Ende der Welt.
	13, 49	Also wird es am Ende der Welt gehen: Die Engel werden ausgehen und die Bösen von den Gerechten scheiden.

a) Dann erst wird das Menschenleben in seinem Ertrag und Resultat offenbart.

Hebr.	9, 27	Den Menschen ist gesetzt, einmal zu sterben, danach das Gericht.
Röm.	6, 21	Was hattet ihr damals für Frucht? Welcher ihr euch jetzt schämt; denn das Ende derselbigen ist der Tod.
	6, 22	Nun ihr aber seid von der Sünde frei . . ., habt ihr eure Frucht, daß ihr heilig werdet, das Ende aber das ewige Leben.
2 Kor.	11, 15	Welcher Ende sein wird nach ihren Werken.
Phil.	3, 19	Die Feinde des Kreuzes Christi, welcher Ende ist die Verdammnis.

b) Darum wichtig das Aushalten bis ans Ende.

Mtth.	24, 13	Wer beharret bis ans Ende, der wird selig. 10, 22.
Hebr.	13, 7	Gedenket an eure Lehrer . . ., ihr Ende schauet an und folget ihrem Glauben nach.
1 Petr.	1, 9	Das Ende des Glaubens davonbringen, der Seelen Seligkeit.
2 Tim.	4, 7	Ich habe den Lauf vollendet . . ., hinfort ist mir beigelegt die Krone der Gerechtigkeit.
Sacharja	14, 7	Um den Abend wird's licht sein.

4. Jesu Kommen in die Welt, sein Leiden, Sterben und Auferstehen hat die letzte Phase der Weltgeschichte eingeleitet, die dem Ende vorausgeht. Darum die lebhafte und nahe Enderwartung im Neuen Testament.

Hebr.	9, 26	Nun aber am Ende der Welt ist er einmal erschienen.
1 Petr.	4, 7	Das Ende aller Dinge ist nahe herbeigekommen.
1 Kor.	10, 11	Es ist aber uns geschrieben zur Warnung, auf welche das Ende der Welt kommen ist.
1 Joh.	2, 18	Kinder, es ist die letzte Stunde.

a) Der Termin des Weltendes ist und bleibt Gottes Geheimnis (siehe Zeit 2 c).

Sacharja	14, 7	Es wird ein Tag sein, der dem Herrn bekannt ist.
Apgsch.	1, 7	Es gebühret euch nicht, zu wissen Zeit oder Stunde, welche der Vater seiner Macht vorbehalten hat.
Mtth.	24, 36	Von dem Tag aber und der Stunde weiß niemand . . ., sondern allein mein Vater.
	24, 6	Ihr werdet hören Kriege und Geschrei von Kriegen . . ., das muß zum ersten alles geschehen; aber es ist noch nicht das Ende da.

b) Wie Jesus die Gnade Gottes vollendet, indem er den Äon der Sünde beendet, so hat er sie damit begründet, daß er den Äon des Gesetzes abschloß (Äon gleich Zeitabschnitt).

Röm. 10, 4 Christus ist des Gesetzes Ende, wer an den glaubet, ist gerecht.

Engel. Boten Gottes, höhere Geisteswesen, von Gott geschaffen zu seinem Dienst. — Der Name wird auch für Priester und Propheten gebraucht, die einen göttlichen Auftrag haben, also Boten des Herrn sind (Haggai 1, 13; Maleachi 2, 7; 3, 1).

1 Kor. 11, 10 Das Weib soll eine Macht haben auf dem Haupte um der Engel willen.
Begleitengel, die auf Schicklichkeit achten (ThW).

Offenb. 2, 1 Dem Engel der Gemeinde schreibe (Engel, die die Gemeinde repräsentieren wie Michael das Volk Israel. ThW).

Es gibt gute und böse Engel (siehe Teufel). Die guten Engel leben in himmlischer Gerechtigkeit und Reinheit.

1. Sie dienen zur Ausrichtung des Gerichts.

1 Mose 3, 24 Ein Engel bewahrt das Paradies.
2 Kön. 19, 35 Ein Engel schlägt das assyrische Lager.
Apgsch. 12, 23 Ein Engel schlägt den Herodes.
Mtth. 13, 49 Die Engel scheiden die Guten von den Bösen.
2 Thess. 1, 7 Der Herr Jesus vom Himmel offenbar samt den Engeln seiner Kraft.

Auch böse Engel bekommen Macht von Gott, zu strafen.

Ps. 78, 49 Da er böse Engel unter sie sendete.
2. Kor. 12, 7 Des Satans Engel, der mich mit Fäusten schlage.

2. Die Boten Gottes sind Diener der Heilsoffenbarung.

a) Im Alten Bunde.

Apgsch. 7, 53 Das Gesetz ist empfangen durch der Engel Geschäft; von den Engeln durch die Hand des Mittlers (Gal. 3, 19).
Hebr. 2, 2 Das Wort, das durch die Engel geredet ist.
1 Mose 22, 15 Ein Engel erscheint Abraham; 2 Mose 3, 2 dem Mose; Josua 5, 15 dem Josua; 1 Kön. 19, 5; 2 Kön. 1, 3 dem Elia; Jesaja 6, 6 dem Jesaja.

b) Im Neuen Bunde.

Ein Engel erscheint bei der Ankunft des Herrn:

Luk. 1, 11 dem Zacharias; Luk. 1, 26 der Maria; Luk. 2, 9 den Hirten.

Sie sind Diener Jesu.

Mtth. 4, 11 Engel traten zu ihm und dienten ihm.
26, 53 Zwölf Legionen Engel.
Joh. 1, 51 Werdet sehen die Engel Gottes hinauf- und hinabfahren auf des Menschen Sohn.

Sie erscheinen bei Auferstehung und Himmelfahrt:

Mrk. 16, 5 der Maria Magdalena; Luk. 24, 23 den Weibern beim Grabe; Apgsch. 1, 10 den Aposteln.

Engel sind beteiligt bei Gründung der neutestamentlichen Gemeinden und erscheinen:

Apgsch. 5, 19 den Aposteln; Apgsch. 8, 26 dem Philippus; Apgsch. 10, 3 dem Kornelius; Apgsch. 12, 7 dem Petrus (Gefängnis), Apgsch. 27, 23 dem Paulus; Offenb. 5, 2 dem Johannes.

3. Sie nehmen Anteil an dem Fortgang des Reiches Christi auf Erden.

1 Tim.	3, 16	Christus erschienen den Engeln.
1 Petr.	1, 12	Welches gelüstet die Engel zu schauen.
Luk.	15, 10	Es wird Freude sein vor den Engeln Gottes über einen Sünder, der Buße tut.
1 Kor.	4, 9	Paulus: ein Schauspiel den Engeln und den Menschen.
1 Tim.	5, 21	Bezeuge vor Gott und den auserwählten Engeln.
Mtth.	18, 10	Ihre Engel im Himmel sehen allezeit das Angesicht meines Vaters im Himmel.

4. Sie schützen die Gläubigen.

Ps.	34, 8	Der Engel des Herrn lagert sich um die her, die ihn fürchten.
	91, 11	Der Herr hat seinen Engeln befohlen über dir.

5. Sie tragen ihre Seele heim.

Luk.	16, 22	Lazarus ward getragen von den Engeln in Abrahams Schoß.

Die Seligen sehen ihnen gleich.

Apgsch.	6, 15	Sie sahen sein (des Stephanus) Angesicht wie eines Engels Angesicht.
Mtth.	22, 30	Sie sind wie die Engel.
Offenb.	7, 9	Loben mit den Engeln vor Gottes Thron.

6. Die Engel loben Gott in den himmlischen Wohnungen.

Ps.	148	Lobet ihn all sein' Heer.
Offenb.	5, 11	Preis des Lammes.
	7, 11	Preis Gottes.

Enthalten, siehe Fasten.

Erbarmen, siehe Barmherzigkeit.

Erbe, erben. Das Heilsgut, das Gott Israel zugesagt hat, erlangt das wahre Israel, die Gemeinde des Neuen Bundes. Sie hat jetzt die Anwartschaft und die Erstlingsgaben, den Vollbesitz aber erst in jener Welt. Der Erbe im besonderen Sinn ist Christus.

Das Land Kanaan war den Erzvätern von Gott verheißen und zugeschworen. Daher wird es das »gelobte« Land genannt. Es war nicht durch Leistung erworben oder durch Eroberung erbeutet, sondern durch Gottes ursachlose Bestimmung zugeteilt. Erst auf Grund dieser Zuteilung wurde es dann in Besitz genommen. »Diese Auffassung des Erbes wurzelt in der alttestamentlichen Erfahrung des die Geschichte des Menschen konkret bestimmenden Gottes, der jedem sein Teil gibt« (ThW). Es wird unter Erbteil im Alten Testament wesentlich der Landbesitz verstanden, der ein bleibender und auf die Söhne zu vererbender Besitz sein soll und geschützt ist durch das 10. Gebot und das Gesetz des Jubeljahres 3. Mos. 25, vgl. 1. Kö. 21, 3. In vergeistigter Frömmigkeit wird Israel als Erbe Gottes bezeichnet (Ps. 28, 9), ja Jahwe selbst wird das Erbteil genannt (Ps. 16, 5). Im Neuen Testament ist Jesus Christus als der Sohn der Erbe des Weinbergs (Mrk. 12, 1—12). Die Seinen sind als in die Sohnschaft Versetzte Miterben Christi. Das Erbe wird ein eschatologischer Begriff, an dem die Kinder und Söhne des Reichs Anteil haben, eine Verheißung, die im Hebräerbrief angeschlossen wird an die Verheißung, die den Vätern geschehen ist und auf die sie warteten durch Glauben und Geduld (Hebr. 6, 12). Das unvergängliche Erbe (1. Petr. 1, 3) wird in Offenb. 21, 7 in dem himmlischen Jerusalem, in dem neuen Himmel und in der neuen Erde, wo kein Leid und kein Tod mehr ist, dargestellt und den Überwindern verheißen.

1. Christus ist der Erbe als der Sohn.

Ps.	2, 7 f.	Du bist mein Sohn, . . . heische von mir, so will ich dir die Heiden zum Erbe geben.
Hebr.	1, 4	So viel höher der Name ist, den er vor ihnen ererbet hat. Phil. 2, 9.
Mtth.	21, 38	Da aber die Weingärtner den Sohn sahen, sprachen sie: Das ist der Erbe.

2. Nur Kinder erben.

Röm.	8, 17	Sind wir denn Kinder, so sind wir auch Erben, nämlich Gottes Erben und Miterben Christi.
	4, 13	Abraham der Welt Erbe (der Vater der Glaubensgerechtigkeitsgemeinde).
Gal.	3, 29	Seid ihr aber Christi, so seid ihr ja Abrahams Same und nach der Verheißung Erben.
	4, 7	Sind's aber Kinder, so sind's auch Erben Gottes durch Christum.
Eph.	1, 5	Verordnet zur Kindschaft durch Jesum . . ., durch welchen wir auch zum Erbteil kommen sind. V. 11.

3. Welche Kinder sind.

Eph.	1, 5	Die zuvor Verordneten.
Titus	3, 7	Durch desselbigen Gnade gerecht und Erben des ewigen Lebens nach der Hoffnung.
Kol.	1, 12	Der uns tüchtig gemacht hat zum Erbteil der Heiligen im Licht.
Mtth.	25, 34	Ihr Gesegneten meines Vaters, ererbet das Reich, das euch bereitet ist von Anbeginn der Welt.
Jak.	2, 5	Die am Glauben reich sind und Erben des Reichs, welches er verheißen hat denen, die ihn liebhaben.
Hebr.	6, 12	Durch Glauben und Geduld ererben.
Eph.	3, 6	Das Geheimnis Christi: die Heiden Miterben.
Röm.	8, 17	Miterben Christi, so wir anders mit leiden.
Offenb.	21, 7	Wer überwindet, wird alles ererben.

4. Wer nicht erbt.

1 Kor.	6, 9	Die Ungerechten werden das Reich Gottes nicht ererben, weder die Hurer.
	15, 50	Fleisch und Blut können das Reich Gottes nicht ererben.
Gal.	5, 21	Saufen, Fressen – die solches tun, werden das Reich Gottes nicht ererben.
Hebr.	12, 17	Esau verworfen, als er den Segen ererben wollte (weil er um einer Speise willen die Erstgeburt verkaufte).

5. Beschreibung des Erbes.

1. Petr.	1, 4	Das unvergängliche, unverwelkliche Erbe.
Hebr.	6, 12	Die Verheißung ererben.
1 Petr.	3, 9	Den Segen ererben.
Hebr.	1, 14	Ererben die Seligkeit (Errettung).
Mtth.	19, 29	Das ewige Leben ererben.
1 Petr.	3, 7	Miterben der Gnade des Lebens.
Ps.	16, 6	Das Los ist mir gefallen aufs Liebliche; mir ist ein schön Erbteil worden.
1 Joh.	3, 2	Es ist noch nicht erschienen, was wir sein werden . . ., ihm gleich sein werden; denn wir werden ihn sehen, wie er ist.
Offenb.	21	Der neue Himmel und die neue Erde.

Erkenntnis, erkennen. Alle Erkenntnis beruht auf Erleuchtung. Erkenntnis Gottes setzt göttliche Offenbarung voraus. In der griechischen Profanliteratur ist »erkennen« die Erkenntnis eines Gegenstandes oder Sachverhalts, der in den Gesichtskreis des Erkennenden tritt. Der Begriff »erkennen« ist vom Sehen her bestimmt. Durch Erkenntnis steigt der Erkennende in die Nähe des Seienden hinauf, in die Nähe Gottes.

Die fälschlich so genannte Gnosis (1. Tim. 6, 20), eine griechische Erkenntnislehre, die das Neue Testament scharf bekämpft, beruht auf diesem Aufsteigen des Erkennenden zu dem Seienden, zu Gott hin und behauptet, daß die Erkenntnis Gottes die göttliche Natur verleihe, die Unsterblichkeit.

Im Alten Testament ist das Erkennen mehr eine Weise des Hörens, »die Einsicht in den fordernden und begnadenden Willen Gottes, die primär Anerkennung, gehorsame und dankbare Beugung unter das Erkannte ist« (ThW). Nicht erkennen ist Schuld.

Bei den Rabbinen verleiht die Kenntnis des Gesetzes auch die Fähigkeit, es zu tun. Das Volk, das das Gesetz Gottes nicht kennt, ist sündig.

Der neutestamentliche Erkenntnisbegriff hat den alttestamentlichen zur Voraussetzung. Die Erkenntnis Gottes beruht auf Gottes Heilstat in Jesus Christus. Sie geschieht zum glaubenden und gehorsamen Empfang. Der Mensch steigt nicht auf mit seiner Erkenntnis zu Gott, sondern die Erkenntnis wird ihm durch Gottes Gnadenwillen offenbart. Mtth. 11, 25, 27; Mtth. 16, 17. Die Gotteserkenntnis des Menschen gründet sich darauf, daß ihn Gott erkannt hat. Gal. 4, 9 (nun ihr aber Gott erkannt habt, ja vielmehr von Gott erkannt seid). Gottes Erkennen und Erwählen ist eins (2. Tim. 2, 19: Es kennt der Herr die Seinen). Erkenntnis Gottes ist nur möglich durch

den Geistesempfang (1. Kor. 2, 12). Der natürliche Mensch ist blind für Gott (1. Kor. 2, 14).
Bei Johannes ist eine direkte Gotteserkenntnis ausgeschlossen. ThW: »Das Erkennen Gottes hat seinen direkten Gegenstand in der Offenbarung, in Jesus. Erkenntnis Gottes bedeutet Annahme der Liebestat Gottes in Jesus und den Gehorsam gegen seine Forderung.« Joh. 1, 10: Die Welt kannte das wahrhaftige Licht nicht. Erkennen bedeutet bei Johannes den erkennenden Empfang der Liebe Gottes in Jesus. Wer diese Liebe empfangen hat, liebt die Brüder. Den Sohn Gottes erkennen, heißt, um seine Einheit mit dem Vater wissen (Joh. 10, 38; 14, 20; 16, 3). Wer Gott in Christus erkennt, empfängt Anteil an seinem göttlichen Wesen (Joh. 17, 3: Das ist das ewige Leben, daß sie dich und den du gesandt hast, Jesum Christum, erkennen).

1. Selbsterkenntnis.

Ps.	51, 7	Siehe, ich bin in sündlichem Wesen geboren.
1 Mose	32, 11	Ich bin zu gering aller Barmherzigkeit.
Mtth.	8, 8	Ich bin nicht wert, daß du unter mein Dach gehst.
Luk.	5, 8	Gehe hinaus von mir, ich bin ein sündiger Mensch ... (Mtth. 26, 75).
Röm.	3, 20	Durch das Gesetz kommt Erkenntnis der Sünde.

2. Gotteserkenntnis.

a) Sie ist unserem natürlichen Verständnis unzugänglich.

Hosea	4, 1	Es ist keine Erkenntnis Gottes im Lande.
Jes.	6, 9	Höret und verstehet's nicht, sehet und merket's nicht!
	5, 21	Weh' denen, die bei sich selbst weise sind und halten sich selbst für klug!
	59, 8	Sie kennen den Weg des Friedens nicht.
Joh.	8, 27	Sie verstanden aber nicht, daß er ihnen vom Vater sagte.
Luk.	18, 34	Sie vernahmen aber keins und die Rede war ihnen verborgen.
	19, 42	Aber nun ist's vor deinen Augen verborgen.
	11, 52	Wehe euch; ihr Schriftgelehrten, ihr habt den Schlüssel der Erkenntnis weggenommen.
Röm.	1, 21	Sie sind in ihrem Dichten eitel geworden, und ihr unverständiges Herz ist verfinstert.
	1, 22	Da sie sich für weise hielten, sind sie zu Narren geworden.
1 Kor.	1, 21	Dieweil die Welt in ihrer Weisheit Gott in seiner Weisheit nicht erkannte.
Eph.	4, 17	Sie wandeln in der Eitelkeit des Sinnes, welcher Verstand verfinstert ist und sind entfremdet von dem Leben, das aus Gott ist.
2 Tim.	3, 6	Die mit Sünden beladen sind und von mancherlei Lüsten umgetrieben, lernen immerdar und können nimmer zur Erkenntnis der Wahrheit kommen.
Kol.	2, 2	Zu erkennen das Geheimnis Gottes, des Vaters und Christi.
Eph.	3, 19	Die Liebe Christi, die alle Erkenntnis übertrifft.
Phil.	4, 7	Der Friede Gottes höher als alle Vernunft.
1 Kor.	2, 14	Der natürliche Mensch vernimmt nichts vom Geiste Gottes.
2 Kor.	4, 4	Das Evangelium ... verdeckt, bei welchen der Gott dieser Welt der Ungläubigen Sinn verblendet hat.

b) Die Erkenntnis Gottes den Vätern verheißen.

Jes.	11, 9	Das Land ist voll Erkenntnis des Herrn.
Jerem.	31, 34	Sie sollen mich alle kennen, beide, klein und groß.

c) Die Erkenntnis Gottes wird geschenkt durch Offenbarung.

Sprüche 2, 6 Der Herr gibt Weisheit.
2 Chron. 1, 10 So gib mir nun Weisheit und Erkenntnis (Salomo).
Dan. 2, 21 Er gibt den Weisen ihre Weisheit. 1 Tim. 1, 17: dem allein Weisen.
4 Mose 24, 16 Dem die Augen geöffnet werden, wenn er niederkniet (Bileam).
Apgsch. 22, 14 Gott hat dich verordnet, daß du seinen Willen erkennen sollst.
Mtth. 11, 27 Niemand kennet den Sohn denn nur der Vater; und niemand kennt den Vater denn nur der Sohn, und wem es der Sohn will offenbaren.
16, 17 Fleisch und Blut hat dir das nicht offenbart, sondern mein Vater im Himmel.
Kol. 1, 9 Wir hören nicht auf, für euch zu beten und zu bitten, daß ihr erfüllt werdet mit Erkenntnis seines Willens. Eph. 1, 16. 17.
2 Kor. 2, 14 Gott hat offenbart den Geruch seiner Erkenntnis durch uns an allen Orten.
4, 6 Gott hat einen hellen Schein in unsere Herzen gegeben, daß durch uns entstünde die Erleuchtung von der Erkenntnis der Klarheit Gottes im Angesichte Jesu Christi (Gott bedient sich menschlicher Werkzeuge).
10, 5 Wir zerstören damit alle Höhe, die sich erhebt wider die Erkenntnis Gottes, und nehmen gefangen alle Vernunft unter den Gehorsam Christi.
1 Tim. 1, 17 Gott . . . dem allein Weisen sei Ehre und Preis.

d) Erkenntnis Gottes geschenkt durchs Wort.

Ps. 19, 8 Das Zeugnis des Herrn ist gewiß und macht die Unverständigen weise.
119, 104 Dein Wort macht mich klug.

e) geschenkt durch den Glauben an Christus.

Hosea 2, 22 Im Glauben will ich mich dir verloben, und du wirst den Herrn erkennen.
Joh. 6, 69 Wir haben geglaubt und erkannt, daß du bist Christus.
Eph. 3, 17 Daß Christus wohne durch den Glauben in euren Herzen . . ., auf daß ihr begreifen möget . . . auch erkennen die Liebe Christi.
Joh. 8, 28 Wenn ihr des Menschen Sohn erhöhen werdet, dann werdet ihr erkennen, daß ich's sei.
14, 21 Wer mich liebt, der wird von meinem Vater geliebt werden, und ich werde ihn lieben und mich ihm offenbaren.
Kol. 2, 3 In welchem verborgen liegen alle Schätze der Weisheit und der Erkenntnis.
Joh. 10, 14 Ich erkenne die Meinen und bin bekannt den Meinen.
10, 4 Die Schafe folgen ihm nach, denn sie kennen seine Stimme.
8, 31 So ihr bleiben werdet an meiner Rede . . . und werdet die Wahrheit erkennen.

f) Wachstum in der Erkenntnis durch Gottesfurcht, Demut, Gehorsam und Gebet.

Kol. 1, 11 Wachset in der Erkenntnis Gottes. 2 Petr. 3, 18.
1 Kor. 1, 5 Durch ihn an allen Stücken reich gemacht, an aller Lehre und in aller Erkenntnis.
14, 20 Am Verständnis seid vollkommen!
Röm. 12, 2 Verändert euch durch Erneuerung eures Sinnes, auf daß ihr prüfen möget (Wege zum Wachstum).
Eph. 5, 9 Wandelt als Kinder des Lichts und prüfet, was da sei wohlgefällig dem Herrn.
4, 15 Wachsen in allen Stücken an dem, der das Haupt ist, Christus.

g) Inhalt der Erkenntnis.

Ps. 46, 11 Seid stille und erkennet, daß ich Gott bin.
4, 4 Erkennet doch, daß der Herr seine Heiligen wunderbar führet.

Luk.	19, 42	Wenn du doch auch erkenntest zu dieser deiner Zeit, was zu deinem Frieden dient.
	1, 77	Erkenntnis des Heils gebest seinem Volk, die da ist in Vergebung ihrer Sünden.
Apgsch.	22, 14	Du sollst erkennen seinen Willen.
Hebr.	10, 26	Nachdem wir die Erkenntnis der Wahrheit empfangen haben.
2 Petr.	2, 21	Erkennet den Weg der Gerechtigkeit.
Eph.	3, 19	Erkennet die Liebe Christi.
Phil.	3, 10	Zu erkennen ihn und die Kraft seiner Auferstehung und die Gemeinschaft seiner Leiden.
Offenb.	3, 9	Sie sollen erkennen, daß ich dich geliebt habe.
Mtth.	7, 16	An ihren Früchten sollt ihr sie erkennen (Menschen erkennen).

3. Erkenntnis, die nicht auf einen Gegenstand bezogen ist, ist Weisheit.

Hiob	5, 13	Er fängt die Weisen in ihrer Weisheit (Listigkeit, verkehrte menschliche Weisheit).
Röm.	1, 22	Da sie sich für weise hielten, sind sie zu Narren geworden.
Jerem.	8, 9	Was können sie Gutes lehren, weil sie des Herrn Wort verwerfen?
1 Kor.	1, 21	Dieweil die Welt durch ihre Weisheit Gott in seiner Weisheit nicht erkannte.
Jak.	3, 15	Weisheit von unten: irdisch, menschlich, teuflisch.
	3, 17	Weisheit von oben her ist aufs erste keusch.
	1, 5	So jemand unter euch Weisheit mangelt, der bitte von Gott.
1 Kön.	3, 9	Bitte Salomos.
1 Kor.	1, 30	Christus, welcher uns von Gott gemacht ist zur Weisheit.
Eph.	1, 17	Daß der Gott unseres Herrn Jesu Christi, der Vater der Herrlichkeit, gebe euch den Geist der Weisheit und der Offenbarung zu seiner selbst Erkenntnis.

4. Klug durch Erkenntnis.

Ps.	90, 12	Lehre uns bedenken, daß wir sterben müssen, auf daß wir klug werden!
Mtth.	7, 24	Wer diese meine Rede hört und tut sie, den vergleiche ich einem klugen Mann.
Luk.	12, 42	Wie ein groß Ding ist's um einen treuen und klugen Haushalter!
Mtth.	25, 2	Kluge Jungfrauen (klug zur Bereitschaft).
Luk.	16, 8	Der Herr lobte den ungerechten Haushalter, daß er klüglich getan hatte, denn die Kinder dieser Welt sind klüger als die Kinder des Lichts.
Mtth.	10, 16	Darum seid klug wie die Schlangen (klug zum Umgang mit Menschen).

Erleuchtung, siehe blind.

Erlösung, Erlöser, erlösen: freikaufen durch eine Sühneleistung, durch ein Lösegeld, befreien. An zwei Stellen verwendet Jesus diesen Ausdruck »Lösegeld«: Mrk. 10, 45 und Mtth. 20, 28. In dieser ausdrücklichen Bedeutung kommt er sonst im Neuen Testament nicht vor, an anderen Stellen wird ein Wort in allgemeiner Bedeutung für Erlösung und erlösen gebraucht. Der Begriff »Erlösung« hat oft einen endzeitlichen Sinn und schaut auf die endgültige Befreiung der Jünger aus der Not dieser Welt durch die Wiederkunft des Herrn hin (Luk. 21, 28). Das Lösegeld empfängt Gott. Es wird stellvertretend von Jesus mit der Hingabe seines Lebens, seiner selbst in das Todesgericht bezahlt. Wenn der Herr schon vorher vollmächtig als der Sohn Gottes Sünde für alle Ewigkeit vergibt, tut er es im Blick auf diese seine Erlösungstat. Dieses Lösegeld gilt für viele, eine »unbestimmte Menge« (ThW). Warum dieses Lösegeld nötig ist, wird nicht gesagt. Es ist Gottes Wille, und diesem Willen unterwirft sich der Sohn. Auf Grund dieses Dienstes werden viele frei von ihren Sünden. Es hat Gott gefallen, auf diese Weise seinen Gerichtsernst mit seiner Güte zu vereinen.

1. Die Erlösung.

a) Erlösung von Leiden und Drangsal.

Hiob	5, 20	Erlösung aus der Teuerung.
2 Thess.	3, 2	Erlösung von bösen Menschen.
Ps.	103, 4	Erlösung aus dem Verderben.
2 Kor.	1, 10	Erlösen vom Tode.
Hebr.	2, 15	Erlösen die, so durch Furcht des Todes im ganzen Leben Knechte sein mußten.
2 Tim.	4, 18	Erlösen von allem Übel. Mtth. 6, 13.

b) Erlösung aus der Schuldverhaftung.

Mtth.	20, 28	Gebe sein Leben zu einer Erlösung für viele (Mrk. 10, 45).
Eph.	1, 7	An welchem wir haben die Erlösung durch sein Blut, nämlich die Vergebung der Sünden.
Röm.	3, 24	Die Erlösung, so durch Christum Jesum geschehen ist, welchen Gott hat vorgestellt zu einem Gnadenstuhl.

c) Erlösung vom Gesetz.

Gal.	4, 5	Auf daß er die erlöste, so unter dem Gesetz waren.
	3, 13	Christus hat uns erlöst vom Fluch des Gesetzes.

d) Erlösung von der Versuchung.

2 Petr.	2, 9	Der Herr weiß die Gottseligen aus der Versuchung zu erlösen.

2. Das Mittel der Erlösung.

a) In leiblicher Not.

2 Kor.	1, 10	Er wird uns auch hinfort erlösen durch Hilfe eurer Fürbitte.

b) In Sündennot das Blut Jesu.

Ps.	49, 8	Kann doch einen Bruder niemand erlösen.
1 Petr.	1, 18	Nicht mit vergänglichem Silber oder Gold erlöst, sondern durch das Blut Jesu Christi.
1 Tim.	2, 6	Der sich selbst hingegeben hat für alle zur Erlösung.
1 Kor.	1, 30	Welcher uns gemacht ist von Gott zur Erlösung.

c) Die Erlösung ist vollbracht.

Jes.	43, 1	Fürchte dich nicht, ich habe dich erlöst.
Ps.	31, 6	Du hast mich erlöst, du treuer Gott.
Eph.	1, 7	An welchem wir haben die Erlösung.
Röm.	3, 24	Die Erlösung, so durch Jesum Christum geschehen ist.

d) Die Erlösung wird erst in Zukunft vollendet durch die abschließende, den Todesleib und die Sündenwelt überwindende Offenbarung des Heils.

Luk.	21, 28	Erhebet eure Häupter, darum, daß sich eure Erlösung naht.
Eph.	1, 14	Der Geist, das Pfand unseres Erbes zu unserer Erlösung.
	4, 30	Versiegelt auf den Tag der Erlösung.

Röm.	8, 23	Warten auf unseres Leibes Erlösung.
	7, 24	Wer wird mich erlösen vom Leibe dieses Todes?
1 Thess.	1, 10	Zu warten seines Sohnes, der uns vom zukünftigen Zorn erlöst.

Erneuerung, siehe Wiedergeburt.

Erretten, Erretter, so recht der Name unseres Gottes. Bei den Griechen wird dieser Name für Götter, Feldherrn und Könige verwandt. Im Alten Testament wird von Gott alle Hilfe in äußeren und inneren Nöten erfleht, vor allem wird eine messianische Errettung (jeschua heißt Rettung) erwartet, die in irdischer Hilfe gegen die Feinde, in der Rückkehr in das Land der Väter, und da die Not Israels eine Folge seiner Sünde ist, in der Vergebung der Sünden gesehen wird. So ist die geistliche Seite im Alten Testament vorhanden, wird aber im Neuen Testament ausschließlich betont. Es geht um Erlösung vom zukünftigen Zorn (Röm. 5, 9), vom Verlorengehen (Mtth. 16, 25; 18, 19), vom Todesverhängnis (Jak. 5, 20), Rettung am Tag des Herrn (1. Kor. 5, 5), von den Sünden (Mtth. 1, 21; Luk. 1, 77, Apgsch. 5, 31). Der Name Retter und Heiland wird im Neuen Testament mit Ausnahme der Pastoralbriefe, wo er auch Gott beigelegt wird, ausschließlich für Jesus Christus verwandt. Das Heil wird im Glauben an ihn empfangen als ein gegenwärtiges Gut, dessen Vollendung von der Wiederkunft des Herrn erhofft wird.

1. Der Name Gottes.

Ps.	18, 3	Der Herr ist mein Erretter.
	40, 18	Mein Helfer und Erretter.
Titus	3, 4	Da aber erschien . . . die Leutseligkeit Gottes, unseres Heilands (Urtext: Erretters).

2. Nicht Menschenkraft kann erretten.

Ps.	33, 16	Ein Riese wird nicht errettet durch seine große Kraft.
Hesek.	7, 19	Ihr Silber und Gold wird sie nicht erretten am Tage des Zorns des Herrn.

3. Die Verheißung: Der Herr errettet.

Hiob	5, 19	Aus sechs Trübsalen hat er dich errettet.
Jes.	46, 4	Ich will heben, tragen und erretten.
Ps.	50, 15	Rufe mich an in der Not, so will ich dich erretten.
	34, 18	Der Herr errettet aus aller Not.
Luk.	18, 8	Er wird sie erretten in Kürze.
Hebr.	7, 25	Er kann selig machen immerdar, die durch ihn zu Gott kommen.

4. Wovon Gott errettet.

1 Sam.	17, 37	Der mich von dem Löwen und Bären errettet hat.
Ps.	56, 14	Du hast meine Seele vom Tode errettet.
	68, 21	Wir haben den Herrn Herrn, der vom Tode errettet; von den Lügenmäulern (Ps. 120, 2); von den falschen und bösen Leuten (Ps. 43, 1); vom Strick des Jägers und der schädlichen Pestilenz (Ps. 91, 3); vom Schwert (Ps. 22, 21).
	79, 9	Errette und und vergib uns unsere Sünden.

Gal.	1, 4	Jesus errettet von der gegenwärtigen argen Welt; von der Obrigkeit der Finsternis (Kol. 1, 13).
Luk.	19, 10	Des Menschen Sohn ist gekommen, zu suchen und selig zu machen (Urtext: retten, ebenso Titus 3, 5), was verloren ist.
Mtth.	1, 21	Er wird sein Volk retten von ihren Sünden.
	24, 22	Wenn diese Tage nicht verkürzt würden, würde kein Mensch selig (vom endzeitlichen Verderben).
Joh.	3, 17	Daß die Welt durch ihn selig werde (Joh. 12, 47).
Apgsch.	2, 40	Lasset euch erretten von diesem verkehrten Geschlecht.
	16, 33	Was soll ich tun, daß ich selig werde? Glaube an den Herrn Jesum Christum.
	4, 12	Ist kein anderer Name, darin wir sollen selig werden.

5. Wen rettet Gott?

Ps.	34, 18	Wenn die Gerechten schreien, so hört der Herr.
	50, 15	Gott rettet den, der ihn bittet.
Apgsch.	2, 21	Wer den Namen des Herrn anrufen wird, der wird errettet werden.
Mtth.	9, 22	Dein Glaube hat dir geholfen (Mrk. 5, 34; Luk. 8, 48).
Mrk.	16, 16	Wer da glaubt und getauft wird, der wird selig werden.
1 Kor.	1, 21	Durch törichte Predigt seligzumachen, die daran glauben.
Eph.	2, 5	Aus Gnaden seid ihr selig geworden durch den Glauben.
1 Thess.	2, 16	Zu predigen den Heiden, daß sie selig werden.
2 Thess.	2, 10	Die die Liebe zur Wahrheit nicht haben angenommen, auf daß sie selig würden.
1 Tim.	1, 15	Jesus Christus ist gekommen, die Sünder selig zu machen.
	2, 4	Welcher will, daß alle Menschen gerettet werden.
	2, 15	Sie werden selig werden durch Kindergebären, so sie bleiben im Glauben.
Titus	3, 5	Nach seiner Barmherzigkeit machte er uns selig durch das Bad der Wiedergeburt.
1 Petr.	3, 21	Das Wasser macht uns selig durch die Taufe.
Sacharja	3, 2	Den Brand aus dem Feuer retten.
Ps.	72, 12	Den Armen retten.
Hebr.	10, 39	Die da glauben und die Seele erretten.

6. Wer errettet ist, soll danken.

Ps.	50, 15	So sollst du mich preisen.
	32, 7	Daß ich errettet fröhlich rühmen kann!

Erstgeborene, siehe Christus [4. i].

Erwählung. Auswahl zu besonderer Zugehörigkeit zu Gott, eine Betätigung der sich frei ihren Gegenstand auswählenden Liebe. Der Erwählungsglaube ist die tragende Kraft der alttestamentlichen Gottesgemeinde. Er ist nicht begründet in den Vorzügen dieser Gemeinde, sondern in der unbegreiflichen Liebe Gottes. Dieser Erwählungsglaube verbindet sich später mit völkischem Stolz und Sicherheit. Dagegen kämpfen die Propheten leidenschaftlich und halten den Sicheren die sittlichen Forderungen Gottes entgegen. Die Erwählung hat kein politisches Ziel, sondern beruft zum Zeugendienst der Wahrheit (Micha 3, 11; Amos 3, 2; Jerem. 7, 26. 28; Jes. 43, 10; 60, 3).
Im Neuen Testament ist Jesus der Auserwählte Gottes. So bei Luk. 9, 35 und 23, 35. Die Apostel sind durch den Herrn erwählt (Luk.

6, 13). Johannes beschäftigt sich besonders mit der Erwählung des Judas (Joh. 6, 64 und 13, 18). Er ist erwählt, daß die Schrift (Ps. 41, 10) erfüllt würde. Das Ziel der Erwählung ist der fruchtbare Dienst (Joh. 15, 16). Nur im Gehorsam verwirklicht sich die Erwählung (Mtth. 22). Nur in anhaltendem Gebet und in beharrlichem Glauben überwindet die auserwählte Gemeinde die letzten Trübsale (Mtth. 24, 13 und Luk. 18, 7). Paulus begründet die Erwählung Israels mit der freien Entscheidung Gottes, der den Jakob dem Esau vor seiner Geburt vorzieht. So läßt jetzt Gott Israel warten auf die Heilserkenntnis, bis die Fülle der Heiden eingegangen ist (Röm. 11, 25). Die Gemeinde Jesu ist vor Grundlegung der Welt erwählt (Eph. 1, 4), daß sie soll heilig und unsträflich sein in der Liebe. Nach dem ersten Petrusbrief ist mit dem auserwählten Eckstein auch die Gemeinde erwählt, die sich auf ihn gründet. Die Erwählung hat das Ziel, die Tugenden Gottes zu verkündigen (1. Petr. 2, 9), die Erwählung durch Gehorsam festzumachen (2. Petr. 1, 10). Wo das nicht geschieht, wird aus ihr die Verwerfung.

1. Von den Trägern der alttestamentlichen Heilsoffenbarung.

Nehemia	9, 7	Der du Abraham erwählet hast.
2 Mose	3	Gott erwählte Mose, das Volk zu retten.
	19, 5	Die Erwählung des Volkes Israel zum Volk des Eigentums.
5 Mose	14, 2	Der Herr hat dich erwählt, daß du sein Eigentum seiest.
	7, 7	Nicht hat euch der Herr erwählet, daß euer mehr wäre als alle Völker, sondern darum, daß er euch geliebt hat.
	9, 5	Nicht um deiner Gerechtigkeit willen, der Herr vertreibt die Heiden um ihres gottlosen Wesens willen.
Micha	3, 11	Ihre Propheten wahrsagen um Geld, verlassen sich auf den Herrn und sprechen: Ist nicht der Herr unter uns? Es kann kein Unglück über uns kommen. Darum wird Zion um euretwillen wie ein Acker gepflügt werden.
Amos	3, 2	Aus allen Geschlechtern auf Erden habe ich allein euch erkannt, darum will ich auch euch heimsuchen in all eurer Missetat.
Jerem.	7, 26	Aber sie wollten mich nicht hören noch ihre Ohren neigen, sondern waren halsstarrig und machten es ärger als ihre Väter . . ., darum es kommt die Zeit, da die Leichname dieses Volks sollen den Vögeln des Himmels und den Tieren auf Erden zur Speise werden (V. 33).
	28, 15	Und Jeremia sprach zu dem Propheten Hananja: Der Herr hat dich nicht gesandt, du hast gemacht, daß dies Volk auf Lügen sich verläßt.
Jes.	43, 10	Ihr seid meine Zeugen und mein Knecht, den ich erwählt habe.
	60, 3	Die Heiden werden in deinem Licht wandeln.
	44, 1	Israel, mein Knecht, den ich erwählt habe. Jes. 41, 8.

Die Heiden stehen im Gegensatz zu Israel als Nichterwählte, aber nicht als Verworfene. Verworfen ist erst der, der die Erwählung nicht annimmt. Mit dem Erwählungsglauben ist dem Volk Israel der Blick auf die Welt, auf alle Völker geöffnet.

Röm.	11, 15	Israels Verwerfung.

2. Von dem Träger der neutestamentlichen Offenbarung, der Gemeinde Jesu, die aus Juden und Heiden besteht. Sie ist in Christus erwählt vor Grundlegung der Welt (Eph. 1, 4).

Luk.	9, 35	Dies ist mein Sohn, der Auserwählte.
	23, 35	Er helfe sich selber, ist er Gottes Sohn, der Auserwählte.
	6, 13	Er rief seine Jünger und erwählte ihrer zwölf.
Apgsch.	1, 2	Die Apostel, welche er hatte erwählt.
Joh.	6, 70	Habe ich nicht euer zwölf erwählt, und einer ist ein Teufel.
	13, 18	Ich weiß, welche ich erwählt habe, aber es muß die Schrift erfüllt werden (Ps. 41, 10). Der mein Brot ißt, tritt mich mit Füßen.
Mtth.	22, 11	Er sah allda einen Menschen, der hatte kein hochzeitliches Kleid an (Juden und Heiden sind eingeladen, aber nur durch den Gehorsam erreicht die Erwählung ihr Ziel).
Luk.	18, 7	Sollte Gott nicht auch retten seine Auserwählten, die Tag und Nacht zu ihm rufen?
Mtth.	24, 22	Um der Auserwählten willen werden die Tage verkürzt.
1 Petr.	2, 4	Der Stein ist bei Gott auserwählt und köstlich.
	2, 9	Ihr seid das auserwählte Geschlecht, daß ihr verkündigen sollt die Tugenden des, der euch berufen hat.
Mtth.	25, 34	Ererbet das Reich, das euch bereitet ist von Anbeginn der Welt.

Der Gegensatz hierzu ist nicht eine vorzeitliche Verwerfung der Nichterwählten, sondern die Welt, die im Verlauf ihrer Geschichte dem Gericht verfallen ist. Aus dieser, nicht neben ihr, findet die Erwählung statt.

Eph.	2, 11	Ihr seid vormals Heiden gewesen.
Apgsch.	13, 48	Wie viele ihrer zum ewigen Leben verordnet waren.
Mtth.	22, 14	Viele sind berufen, wenige auserwählt.

3. Die Erwählung läßt bestimmte Grundsätze der Auswahl erkennen.

Jak.	2, 5	Hat nicht Gott die Armen dieser Welt erwählt, die am Glauben reich sind?
1 Kor.	1, 27	Was töricht ist vor der Welt, das hat Gott erwählt; Was schwach ist vor der Welt;
	1, 28	Das Unedle und Verachtete; Gott hat erwählt, das da nichts ist.

4. Erwählung im besonderen zum Amt des Dienstes.

5 Mose	17, 15	Der Herr erwählt: den König;
	18, 5	den Stamm Levi;
Joh.	6, 70	die zwölf Apostel.
	15, 16	Ihr habt nicht mich erwählt, sondern ich habe euch erwählt und gesetzt, daß ihr hingehet und Frucht bringet.
Apgsch.	10, 41	Uns, den vorerwählten Zeugen.

5. Das Ziel der Erwählung.

Ps.	33, 12	Erwählt zum Erbe;
5 Mose	7, 6	zum Volk des Eigentums;
2 Thess.	2, 13	zur Seligkeit;
Eph.	1, 4	daß wir sollen heilig sein und unsträflich in der Liebe.
Kol.	3, 12	So ziehet nun an, als die Auserwählten Gottes, Heiligen und Geliebten, herzliches Erbarmen, Freundlichkeit, Demut, Sanftmut, Geduld!

6. Die Erwählung kann verloren werden, dann wird aus ihr Verwerfung, darum die Mahnung:

2 Petr.	1, 10	Tut desto mehr Fleiß, eure Berufung und Erwählung festzumachen.

Evangelium. Die frohe Botschaft vom Heil durch Jesus Christus, das Evangelium verkündigen, der Evangelist.
Bei den Griechen nennt man die Siegesbotschaft ein Evangelium. Im römischen Kaiserkult wird das Wort oft angewandt. Die Thronbesteigung, die Kaiserproklamation bringt eine neue Zeit, von der man Glück und Heil erwartet. Im Alten Testament sind nach dem zweiten Jesaja die Boten, die die Rückkehr der Gefangenen ankündigen, Bringer der frohen Botschaft. Die Heilszeit beginnt Jes. 40, 9; 52, 7. An zwei Stellen verkündet Gott selbst das Evangelium (Apgsch. 10, 36; Offenb. 10, 7). In Jesus Christus ist die Botschaft vom kommenden Heil erfüllt. Das Reich Gottes ist da. Luk. 4, 21: Heute ist diese Schrift erfüllt vor euren Ohren. Mtth. 11, 5: Die Blinden sehen, die Lahmen gehen, die Aussätzigen werden rein, die Toten stehen auf und den Armen wird das Evangelium verkündet. Die Verkündigung des Evangeliums geschieht vollmächtig, Zeichen und Wunder begleiten die Verkündigung. Jesus Christus ist der Inhalt der frohen Botschaft im ganzen Neuen Testament. ThW: »Will man den Inhalt des Evangeliums mit einem Wort zusammenfassen, so lautet er: Jesus, der Christus.« »Zwischen Missions- und Gemeindepredigt wird kein Unterschied gemacht. 2. Tim. 4, 5: Tue das Werk eines Evangelisten! 2. Tim. 4, 2: Predige das Wort.« Der Evangelist im Neuen Testament wird mit diesem Wort mehr in seiner Tätigkeit als mit einem Amtstitel bezeichnet (Apgsch. 8, 40). Philippus evangelisierte (Apgsch. 21, 8), Philippus, der Evangelist (Eph. 4, 11), etliche zu Evangelisten (den Aposteln nachgeordnet).

1. Art und Umfang des Heils.

Mtth.	4, 23	Jesus predigte das Evangelium vom Reich (Mtth. 9, 35; 24, 14; Mrk. 1, 14; Luk. 20, 1); ferner:
Gal.	1, 7	Das Evangelium Christi.
Röm.	1, 16	Das Evangelium von Christo.
2 Tim.	2, 8	Der auferstanden ist nach meinem Evangelium.
Eph.	1, 13	Das Evangelium von eurer Seligkeit.
	6, 15	Evangelium des Friedens.
	2, 17	Christus hat verkündigt im Evangelium den Frieden.
Röm.	1, 16	Das Evangelium eine Gotteskraft.
Apgsch.	20, 24	Das Evangelium von der Gnade Gottes.
Röm.	2, 16	Gott wird das Verborgene richten laut meines Evangeliums.
	15, 16	Das Evangelium Gottes.
Offenb.	14, 6	Ein ewiges Evangelium.
Gal.	1, 11	Das Evangelium nicht menschlich.
Eph.	6, 19	Das Geheimnis des Evangeliums.
2 Kor.	4, 4	Das helle Licht des Evangeliums.
Röm.	15, 29	Der volle Segen des Evangeliums.
1 Kor.	15, 3	Daß Christus gestorben sei für unsere Sünden nach der Schrift und daß er auferstanden sei am dritten Tage nach der Schrift (Das Paulinische Evangelium).

Mtth.	24, 14	Es wird gepredigt werden das Evangelium vom Reich in der ganzen Welt.
Offenb.	14, 6	Der Engel mit dem ewigen Evangelium. Vor dem Ende wird das Evangelium verkündigt.

2. Was gilt es dem Evangelium gegenüber zu tun?

Mrk.	1, 15	Glaubet an das Evangelium!
Kol.	1, 23	Unbeweglich von der Hoffnung des Evangeliums.
Phil.	1, 27	Wandelt würdiglich dem Evangelium Christi!
1 Kor.	9, 16	Wehe mir, wenn ich das Evangelium nicht predigte!
Apgsch.	20, 24	Zu bezeugen das Evangelium.
Röm.	1, 9	Welchem ich diene am Evangelium.
	15, 16	Priesterlich zu warten des Evangeliums.
2 Tim.	1, 8	Leide für das Evangelium!

3. Der Ungehorsam dem Evangelium gegenüber.

Röm.	10, 16	Es sind nicht alle dem Evangelium gehorsam.
2 Kor.	4, 3	Unser Evangelium ist verdeckt den Verlorenen.
Gal.	1, 7	Das Evangelium Christi verkehren.
1 Kor.	9, 18	Die Freiheit mißbrauchen am Evangelium.
	9, 12	Dem Evangelium ein Hindernis machen.

Ewigkeit, ewig, ewiglich, ist 1. Gottes und des Göttlichen Eigenschaft in seiner Erhabenheit über die Zeit. Jesus Christus hat teil an Gottes Ewigkeit. Er ist vor Grundlegung der Welt bei Gott. Joh. 17, 24: Du hast mich geliebt, ehe denn die Welt gegründet war. 2. Äon bedeutet auch Weltzeit, ja wird auch mit dem Begriff »Welt« (1. Kor. 3, 19) wiedergegeben. Gal. 1, 4: Auf daß er uns errettete aus dieser gegenwärtigen argen Welt; Mtth. 13, 22: die Sorgen dieser Welt. Die Gläubigen haben die Kräfte der zukünftigen Welt geschmeckt (Hebr. 6, 5). Die zukünftige Welt beginnt mit der Auferstehung Jesu Christi für die Gläubigen. Das Ende dieser Weltzeit ist mit seiner Wiederkunft da (Mtth. 13, 39). Die Sünde wider den Heiligen Geist wird weder in dieser noch in jener Weltzeit vergeben (Mtth. 12, 32).

1. Zeit ohne Ende, soviel wie immerdar.

1 Mose	13, 15	Verheißung Kanaans an Abraham.
2 Mose	12, 24	So halte die Weise ewiglich (Passah).
Ps.	28, 9	Hilf deinem Volk und erhöhe sie ewiglich.

2. Gott ist ewig in seiner Erhabenheit über die Zeit.

1 Mose	21, 33	Abraham predigte von dem Namen des ewigen Gottes.
2 Mose	15, 18	Der Herr wird König sein immer und ewiglich, Ps. 146, 10.
Ps.	90, 2	Ehe die Berge wurden, bist du, Gott, von Ewigkeit zu Ewigkeit.
	92, 9	Du bist der Höchste und bleibest ewiglich.
Jes.	57, 15	Der Erhabene, der ewiglich wohnt.
Offenb.	1, 8	Ich bin das A und O, der Anfang und das Ende, der da ist und der da war und der da kommt.

3. Ewiges Lob und Vertrauen ist ihm angemessen.

Ps.	41, 14	Gelobet sei der Herr von nun an bis in Ewigkeit; Ps. 113, 2; Dan. 2, 20; Röm. 1, 25.
Jes.	26, 4	Verlasset euch auf den Herrn ewiglich!

4. Die Heilsgüter sind ewig.

Ps.	135, 13	Dein Name währet ewiglich.
	103, 17	Die Gnade des Herrn währet von Ewigkeit zu Ewigkeit.
Jes.	54, 8	In ewiger Gnade will ich mich dein erbarmen.
Ps.	117, 2	Seine Gnade waltet über uns in Ewigkeit.
	118, 1	Seine Güte währet ewiglich.
Hosea	2, 21	Ich will mich mit dir verloben in Ewigkeit.
Jes.	40, 8	Das Wort unseres Gottes bleibt ewiglich.
Hesek.	16, 60	Ich will mit dir einen ewigen Bund aufrichten.
Mtth.	6, 13	Dein ist das Reich . . . in Ewigkeit.

5. Im Messias kommt die Ewigkeit in die Zeit.

Micha	5, 1	Welches Ausgang von Ewigkeit her gewesen ist.
Hebr.	1, 8	Gott, dein Stuhl währet von Ewigkeit zu Ewigkeit.
Joh.	8, 35	Der Sohn bleibt ewiglich. Joh. 12, 34.
Röm.	9, 5	Christus, der da ist Gott über alles, gelobet in Ewigkeit!
Hebr.	5, 6	Du bist ein Priester in Ewigkeit.
Offenb.	1, 18	Ich bin lebendig von Ewigkeit zu Ewigkeit.
	11, 15	Er wird regieren von Ewigkeit zu Ewigkeit.

6. Sein Werk ist ewig.

Hebr.	10, 14	Mit einem Opfer hat er in Ewigkeit vollendet, die geheiligt werden.
	10, 12	Er hat ein Opfer für die Sünden geopfert, das ewiglich bleibt.

7. Er gibt durch sein Heil Ewigkeit in die Zeit.

Joh.	4, 14	Wer von dem Wasser trinkt, das ich ihm gebe, den wird ewiglich nicht dürsten.
	3, 36	Wer an den Sohn glaubt, der hat das ewige Leben.
	6, 51	Wer von diesem Brot essen wird, der wird leben in Ewigkeit.
2 Thess.	2, 16	Er hat uns gegeben einen ewigen Trost.

8. Mit der Wiederkunft Christi hat die Zeit ein Ende, und alles ist Ewigkeit (siehe Ende).

a) Ewige Gnade.

Jes.	35, 10	Die Erlösten des Herrn werden wiederkommen, ewige Freude wird über ihrem Haupte sein.
Mtth.	19, 29	Werdet in der Wiedergeburt, da des Menschen Sohn wird sitzen auf dem Stuhl seiner Herrlichkeit . . ., das ewige Leben ererben.
Joh.	16, 22	Werdet mich wiedersehen, und eure Freude soll niemand von euch nehmen.
2 Kor.	4, 17	Unsere Trübsal schafft eine ewige Herrlichkeit.

b) Ewiges Gericht.

Mtth.	3, 12	Ewiges Feuer; Mtth. 25, 41.
Mrk.	3, 29	Keine Vergebung ewiglich.
Offenb.	14, 11	Rauch ihrer Qual von Ewigkeit zu Ewigkeit. Offenb. 20, 10.

Fasten, enthalten. »Fasten« steht entweder in Verbindung mit Beten und ist ein Mittel zur Sammlung des durch das Irdische beschwerten Herzens, oder es ist ein natürlicher Ausdruck der Trauer. »Enthalten« ist eine feine leibliche Zucht, die die leiblichen Begierden zurückdrängt, um dem Leben des Geistes nicht zu schaden. Im

Alten Bund war nur am großen Versöhnungstag das Fasten gesetzlich geboten. Doch wurde je länger, je mehr das Fasten eine Frömmigkeitsleistung, auf die man sich etwas zugute tat (Matth. 6, 16; Luk. 18, 9). Gegen dieses Fasten ohne Herzensumkehr wenden sich die Propheten. Die Stellung Jesu zum Fasten war ganz neu. Er selbst hat vierzig Tage lang gefastet in der Freude an Gott zur Vorbereitung für sein öffentliches Auftreten. Fasten ist Freude, wenn es freiwillig im Verborgenen, im Blick auf Gott geschieht. Er hat seine Jünger, die auffielen durch ihr Nichtfasten, verteidigt. Wie können die Hochzeitsleute fasten, solange der Bräutigam bei ihnen ist! Wenn er von ihnen genommen ist, dann werden sie fasten. Fasten behält seine Bedeutung für die Zwischenzeit bis zur Wiederkunft, aber nicht als gesetzliche Maßnahme, sondern als persönlicher Entschluß der Fastenden, die es aus Traurigkeit oder zur Erleichterung der Sammlung beim Gebet üben. Man soll aber keinen neuen Lappen auf ein altes Kleid flicken und Gesetzesreligion mit dem Evangelium vermischen.

1. Übung im Beten und Fasten.

		Es beten und fasteten:
2 Mose	24, 18	Mose auf dem Sinai vierzig Tage und vierzig Nächte;
Luk.	2, 37	Hanna;
	4, 2	Jesus vierzig Tage;
Apgsch.	10, 30	Kornelius;
2 Kor.	11, 27	Paulus.
Apgsch.	13, 2	Die Christen in Antiochien fasteten vor Beginn der Mission in Kleinasien.
	14, 23	Die Jünger fasteten vor den Ältestenwahlen.
Mtth.	17, 21	Diese Art fährt nicht aus denn durch Beten und Fasten (im Kampf gegen die Finsternis bedarf es ganz gesammelten Gebets).
1 Kor.	7, 5	Eheliche Enthaltsamkeit empfohlen zum Zweck des Betens und Fastens.

2. Sich enthalten.

1 Petr.	2, 11	Enthaltet euch von fleischlichen Lüsten, welche wider die Seele streiten.
1 Kor.	9, 27	Ich betäube meinen Leib (versetze ihm Faustschläge).

3. Das Fasten hat seine Beziehung auf Gott, nicht auf Menschen, um vor ihnen zu scheinen.

Jerem.	14, 12	Denn wenn sie gleich fasten, so will ich doch ihr Gebet nicht hören (Fasten ohne Herzensumkehrung ist zwecklos).
Jes.	58, 6	Das ist aber ein Fasten, welches ich erwähle: Laß los, welche du mit Unrecht gebunden hast . . ., brich dem Hungrigen dein Brot.
Mrk.	2, 19	Wie können die Hochzeitsleute fasten, dieweil der Bräutigam bei ihnen ist? Es wird aber die Zeit kommen, daß der Bräutigam von ihnen genommen wird, dann werden sie fasten. Niemand flickt einen Lappen von neuem Tuch an ein altes Kleid.
Mtth.	6, 16	Wenn ihr fastet, sollt ihr nicht sauer sehen wie die Heuchler, sondern salbe dein Haupt.
1 Tim.	4, 3	Falsches Fasten aus Selbsterlösungsgründen verachtet das Schöpfungsgemäße, das gut ist, wenn es mit Danksagung genossen wird.

4. Fasten der Ausdruck der Trauer.

Mtth.	9, 15	Wenn der Bräutigam von ihnen genommen ist, dann werden sie fasten.

Feind, siehe Teufel.

Feindesliebe, siehe Liebe.

Finden, siehe suchen.

Finsternis, siehe blind,

Fleisch nennt die Bibel die menschliche Natur: 1. nach ihrer leiblichen Grundlage gesehen, 2. zur Kennzeichnung ihrer Ohnmachtstellung Gott gegenüber und 3. zur Bezeichnung ihres von Gott abgefallenen Wesens. Der neutestamentliche Begriff »Fleisch« baut sich ganz auf dem alttestamentlichen auf.

1. Die leibliche Grundlage unseres und Christi Wesens.

Hiob	10, 11	Du hast mir Haut und Fleisch angezogen.
Kol.	2, 23	Dem Fleisch nicht seine Ehre tun zu seiner Notdurft.
2 Kor.	11, 18	Sich rühmen nach dem Fleisch.
Joh.	1, 14	Das Wort ward Fleisch.
1 Tim.	3, 16	Gott ist offenbart im Fleisch.
1 Joh.	4, 2	Christus ist in das Fleisch gekommen.
Röm.	1, 3	Geboren von dem Samen Davids nach dem Fleisch.
Kol.	1, 22	Er hat uns versöhnt mit dem Leibe seines Fleisches.
1 Petr.	3, 18	Er ist getötet nach dem Fleisch.
Apgsch.	2, 26	Mein Fleisch wird ruhen in der Hoffnung.
Luk.	24, 39	Ein Geist hat nicht Fleisch und Bein, wie ihr sehet, daß ich es habe.

2. Die menschliche Natur in ihrer Ohnmachts- und Blindheitsstellung Gott gegenüber.

a) Ohnmacht.

Ps.	78, 39	Er gedachte, daß sie Fleisch sind.
	56, 5	Auf Gott will ich hoffen, was sollte mir Fleisch tun?
Jes.	31, 3	Ägypten ist Mensch und nicht Gott, und ihre Rosse sind Fleisch und nicht Geist.
Jerem.	17, 5	Verflucht ist der Mann, der sich auf Menschen verläßt und hält Fleisch für seinen Arm.
Jes.	40, 6	Alles Fleisch ist Gras.

b) Blindheit des Fleisches.

Mtth.	16, 17	Fleisch und Blut hat dir das nicht geoffenbart.
Gal.	1, 16	Ich besprach mich nicht mit Fleisch und Blut.

3. Die menschliche Natur in ihrem Getrenntsein von Gott, Fürsichsein und der Sünde Zugeneigtsein.

1 Mose	6, 3	Die Menschen wollen sich von meinem Geist nicht mehr strafen lassen, denn sie sind Fleisch.

Mtth.	26, 41	Der Geist ist willig, aber das Fleisch ist schwach.
Joh.	3, 6	Was vom Fleisch geboren ist, das ist Fleisch.
	6, 63	Der Geist ist's, der lebendig macht, das Fleisch ist nichts nütze.
Gal.	5, 19	Offenbar sind die Werke des Fleisches: Ehebruch.
Eph.	2, 3	Wir haben unseren Wandel gehabt in den Lüsten des Fleisches und taten den Willen des Fleisches.
1 Joh.	2, 16	Des Fleisches Lust.
Gal.	5, 17	Das Fleisch gelüstet wider den Geist.
1 Petr.	2, 11	Fleischliche Lüste, die wider die Seele streiten.
Judä	19	Fleischliche, die da Rotten (Parteiungen) machen.
Röm.	7, 14	Ich bin fleischlich, unter die Sünde verkauft.
	7, 18	Ich weiß, daß in mir, das ist in meinen Fleisch, wohnet nichts Gutes.
	8, 7	Fleischlich gesinnt sein, ist eine Feindschaft wider Gott.
Eph.	6, 12	Wir haben nicht allein mit Fleisch und Blut zu kämpfen, sondern mit den bösen Geistern (Der dunkle Hintergrund des Fleisches).

Das Ende des Fleisches.

Röm.	8, 6	Fleischlich gesinnt sein ist der Tod.
Gal.	6, 8	Wer auf sein Fleisch sät, der wird vom Fleisch das Verderben ernten.
Röm.	8, 13	Wo ihr nach dem Fleisch lebt, werdet ihr sterben müssen.
1 Kor.	15, 50	Fleisch und Blut können nicht das Reich Gottes ererben.

4. Die Überwindung des Fleisches.

a) Nicht durch Gesetz und guten Vorsatz.

Röm.	7, 5	Da wir im Fleisch waren, da waren die sündlichen Lüste, welche durchs Gesetz sich erregten, kräftig in unseren Gliedern, dem Tode Frucht zu bringen.

b) Durch Christus, der uns den Heiligen Geist gibt, wenn wir an ihn glauben.

Ps.	65, 3	Du erhörest Gebet, darum kommt alles Fleisch zu dir.
Joel	3, 1	Ich will meinen Geist ausgießen über alles Fleisch.
Luk.	3, 6	Alles Fleisch wird den Heiland Gottes sehen.
Röm.	8, 3	Was dem Gesetz unmöglich war (sintemal es durch das Fleisch geschwächt ward), das tat Gott und sandte seinen Sohn in der Gestalt des sündlichen Fleisches und verdammte die Sünde im Fleisch.
	8, 10	So Christus in euch ist, so ist der Leib zwar tot um der Sünde willen, der Geist aber ist Leben um der Gerechtigkeit willen (Christus in uns, das heißt, der von uns geglaubte Christus richtet die Abneigung des Fleisches gegen Gott und beschert uns einen neuen Willen).
	8, 13	Wo ihr durch den Geist des Fleisches Geschäfte tötet, werdet ihr leben (Der Geist vergegenwärtigt uns die richtende und neuschaffende Wirkung Christi).
Gal.	5, 16	Wandelt im Geist, so werdet ihr die Lüste des Fleisches nicht vollbringen.

Folgen, siehe Nachfolge.

Frau. Die Frau steht im Licht der Urgeschichte als von Gott geschaffene Mutter der Lebendigen, als Gehilfin ihres Mannes. Sie ist im Alten Bund beschattet von der Vielweiberei und dadurch in viel Not. Doch bewegte sie sich frei in der Öffentlichkeit (1. Mose 24,39); wo Söhne fehlen, erben die Töchter (4. Mose 27, 8); dem tugend-

samen Weib wird hohes Lob zuteil (Sprüche 31), und ausgezeichnete Frauen sind hochgeachtet, und Gott spricht durch sie (Sarah, Mirjam, Debora, Hannah, die Prophetin Hulda, Elisabeth, Hanna und Maria, die gewürdigt wird, die Engelsbotschaft zu empfangen und Mutter des Herrn zu sein).
Jesus spricht mit Hochachtung von der Frau im Gegensatz zu dem zeitgenössischen Judentum. Frauen dienen ihm und tun ihm Handreichung aus ihrer Habe. Er ringt um die Seele der Samariterin (Joh. 4). Er lehrt Maria (Luk. 10). Jesus stellt die Frau als gleichberechtigtes Gotteskind an die Seite des Mannes. Frauen stehen unter dem Kreuze, eine Frau wird die erste Osterbotin.
Die Frauen gehören zur ersten Gemeinde. Eine Frau ist die erste Christin auf europäischem Boden (Apgsch. 16: Lydia). Sie ist Gehilfin des Mannes und ihm untergeordnet, doch ist der Mann verpflichtet zu selbstloser Liebe (Eph. 5, 21. 25). Im Himmel wird sie gleich den Engeln sein (Mtth. 22, 30), und in der Gemeinde Jesu ist weder Mann, noch Weib (Gal. 3, 28). Hat die Frau schon im Alten Bund dienende Funktionen im Tempel, kann sie Richterin und Prophetin sein, so darf sie im Neuen Testament öffentlich vor der Gemeinde beten und weissagen. Nur muß sie sich dabei an die Sitte halten, die verlangt, daß die Frau eine Macht über dem Haupte (eine Kopfbedeckung) habe, zumal beim Gottesdienst die Engel, die himmlischen Geister anwesend sind (1. Kor. 11, 10). Die Stelle 1. Kor. 14, 34 hat den Sinn, daß die Frau sich zurückhalten soll, meint aber nicht nach 1. Kor. 11, 10 ein absolutes Verbot der Rede in der Gemeinde.

Freiheit, frei: im Neuen Testament im Sinne von Unabhängigkeit von jeder dem Menschen wesensfremden Macht, von Sünde und allen ihren Folgen und vom Zwang des Gesetzes. An Stelle der durch das Gesetz abgenötigten Tat tritt die freie Tat aus selbständiger Entschließung. Freiheit ist Gebundenheit an Gott, die sich uns durch Christus als unsere wahre Bestimmung offenbart. Freiheit im Sinne von Willkür ist nur scheinbar Freiheit, in Wirklichkeit Knechtschaft.
Der Grieche versteht unter Freiheit die politische Freiheit. Die philosophische Schule der Stoiker nennt den Menschen frei, der sich selbst in der Hand hat. Das Neue Testament weiß, daß auch der sich selbst beherrschende Mensch nicht frei ist. Es verkündigt die Freiheit von der Sünde, vom Gesetz und vom Tode in Jesus Christus. Der Mensch, der in der Gewalt der Sünde ist, will sich durch das Gesetz in die Hand bekommen. Er täuscht sich aber selbst, wenn er meint, nun tue er den Willen Gottes. Er tut nach wie vor seinen eigenen Willen. Zur Freiheit kommt der Mensch durch den Ruf Jesu, auf Grund seiner Erlösungstat die wahre Freiheit zu finden, die der Heilige Geist schenkt, weil der Anspruch des Gesetzes durch Jesus erfüllt ist. So gibt der Mensch sein Leben aus der eige-

nen Hand in Christi Hand. »Damit eröffnet sich auch seine Freiheit vom Tode als seine in Jesus Christus geschehene Zukunft« (ThW). Nach diesem Tag der Aufdeckung der Herrlichkeit der Sühne Gottes sehnt sich auch die dem Tode verfallene seufzende Kreatur (Röm. 8, 21).

1. Freiheit von Sünde und ihren Folgen.

3 Mose	25, 28	Die verkaufte Habe soll im Halljahr frei werden.
Jes.	61, 1	Den Gefangenen die Freiheit verkündigen (Das Halljahr Vorbild der Erlösung).
Joh.	8, 32	Die Wahrheit wird euch frei machen.
	8, 36	So euch der Sohn frei macht, so seid ihr recht frei.
Röm.	6, 18	Nun ihr frei geworden seid von der Sünde, seid ihr Knechte geworden der Gerechtigkeit.
	8, 2	Das Gesetz des Geistes, der da lebendig macht in Christo Jesu, hat mich frei gemacht von dem Gesetz der Sünde und des Todes.
	7, 24	Ich elender Mensch! Wer wird mich erlösen von dem Leibe dieses Todes? Ich danke Gott durch Jesum Christum, unsern Herrn.

2. Die Freiheit von den Folgen der Sünde für den Glaubenden im Anbruch vorhanden, für den Gesamtbereich des Geschaffenen zukünftig.

Röm.	8, 21	Auch die Kreatur frei werden wird zu der herrlichen Freiheit der Kinder Gottes.
	8, 23	Wir warten auf unseres Leibes Erlösung.
2 Kor.	3, 12	Dieweil wir nun solche Hoffnung haben, sind wir voll großer Freudigkeit.
	3, 17	Der Herr ist der Geist, wo aber der Geist des Herrn ist, da ist Freiheit.

3. Freiheit vom Gesetz als fremden Zwang zur Erfüllung des Gesetzes aus innerstem Lebensdrang.

Jak.	1, 25	Wer durchschaut in das vollkommene Gesetz der Freiheit, wird selig in seiner Tat.
	2, 12	Also redet, also tut, als die da sollen durchs Gesetz der Freiheit gerichtet werden.
Gal.	3, 18	Gott hat (das Erbe) dem Abraham durch Verheißung frei geschenkt (Der freien, nicht an menschliche Leistungen gebundenen Gottesgnade entspringt die freie Tat des Menschen).
	4, 31	So sind wir nun nicht der Magd Kinder, sondern der Freien.
	5, 1	So besteht nun in der Freiheit, damit uns Christus befreit hat, und lasset euch nicht wiederum in das knechtische Joch fangen.
	5, 13	Ihr seid zur Freiheit berufen.

4. Die Freiheit darf nicht mit Willkür verwechselt werden.

Gal.	5, 13	Sehet zu, daß ihr durch die Freiheit dem Fleische nicht Raum gebt.
1 Kor.	6, 12	Ich habe es alles Macht, es soll mich aber nichts gefangennehmen.
	9, 18	Daß ich nicht meine Freiheit mißbrauche am Evangelium.
1 Petr.	2, 16	Nicht, als hättet ihr die Freiheit zum Deckel der Bosheit, sondern als die Knechte Gottes.
2 Petr.	2, 19	Verheißen ihnen die Freiheit, obwohl sie selbst Knechte des Verderbens sind.

5. Die Freiheit darf nicht zum Anstoß des Schwachen geraten.

1 Kor. 8, 9 Seht zu, daß eure Freiheit nicht gerate zu einem Anstoß der Schwachen!

6. Die sozialen Unterschiede sind durchs Evangelium aufgehoben.

Gal. 3, 28 Hier ist kein Knecht, noch Freier . . ., denn ihr seid allzumal einer in Christo Jesu.

Freude, sich freuen und fröhlich sein. Echte Freude ist da, wo man Wohlgefallen findet an Gottes Gaben und an Gott selbst, wo Gott uns seine Freude schenken kann.

1. Freude an allem, was nicht von Gott kommt und nicht auf ihn gerichtet ist, vergeht und schlägt um in Traurigkeit.

Hiob 20, 5 Die Freude des Heuchlers währt einen Augenblick.
Luk. 16, 19 Der reiche Mann lebte alle Tage herrlich und in Freuden, als er nun in der Hölle und in der Qual war . . .
1 Joh. 2, 17 Die Welt vergeht mit ihrer Lust.
Jak. 4, 9 Eure Freude verkehre sich in Traurigkeit.

2. Freude an Gottes Gaben.

Sirach 25, 10 Ein Mann, der Freude an seinen Kindern hat.
Sprüche 5, 18 Freue dich des Weibes deiner Jugend.
Pred. Sal. 11, 9 Freue dich, Jüngling, in deiner Jugend.
Ps. 118, 24 Dies ist der Tag, den der Herr macht, lasset uns freuen und fröhlich darinnen sein!
126, 3 Der Herr hat große Dinge an uns getan, des sind wir fröhlich.
118, 15 Man singt mit Freuden vom Sieg.
13, 6 Mein Herz freut sich, daß du so gern hilfst.
1 Kor. 13, 6 Sie freuet sich aber der Wahrheit.
Jes. 12, 3 Ihr werdet mit Freuden Wasser schöpfen aus den Heilsbrunnen (Freude am Wort).
Ps. 30, 12 Du hast meinen Sack ausgezogen und mich mit Freuden umgürtet.
51, 10 Laß mich hören Freude und Wonne.
Luk. 10, 20 Freuet euch aber, daß eure Namen im Himmel angeschrieben sind.
Apgsch. 8, 39 Er zog seine Straße fröhlich (Freude an der Vergebung).
1 Thess. 2, 20 Ihr seid ja unsere Ehre und Freude.
Phil. 2, 17 Ob ich geopfert werde, so freue ich mich.
Kol. 1, 24 Nun freue ich mich in meinem Leiden, das ich für euch leide (Freude am Dienst).

3. Freude an Gott.

5 Mose 28, 47 Gott muß man dienen mit Freuden und Lust seines Herzens.
Nehemia 8, 10 Die Freude am Herrn ist eure Stärke.
Ps. 5, 12 Fröhlich laß sein in dir, die deinen Namen lieben.
16, 8 Ich habe den Herrn allezeit vor Augen, darum freuet sich mein Herz.
43, 4 Gott, der meine Freude und Wonne ist.

Ps.	63, 6	Das wäre meines Herzens Freude und Wonne, wenn ich dich mit fröhlichem Munde loben sollte.
	70, 5	Sichfreuen und fröhlich müssen sein an dir, die nach dir fragen.
	73, 28	Das ist meine Freude, daß ich mich zu Gott halte.
	84, 3	Mein Leib und Seele freuen sich in dem lebendigen Gott.
	104, 34	Ich freue mich des Herrn.
Luk.	1, 47	Mein Geist freuet sich Gottes, meines Heilandes.
	24, 52	Sie beteten ihn an und kehrten wieder gen Jerusalem mit großer Freude.
Joh.	16, 22	Eure Freude soll niemand von euch nehmen.

4. Freude mitten im Leide.

Apgsch.	5, 41	Sie gingen aber fröhlich von des Rats Angesicht.
2 Kor.	6, 10	Als die Traurigen, aber allezeit fröhlich.
	7, 4	Ich bin überschwenglich in Freuden in all unseren Trübsalen.
1 Petr.	4, 13	Freuet euch, die ihr mit Christo leidet!

5. Verheißene Freude leuchtet in Trübsalsnacht.

Ps.	30, 6	Den Abend lang währet das Weinen, aber des Morgens ist Freude.
	126, 5	Die mit Tränen säen, werden mit Freuden ernten.
Sprüche	10, 28	Das Warten der Gerechten wird Freude werden.
Jes.	35, 10	Die Erlösten des Herrn werden wiederkommen, ewige Freude wird über ihrem Haupte sein.
Mtth.	25, 21	Gehe ein zu deines Herrn Freude!
Luk.	6, 23	Freuet euch und hüpfet, siehe, euer Lohn ist groß im Himmel.
1 Petr.	1, 8	So werdet ihr euch freuen mit unaussprechlicher und herrlicher Freude.
Offenb.	19, 7	Lasset uns freuen und fröhlich sein . . ., denn die Hochzeit des Lammes ist gekommen.

6. Gottes Freude.

Jes.	62, 5	Wie ein Bräutigam sich freuet über die Braut, so wird sich dein Gott über dich freuen.
Luk.	15, 5	Wenn er es gefunden hat, legt er es auf seine Achseln mit Freuden.
	15, 7	Es wird Freude sein im Himmel über einen Sünder, der Buße tut.

7. Gott ist aller Freude Quell.

Ps.	4, 8	Du erfreuest mein Herz, ob jene gleich viel Wein und Korn haben.
	65, 9	Du machest fröhlich, was da webet.
	71, 23	Meine Lippen und meine Seele, die du erlöst hast, sind fröhlich und lobsingen dir.
	92, 5	Herr, du lässest mich fröhlich singen.
	103, 5	Der deinen Mund fröhlich machet.
Luk.	2, 10	Siehe, ich verkündige euch große Freude.
Joh.	15, 11	Solches rede ich zu euch, auf daß meine Freude in euch bleibe und eure Freude vollkommen werde. 1. Joh. 1, 4.
	17, 13	Ich rede solches in der Welt, auf daß sie in ihnen haben meine Freude vollkommen.
Luk.	10, 21	Jesus freute sich im Heiligen Geist.
Apgsch.	2, 28	Du wirst mich erfüllen mit Freuden.
	13, 52	Die Jünger aber wurden voll Freuden und des Heiligen Geistes.
Röm.	14, 17	Das Reich Gottes ist . . . Freude in dem Heiligen Geist.
	15, 13	Der Gott aber der Hoffnung erfülle euch mit aller Freude im Glauben.
Gal.	5, 22	Die Frucht des Geistes ist Freude.
Eph.	3, 12	Durch welchen wir haben Freudigkeit und Zugang.

8. Die Aufforderung zur Freude will, daß wir schöpfen aus diesem Quell.

Ps.	100, 2	Dienet dem Herrn mit Freuden.
	81, 2	Singet fröhlich Gott, der unsere Stärke ist.
Sacharja	9, 9	Du Tochter Zion freue dich sehr!
Röm.	12, 12	Seid fröhlich in Hoffnung.
	12, 15	Freuet euch mit den Fröhlichen!
2 Kor.	13, 11	Zuletzt, lieben Brüder, freuet euch!
Phil.	4, 4	Freuet euch in dem Herrn allewege!
1 Thess.	5, 16	Seid allezeit fröhlich!

9. Dieses Schöpfen geschieht im Gebet.

Joh.	16, 24	Bittet, so werdet ihr nehmen, daß eure Freude vollkommen werde.
Röm.	12, 12	Seid fröhlich in Hoffnung, haltet an am Gebet.

Freudigkeit soviel wie Freiheit und Unerschrockenheit, zuversichtlicher Mut des Glaubens zum Verkehr mit Gott und zum Reden und Handeln in der Ausrichtung des Zeugendienstes auf Grund der Vergebung durch Christus.

1. Freudigkeit zu Gott.

Eph.	3, 12	Durch welchen wir haben Freudigkeit und Zugang in aller Zuversicht durch den Glauben an ihn.
Hebr.	4, 16	Darum lasset uns hinzutreten mit Freudigkeit zu dem Gnadenstuhl.
	10, 19	So wir denn nun haben die Freudigkeit zum Eingang in das Heilige durch das Blut Jesu.
1 Tim.	3, 13	Große Freudigkeit im Glauben an Christus Jesus.
1 Joh.	3, 21	So uns unser Herz nicht verdammt, so haben wir eine Freudigkeit zu Gott.
	4, 17	Freudigkeit am Tage des Gerichts.

2. Freudigkeit zum Reden und Handeln.

Apgsch.	4, 13	Freudigkeit des Petrus und Johannes.
	4, 29	Gib deinen Knechten, mit aller Freudigkeit zu reden dein Wort.
	28, 31	Paulus predigte das Reich Gottes mit aller Freudigkeit unverboten.
2 Kor.	7, 4	Ich rede mit großer Freudigkeit zu euch.
Phil.	1, 20	Daß mit aller Freudigkeit Christus hoch gepriesen werde an meinem Leibe.

Friede. Friede ist Beseitigung des Widerstreits gegen Gott und Wiederherstellung der Gemeinschaft mit Gott durch die Versöhnungstat Christi. Der Friede wird persönlich angeeignet durch den Glaubensgehorsam. Infolge des Widerspruchs der Welt gegen Gott ist dieser Friede geglaubter Friede und oft mit äußerem Streit verbunden. Der äußere Friede wird erst dann hergestellt sein, wenn in der Endzeit der Widerstreit gegen Gott in der Welt völlig beseitigt ist.

Der Friede ist im Alten Testament ein Friedenszustand äußeren Wohlergehens als eine Gabe Gottes, ein Normalzustand aller Dinge, ein Zustand des Heils, nicht der Seelenfriede des einzelnen. Der Kampf Jeremias geht gegen die falschen Propheten, die Frieden sagen, wo doch die größte Auflehnung gegen Gott herrscht. Den echten Frieden stellt allein Gott her als endzeitliches Heilsgut (Jes. 2, 4; Sacharja 9, 9).

Im Neuen Testament ist der endzeitliche Friede mit Jesus Christus angebrochen als Friede mit Gott (Röm. 5, 1; Eph. 2, 14) und als Friede unter den Menschen. Dieser Friede schafft auch Ordnung in der Seele der Menschen (Röm. 15, 13). Er vollendet sich bei der Wiederkunft des Herrn. Davon reden oft die Grußworte am Ende der Briefe (Hebr. 13, 20: Der Gott aber des Friedens, der von den Toten ausgeführt hat den großen Hirten der Schafe, mache euch fertig in allem guten Werk! Röm. 16, 10: Der Gott des Friedens zertrete den Satan unter eure Füße in Kürze).

1. Trügerisch ist äußerer Friede, wenn kein Friede mit Gott da ist.

Jerem.	6, 14	Gehen allesamt mit Lügen um und trösten mein Volk in seinem Unglück und sagen: »Friede, Friede«, und ist doch kein Friede.
1 Thess.	5, 3	Wenn sie sagen: Es ist Friede, es hat keine Gefahr, so wird sie das Verderben schnell überfallen.
Jes.	48, 22	Die Gottlosen haben keinen Frieden.
Röm.	3, 17	Den Weg des Friedens wissen sie nicht
Ps.	38, 4	Es ist kein Friede in meinen Gebeinen vor meiner Sünde.

2. Der Friede wird hergestellt von Gott durch die Versöhnungstat Christi.

Jes.	53, 5	Die Strafe liegt auf ihm, auf daß wir Frieden hätten.
Joh.	14, 27	Den Frieden lasse ich euch, meinen Frieden gebe ich euch.
	16, 33	Solches habe ich mit euch geredet, daß ihr in mir Frieden habt.
Luk.	24, 36	Da trat er selbst mitten unter sie und sprach: Friede sei mit euch!
Eph.	2, 14	Er ist unser Friede.
Kol.	1, 20	Alles durch ihn versöhnt . . . zu ihm selbst, damit, daß er Frieden machte durch das Blut an seinem Kreuz, durch sich selbst.
Röm.	1, 7	Gnade sei mit euch und Friede von Gott.
Eph.	6, 15	Zu treiben das Evangelium des Friedens.

3. Der Friede wird persönlich angeeignet durch den Glaubensgehorsam, durch den uns die Lebensverbindung mit Christus geschenkt ist.

Ps.	85, 11	Daß Gerechtigkeit und Friede sich küssen.
Röm.	5, 1	Nun wir sind gerecht geworden durch den Glauben, haben wir Frieden mit Gott durch unseren Herrn Jesum Christum.
Jes.	32, 17	Der Gerechtigkeit Frucht wird Frieden sein.
	48, 18	O, daß du auf meine Gebote merktest, so würde dein Friede sein wie ein Wasserstrom und deine Gerechtigkeit wie Meereswellen.
Gal.	5, 22	Die Frucht aber des Geistes ist . . . Friede.
Röm.	15, 13	Der Gott aber der Hoffnung erfülle euch mit . . . Frieden im Glauben.
	8, 6	Geistlich gesinnt sein ist Leben und Friede.

Röm. 14, 17 Das Reich Gottes ist . . . Gerechtigkeit und Friede.
Phil. 4, 9 Was ihr gehört habt, das tut, so wird der Gott des Friedens mit euch sein.

4. Christus, der den Frieden mit Gott herstellt, schafft auch den Frieden unter den Menschen, die sich von ihm ergreifen lassen.

Eph. 2, 14 Er hat aus beiden (den vorher einander feindlichen Juden und Heiden) eines gemacht und hat abgebrochen den Zaun, der dazwischen war.
Jak. 3, 18 Die Frucht der Gerechtigkeit wird gesäet im Frieden denen, die den Frieden halten. Röm. 12, 18: Ist es möglich, habt mit allen Frieden.
2 Thess. 3, 15 Haltet ihn nicht als einen Feind . . . Er aber, der Herr des Friedens, gebe euch Frieden allenthalben.
Mtth. 5, 9 Selig sind die Friedfertigen, denn sie werden Gottes Kinder heißen.
Röm. 12, 18 Ist es möglich, soviel an euch ist, so habt mit allen Menschen Frieden.
1 Kor. 7, 15 Im Frieden hat uns Gott berufen.

5. Auf Grund des Versöhnungsfriedens sind alle Gotteskräfte zur Bewahrung und Vollendung uns zugänglich.

Phil. 4, 7 Der Friede Gottes . . . bewahre eure Herzen!
1 Thess. 5, 23 Der Gott des Friedens heilige euch durch und durch.
Hebr. 13, 20 Der Gott aber des Friedens . . . mache euch fertig in allem guten Werk.

6. Bei solchem Frieden oft äußerer Kampf.

Joh. 16, 33 Solches habe ich mit euch geredet, daß ihr in mir Frieden habt. In der Welt habt ihr Angst; aber seid getrost, ich habe die Welt überwunden.
2 Kor. 7, 5 Unser Fleisch hatte keine Ruhe; allenthalben waren wir in Trübsal: auswendig Streit, inwendig Furcht (Kein Gefühlsfriede).
Luk. 12, 51 Meint ihr, daß ich hergekommen bin, Frieden zu bringen auf Erden? Ich sage: Nein, sondern Zwietracht.

7. Äußerer Frieden erst in der Endzeit.

Jes. 2, 4 Da werden sie ihre Schwerter zu Pflugscharen . . . machen.
11, 8 Ein Säugling wird seine Lust haben am Loch der Otter.
Haggai 2, 9 Ich will Frieden geb'en an diesem Ort.
Offenb. 21, 4 Der Tod wird nicht mehr sein, noch Leid noch Geschrei noch Schmerz wird mehr sein, denn das Erste ist vergangen.

Frucht. Das natürliche, wachstümliche Ergebnis einer Aussaat.

1. Das Gesetz der Fruchtbarkeit herrscht im natürlichen und geistlichen Leben. Fruchtbarkeit ist Gottes Wille.

1 Mose 9, 1 Seid fruchtbar und mehret euch.
Joh. 15, 8 Darin wird mein Vater geehret, daß ihr viel Frucht bringet.
15, 16 Ich habe euch erwählt und gesetzt, daß ihr Frucht bringet.
Luk. 13, 6 Jesus kam und suchte Frucht darauf.

Phil.	1, 11	Daß ihr erfüllet seid mit Früchten der Gerechtigkeit.
Mtth.	13, 23	Der in das gute Land gesät ist, das ist, wenn jemand das Wort höret und versteht es und dann Frucht bringet.
Röm.	7, 4	Daß wir Gott Frucht bringen.

2. Die Art der Frucht hängt von der Saat und der Bodenbeschaffenheit ab.

Röm.	6, 20	Da ihr der Sünde Knechte waret, . . . was hattet ihr zu der Zeit für Frucht?
Gal.	6, 7	Was der Mensch säet, das wird er ernten.
	6, 8	Wer auf sein Fleisch sät, der wird von dem Fleisch das Verderben ernten, wer aber auf den Geist sät, der wird vom Geist das ewige Leben ernten.
Röm.	6, 21	Frucht, welcher ihr euch jetzt schämt, denn ihr Ende ist der Tod.
	6, 22	Nun ihr aber seid von der Sünde frei, habt ihr eure Frucht, daß ihr heilig werdet.
Mtth.	7, 17	Ein jeglicher guter Baum bringt gute Früchte; ein fauler Baum bringt arge Früchte.
	13, 23	Etlicher trägt hundertfältig, etlicher sechzigfältig, etlicher dreißigfältig.

3. Gute Frucht kommt vom Schöpfer.

Ps.	104, 14	Du lässest Gras wachsen.
	104, 13	Du machest das Land voll Früchte.
Joh.	15, 4	Gleichwie die Rebe kann keine Frucht bringen, sie bleibe denn am Weinstock, also auch ihr nicht, ihr bleibet denn in mir.
Jes.	57, 19	Ich will Frucht der Lippen schaffen.
Joh.	15, 5	Wer in mir bleibt und ich in ihm, der bringt viele Früchte, denn ohne mich könnt ihr nichts tun.
	15, 2	Jeglichen Reben, der da Frucht bringet, wird er reinigen, daß er mehr Frucht bringe.
Joh.	12, 24	Das Weizenkorn, wo es erstirbt, so bringt es viele Frucht (Im Ersterben des Eigenen liegt die Möglichkeit des schöpferischen Eingreifens Gottes).

4. Die Art der guten Frucht.

Mtth.	3, 8	Tut rechtschaffene Früchte der Buße!
Jes.	32, 17	Der Gerechtigkeit Frucht wird Friede sein.
Jak.	3, 18	Die Frucht der Gerechtigkeit wird gesäet im Frieden.
Hebr.	12, 11	Friedsame Frucht der Gerechtigkeit.
Eph.	5, 9	Die Frucht des Geistes ist allerlei Gütigkeit.
Gal.	5, 22	Die Frucht des Geistes ist Liebe.

5. Nur bleibende Frucht erhält den ewigen Preis.

Ps.	126, 6	Sie kommen mit Freuden und bringen ihre Garben.
Joh.	15, 16	Daß eure Frucht bleibe.
Luk.	8, 15	Bringen Frucht in Geduld.
1 Kor.	3, 13	Der Tag wird's klarmachen; wird jemandes Werk bleiben, so wird er Lohn empfangen.

Fürsprecher, siehe Priester 3.

Furcht, fürchten.

1. Die Gemüt und Leib erschütternde Furcht vor dem Erhabenen, Schauervollen, Jenseitigen bei Wundern und Gerichten.

2. Die religiös-sittliche Haltung, die hervorgeht aus der Überlegung, daß Gott Gerechtigkeit und Gericht handhabt.

3. Das Kindschaftsbewußtsein des Erlösten läßt die Furcht zurücktreten. Furcht Gottes das beherrschende Wort im Alten Testament, Glaube und Liebe im Neuen Testament.

Zu 1.

1 Mose	3, 10	Ich fürchte mich, denn ich bin nackend.
1 Sam.	11, 7	Da fiel die Furcht des Herrn auf das Volk (Sauls furchtbare Drohung).
Hiob	4, 14	Da kam mich Furcht und Zittern an (Nachtgesichte).
Ps.	55, 5	Des Todes Furcht ist auf mich gefallen.
Hebr.	2, 15	Durch Furcht des Todes Knechte.
Luk.	2, 9	Die Hirten fürchteten sich sehr.
Mtth.	14, 26	Die Jünger schrien vor Furcht (Meerwandel Jesu).
	8, 26	Warum seid ihr so furchtsam?
	17, 6	Die Jünger erschraken sehr.
Mrk.	10, 32	Jesus ging von ihnen her, und sie entsetzten sich . . . und fürchteten sich.
Mtth.	28, 4	Die Hüter erschraken vor Furcht.
Apgsch.	5, 5	Es kam eine große Furcht über alle.
Luk.	21, 26	Vor Furcht und Warten der Dinge.
Mtth.	10, 28	Fürchtet euch vielmehr vor dem, der Leib und Seele verderben kann in die Hölle.

Zu 2.

Hiob	28, 28	Die Furcht des Herrn, das ist Weisheit.
Ps.	111, 10	Die Furcht des Herrn ist der Weisheit Anfang.
	128, 4	Gesegnet wird sein der Mann, der den Herrn fürchtet.
Sprüche	10, 27	Die Furcht des Herrn mehret die Tage.
Sir.	1, 26	Die Furcht des Herrn wehret der Sünde.
Ps.	33, 18	Des Herrn Auge siehet auf die, die ihn fürchten. Jes. 66, 2.
	103, 11	So hoch der Himmel, lässet er seine Gnade walten über die, so ihn fürchten.
Jes.	66, 2	Ich sehe an den, der sich fürchtet vor meinem Wort.
Apgsch.	9, 31	Die Gemeinde wandelte in der Furcht.
Ps.	130, 4	Bei dir ist die Vergebung, daß man dich fürchte.
2 Kor.	7, 1	Fortfahren mit der Heiligung in der Furcht.
Phil.	2, 12	Schaffet, daß ihr selig werdet mit Furcht und Zittern.
1 Petr.	1, 17	Führet euren Wandel . . . in der Furcht.
	3, 16	Mit Sanftmütigkeit und Furcht.
	3, 2	Wenn sie ansehen euren (Frau) keuschen Wandel in der Furcht.
Eph.	5, 21	Seid untereinander untertan in der Furcht Gottes.
	6, 5	Seid gehorsam euren leiblichen Herren mit Furcht und Zittern.

Zu 3.

1 Mose	26, 24	Fürchte dich nicht, denn ich bin mit dir!
Jes.	54, 4	Fürchte dich nicht, denn du sollst nicht zuschanden werden!
	41, 14	Fürchte dich nicht, du Würmlein Jakob!
	43, 1	Fürchte dich nicht, ich habe dich erlöset!
Zeph.	3, 17	Fürchte dich nicht, denn der Herr, dein Gott, ist bei dir, ein starker Heiland.
Luk.	2, 10	Fürchtet euch nicht, denn ich verkündige euch große Freude!
Mtth.	14, 27	Seid getrost, ich bin's, fürchtet euch nicht.
Joh.	14, 27	Euer Herz erschrecke nicht und fürchte sich nicht!
Luk.	12, 32	Fürchte dich nicht, du kleine Herde!

Offenb.	1, 17	Fürchte dich nicht, ich bin der Erste und der Letzte!
1 Joh.	4, 18	Furcht ist nicht in der Liebe, sondern die völlige Liebe treibet die Furcht aus.

Gebet, beten. Gebet ist Gemeinschaft mit Gott, um auf seinen Willen zu lauschen, seine Hilfe zu erbitten und zu preisen und seine Kraft zu empfangen.

Die mancherlei Arten des Gebets, des Buß-, Bitt-, Fürbitte-, Dank-, Lobgebets finden ihren Niederschlag in einer Reihe von Vokabeln, die in der Bibel für das Beten gebraucht werden. Das Gebet ist eine Urfunktion der zu Gott hin geschaffenen Menschenseele, die auch die Heiden kennen. Aber das Gebet Israels ist unvergleichlich viel reicher als das Gebet der Griechen, obwohl ihre ganze Literatur von Homer bis Euripides begleitet ist vom Gebet an die Götter. Das hängt damit zusammen, daß das Gebet Israels Antwort ist auf die göttliche Offenbarung. Die Offenbarung des Gottesnamens als des Allmächtigen und Barmherzigen, als des Bundesgottes erweckt das Gebet des Vertrauens in allen Lebenslagen. Dafür sind die Gebete der Frommen, die die Bibel uns mitteilt, vom Gebet der Erzväter an, vor allem der Psalter, das Gebetbuch der alttestamentlichen Gemeinde, ein überwältigendes Zeugnis. Das Gebet des frommen Israeliten ist getragen vom Gemeindegebet der alttestamentlichen Gemeinde, von ihrem Buß-, Bitt- und Dankgebet, von ihren Lobgesängen. Der Psalter ist das Gebetbuch Israels, Jesu und seiner Jünger und der christlichen Gemeinde bis zum heutigen Tag. Am Kreuz betet Jesus mit den Worten des Psalters. Die ständige Zwiesprache Jesu mit dem Vater vom Lobpreis (Matth. 11, 25) bis zum Gethsemanegebet, vom Seufzen beim Hephata bis zum Gebet am Grabe des Lazarus war der unvergleichliche Anschauungsunterricht für die Jünger und die erste christliche Gemeinde und bleibt es für alle Zeiten. Jesus betet als der Sohn des Vaters in völliger Erhörungsgewißheit. Seine Gemeinde darf in seinem Namen beten in der durch den Heiligen Geist geschenkten Gotteskindschaft und ist darum der Erhörung gewiß.

1. Gott will, daß wir beten.

Ps.	50, 15	Rufe mich an in der Not, so will ich dich erretten.
Jes.	55, 6	Rufet ihn an, solang er nahe ist.
Joh.	16, 24	Bittet, so werdet ihr nehmen.
Phil.	4, 6	Sorget nichts, sondern in allen Dingen lasset eure Bitten im Gebet und Flehen mit Danksagung vor Gott kundwerden.
1 Tim.	2, 1	So ermahne ich nun, daß man vor allen Dingen zuerst tue Bitte, Gebet, Fürbitte und Danksagung für alle Menschen.
1 Thess.	5, 25	Liebe Brüder, betet für uns!
1 Tim.	2, 8	So will ich nun, daß die Männer beten.
1 Thess.	5, 17	Betet ohne Unterlaß.
Eph.	6, 18	Betet stets in allem Anliegen.

2. Gottesmenschen ist das Gebet Lebensbedürfnis.

1 Mose	18	Abraham als Beter (Fürbitte für Sodom).
2 Mose	32	Mose bittet für das Volk.

Josua 7, 7	Josua betet, als der Sieg vom Volke wich.
Ps. 35, 13	Ich aber (David) tat mir wehe mit Fasten und betete von Herzen stets.
Jak. 5, 17	Elias betete, daß es nicht regnen sollte.
2 Kön. 4, 33	Elisa schloß die Tür zu und betete zu dem Herrn.
19, 15	Hiskia (als er die Drohung der Assyrer erhielt) betete vor dem Herrn.
1 Sam. 1, 12	Hannas Gebet.
Luk. 2, 37	Hanna, die Prophetin, kam nimmer vom Tempel, diente Gott mit Fasten und Beten Tag und Nacht.
Mrk. 1, 35	Jesus ging in eine wüste Stätte und betete daselbst.
Luk. 5, 16	Jesus entwich in die Wüste und betete.
6, 12	Jesus blieb über Nacht im Gebet zu Gott.
Mtth. 14, 23	Jesus stieg auf einen Berg allein, daß er betete.
Luk. 9, 18	Da er allein war und betete.
9, 29	Da er betete, ward die Gestalt seines Angesichts anders.
Mtth. 26, 36	Jesu Gebet in Gethsemane.
Apgsch. 1, 14	Sie waren stets beieinander einmütig mit Beten und Flehen.
2, 42	Sie blieben aber beständig in der Apostel Lehre . . . im Gebet.
6, 4	Wir aber wollen anhalten am Gebet und am Amt des Worts.
Eph. 1, 16	Höre nicht auf, zu danken für euch, und gedenke euer in meinem Gebet.
Phil. 1, 4	Welches ich allezeit tue in allem meinem Gebet für euch alle.
Apgsch. 13, 3	Da fasteten sie und beteten (Die Ältesten zu Antiochien vor der Aussendung der ersten Missionare).
Röm. 8, 15	Ihr habt einen kindlichen Geist empfangen, durch welchen wir rufen: Abba, lieber Vater!
Apgsch. 9, 11	Siehe, er betet.

3. Bedingungen und Verheißungen erhörlichen Betens.

a) Buße, Demut, innere Armut.

Ps. 34, 19	Der Herr ist nahe bei denen, die zerbrochenen Herzens sind.
Josua 7, 6	Josua zerriß seine Kleider . . . und sprach (Ps. 35, 13).
Dan. 9, 18	Wir liegen vor dir mit unserem Gebet, nicht auf unsere Gerechtigkeit, sondern auf deine große Barmherzigkeit.
Jak. 5, 16	Bekenne einer dem anderen seine Sünden und betet füreinander.

b) Man muß vergeben haben.

Mrk. 11, 25	Wenn ihr betet, so vergebet.
Apgsch. 1, 14	Einmütig beten.
Mtth. 18, 19	Wo zwei unter euch eins werden, warum es ist, daß sie bitten wollen, das soll ihnen widerfahren von meinem Vater im Himmel.

c) Wahrer Glaube.

Mrk. 11, 24	Alles was ihr bittet in eurem Gebet, glaubet nur, daß ihr's empfangen werdet, so wird's euch werden (Mtth. 21, 22).
1 Tim. 2, 8	Betet ohne Zorn und ohne Zweifel.
Jak. 1, 6	Er bitte aber im Glauben und zweifle nicht.
5, 15	Das Gebet des Glaubens wird dem Kranken helfen.

d) Gehorsam, Mäßigkeit, Nüchternheit.

Joh. 9, 31	Wir wissen aber, daß Gott die Sünder nicht hört, sondern so jemand gottesfürchtig ist und tut seinen Willen, den hört er.
1 Petr. 3, 12	Die Augen des Herrn sehen auf die Gerechten und seine Ohren merken auf ihr Gebet.
Jak. 5, 16	Des Gerechten Gebet vermag viel.
1 Petr. 3, 7	Wohnet bei ihnen mit Vernunft, daß eure Gebete nicht verhindert werden.
4, 8	So seid nun mäßig und nüchtern zum Gebet.

Mtth.	17, 21	Diese Art fährt nicht aus denn durch Beten und Fasten (Ernste Beter haben je und je bei ihren Gebetskämpfen gefastet, um das Übergewicht des Irdischen zu vermindern).
		e) Stille.
Mtth.	6, 6	Wenn du betest, so gehe in dein Kämmerlein.
	6, 7	Wenn ihr betet, sollt ihr nicht plappern.
Ps.	145, 18	Der Herr ist nahe allen, die ihn . . . mit Ernst anrufen.
Jak.	5, 16	Das Gebet vermag viel, wenn es ernstlich ist (Eigentlich: dringlich mit gesammelter Kraft).
1 Kor.	7, 5	Muße zum Fasten und Beten.
Mrk.	1, 35	Jesu Beispiel. Siehe unter 2.
		f) Anhalten.
Luk.	18, 1	Allezeit beten und nicht laß werden.
Röm.	12, 12	Haltet an am Gebet.
1 Thess.	5, 17	Betet ohne Unterlaß.
Eph.	6, 18	Betet stets.
Apgsch.	1, 14	Sie waren stets beieinander einmütig mit Beten und Flehen.
		g) Gebet ist Gabe, Geisteswirkung.
Sacharja	12, 10	Ich will ausgießen den Geist der Gnade und des Gebets.
Röm.	8, 26	Wir wissen nicht, was wir beten sollen, sondern der Geist selbst vertritt uns.
	8, 15	Den kindlichen Geist, durch welchen wir rufen: Abba, lieber Vater!
		h) Es muß geschehen im Namen Jesu (das heißt im Vertrauen auf seine Gerechtigkeit).
Joh.	14, 13	Was ihr bitten werdet in meinem Namen, das will ich tun.
	14, 14	Wiederholung dieser Verheißung.
	15, 7	So ihr in mir bleibet und meine Worte in euch bleiben, werdet ihr bitten, was ihr wollt, und es wird euch widerfahren.
	16, 23	Wahrlich, wahrlich, ich sage euch: So ihr den Vater etwas bitten werdet in meinem Namen, so wird er's euch geben.
	16, 24	Bisher habt ihr nichts gebeten in meinem Namen. Bittet, so werdet ihr nehmen, daß eure Freude vollkommen sei.

4. Der Segen des Gebets.

Offenb.	5, 8	Räuchwerk, welches sind die Gebete der Heiligen.
Apgsch.	10, 4	Deine Gebete und Almosen sind hinaufgekommen ins Gedächtnis vor Gott (Das Gebet verbindet mit Gott).
Ps.	73, 17	Es war mir zu schwer, bis daß ich ging ins Heiligtum und merkte auf ihr Ende.
Eph.	1, 16	Gedenke euer in meinem Gebet, daß Gott euch gebe den Geist der Weisheit und Offenbarung zu seiner selbst Erkenntnis.
Jak.	1, 5	So jemand unter euch Weisheit mangelt, der bitte von Gott (Das Gebet erleuchtet).
Luk.	11, 13	Wievielmehr wird der Vater im Himmel seinen Heiligen Geist geben denen, die ihn darum bitten (Geistliche Güter)!
Jak.	5, 15	Das Gebet des Glaubens wird dem Kranken helfen (Irdische Gaben).
1 Tim.	4, 5	Es wird geheiligt durch das Wort Gottes und Gebet (Weihe des Natürlichen durch Gebet).

Geduld, das gewisse und getroste Warten auf die Erfüllung der Hoffnung, die Ausdauer und Beharrlichkeit im Leiden.
ThW: »Geduld ist das von der Hoffnung auf die Verwirklichung des Reiches Gottes eingegebene Aushalten gegenüber den Wider-

ständen einer feindseligen und ungläubigen Welt und inmitten ihrer Versuchungen.« Im Alten Testament ist das geduldige Warten und Harren auf die Erfüllung der göttlichen Verheißungen besonders ausgeprägt, während im Neuen Testament diese Seite der Geduld zurücktritt, weil man in der Gegenwart reichlich getröstet ist durch Christus und das Kommen des Herrn nahe erwartet.

1. Die wartende Geduld Gottes und der Glaubenden.

2 Petr.	3, 15	Die Geduld unseres Herrn achtet für eure Seligkeit.
Röm.	15, 5	Der Gott der Geduld und des Trostes.
	2, 4	Reichtum seiner Güte, Geduld und Langmütigkeit.
	9, 22	Hat mit großer Geduld ertragen die Gefäße des Zornes.
Luk.	21, 19	Fasset eure Seelen in Geduld.
2 Kor.	6, 4	Diener Gottes in großer Geduld und Trübsal.
2 Tim.	3, 10	Du bist nachgefolgt meiner Geduld.
1 Thess.	1, 3	Eure Geduld in der Hoffnung.
Kol.	1, 11	Gestärkt werdet in aller Geduld und Langmütigkeit.
Hebr.	6, 15	Also trug er Geduld und erlangte die Verheißung.
	6, 12	Nachfolger derer, die durch Glauben und Geduld ererben die Verheißungen.
	10, 36	Geduld ist euch not, daß ihr den Willen Gottes tut und die Verheißung empfanget.
	12, 1	Laufen durch Geduld in dem Kampf, der uns verordnet ist.
Klagel.	3, 26	Es ist ein köstlich Ding, geduldig zu sein.
Offenb.	1, 9	Johannes, Mitgenosse am Reich und an der Geduld Jesu (Warten auf den wiederkommenden Herrn).
2 Thess.	3, 5	Zurichten zu der Geduld Christi (Warten auf den wiederkommenden Herrn).
Offenb.	13, 10	Hier ist Geduld und Glaube der Heiligen.
Titus	2, 2	Glaube, Liebe, Geduld. Vgl. 1 Kor. 13, 13 Glaube, Liebe, Hoffnung.

2. Die tragende und im Leiden ausharrende Geduld.

Eph.	4, 2	Wandelt mit Geduld und vertraget einer den anderen in der Liebe.
Kol.	3, 12	Ziehet an herzliches Erbarmen . . ., Geduld.
2 Tim.	4, 2	Strafe . . . mit aller Geduld und Lehre.
Luk.	8, 15	Frucht bringen in Geduld.
2 Kor.	1, 6	Leiden mit Geduld.
Jak.	5, 11	Die Geduld Hiobs habt ihr gehört.

3. Geduld ist Geistesfrucht, die in der Trübsal reift.

Gal.	5, 22	Die Frucht des Geistes . . . Geduld.
Röm.	5, 3	Trübsal bringt Geduld.

Geheimnis, Mysterium: Kunde verborgener Dinge, die nur durch Offenbarung erreicht werden kann, da sie Gedanken und Willen des natürlichen Menschen durchkreuzt.
ThW: »Ein Begriff, der im Neuen Testament selten vorkommt und keinerlei Beziehung zur griechischen Mysterienreligion erkennen läßt.« Bei Daniel taucht er zum ersten Male auf im Sinne eines endzeitlichen Geheimnisses und einer verhüllten Ankündigung zukünftigen Geschehnisses, das Gott allen offenbaren kann, was den heidnischen Göttern unmöglich ist. Im Neuen Testament sind den

Jüngern die Augen geöffnet für das Geheimnis des in Jesus hereinbrechenden und sich in der Endzeit vollendenden Reiches Gottes. Bei Paulus geht es um das Christusgeheimnis, das nur durch das Licht des heiligen Geistes geoffenbart werden kann.

1. Vom verborgenen Ratschluß Gottes, den erst die Zukunft offenbaren wird, in den aber die Propheten Einblick haben.

5 Mose	29, 28	Das Geheimnis ist des Herrn unseres Gottes, was aber offenbaret ist, das ist unser, daß wir tun sollen alle Worte dieses Gesetzes.
Hiob	29, 4	Das Geheimnis Gottes über meiner Hütte.
Ps.	25, 14	Das Geheimnis ist unter denen, die ihn fürchten.
Sprüche	3, 32	Das Geheimnis ist bei den Frommen.
Amos	3, 7	Der Herr tut nichts, er offenbare denn sein Geheimnis den Propheten, seinen Knechten.
Dan.	2, 22	Er offenbart, was tief verborgen ist.
	2, 47	Ein Gott über alle Götter und ein Herr über alle Könige, der da kann verborgene Dinge offenbaren.
Weish.	6, 24	Will euch die Geheimnisse nicht verbergen.
Röm.	11, 25	Will euch nicht verhalten dieses Geheimnis.
1 Kor.	13, 2	Und wüßte alle Geheimnisse.
	15, 51	Ich sage euch ein Geheimnis.
Offenb.	10, 7	Es soll vollendet werden das Geheimnis Gottes.

2. Geheimnis ist das Wesen der neutestamentlichen Offenbarung, die in verhüllter Gestalt geschieht und nur von denen erkannt wird, welchen es gegeben ist. Das Kundmachen des Geheimnisses ist Aufgabe der Zeugen Jesu.

Mtth.	13, 11	Euch ist's gegeben, daß ihr das Geheimnis des Himmelreichs vernehmet.
Röm.	16, 25	Predigt von Jesu Christ, durch welche das Geheimnis offenbart ist, das von der Welt her verschwiegen gewesen ist.
Eph.	6, 19	Daß ich möge kundmachen das Geheimnis des Evangeliums.
Kol.	4, 3	Eine Tür des Wortes auftun, zu reden das Geheimnis Christi.
1 Kor.	4, 1	Haushalter über Gottes Geheimnis.
1 Tim.	3, 16	Kündlich groß ist das gottselige Geheimnis.

Gehorsam, gehorchen. Das Horchen auf das Wort Gottes und Tun seines Willens. — Während die griechische Mysterienreligion großen Wert auf das Schauen der Gottheit legt, entspricht in der Offenbarungsreligion der Bibel der Offenbarung des Wortes Gottes das Hören. Das tägliche Gebet des frommen Israeliten bestand in dem Bekenntnis von 5. Mose 6, 4—9 »Höre Israel!« Die große Sünde besteht im Nichthörenwollen. Amos 7, 16: Höre des Herrn Wort! Jes. 1, 2: Höret ihr Himmel, und Erde nimm zu Ohren! Erst in der Endzeit wird geschaut. Das Neue Testament hat kein Interesse daran, wie Jesus ausgesehen hat, aber um so mehr an den Worten, die er gesprochen hat. Die Endzeit, die mit der Auferstehung Jesu beginnt, bringt die Erscheinungen des Auferstandenen. Er wird gesehen. Er wird wiederkommen. Die endzeitlichen Weissagungen entrollen gewaltige Bilder. »Der Glaube kommt aus der Verkündigung, die den Glauben zum Inhalt und Ziel hat« (ThW).

1. Gehorsam gegenüber dem Gebot Gottes.

a) Aufforderung zum Gehorsam und Segensverheißung.

5 Mose	11, 27	Siehe, ich lege euch heute vor den Segen oder den Fluch, den Segen, so ihr gehorchet den Geboten des Herrn.
Jes.	1, 19	Wollt ihr mir gehorchen, so sollt ihr des Landes Gut genießen.
Jerem.	26, 13	Gehorchet der Stimme des Herrn, eures Gottes, so wird den Herrn auch gereuen das Übel, das er wider euch geredet hat.
2 Mose	23, 25	Dem Herrn . . . sollt ihr dienen, so wird er dein Brot und dein Wasser segnen, und ich will alle Krankheit von dir wenden.
Ps.	81, 14	Wollte mein Volk mir gehorsam sein . . ., so wollte ich ihre Feinde bald dämpfen.
1 Sam.	15, 22	Gehorsam ist besser denn Opfer.
Apgsch.	5, 29	Man muß Gott mehr gehorchen als den Menschen.
Sirach	4, 16	Wer der Weisheit gehorcht, kann andere Leute lehren.
5 Mose	18, 15	Einen Propheten wie mich . . ., dem sollt ihr gehorchen.

b) Gehorsam gegenüber den göttlichen Ordnungen in Familie und Volk.

Eph.	6, 1	Ihr Kinder seid gehorsam euren Eltern in dem Herrn (Gottes Gebot hat den Vorzug).
Mtth.	10, 37	Wer Vater oder Mutter mehr liebt.
Hebr.	13, 17	Gehorchet euren Lehrern und folget ihnen.
Eph.	6, 5	Ihr Knechte, seid gehorsam euren leiblichen Herren.
Titus	3, 1	Erinnere sie, daß sie . . . der Obrigkeit gehorsam seien.

c) Menschliche Versprechungen des Gehorsamen.

2 Mose	20, 19	Rede du mit uns, wir wollen gehorchen.
	24, 7	Alles, was der Herr gesagt hat, wollen wir tun und gehorchen.
Josua	24, 24	Wir wollen . . . seiner Stimme gehorchen.
1 Kön.	3, 9	So wollest du deinem Knechte geben ein gehorsames Herz.

d) Ungehorsam und Fluch.

Ps.	81, 12	Aber mein Volk gehorcht nicht meiner Stimme.
5 Mose	8, 20	So werdet ihr auch umkommen, darum, daß ihr nicht gehorsam seid der Stimme des Herrn.
Apgsch.	7, 39	Welchem nicht wollten gehorsam werden eure Väter.
Röm.	2, 8	Welche der Wahrheit nicht gehorchen, Ungnade und Zorn!
Gal.	3, 1	Wer hat euch bezaubert, daß ihr der Wahrheit nicht gehorcht?
Titus	1, 16	Gehorchen nicht und sind zu allen guten Werken untüchtig.

2. Der Gehorsam Christi.

Mtth.	11, 26	Ja, Vater!
Joh.	8, 29	Ich tue allezeit, was ihm gefällt.
Röm.	5, 19	Gleichwie durch eines Menschen Ungehorsam viele Sünder geworden sind, also durch eines Gehorsam werden viele Gerechte.
Phil.	2, 8	Er erniedrigte sich selbst und ward gehorsam bis zum Tode.
Hebr.	5, 8	Wiewohl er Gottes Sohn war, hat er doch an dem, was er litt, Gehorsam gelernt.

3. Gehorsam gegenüber dem Evangelium (frohe Botschaft, daß Christi Gehorsam uns zugerechnet wird), Glaubensgehorsam.

Apgsch.	6, 7	Es wurden viele Priester dem Glauben gehorsam.
Röm.	1, 5	Gnade und Apostelamt, unter allen Heiden den Gehorsam des Glaubens aufzurichten.

2 Kor.	10, 5	Nehmen gefangen alle Vernunft unter den Gehorsam Christi.
1 Petr.	1, 2	Zum Gehorsam und zur Besprengung mit dem Blut Christi.
	1, 22	Machet keusch eure Seelen im Gehorsam der Wahrheit durch den Geist.
Röm.	6, 17	Gott sei gedankt, daß ihr Knechte der Sünde gewesen seid, aber nun gehorsam geworden von Herzen dem Vorbild der Lehre.
Apgsch.	5, 32	Der Heilige Geist, welchen Gott gegeben hat denen, die ihm gehorchen.
Röm.	4	Abrahams Glaubensgehorsam (Hebr. 11, 8. 17).
	10, 16	Sie sind nicht alle dem Evangelium gehorsam.
2 Thess.	1, 8	Der Herr wird offenbart werden vom Himmel . . ., Rache zu geben über die, so nicht gehorsam sind dem Evangelium unseres Herrn Jesu Christi.

Geist ist I. die das Leben von innen heraus bestimmende persönliche Macht Gottes, die sich auswirkt in der Schöpfung, in der Offenbarung des prophetischen Worts und des Schriftworts, in der Geburt und Ausrüstung des Messias und in der neutestamentlichen Gemeinde.

II. Der Geist des Menschen ist seine nach dem Bilde Gottes geschaffene Wesensanlage, die die Möglichkeit der Erneuerung durch die Berührung mit dem Heiligen Geist bietet.

III. An manchen Stellen der Schrift ist Geist gebraucht im Sinne von körperlosem Wesen.

IV. Auch das Böse ist eine geistige Macht.

I. Der Geist in Schöpfung und Offenbarung des Alten und des Neuen Bundes.

1. Der Geist in Schöpfung und Altem Bund, er rüstet aus die, die im Dienste Gottes stehen, und gibt ein das Wort der Schrift.

1 Mose	1, 2	Der Geist Gottes schwebte über dem Wasser.
	6, 3	Sie wollen sich von meinem Geist nicht mehr strafen lassen, denn sie sind von Fleisch.
	41, 38	Wie können wir einen solchen Mann finden, in dem der Geist Gottes sei? (Pharao von Joseph.)
4 Mose	11, 25	Der Herr redete mit Mose und nahm des Geistes, der auf ihm war, und legte ihn auf die siebenzig Ältesten.
Richt.	3, 10	Der Geist des Herrn kam auf ihn.
1 Sam.	10, 6	Der Geist des Herrn wird über dich geraten, daß du mit ihnen weissagest und wirst ein anderer Mann werden (Saul).
2 Kön.	2, 9	Elisa sprach, daß mir ein zwiefältig Maß werde von deinem Geist.
Micha	3, 8	Ich bin voll Geist und Kraft des Herrn.
Jes.	61, 1	Der Geist des Herrn ist über mir.
Luk.	2, 25	Ein Mensch war zu Jerusalem, mit Namen Simeon . . ., der wartete auf den Trost Israels, und der Heilige Geist war in ihm.
Mtth.	22, 43	Wie nennt ihn denn David im Geist einen Herrn?
Apgsch.	1, 16	Es mußte die Schrift erfüllt werden, welche zuvor gesagt hat der Heilige Geist durch den Mund Davids.
Hebr.	3, 7	Wie der Heilige Geist spricht (folgt Psalmwort, ähnlich Hebr. 9, 8; 10, 15).
2 Petr.	1, 21	Die heiligen Menschen Gottes haben geredet, getrieben vom Heiligen Geist.

2. Der Geist in der Geburt und Ausrüstung des Messias.

Mtth.	1, 18	Maria war schwanger vom Heiligen Geist.
Jes.	11, 2	Auf welchem wird ruhen der Geist des Herrn.
Mtth.	3, 16	Er sah den Geist Gottes über ihn kommen.
Joh.	3, 34	Welchen Gott gesandt hat, der redet Gottes Worte, denn Gott gibt den Geist nicht nach dem Maß.
Mtth.	12, 28	So ich die Teufel durch den Geist Gottes austreibe.
Apgsch.	10, 38	Gott hat Jesus . . . gesalbt mit dem Heiligen Geist.
1 Petr.	3, 18	Christus ist lebendig gemacht nach dem Geist.
1 Tim.	3, 16	Gerechtfertigt im Geist.
Hebr.	9, 14	Der sich durch den ewigen Geist Gott geopfert hat.
Mtth.	12, 31	Lästerung gegen den Heiligen Geist (derartige Lästerung Jesu, der den Heiligen Geist besitzt, ist Lästerung des innersten Wesens Gottes).

3. Der Geist in der neutestamentlichen Heilsgemeinde.

a) Seine Verheißung.

4 Mose	11, 17	Ich will deines Geistes, der auf dir ist, nehmen und auf sie legen.
Jes.	44, 3	Ich will Wasser gießen auf die Durstigen . . . ich will meinen Geist auf deinen Samen gießen.
Hesek.	36, 27	Ich will meinen Geist in euch geben und will solche Leute aus euch machen, die in meinen Geboten wandeln.
Joel	3, 1	Nach diesem will ich meinen Geist ausgießen über alles Fleisch; und eure Söhne sollen weissagen.
Sacharja	12, 10	Über die Bürger in Jerusalem will ich ausgießen den Geist der Gnade und des Gebets.
Mtth.	3, 11	Der Herr wird euch mit dem Heiligen Geist und mit Feuer taufen.
Joh.	14, 16	Ich will den Vater bitten und er wird euch einen anderen Tröster geben.
Luk.	24, 49	Ich will auf euch senden die Verheißung meines Vaters. Ihr aber sollt in der Stadt Jerusalem bleiben, bis daß ihr angetan werdet mit Kraft aus der Höhe.
Apgsch.	1, 8	Ihr sollt mit dem Heiligen Geist getauft werden nicht lang nach diesen Tagen.

b) Der Geist kommt als Heilsgabe auf Grund des Erlösungswerkes Christi.

1. Der Anwalt (Luther: Tröster) Christi, der ihn vertritt und verklärt.

Joh.	16, 7	So ich gehe, will ich ihn zu euch senden.
	16, 8	Er wird die Welt strafen um die Sünde, um die Gerechtigkeit und um das Gericht.
Joh.	16, 13	Der wird euch in alle Wahrheit leiten, nicht von sich selber reden, sondern, was er hören wird.
	16, 14	Derselbe wird mich verklären, von dem Meinen wird er's nehmen.

2. Er ist der Geist Gottes und Christi, unterschieden selbständig wirkend und doch von Gott und Christus ungeschieden.

1 Petr.	4, 14	Der Geist Gottes.
Gal.	4, 6	Gott hat gesandt den Geist seines Sohnes in eure Herzen.
Phil.	1, 19	Handreichung des Geistes Jesu Christi.
2 Kor.	3, 17	Der Herr ist der Geist.
Mtth.	28, 19	Im Namen des Vaters und des Sohnes und des Heiligen Geistes.
2 Kor.	13, 13	Die Gnade unseres Herrn Jesu . . . und die Liebe Gottes und die Gemeinschaft des Heiligen Geistes.

1 Kor. 12, 4 Es ist ein Geist.
Eph. 4, 4 Ein Leib und ein Geist.
Offenb. 4, 5 Sieben Fackeln, welches sind die sieben Geister Gottes (Göttliche Mannigfaltigkeit).

3. Der Geist wohnt in der neutestamentlichen Gemeinde als in einem Tempel, stellt ihre Einheit her und wirkt auf ihrem Boden.

1 Kor. 3, 16 Daß ihr Gottes Tempel seid und der Geist Gottes in euch wohnt
Eph. 2, 22 Behausung Gottes im Geist.
1 Petr. 2, 5 Bauet euch zum geistlichen Hause.
Phil. 1, 27 Ihr stehet in einem Geist.
2, 1 Gemeinschaft des Geistes.
Eph. 4, 3 Einigkeit im Geist.
Apgsch. 2, 38 Lasse sich ein jeglicher taufen (zu Christus und seiner Gemeinde hinzutun), so werdet ihr empfangen die Gabe des Heiligen Geistes.
8, 17 Heiliger Geist nach der Taufe durch Handauflegen der Apostel, durch welche die Gemeinde den Zusammenhang herstellt mit den bekehrten Samaritern.
10, 44 Der Geist kommt über Kornelius, den Heiden (Wo der Geist ist, darf auch der Zusammenschluß mit der Gemeinde nicht aberkannt werden).
1 Joh. 4, 1 Prüfet die Geister (Durch den Geistesbesitz ermöglicht).
Apgsch. 5, 3 Daß du dem Heiligen Geist lögest (Geistesbesitz der Gemeinde macht eine Lüge ihr gegenüber frevelhaft).

4. Der Geist befähigt die Jünger, ihre besondere Aufgabe im Dienst der neutestamentlichen Heilsoffenbarung zu erfüllen. Er gibt der Gemeinde die besonderen Geistesgaben, deren Erweckung vom Glaubensverhalten abhängig ist.

Mtth. 10, 20 Ihr seid es nicht, die da reden, sondern eures Vaters Geist.
Joh. 20, 22 Nehmet hin den Heiligen Geist! Welchen ihr die Sünden erlasset, denen sind sie erlassen.
Apgsch. 4, 8 Petrus voll des Heiligen Geistes.
5, 32 Wir sind seine Zeugen . . . und der Heilige Geist.
13, 2 Da sie dem Herrn dienten, sprach der Heilige Geist.
20, 28 Unter welche euch der Heilige Geist gesetzt hat zu Bischöfen.
1 Kor. 12, 11 Dies alles wirkt derselbe eine Geist und teilt einem jeglichen seines zu (Vers 7–10 Aufzählung der verschiedenen Gaben des Geistes).
12, 31 Strebet nach den besten Gaben!
2 Tim. 1, 6 Erwecke die Gabe Gottes, die in dir ist (Eine Neuausgießung des Heiligen Geistes, auf die Blumhardt wartete, ist nicht schriftgemäß. Der Geist ist da und wirkt das in der Gemeinde, was zu jeder Zeit erforderlich ist).

5. Die Notwendigkeit des Geistesbesitzes zum Heile für jedes Glied der neutestamentlichen Gemeinde.

Röm. 8, 9 Wer Christi Geist nicht hat, der ist nicht sein.
1 Kor. 12, 3 Niemand kann Jesum einen Herrn heißen, ohne durch den Heiligen Geist.
Joh. 3, 5 Es sei denn, daß ein Mensch geboren werde aus Wasser und Geist, so kann er nicht in das Reich Gottes kommen.

6. Die Bedingungen des Geistesempfangs.

Joh. 16, 7 Es ist euch gut, daß ich hingehe. Denn so ich nicht hingehe, so kommt der Tröster nicht zu euch.
7, 39 Das sagte er von dem Geist, welchen empfangen sollten, die an ihn glaubten.
Gal. 3, 2 Habt ihr den Geist empfangen durch des Gesetzes Werke oder durch die Predigt vom Glauben?

Apgsch.	2, 38	Tut Buße und lasse sich ein jeglicher taufen auf den Namen Jesu Christi zur Vergebung der Sünden, so werdet ihr empfangen die Gabe des Heiligen Geistes.
	10, 44	Da Petrus noch diese Worte redete (Vergebung der Sünden für alle, die glauben an den Namen Jesu), fiel der Heilige Geist auf alle, die dem Worte zuhöreten.
Gal.	4, 6	Weil ihr denn Kinder seid, hat Gott gesandt den Geist seines Sohnes in eure Herzen (Kinder durch den Glauben).
Luk.	11, 13	Wie vielmehr wird der Vater im Himmel den Heiligen Geist geben denen, die ihn bitten!
Apgsch.	4, 31	Da sie gebetet hatten, bewegte sich die Stätte . . ., und wurden alle des Heiligen Geistes voll.
	8, 15	Petrus und Johannes, da sie hinabkamen, beteten sie über sie, daß sie den Heiligen Geist empfingen.
	2, 1	Da der Tag der Pfingsten erfüllt war, waren sie alle einmütig beieinander.

7. Wirkungen des Heiligen Geistes.

Joh.	14, 17	Geist der Wahrheit (Seine Wirkung Buße).
	16, 13	Der wird euch in alle Wahrheit leiten.
Röm.	8, 16	Derselbe Geist gibt Zeugnis unserem Geist, daß wir Gottes Kinder sind.
Gal.	4, 6	Der schreit: Abba, lieber Vater!
Röm.	8, 15	Ihr habt einen kindlichen Geist empfangen, durch welchen wir rufen: Abba, lieber Vater.
Sacharja	12, 10	Geist der Gnade und des Gebets.
Röm.	8, 26	Wir wissen nicht, was wir beten sollen, . . . sondern der Geist vertritt uns mit unaussprechlichem Seufzen.
Joh.	6, 63	Der Geist ist's, der lebendig macht, das Fleisch ist nichts nütze (Gegensatz: Geist – Fleisch, siehe Fleisch).
2 Kor.	3, 6	Der Buchstabe tötet, aber der Geist macht lebendig (Die alttestamentliche Offenbarung im Gegensatz zur neutestamentlichen Heilsgabe).
Röm.	5, 5	Die Liebe Gottes ist ausgegossen in unser Herz durch den Geist, der uns gegeben ist.
Gal.	5, 22	Die Frucht des Geistes ist Liebe, Freude, Friede, Geduld, Freundlichkeit, Gütigkeit, Glaube, Sanftmut, Keuschheit.
Eph.	5, 9	Die Frucht des Geistes ist allerlei Gütigkeit, Gerechtigkeit und Wahrheit.
2 Kor.	3, 17	Wo der Geist des Herrn ist, da ist Freiheit (Nicht unter dem Gesetz. Gal. 5, 18).
1 Kor.	2, 10	Der Geist erforscht alle Dinge, auch die Tiefen der Gottheit.
Apgsch.	4, 31	Sie wurden alle des Heiligen Geistes voll und redeten das Wort mit Freudigkeit.
Eph.	3, 16	Stark zu werden durch seinen Geist am inwendigen Menschen.
2 Tim.	1, 7	Gott hat uns nicht gegeben den Geist der Furcht, sondern der Kraft und der Liebe und der Zucht.
2 Kor.	1, 22	Gott ist's, der in unsere Herzen das Pfand, den Geist, gegeben hat.
Röm.	8, 23	Des Geistes Erstlinge (Anbruch der zukünftigen Vollendung).

II. Der Geist des Menschen ist der aus Gott stammende Funke ewigen Lebens im Menschen, seine nach dem Bilde Gottes geschaffene Wesensanlage, die durch die Berührung mit dem Heiligen Geist erneuert wird.

1 Mose	1, 27	Gott schuf den Menschen sich zum Bilde.
Eph.	4, 24	Der nach Gott geschaffen ist.
Ps.	51, 12	Schaffe in mir, Gott . . . einen neuen gewissen Geist!
Mtth.	5, 3	Selig, die da geistlich arm sind (geistlich = im Geist).
	26, 41	Der Geist ist willig, aber das Fleisch ist schwach.

Röm.	1, 9	Welchem ich diene in meinem Geist.
1 Kor.	2, 11	Welcher Mensch weiß, was im Menschen ist, als der Geist des Menschen, der in ihm ist?
Röm.	8, 16	Gottes Geist gibt Zeugnis unserm Geist.
Mrk.	14, 38	Der Geist ist willig, aber das Fleisch ist schwach.
1 Thess.	5, 23	Euer Geist ganz samt Seele und Leib.

III. Der Geist im Sinne eines körperlosen Wesens.

Luk.	24, 37	Sie fürchteten sich, meinten, sie sahen einen Geist.
	24, 39	Ein Geist hat nicht Fleisch und Bein.
1 Petr.	3, 19	Er hat gepredigt den Geistern im Gefängnis.
Joh.	4, 24	Gott ist Geist (Darf nicht auf sinnlich, äußerlich beschränkte Weise verehrt werden).

IV. Der Geist des Bösen; denn auch das Böse übt geistige Wirkungen aus.

Eph.	2, 2	Der Geist, der zu dieser Zeit sein Werk hat in den Kindern des Unglaubens.
Luk.	4, 33	Ein Mensch, besessen mit einem unsauberen Geist.

Gemeinde, siehe Kirche.

Gemeinschaft haben, heißt Anteil haben an einer Person oder Sache gemeinsam mit anderen, Gemeinschaft wird im Neuen Testament oft auch im Sinne von Anteil geben (Wohltat) gebraucht, doch nie im Sinne von Versammlung oder Gesellschaft.

Im Alten Testament wird das Wort auf die Gemeinschaft zwischen Mensch und Mensch, zwischen Mensch und Götzen, aber aus tiefem Abstandsbewußtsein nie auf die Gemeinschaft zwischen Mensch und Gott angewandt. Im Neuen Testament (Hebr. 2, 14) bedeutet es: Wie die Menschenkinder teilhaben an Fleisch und Blut, so ist Christus auch Teilhaber an der menschlichen Natur geworden.

Die Erlösung gibt Anteil an der göttlichen Natur (2. Petr. 1, 4). Aber es gibt auch eine Schuld- und Gerichtsgemeinschaft (Mtth. 23, 30). Bei Paulus wird der Begriff »Gemeinschaft haben« für den Anteil an Christus und den geistlichen Gütern sowie für die Gemeinschaft der Gläubigen untereinander gebraucht. Die Gemeinschaft mit dem erhöhten Herrn kommt durch den Lebenszusammenschluß mit dem Herrn zustande und ist gegenwärtiger Besitz, dessen Vollverwirklichung von der endzeitlichen Zukunft erwartet wird. Besonders für das Herrenmahl wird bei Paulus der Begriff Gemeinschaft verwandt. »Es ist die Gemeinschaft mit Leib und Blut Jesu Christi, Anteilschaft an dem himmlischen Christus, der für Paulus mit dem geschichtlichen Christus, der Leib und Blut besaß, identisch ist« (ThW). Die Gläubigen haben Anteil an den »einzelnen Phasen des Christuslebens« (ThW), am Mitleben (Röm. 6, 8; 2. Kor. 7, 3), am Mitleiden (Röm. 8, 17; Kol. 1, 24), am Mitgekreuzigtsein (Röm. 6, 6; Gal. 2, 19), am Mitsterben (2. Kor. 7, 3), am Mitbegrabenwerden und Mitauferstehen (Röm. 6, 4; Kol. 2, 12; 3, 1; Eph. 2, 6), am Mitverherrlichtsein und Miterben (Röm. 8, 17) und am Mitregieren (2. Tim. 2, 12). Der Gläubige hat auch Anteil am Heiligen Geist (2. Kor. 13, 13; gemeint ist nicht die Gemeinschaft, die der Heilige Geist wirkt). Die Christen haben untereinander Gemeinschaft (nach Röm. 15, 27 die Heiden an den Gütern der Urgemeinde, wodurch sie dieser verpflichtet sind. Phil. 1, 7 und 4, 14: Sie sind Genossen der Gnade des Apostels und nehmen Anteil an seinen Trübsalen). Im ersten Johannesbrief ist der Ausdruck »Gemeinschaft« gebraucht für die Gottes- und Christus- und Brudergemeinschaft, die auf Erden beginnt und in der endzeitlichen Zukunft ihre Vollendung findet (1. Joh. 3, 2).

1. Anteil haben an einer Person oder Sache gemeinsam mit anderen.

Hebr.	10, 33	Gemeinschaft gehabt (mit den Leidenden).
Apgsch.	2, 42	Sie blieben in der Apostel Lehre und in der Gemeinschaft.
Phil.	1, 5	Gemeinschaft am Evangelium.
1 Joh.	1, 3	Daß auch ihr mit uns Gemeinschaft habt, und unsere Gemeinschaft ist mit dem Vater und mit seinem Sohne Jesus Christus.
	1, 6	Gemeinschaft mit ihm.
	1, 7	Gemeinschaft untereinander (dadurch, daß sie gemeinsam Anteil an Gott und Christus haben, sind sie auch untereinander verbunden).
Philemon 6		Daß die Gemeinschaft des Glaubens in dir kräftig werde durch die Erkenntnis alles Guten, das in uns auf Christus Jesus hin vorhanden ist.
1 Kor.	10, 16	Der Kelch, den wir segnen, ist er nicht die Gemeinschaft des Blutes Jesu Christi?
2 Kor.	6, 14	Was hat das Licht für Gemeinschaft mit der Finsternis? (Eph. 5, 1)
Eph.	3, 6	Die Heiden Mitgenossen seiner Verheißung
Offenb.	1, 9	Johannes, euer Bruder und Mitgenosse an der Trübsal.

2. Anteil geben.

1 Kor.	1, 9	Berufen seid zur Gemeinschaft seines Sohnes Jesu Christi (Jesus gewährt Anteil an sich).
Phil.	2, 1	Gemeinschaft des Geistes.
2 Kor.	13, 13	Liebe Gottes und die Gemeinschaft des Heiligen Geistes (Der Heilige Geist gewährt der Gemeinde Anteil an sich und seinen Gaben).
	8, 4	Wohltat und Gemeinschaft der Handreichung (2 Kor. 9, 12).

Gerechtigkeit, gerecht, Recht, recht, rechtfertigen.

Gerecht ist der, der vor dem Urteil des ewigen Richters bestehen kann.

Gerechtigkeit wird als Heilsgut von Gott hergestellt. Durch göttliches Urteil und Gericht wird sie in Christus offenbar und dem, der sich ihm anvertraut (dem Glaubenden), zuerkannt. Wer sich Christo anvertraut, ist bereits von Gott ergriffen. In ihm wirkt Gott durch Christus Gerechtigkeit und macht dadurch aus ihm eine neue Kreatur.

Rechtfertigung gleich Wiedergeburt. Die Heiligung ist nichts anderes als ein Beharren in der Rechtfertigung. Gerecht ist das Handeln Gottes, durch das er den Endsieg der Gerechtigkeit über die Ungerechtigkeit verbürgt.

Das Griechentum versteht unter Gerechtigkeit Tugendhaftigkeit und schreibt diese Tugendhaftigkeit der eigenen Leistung des Gerechten zu. Im Alten Testament ist Gott der, der das Recht setzt und seinem Recht in Urteil und Gericht verbunden bleibt. Gottes Tun ist fehlerlose Gerechtigkeit (5 Mose 32, 4). Das Verhältnis Gottes zum Menschen und des Menschen zu Gott und zu den Menschen wird im Blick auf Gottes Gerechtigkeit und Gericht gesehen. »Daß Gott gerecht ist, ist Glaubensgut und Ausdruck bedingungslosen Vertrauens in den sittlichen Willen Gottes, kraft dessen Gutes besteht und Normwidriges dem vernichtenden Urteil Gottes verfallen muß« (ThW). Gerecht ist der, der vor dem Urteil Gottes bestehen kann. Das Neue Testament lebt ganz im Begriff der Gerechtigkeit des Alten Testaments, aber es überbietet ihn. Gott ist gerecht: Offenb. 16, 5; 16, 7; 19, 2. Er erweist sich als gerecht, indem er die Sühnetat des Opfertodes Jesu Christi vollbringt. »Das Neue erweist sich in der absoluten Bindung an den Sühnetod Christi, in dem sich Gott als den Gerechten erweist« (ThW). Röm. 3, 26; 1. Joh. 1, 9.

Der Messias wird im Neuen Testament als der Gerechte bezeichnet (Apgsch. 3, 13; 7, 52; Mtth. 27, 4; 1. Petr. 3, 18; 1. Joh. 2, 1; 2, 29). Es redet an vielen Stellen in alttestamentlicher Weise von den Gerechten, die den Willen Gottes tun (1. Joh. 3, 12; Röm. 5, 7; Luk. 18, 9; 14, 14; 1. Petr. 3, 12; 4, 18; Hebr. 12, 23). Wie der Ungerechte gerecht wird, das ist das Thema der Paulinischen Theologie. »Nur der Gerechte kann mit Gott Gemeinschaft haben, aber nicht das Selbsttun des Menschen begründet diese Gemeinschaft, sondern Gottes eigene souveräne und gnädige Setzung, die in Christus entscheidend für die Menschheit eingegriffen hat. Die Gerechtigkeit Gottes ist ausschließlich Gottes, und der Mensch wird in sie hineingenommen und hineingestellt« (ThW) (Röm. 1, 17: Die Gerechtigkeit Gottes wird im Evangelium offenbar). Sie ist ebenso wirksam wie das Zorneshandeln Gottes (Röm. 1, 17 und 18). Das Offenbarungshandeln Gottes geschieht in der Kreuzestat (Röm. 3, 25: Welchen Gott hat vorgestellt zu einem Gnadenstuhl durch den Glauben in seinem Blut). Die Gerechtigkeit Gottes schließt die Gerechtsprechung ein. Sie ist Rechtfertigung des Gottlosen (Röm. 4, 5). Das geht über jede menschliche Rechtsvorstellung hinaus. Die Rechtfertigung ist Vergebung geschenkweise und ohne Verdienst. Und sie ist weit mehr als Vergebung. Sie ist heilspendende Rettung, die Gott dem Glaubenden mitteilt. Dieser ist dann kein einzelner mehr, sondern ein Glied des Leibes Christi. Die Rechtfertigung ist in der Gegenwart wirksam und vollendet sich in der Zukunft des Endgerichts. Sie schließt die Hoffnung in sich ein (Gal. 5, 5: Wir warten im Geist der Gerechtigkeit, der man hoffen muß). Die Bezogenheit der Rechtfertigung auf das Endgericht nach den

Werken (2. Kor. 5, 10) erhält den Gerechtfertigten in einer ständigen Bewegung auf das Ende hin (Phil. 3, 14: Ich jage nach dem vorgesteckten Ziel). So entsteht durch die Rechtfertigung das neue Dienstverhältnis, das die empörten Glieder zum Gehorsam führt (Röm. 6, 19: Begebet eure Glieder zum Dienst der Gerechtigkeit). Die Stelle in Jak. 2, 24, daß der Mensch durch die Werke gerecht wird, nicht durch den Glauben allein, ist eine der Lehre des Paulus nicht widersprechende Polemik gegen ein quietistisches (das den Glauben zum Ruhekissen macht) Mißverständnis des Rechtfertigungsglaubens.
Gerechtigkeit im Sinn von Rechttat steht Röm. 5, 16 und hat die Bedeutung: völlige Verwirklichung der Rechtsforderung Gottes (Offenb. 19, 8: die Rechtstaten der Heiligen).
Rechtfertigung durch freisprechendes Urteil Gottes im Gegensatz zur Verdammnis: Röm. 4, 25 und 5, 18.

1. Gerechtigkeit als Zustand oder Handeln des Menschen wird durch das Urteil Gottes festgestellt.

a) Er sucht gerecht zu sein, aber damit ist Sünde noch nicht ausgeschlossen.

Jak.	1, 20	Des Menschen Zorn tut nicht, was vor Gott recht ist.
5 Mose	6, 25	Es wird unsere Gerechtigkeit sein vor dem Herrn, so wir halten und tun alle diese Gebote.
	24, 13	Das wird dir vor dem Herrn, deinem Gott, eine Gerechtigkeit sein.
1 Sam.	26, 23	Der Herr wird einem jeglichen vergelten nach seiner Gerechtigkeit.
Ps.	7, 9	Richte mich, Herr, nach meiner Gerechtigkeit und Frömmigkeit!
	132, 9	Deine Priester lassen sich kleiden mit Gerechtigkeit.
Hiob	29, 14	Gerechtigkeit war mein Kleid, das ich anzog wie einen Rock.
Sprüche	14, 34	Gerechtigkeit erhöht ein Volk.
	16, 8	Es ist besser, wenig Gerechtigkeit denn viel Einkommen mit Unrecht.
	16, 31	Graue Haare sind eine Krone der Ehren, die auf dem Wege der Gerechtigkeit gefunden werden.
Hesek.	18, 22	Er soll leben um der Gerechtigkeit willen, die er tut.
Hosea	10, 12	Darum säet euch Gerechtigkeit und erntet Liebe.
Ps.	119, 5	O daß mein Leben deine Rechte mit ganzem Ernst hielte!
	119, 8	Deine Rechte will ich halten; verlaß mich nimmermehr!
	119, 83	Deiner Rechte vergesse ich nicht.

b) Der Segen der Gerechtigkeit.

Ps.	34, 16	Die Augen des Herrn merken auf die Gerechten.
	34, 18	Wenn die Gerechten schreien, so höret der Herr.
Jak.	5, 16	Des Gerechten Gebet vermag viel, wenn es ernstlich ist.
Ps.	55, 23	Wirf dein Anliegen auf den Herrn, der wird dich versorgen und den Gerechten nicht ewig in Unruhe lassen.
	34, 20	Der Gerechte muß viel leiden, aber der Herr hilft ihm aus dem allem.
	37, 17	Der Herr erhält die Gerechten.
Sprüche	18, 10	Der Name des Herrn ist ein festes Schloß, der Gerechte läuft dahin und wird beschirmet.
Ps.	97, 11	Dem Gerechten muß das Licht immer wieder aufgehen.
Sprüche	4, 18	Der Gerechten Pfad glänzt wie ein Licht.
Ps.	118, 15	Man singt mit Freuden vom Sieg in den Hütten der Gerechten.

Ps.	37, 25	Ich habe noch nie gesehen den Gerechten verlassen oder seinen Samen nach Brot gehen.
Sprüche	10, 7	Das Gedächtnis des Gerechten bleibet im Segen.
	10, 28	Das Warten der Gerechten wird Freude werden.
Jes.	32, 17	Der Gerechten Frucht wird Friede sein, und der Gerechten Nutzen wird ewige Stille und Sicherheit sein.
Mtth.	13, 43	Dann werden die Gerechten leuchten wie die Sonne.

c) Unser Handeln ist ungerecht, das heißt, es kann nicht vor Gott bestehn.

Hiob	15, 14	Was ist ein Mensch, daß er sollte rein sein und gerecht sein?
	25, 4	Wie mag ein Mensch gerecht sein vor Gott?
Ps.	143, 2	Vor dir ist kein Lebendiger gerecht.
Jerem.	5, 1	Gehet durch die Gassen und schauet, ob ihr jemand findet, der recht tue.
	8, 7	Ein Storch weiß seine Zeit, aber mein Volk will das Recht des Herrn nicht wissen.
Jes.	64, 6	Unsere Gerechtigkeit ist wie ein unflätiges Kleid.
Mtth.	5, 20	Wenn eure Gerechtigkeit nicht besser ist als die der Schriftgelehrten.
Röm.	1, 18	Menschen, die die Wahrheit in Ungerechtigkeit aufhalten.
	1, 29	Voll alles Ungerechten.
	2, 8	Gehorchen der Ungerechtigkeit.
Jak.	3, 6	Die Zunge ist eine Welt voll Ungerechtigkeit.
Röm.	3, 10	Da ist nicht, der gerecht sei, auch nicht einer.
Röm.	3, 20	Darum, daß kein Fleisch durch des Gesetzes Werke vor ihm gerecht sein mag.
Luk.	10, 29	Er aber wollte sich selbst rechtfertigen.

2. Gerechtigkeit ist ganz von Gott her zu erwarten als Heilswirkung.

a) Im Alten Bund verheißen und ersehnt.

1 Mose	15, 6	Abraham glaubte dem Herrn, und das ward ihm zur Gerechtigkeit gerechnet.
Hesek.	36, 27	Ich will euch ein neu Herz und einen neuen Geist in euch geben . . . und will solche Leute aus euch machen, die meine Rechte halten.
Jes.	42, 1	Siehe mein Knecht . . ., er wird das Recht unter die Heiden bringen.
	42, 3	Er wird das Recht wahrhaftiglich halten und lehren.
	45, 24	Mir sollen alle Zungen schwören und sagen: Im Herrn habe ich Gerechtigkeit und Stärke.
	45, 25	Im Herrn wird gerecht aller Same Israels.
	48, 18	O daß du auf meine Gebote merktest, so würde dein Friede sein wie ein Wasserstrom und deine Gerechtigkeit wie Meereswellen.
Mtth.	5, 6	Selig sind, die da hungert und dürstet nach der Gerechtigkeit.

b) In Christus ist die Gerechtigkeit dem, der sich ihm anvertraut, geschenkt.

Luk.	18, 14	Dieser ging hinab gerechtfertigt vor jenem (Zöllner, der Gott um Gnade bittet).
1 Kor.	1, 30	Christus, welcher uns gemacht ist von Gott zur Gerechtigkeit.
Röm.	1, 17	Sintemal darinnen (im Evangelium) offenbaret wird die Gerechtigkeit, die vor Gott gilt (wörtlich: die Gott schenkt).
	3, 21	Nun aber ist ohne Zutun des Gesetzes (das heißt ohne menschliches Eigenwirken) die Gerechtigkeit Gottes (die er wirkt und zuspricht) offenbart . . ., die da kommt durch den Glauben an Jesum Christ zu allen und auf alle, die da glauben.
	3, 25	Gott hat Christus zum Gnadenstuhl gemacht, damit er seine Gerechtigkeit darbiete.

Röm. 4, 5 Dem aber, der nicht Werke tut, dagegen an den glaubt, der den Gottlosen gerecht spricht, wird sein Glaube als Gerechtigkeit angerechnet.

4, 25 Christus ist um unserer Sünden willen dahingegeben und um unserer Gerechtigkeit willen auferweckt.

2 Kor. 5, 21 Er hat den, der von keiner Sünde wußte, für uns zur Sünde gemacht, damit wir in ihm Gottes Gerechtigkeit werden.

Röm. 10, 3 Sie erkennen die Gerechtigkeit Gottes (die er wirkt) nicht und trachten ihre eigene Gerechtigkeit aufzurichten.

Phil. 3, 9 Daß ich nicht habe meine Gerechtigkeit, die aus dem Gesetz, sondern die durch den Glauben an Christus kommt, die Gerechtigkeit aus Gott, die beim Glauben ist.

Gal. 2, 21 So durch das Gesetz (Eigenwirken des Menschen) die Gerechtigkeit kommt, so ist Christus vergeblich gestorben.

1 Petr. 3, 18 Christus hat für unsere Sünden gelitten, der Gerechte für die Ungerechten.

Offenb. 19, 8 Es ward ihr gegeben, sich anzutun mit köstlicher Leinwand (das ist die Gerechtigkeit der Heiligen).

c) Die Gerechtigkeit, die dem Glaubenden zuteil wird, erneuert ihn.

Röm. 6, 18 Denn nun ihr frei geworden seid von der Sünde, seid ihr Knechte geworden der Gerechtigkeit.

6, 13 Begebet euch selbst Gott, als die da aus den Toten lebendig sind, und eure Glieder Gott zu Waffen der Gerechtigkeit.

6, 11 Rechnet damit, daß ihr der Sünde gestorben seid, und lebet Gott in Jesu Christo.

2 Kor. 5, 17 Ist jemand in Christo (durch den Glauben in Lebensgemeinschaft mit ihm versetzt), so ist er eine neue Schöpfung.

Titus 2, 14 Daß er uns erlösete von aller Ungerechtigkeit und reinigte sich selbst ein Volk zum Eigentum, das fleißig wäre zu guten Werken.

2 Tim. 2, 19 Es trete ab von der Ungerechtigkeit, wer den Namen Christi nennt.

1 Joh. 3, 9 Wer aus Gott geboren ist, der tut nicht Sünde.

Ps. 85, 11 Daß Gerechtigkeit und Frieden sich küssen.

d) Dieser Gerechtigkeit gilt es nachzujagen und darin zu beharren.

1 Tim. 6, 11 Du Gottesmensch . . . jage aber nach der Gerechtigkeit!

Mtth. 6, 33 Trachtet am ersten nach dem Reich Gottes und nach seiner Gerechtigkeit!

Joh. 15, 4 Bleibet in mir, und ich in euch!

1 Joh. 3, 6 Wer in ihm bleibt, der sündigt nicht (in ihm bleibt, das heißt dauernd gerichtet und für immer gerettet).

Eph. 6, 14 Angezogen mit dem Panzer der Gerechtigkeit.

3. Gott verbürgt den Sieg der Gerechten.

a) Gottes Endsieg.

Mtth. 24, 12 Die Ungerechtigkeit wird überhandnehmen.

Apgsch. 17, 31 Er hat einen Tag gesetzt, auf welchen er richten will den Kreis des Erdbodens mit Gerechtigkeit.

Joh. 16, 8 Der Heilige Geist wird die Welt strafen um die Gerechtigkeit.

1 Kor. 6, 9 Die Ungerechten werden das Reich Gottes nicht ererben.

1 Petr. 2, 23 Er stellte es dem anheim, der da recht richtet.

1 Tim. 3, 16 Gerechtfertigt im Geist (Pfingsten erweist seine Sache als gerecht).

Röm. 11, 33 Unbegreiflich seine Wege und unerforschlich seine Gerichte (die zu diesem Endsieg führen).

b) Unser Endsieg.

Gal.	5, 5	Wir erwarten durch den Geist aus Glauben die Hoffnung der Gerechtigkeit.
2 Tim.	4, 8	Hinfort ist mir beigelegt (bereitgelegt) die Krone der Gerechtigkeit, welche mir der Herr an jenem Tage, der gerechte Richter, geben wird.
2 Petr.	3, 13	Wir warten aber eines neuen Himmels und einer neuen Erde nach seiner Verheißung, in welchen Gerechtigkeit wohnet.
1 Petr.	3, 14	Und ob ihr leidet um Gerechtigkeit willen, so seid ihr doch selig. Seid bereit zur Verantwortung jedermann, der Grund fordert der Hoffnung, die in euch ist.

Gericht, richten, Richter. Richten ist Handeln Gottes, durch das er Recht verschafft und Strafe verhängt. Alles Gericht ist dem Christus übergeben. Das Ziel seines Gerichts ist Heimsuchung. Bei Verstockung wird es endgültig: Richtet ein Mensch, so tue er es im Blick auf Gottes Gericht über ihn selbst. Im Alten Testament steht das Richten Gott zu als dem Rechtssetzer und Rechtsgenossen im Bund. »Seine Herrschaft wirkt sich im Richten aus, und im Richten wird er als der Herr erkannt« (ThW). In Israel ist daher für ein weltliches Recht kein Raum. Dieses in der eigenen Geschichte erfahrene Richten bekommt seine Gültigkeit im ganzen Weltgeschehen (1. Mose 18, 25: Der du aller Welt Richter bist). Gott schafft den Witwen und Waisen, den Bedrängten Recht. Ihm ist alles unterworfen, was wider ihn und seinen heiligen Willen ist. (Jes. 5, 15: Daß jedermann sich bücken müsse und jedermann gedemütigt werde und die Augen der Hoffärtigen gedemütigt werden, aber der Herr der Heere erhöht werde im Recht und Gott, der Heilige, geheiligt werde in Gerechtigkeit. Hesek. 34, 16: Ich will das Verwundete verbinden und des Schwachen warten, aber, was fett und stark ist, will ich vertilgen und weiden mit Gericht). Der Gerichtstag Gottes, der zuerst im Sieg über die Feinde Israels gesehen und erhofft wurde, wird in der Verkündigung der Propheten, die die Untreue des Bundesvolkes strafen, zum Gerichtstag über Israel (Hosea 4, 6: Du verwirfst Gottes Wort, darum will ich dich auch verwerfen. Jes. 1, 9: Wenn der Herr nicht ließe ein wenig übrigbleiben, so würden wir sein wie Sodom und Gomorrha. Maleachi 3, 2: Wer kann den Tag seiner Zukunft erleiden? Amos 5, 18: Weh denen, die den Tag des Herrn begehren! Was soll er euch? Denn des Herrn Tag ist Finsternis und nicht Licht). Ein Rest wird selig werden (Jes. 6, 13). Aber selbst dieser Rest ist eine »nicht mehr existente Größe« (ThW). Der Herr Himmels und der Erde bietet alle Weltmächte gegen das abtrünnige Bundesvolk auf (Jes. 5, 24 ff.). Das Gericht erweist sich als Heimsuchung und führt zur Rettung der Gedemütigten (Jes. 30, 18). Im messianischen Reich wird Gott selbst einen neuen Eckstein legen (Jes. 28, 16 und 17: Ich will das Recht zur Richtschnur machen) und das Recht in das Herz des Volkes legen. (Hesek. 36, 27: Ich will solche Leute aus euch machen, die in meinen Geboten wandeln und meine Rechte halten, daß sie danach tun). Aber die Kehrseite der Heilstat Gottes ist das Gericht über die

Übertreter (Jes. 1, 27: Zion muß durch Recht erlöset werden und ihre Gefangenen durch Gerechtigkeit, daß die Übertreter und Sünder miteinander zerbrochen werden, und die den Herrn verlassen, umkommen). Das Gericht über die Völker (Amos 1 und 2; Jes. 13—17; Jes. 24, 21) gehört zur alttestamentlichen Endzeitlehre. Aber auch da ist das Gericht Heimsuchung. Der Gottesknecht wird das Recht unter die Heiden bringen (Jes, 42, 1).

Bei den Griechen wird das Gericht in dieser Welt erwartet, erst nach Plato wird das Gericht im Jenseits zu einem Gegenstand philosophischer Überlieferung.

Im Judentum gehört die Gerichtserwartung zu den hauptsächlichsten Glaubensartikeln. Man ist aber unsicher und weiß nicht, ob man zu den Gerechten gehört. Die Pharisäer ringen mit strenger Gesetzeserfüllung um das Bestehenkönnen vor dem Gericht.

Im Neuen Testament ist die Verkündigung des Täufers voll glühender Gerichtserwartung. Niemand ist vor dem Endgericht sicher. Es gibt nur eine Rettung — die Umkehr, das demütige Schuldbekenntnis bei der Taufe und das Bringen rechtschaffener Früchte der Umkehr. Nur so wird der nahe Messias zum Erretter (Mtth. 3, 7—12). Auch der Grundton der Botschaft Jesu in den drei ersten Evangelien ist die Ankündigung des Gerichts. Der Ernst des Gerichts wird von ihm immer wieder eingeprägt. »Rettung gibt es nur durch Gottes Vergebung, nicht durch menschliche Leistung« (ThW). Um das Kommen des Endgerichts bitten wir in der zweiten Bitte des Vaterunsers, wir haben täglich um Vergebung zu bitten und verlieren sie, wenn wir nicht selbst bereit sind, dem Bruder zu vergeben, und verfallen wieder dem göttlichen Gericht. Die Juden verstehen das schrankenlose Vergeben Jesu nicht und betrachten es als Gotteslästerung (Mrk. 2, 7) und wollen ihn töten. Und er ist bereit, sein Leben zu geben zu einer Erlösung für viele (Mrk. 10, 45).

Auch Paulus wird von dem endzeitlichen Gerichtsgedanken beherrscht (Röm. 2, 1—11). Jetzt aber ist noch Zeit zur Umkehr, zum Ergreifen der Rechtfertigung im Glauben an Christus. Die Gläubigen sind im Endgericht gerechtfertigt, sogar der Blutschänder (1. Kor. 5, 5), wenn er Buße tut. Ihre Zuversicht beruht aber nicht auf den eigenen sittlichen Leistungen oder auf der Lebenserneuerung, der Folge des Geistesbesitzes, sondern allein auf der Gnade Jesu Christi (Röm. 5, 9: Wir werden durch ihn bewahrt werden vor dem Zorn, nachdem wir durch sein Blut gerecht geworden sind). Auch wenn das Lebenswerk eines Menschen nicht besteht im Gericht, kann er selig werden (1. Kor. 3, 15). Das letzte endgültige Urteil über einen Menschen erfolgt beim Endgericht durch Christus (2. Kor. 5, 10). Die Rechtfertigung durch den Glauben an Christus ist eine Vorwegnahme des endzeitlichen Urteils in der Zeit (she. Gerechtigkeit).

Auch die Johanneischen Schriften verkünden das Endgericht, so Joh. 5, 28; 1. Joh. 4, 17 (Freudigkeit am Tage des Gerichts). Das Gericht ist dem Sohn Gottes übertragen (Joh. 5, 22). Er ist gekommen, um zu retten und nicht, um zu richten (3, 17; 8, 15). Aber sein Wort wird am Jüngsten Tage richten (12, 48). Die Ungläubigen sind schon jetzt gerichtet, während die Gläubigen nicht ins Gericht kommen (3, 18; 5, 24). Die Zukunft tritt in die Gegenwart. Die Offenbarung schildert das Endgericht in gewaltigen Bildern (20, 11—15). Auch der erste Petrusbrief mahnt, an den zu gedenken, der einen jeglichen richtet ohne Ansehen der Person nach seinen Werken, und weiß, daß das Gericht anfangen muß am Hause Gottes. Der Hebräerbrief nennt das ewige Gericht als Grundelement der christlichen Unterweisung (6, 2) und ist sich bewußt, wie schrecklich es ist, als einer, der den einzigen Versöhner mit Füßen tritt, in die Hände des lebendigen Gottes zu fallen (10, 29).

1. Gott richtet über sein Volk und über alle Völker. Das ist die Botschaft des Alten und des Neuen Testaments.

1 Sam.	2, 10	Der Herr wird richten der Welt Enden.
Ps.	9, 20	Laß alle Heiden vor dir gerichtet werden!
	76, 10	Wenn Gott sich aufmacht, zu richten, daß er helfe allen Elenden auf Erden.
Jes.	66, 16	Der Herr wird durchs Feuer richten.
Röm.	3, 6	Wie könnte Gott sonst die Welt richten?
1 Kor.	5, 13	Gott aber wird die, die draußen sind, richten.
1 Petr.	1, 17	Sintemal ihr den zum Vater anrufet, der ohne Ansehen der Person richtet.
Offenb.	6, 10	Herr, du Heiliger und Wahrhaftiger, wie lange richtest du und rächest nicht unser Blut?
Hebr.	12, 23	Gott, der Richter über alle.

2. Dem Christus ist alles Gericht übergeben.

Mtth.	25, 31	Wenn aber des Menschen Sohn kommen wird in seiner Herrlichkeit und alle heiligen Engel mit ihm, dann wird er sitzen auf dem Stuhl seiner Herrlichkeit und werden vor ihm alle Völker versammelt werden.
Joh.	5, 27	Und hat ihm Macht gegeben, alles Gericht zu halten, darum, daß er des Menschen Sohn ist.
Röm.	2, 16	Auf den Tag, da Gott das Verborgene der Menschen durch Jesum Christum richten wird.

a) Gericht, das Recht schafft und Lohn zuerkennt; sein Ziel ist das Heilsziel, die Rechtfertigung, darum ist es Heimsuchung.

2 Mose	6, 6	Ich will euch erlösen durch einen ausgereckten Arm und durch große Gerichte.
Ps.	99, 4	Du schaffest Gerechtigkeit und Gericht.
Hosea	2, 21	Ich will mich mit dir vertrauen in Gerechtigkeit und Gericht.
Ps.	119, 75	Herr, ich weiß, daß deine Gerichte recht sind, und hast mich treulich gedemütigt.
Jes.	30, 18	Darum harret der Herr (in seinem Gericht, V. 17), daß er euch gnädig sei, und hat sich aufgemacht, daß er sich euer erbarme.
	54, 8	Ich habe mein Angesicht im Augenblick des Zorns ein wenig vor dir verborgen; aber mit ewiger Gnade will ich mich dein erbarmen, spricht der Herr, dein Erlöser.
Mtth.	23, 23	Ihr lasset dahinten das Schwerste im Gesetz, nämlich das Gericht, die Barmherzigkeit.
Jes.	33, 22	Der Herr ist unser Richter, der Herr ist unser Meister, der Herr ist unser König, er hilft uns.

Mtth. 25, 21 Ei, du frommer und getreuer Knecht.
1 Kor. 4, 4 Der ist's, der mich richtet.
2 Tim. 4, 8 Die Krone der Gerechtigkeit, welche mir der Herr, der gerechte Richter, an jenem Tage geben wird.
Joh. 5, 24 Wer mein Wort hört und glaubt, der hat das ewige Leben und kommt nicht ins Gericht (Der Gläubige ist durch die Rechtfertigung dem Strafgericht entronnen, bekommt aber seinen Lohn und seine Stellung durch den Richter zugewiesen; 1. Kor. 51, 41: verschiedene Klarheit).

b) Das Strafgericht; bei Verstockung wird das Gericht endgültig.

Mrk. 9, 47 Werdest in das höllische Feuer geworfen.
Mtth. 25, 30 Den unnützen Knecht aber werfet in die Finsternis hinaus, wo sein wird Heulen und Zähneklappern.
7, 23 Weichet alle von mir, ihr Übeltäter!
2 Kor. 5, 10 Wir müssen alle offenbar werden vor dem Richterstuhl Christi, auf daß ein jeglicher empfange, nach dem er gehandelt hat.
Mtth. 5, 22 Wer mit seinem Bruder zürnt, der ist des Gerichts schuldig.
Mrk. 3, 29 Wer aber den Heiligen Geist lästert, ist schuldig des ewigen Gerichts.
1 Kor. 11, 29 Welcher unwürdig isset und trinket, der ißt und trinkt sich selbst zum Gericht.
1 Petr. 4, 17 Es ist Zeit, daß das Gericht anfange am Hause Gottes.
Hebr. 10, 27 Ein schreckliches Warten des Gerichts.
Offenb. 14, 7 Fürchtet Gott und gebet ihm die Ehre, denn die Zeit seines Gerichts ist gekommen.
16, 7 Ja, Herr, allmächtiger Gott, deine Gerichte sind wahrhaftig und gerecht.
21, 8 Der Verzagten aber und aller Lügner Teil wird sein in dem Pfuhl, der mit Feuer und Schwefel brennt.

3. Das Gericht ist gegenwärtig und endzeitlich.

Joh. 12, 31 Jetzt gehet das Gericht über die Welt, nun wird der Fürst dieser Welt ausgestoßen werden.
3, 18 Wer aber nicht glaubt, der ist schon gerichtet.
1 Kor. 11, 31 So wir uns selber richteten, würden wir nicht gerichtet.
11, 32 Wenn wir aber gerichtet werden, so werden wir von dem Herrn gezüchtigt, auf daß wir nicht samt der Welt verdammt werden (Das zeitliche Gericht kann vor dem ewigen bewahren; vgl. 1 Kor. 5, 5).
Jak. 5, 9 Der Richter ist vor der Tür (Wiederkunft).
Apgsch. 17, 31 Darum, daß er einen Tag gesetzt hat, auf welchen er richten will den Kreis des Erdbodens.

4. Die Heiligen werden die Welt richten.

Mtth. 19, 28 Werdet sitzen auf zwölf Stühlen zu richten die zwölf Geschlechter Israels.
1 Kor. 6, 2 Wisset ihr nicht, daß die Heiligen die Welt richten werden?

5. Wenn der Mensch richtet, tue er es im Blick auf Gottes Gericht über ihn selbst.

Mtth. 7, 1 Richtet nicht, auf daß ihr nicht gerichtet werdet!
Röm. 2, 1 Denn worinnen du einen anderen richtest, verdammest du dich selbst, sintemal du ebendasselbe tust, was du richtest.

Gesetz. I. Allgemein: Eine den Menschen bestimmende Gewalt. II. Der dem Menschen zum Ausdruck gebrachte Wille Gottes.

I. Das Gesetz eine Gewalt, die den Menschen beherrscht.

Röm.	7, 1	Das Gesetz herrscht über den Menschen.
	7, 2	Das Gesetz, das den Mann betrifft (Ehegesetz).
Joh.	19, 7	Wir haben ein Gesetz, nach dem muß er sterben.
Röm.	7, 23	Gesetz in den Gliedern.
	7, 23	Gesetz im Gemüt.
Röm.	8, 2	Gesetz der Sünde und des Todes.
	3, 27	Gesetz der Werke.
	3, 27	Gesetz des Glaubens.

II. Das Gesetz Gottes.

1. Das ungeschriebene Gesetz der Heiden.

Röm.	2, 14	Die Heiden, die das Gesetz nicht haben, sind sich selbst ein Gesetz, . . . sintemal ihr Gewissen ihnen zeuget.

2. Das Gesetz Israels.

a) Als Forderung.

2 Mose	20	Die Zehn Gebote. 5 Mose 5.
Mtth.	22, 37	Die Zusammenfassung Jesu.

b) Als Heilsgabe (gottesdienstliche Gesetze).

3 Mose	6 u. 7	Die Opfergesetze.
	16	Der große Versöhnungstag

3. Die Wirkung des Gesetzes unter den Sündern, wie sie Paulus erkannt hat.

a) Das Gesetz erregt bei dem durch den Fall geschwächten Menschen die Sünde.

Röm.	7, 12	Das Gesetz ist heilig.
	8, 3	Was dem Gesetz unmöglich war (sintemal es durch das Fleisch geschwächt ward), das tat Gott.
	8, 7	Das Fleisch ist dem Gesetz nicht untertan.
	7, 8	Da nahm die Sünde Ursache am Gebot und erregte in mir allerlei Lust, denn ohne Gesetz war die Sünde tot.
	7, 5	Die sündlichen Lüste, welche durchs Gesetz sich erregten (Röm. 7, 9).
	3, 20	Kein Fleisch durch des Gesetzes Werke gerecht (Gal. 2, 16).
1 Kor.	15, 56	Die Kraft der Sünde ist das Gesetz.

b) Es ist der Richter, der zum Tode verurteilt.

Jak.	2, 10	So jemand das ganze Gesetz hält und sündigt an einem, der ist es ganz schuldig.
Gal.	3, 10	Verflucht sei jedermann, der nicht bleibt in all dem, was geschrieben steht im Buch des Gesetzes.
Röm.	4, 15	Das Gesetz richtet nur Zorn an.
	7, 10	Ich aber starb; und es fand sich, daß das Gebot mir zum Tode gereichte.
Gal.	2, 19	Ich bin durchs Gesetz dem Gesetz gestorben.
2 Kor.	3, 6	Der Buchstabe tötet.

c) Es ist der Erzieher auf Christus hin.

Gal.	3, 24	Also ist das Gesetz unser Zuchtmeister gewesen auf Christum.
Röm.	3, 20	Durch das Gesetz kommt Erkenntnis der Sünde.
	7, 7	Die Sünde erkannte ich nicht, außer durchs Gesetz.
	3, 19	Daß alle Welt Gott schuldig sei.

Gal. 3, 23 Wir wurden unter dem Gesetz verwahrt und verschlossen auf den Glauben. (Es gibt nur einen Ausweg aus dem Verhaftetsein unter das Gesetz, nämlich die Erlösung, deren wir durch den Glauben an Christus teilhaftig werden. Das Gesetz kann uns nicht erlösen von unserem bösen Wesen.)

4. Die Unvollkommenheit des gottesdienstlichen Gesetzes, wie sie der Hebräerbrief darstellt.

Hebr. 9, 8 Noch nicht offenbar der Weg zum Heiligen.
9, 9 Opfer, die nicht können vollkommen machen.
10, 3 Es geschieht dadurch nur ein Gedächtnis der Sünden.
10, 4 Es ist unmöglich, durch Ochsen- oder Bocksblut Sünden wegzunehmen.
10, 1 Das Gesetz hat den Schatten von den zukünftigen Gütern, nicht das Wesen selbst.
7, 23 Jener sind viel, die Priester wurden, darum, weil der Tod sie nicht bleiben ließ.
7, 27 Dem nicht not wäre wie jenen Hohenpriestern, zuerst für eigene Sünden Opfer zu tun.
(Der alttestamentliche Opferdienst ist unvollkommen, weil der sterbliche und sündige Mensch ihn tut.)

5. Die Erfüllung des Gesetzes durch Christus.

a) Verheißen.

Jerem. 31, 33 Ich will mein Gesetz in ihr Herz geben und in ihren Sinn schreiben.

b) Das Gesetz radikal erfüllt in Christus.

Mtth. 5, 17 Ich bin nicht gekommen aufzulösen, sondern zu erfüllen.
Joh. 13, 34 Ein neu Gebot gebe ich euch, daß ihr euch untereinander liebet.
Röm. 13, 10 Die Liebe ist des Gesetzes Erfüllung.
Eph. 5, 25 Christus hat geliebt die Gemeinde und sich selbst für sie dargegeben (Gal. 2, 20).
Mtth. 19, 8 Mose hat euch erlaubt, zu scheiden von euren Weibern um eures Herzens Härtigkeit willen. (Jesus überwindet diesen Tatbestand und stellt die ursprüngliche Schöpfungsordnung wieder her.)
5, 21 Ihr habt gehört, daß zu den Alten gesagt ist: Du sollst nicht töten, ich aber sage euch, wer mit seinem Bruder zürnt, der ist des Gerichts schuldig (Das Gesetz straft die Rachsucht, Jesus erlöst von ihr).
Mrk. 3, 4 Soll man am Sabbat Gutes tun oder Böses, das Leben erhalten oder töten? (Jesus erfüllt das Gesetz radikal, indem er nach dem Willen Gottes fragt, der will, daß wir dem notleidenden Menschen helfen, und entlarvt den, der sich hinter einem Gebot Gottes gegen den Willen Gottes verschanzt).
Mtth. 8, 21 Herr, erlaube mir, daß ich hingehe und meinen Vater begrabe. Jesus: Folge du mir und laß die Toten ihre Toten begraben (Das Vierte Gebot darf nicht abhalten, den Ruf zur Nachfolge Jesu zu befolgen).

c) Das gottesdienstliche Gesetz in Christus erfüllt.

Hebr. 9, 12 Durch sein eigen Blut ist er einmal in das Heilige eingegangen und hat eine ewige Erlösung erfunden.
9, 26 Er ist einmal erschienen, durch sein eigen Opfer die Sünde aufzuheben (Hebr. 9, 28; 10, 10).
10, 20 Der neue und lebendige Weg.

d) Er hat den Fluch des Gesetzes für uns getragen.

Gal. 3, 13 Christus hat uns erlöst vom Fluch des Gesetzes, da er ward ein Fluch für uns.

e) Durch das Gesetz kommen wir nicht zur Verbindung mit Gott, sondern durch die Vergebung der Sünden im Glauben an Jesus Christus.

Mtth. 21, 31 Die Zöllner und Huren mögen wohl eher ins Himmelreich kommen als ihr.

Luk. 15, 2 Dieser nimmt die Sünder an und isset mit ihnen (In der Vergebung Jesu, die den Sündern die Tischgemeinschaft schenkt, ist das Verlorene gefunden).

Mtth. 10, 32 Wer mich bekennet vor den Menschen, den will ich auch bekennen vor meinem himmlischen Vater (Mit dem Bekenntnis zu Jesus ist das ewige Schicksal eines Menschen entschieden).

Luk. 18, 14 Er ging hinab gerechtfertigt vor jenem (Durch Vergebung wird der Gesetzesübertreter gerechtfertigt).

6. An dieser Erfüllung hat der, welcher durch den Glauben mit Christus zusammengeschlossen ist, teil.

a) Teilhaben: am Gericht, das er getragen hat;

Gal. 2, 19 Ich bin durchs Gesetz dem Gesetz gestorben, auf daß ich bin mit Christo gekreuzigt.

Röm. 7, 10 Ich aber starb.

8, 10 So aber Christus in euch ist, so ist der Leib zwar tot um der Sünde willen.

b) an der Erfüllung des Gesetzes durch ihn.

Röm. 8, 2 Das Gesetz des Geistes, der da lebendig macht in Christo Jesu, hat mich freigemacht vom Gesetz der Sünde und des Todes.

8, 4 Auf daß die Gerechtigkeit, vom Gesetz erfordert, in uns erfüllt würde.

10, 4 Christus ist des Gesetzes Ende; wer an den glaubt, der ist gerecht.

Gal. 2, 20 Ich lebe, aber doch nun nicht ich, sondern Christus lebet in mir.

3, 25 Nun aber der Glaube gekommen ist, sind wir nicht mehr unter dem Zuchtmeister.

4, 5 Gott sandte seinen Sohn, auf daß er die, die unter dem Gesetz waren, erlöste, daß wir die Kindschaft empfingen.

6, 2 Einer trage des anderen Last, so werdet ihr das Gesetz Christi erfüllen.

Jak. 1, 25 Wer aber durchschaut in das vollkommene Gesetz der Freiheit, der wird selig sein in seiner Tat.

2, 12 Als die da sollen durchs Gesetz der Freiheit gerichtet werden (Gesetz der Freiheit – nicht äußere Satzungen mehr, sondern innere Verpflichtung und Kraft zum Guten als Wirkung des Christus, solange wir durch den Glauben mit ihm verbunden sind).

Joh. 1, 17 Das Gesetz ist durch Mose gegeben, die Gnade und Wahrheit ist durch Jesus Christus geworden (Bei Johannes steht die Offenbarung durch den Sohn über der Offenbarung durch den Knecht Moses).

15, 15 Ich sage hinfort nicht, daß ihr Knechte seid, ein Knecht weiß nicht, was sein Herr tut. Euch aber habe ich gesagt, daß ihr Freunde seid, denn alles, was ich von meinem Vater habe gehört, habe ich euch kundgetan. Joh. 7, 17: Die Willensoffenbarung im Sohn verlangt Gehorsam und bezeugt sich dem Gehorsamen.

7. Die Stellung der Urgemeinde zum Gesetz.

Apgsch. 15, 11 Wir glauben durch die Gnade des Herrn Jesu Christi selig zu werden, gleicherweise wie auch sie.

15, 28 Es gefällt dem Heiligen Geist und uns, euch keine Beschwerung mehr aufzuerlegen als nur diese nötigen Stücke . . . Während die Judenchristen das Gesetz halten aus Liebe zu ihren Brüdern nach dem Fleisch (1. Kor. 9, 20: Den Juden bin ich geworden ein Jude . . . daß ich die, die unter dem Gesetz sind, gewinne), haben die Heidenchristen eine gewisse Freiheit dem Gesetz gegenüber, oberstes Gebot ist der Glaube, der in der Liebe tätig ist. Röm. 14, 23: Was aber nicht aus dem Glauben geht (es heißt nicht: was nicht aus dem Gesetz geht), das ist Sünde.

Gal. 3, 2 Habt ihr den Geist empfangen durch des Gesetzes Werke oder durch die Predigt vom Glauben? (Fanatische Judenchristen wollen die Heidenchristen zum völligen Halten der Gesetze bringen, aber Paulus widersteht ihnen.)

Gewissen. Das Gewissen ist das als Gesetzgeber und Richter unserer Taten auftretende eigene Bewußtsein des Menschen, es ist das Organ, durch das wir des göttlichen Willens bewußt werden können.

1. Im Alten Testament ist der Begriff Gewissen (dafür Herz; siehe Herz) noch nicht vorhanden, aber die Sache.

1 Mose 3, 8 Adam versteckte sich.
4, 13 Kain: Meine Sünde ist größer, als daß sie mir vergeben werden könnte.
42, 21 Das haben wir (Josephs Brüder) an unserem Bruder verschuldet.
Josua 14, 7 Da ich ihm Bericht gab nach meinem Gewissen.
2 Sam. 24, 10 Das Herz schlug David, nachdem er das Volk gezählt hatte.
Ps. 32, 3 Da ich's wollte verschweigen, verschmachteten meine Gebeine. Ps. 38, 5; 51, 5.
90, 8 Unsere unerkannte Sünde stellst du ins Licht vor deinem Angesicht.
Hiob 27, 6 Mein Gewissen beißt mich nicht.

2. Im Neuen Testament.

a) Das Gewissen: das Zeugnis, das urteilt über unsere Taten.

Mtth. 6, 23 Das Licht in dir.
Röm. 2, 15 Sintemal das Gewissen ihnen zeuget, dazu auch die Gedanken, die sich untereinander verklagen oder entschuldigen.
9, 1 Des mir Zeugnis gibt mein Gewissen.
2 Kor. 1, 12 Das Zeugnis unseres Gewissens.

b) Es ist bestimmt durch unsere Gottesgewißheit.

1 Petr. 2, 19 Um des Gewissens willen zu Gott.
1 Kor. 8, 7 Etliche machen sich noch ein Gewissen über dem Götzen.

c) Es spiegelt darum unser Urteil wider über unser Verhältnis zu Gott und Gottes Urteil über uns, soweit der Heilige Geist (siehe Ziffer d) es erleuchtet.

Hebr. 9, 9 Opfer, die nicht können vollkommen machen nach dem Gewissen.
10, 2 Wenn die, so am Gottesdienst sind, kein Gewissen mehr hätten von den Sünden.
9, 14 Das Blut Christi wird unser Gewissen reinigen von den toten Werken, zu dienen dem lebendigen Gott.
10, 22 Lasset uns hinzugehen los vom bösen Gewissen!

d) Das Gewissen, des Menschen Geist und der Heilige Geist.

Röm. 1, 9 Dem ich diene in meinem Geist.
2 Tim. 1, 3 Dem ich diene in reinem Geist (Das Gewissen dasselbe wie der Geist des Menschen, der ein Funke vom göttlichen Geist, seit dem

		Fall mannigfach gehemmt, aber doch selbständig unseren Taten gegenübersteht. Röm. 2, 15; siehe Ziffer a).
Röm.	9, 1	Zeugnis gibt mir mein Gewissen in dem Heiligen Geist (Durch den Heiligen Geist wird das Gewissen erleuchtet).
		e) Die Art des Gewissens.
Hebr.	9, 14	Das befleckte Gewissen.
	10, 22	Das böse Gewissen.
Eph.	4, 18	Die Heiden in der Nichtigkeit ihres Sinnes, deren Verstand verfinstert ist, die entfremdet sind von dem Leben aus Gott, durch die Unwissenheit, durch die Blindheit ihres Herzens, die sittlich abgestumpft sind.
1 Kor.	8, 7	Das schwache Gewissen (Wie der Mensch, so sein Gewissen; siehe Ziffer d).
2 Tim.	1, 3	Das reine Gewissen.
Apgsch.	23, 1	Das gute Gewissen.
	24, 16	Das unverletzte Gewissen.
1 Tim.	3, 9	Das Geheimnis des Glaubens in reinem Gewissen.
	1, 19	Glauben und gutes Gewissen.
	1, 5	Die Hauptsumme des Gebots ist Liebe von reinem Herzen und von gutem Gewissen und von ungefärbtem Glauben (So wird durch Bezugnahme auf das Gewissen die sittliche Bestimmtheit des Glaubens dargestellt).
	4, 2	Die Brandmal in ihrem Gewissen haben.
		f) Das Gewissen gibt das sittliche Urteil über andere Menschen.
2 Kor.	4, 2	Wir beweisen uns wohl an aller Menschen Gewissen vor Gott.
	5, 11	Ich hoffe, daß wir auch in eurem Gewissen offenbar sind.

Gewißheit, siehe Glaube [II 2. d.]

Glaube, überzeugtes Anerkennen der Heilsoffenbarung, sich hingebende Gemeinschaft, zuversichtliches, hoffnungsvolles Vertrauen auf den Gott des Heils.

Der Glaube im AltenTestament (bei Jesaja und in den Psalmen wird der Begriff immer deutlicher) ist eine Wechselbeziehung zwischen Gott und Mensch, der auf Grund des Handelns Gottes in der Geschichte des Volks Amen sagt zu Gottes Verheißungen, der Treue Gottes vertraut und seinerseits Treue hält und gehorsam darauf seine Hoffnung setzt (Das meistgebrauchte hebräische Wort für Glauben hängt mit Amen zusammen).

Der neutestamentliche Glaube wächst aus dem alttestamentlichen Glauben hervor. Die Heilsverheißungen Gottes sind erfüllt in Jesus Christus. In der Geschichte Jesu Christi, in seinem Kreuze und in seiner Auferstehung hat Gott die Heilstat vollbracht. Der Glaubende nimmt diese Heilstat als für sich geschehen an. »Die endzeitliche Heilstat Gottes in Jesus Christus ermöglicht die endzeitliche Hingabe des Menschen, der an ihn glaubt« (ThW). Während bei Paulus der Heilsweg in der Rechtfertigung des Sünders im Glauben an Christus in der Mitte seiner Botschaft steht und sein Kampf gegen die Eigengerechtigkeit geht, steht bei Johannes der Kampf um das Heil, das das wahre Leben ist, während die Welt ein Scheinleben führt, im Vordergrund. Die Botschaft Jesu scheint der Welt rätselhaft (Joh. 16, 25. Ich habe zu euch durch Sprichwörter ge-

redet) und unglaubwürdig. Die Glaubensentscheidung ist als solche Abkehr von der Welt, eine Tat Gottes an den dazu Erwählten. Der Glaube hat eine Möglichkeit, seine Echtheit zu demonstrieren: die Liebe (Joh. 13, 35: Dabei wird jedermann erkennen, daß ihr meine Jünger seid, so ihr Liebe untereinander habt). Der Glaube ist eine Bewegtheit, eine Entscheidung, die immer neu getroffen werden muß. Daher gilt es, im Glauben zu bleiben (Joh. 15, 4; 8, 31).
Der Hebräerbrief betont in seinem Glaubensbegriff die Hoffnung und die beharrende Geduld, die treu an der Treue Gottes festhält (Hebr. 11, 1; 10, 36).

I. Der neutestamentliche Glaube ist die Entscheidung, die Christum ergreift, der endliche Ausdruck der Gegenwart des ewigen Christus im Menschenherzen.

Gal.	2, 20	Ich lebe, doch nun nicht ich, sondern Christus lebet in mir, denn was ich jetzt lebe im Fleisch, das lebe ich im Glauben des Sohnes Gottes.
Eph.	3, 17	Daß Christus wohne durch den Glauben in euren Herzen.

II. 1. Dieses Kommen des Christus zu den Menschen geschieht in erster Linie durch sein Kommen auf Erden.

a) Menschliche Not, die ihm begegnet, wendet sich an ihn und vertraut darauf, daß er helfen kann.

Mtth.	8, 10	Solchen Glauben habe ich in Israel nicht gefunden (Hauptmann von Kapernaum).
	9, 28	Glaubet ihr (die Blinden), daß ich euch solches tun kann?
	9, 29	Euch geschehe nach eurem Glauben.
	9, 22	Dein Glaube hat dir geholfen (Das blutflüssige Weib).
	15, 28	O Weib, dein Glaube ist groß.

b) Diese Not zugleich eine innere Not.

Mtth.	8, 8	Ich bin nicht wert, daß du unter mein Dach gehest.
	9, 2	Sei getrost, mein Sohn, deine Sünden sind dir vergeben.

c) Nur innere Not.

Luk.	7, 38	Die große Sünderin.

d) Der Glaube ist zugleich Glaube an die Messianität Jesu.

Mtth.	9, 27	Ach, du Sohn Davids (Schrei des Blinden)!
	15, 22	Ach, Herr, du Sohn Davids, erbarme dich meiner (Kanaanäisches Weib)!
Luk.	7, 50	Dein Glaube hat dir geholfen (Glauben an die Vergebung).
	18, 39	Du Sohn Davids, erbarme dich meiner (Bartimäus)!

e) Seine Gegenwart wirkt den Glauben.

Joh.	1, 12	Wie viele ihn aufnahmen, denen gab er Macht, Gottes Kinder zu werden, die an seinen Namen glauben.
	2, 11	Seine Jünger glaubten an ihn (Kanawunder).
	2, 23	Viele glaubten an seinen Namen, da sie die Zeichen sahen, die er tat.
	4, 41	Die Samariter glaubten an ihn.
Luk.	23, 42	Der Schächer: Herr, gedenke an mich, wenn du in dein Reich kommst.

Joh.	20, 29	Zu Thomas: Selig sind, die nicht sehen und doch glauben.
Apgsch.	9, 3	Jesus erscheint Paulus vor Damaskus.

II. 2. Christus kommt zweitens durch sein Wort, das immer frohe Botschaft ist von seiner Gnade.

a) Die Botschaft.

Röm.	10, 17	Es kommt der Glaube aus der Predigt.
Mrk.	1, 15	Glaubet an das Evangelium!
Joh.	3, 16	Also hat Gott die Welt geliebt, ... auf daß alle, die an ihn glauben, nicht verloren werden.
Apgsch.	8, 37	Glaubst du von ganzem Herzen? (Philippus zum Kämmerer.)
	15, 11	Wir glauben, durch die Gnade Christi selig zu werden.
	16, 31	Glaubet an den Herrn Jesum Christum.
1 Joh.	3, 23	Das ist sein Gebot, daß wir glauben an den Namen seines Sohnes Jesu.

b) Auch hier geht dem Glauben die innere Not voraus: Im Verzweifeln an sich selbst wird das völlige Vertrauen auf Christus geschenkt.

Apgsch.	2, 37	Es ging ihnen durchs Herz.
	16, 29	Ward zitternd und fiel Paulus und Silas zu Füßen (Siehe Buße).

c) Glaube ist das Aufleuchten des göttlichen Lichts im Herzen und als solches immer ein Erkennen unserer Sünde und Verlorenheit und unseres Retters.

Eph.	5, 14	Wache auf, der du schläfst.
Joh.	9, 39	Ich bin zum Gericht auf diese Welt gekommen.
	12, 36	Glaubet an das Licht, dieweil ihr es habt!
2 Kor.	4, 6	Gott hat einen hellen Schein in unsere Herzen gegeben.
Joh.	6, 69	Wir haben geglaubt und erkannt, daß du bist Christus.
1 Joh.	4, 16	Wir haben erkannt und geglaubt die Liebe (Das Erkennen überhöht den Glauben nicht, sondern bleibt in seinem Rahmen).

d) Glaube ist ein Erkennen, das mehr als bloßes Wissen ist; es ist Gewißheit. Aus dem mittelbaren Wissen wird unmittelbare, im Selbstbewußtsein verankerte Gewißheit. In der Selbstverzweiflung und im völligen Vertrauen auf Christus ergreift Christus das Herz (siehe Zeugnis 3).

Röm.	8, 38	Ich bin gewiß, daß weder Tod noch Leben ... mag uns scheiden von der Liebe Gottes.
Hebr.	11, 1	Der Glaube ist eine gewisse Zuversicht.
1 Tim.	1, 15	Das ist gewißlich wahr und ein teuer wertes Wort.
Apgsch.	4, 20	Wir können es ja nicht lassen, daß wir nicht reden sollten, was wir gesehen und gehört haben.
2 Kor.	5, 14	Die Liebe Christi dringet uns also.

III. Der Glaube ist Gottes Werk, das durch den Heiligen Geist im Wort uns Christi Werk so vergegenwärtigt, daß wir vor die Entscheidung gestellt werden.

a) Gottes Werk (siehe Wiedergeburt).

Joh.	6, 29	Das ist Gottes Werk, daß ihr glaubet an den, den er gesandt hat.
Phil.	2, 12	Schaffet, daß ihr selig werdet ..., denn Gott ist's, der in euch wirket beides, das Wollen und das Vollbringen.
Hebr.	12, 2	Den Anfänger des Glaubens.
Apgsch.	16, 14	Dieser (Lydia) tat der Herr das Herz auf.
	14, 27	Den Heiden die Tür des Glaubens aufgetan.
Joh.	16, 8	Wenn der Tröster kommt, wird er die Welt überführen.

16, 13 In alle Wahrheit leiten.
16, 14 Mich verklären.

b) Darum muß der Glaube erbeten werden.

Luk. 11, 13 Wieviel mehr wird der Vater den Heiligen Geist geben denen, die ihn bitten.
22, 32 Ich habe für dich gebeten, daß dein Glaube nicht aufhöre.
Eph. 3, 17 Derhalben beuge ich meine Knie, daß Christus wohne durch den Glauben in euren Herzen.

c) Der Mensch kann der Gnade Christi widerstehen oder sie annehmen.

2 Thess. 3, 2 Der Glaube ist nicht jedermanns Ding.
Mtth. 23, 37 Wie oft habe ich deine Kinder versammeln wollen, und ihr habt nicht gewollt.
Joh. 16, 9 Die Sünde, daß sie nicht glauben an mich (Der Unglaube ist d i e Sünde, die Entscheidung wider Gott).
Kol. 2, 6 Wie ihr angenommen habt den Herrn Jesum.
Jak. 1, 21 Nehmet das Wort an!
5 Mose 4, 20 Euch hat er angenommen (2. Kor. 6, 17; Gottes Werk).

d) Der Glaube ist etwas Wachstümliches.

Luk. 17, 5 Herr, stärke uns den Glauben.
17, 6 Wenn ihr Glauben habt wie ein Senfkorn.
Phil. 3, 12 Nicht, daß ich's schon ergriffen habe . . .; ich jage ihm aber nach, nachdem ich von Christus Jesus ergriffen bin.

1. Wunderbar zart lockt der Herr den Glauben hervor und vertieft ihn.

Mtth. 15, 23 Kanaanäisches Weib.
Mrk. 9, 23 Wenn du könntest glauben.
Joh. 4 Die Samariterin.
5 Der Kranke von Bethesda.
9 Die Heilung des Blindgeborenen.

2. Aus der Verbundenheit mit Christus (Weinstockgleichnis, Joh. 15) strömt die Kraft zum Vorwärtskommen.

Eph. 4, 13 Hinankommen zum vollkommenen Mannesalter.
4, 15 Wachsen in allen Stücken an dem, der das Haupt ist, Christus.
1 Petr. 2, 2 Seid begierig nach der vernünftigen, lauteren Milch als die jetzt geborenen Kindlein, auf daß ihr durch dieselbige zunehmet.

3. Die Treue des Herrn gewährt dieses Ausreifen.

1 Thess. 5, 24 Getreu ist der, der euch ruft, er wird's auch tun.
Phil. 1, 6 Der in euch angefangen hat das gute Werk, der wird's auch vollführen bis an den Tag Jesu Christi.
Hebr. 12, 2 Der Anfänger und Vollender des Glaubens.
Luk. 22, 32 Ich habe für dich gebeten, daß dein Glaube nicht aufhöre.

4. Aber die Untreue des Menschen kann alles verlieren.

1 Tim. 1, 19 Habest den Glauben und gutes Gewissen, welches etliche von sich gestoßen und am Glauben Schiffbruch erlitten haben.

IV. Im Glauben haben wir teil an allem, was Christus hat.

a) Teilhaben an seiner Gerechtigkeit.

Apgsch. 13, 39 Wer an diesen glaubt, der ist gerecht.
Röm. 3, 28 So halten wir dafür, daß der Mensch gerecht werde ohne des Gesetzes Werke, allein durch den Glauben.

Röm. 10, 4 Christus ist des Gesetzes Ende. Wer an den glaubt, der ist gerecht.
1 Mose 15, 6 Abraham glaubte, und das rechnete er ihm zur Gerechtigkeit.
Joh. 15, 3 Ihr seid rein um des Wortes willen.
1 Kor. 6, 11 Aber ihr seid abgewaschen, ihr seid geheiligt, ihr seid gerecht geworden durch den Namen unseres Herrn Jesu.

b) Teilhaben an seiner Kraft, zu retten und selig zu machen.

Röm. 1, 16 Ich schäme mich des Evangeliums von Christo nicht, denn es ist eine Kraft Gottes, selig zu machen.
Apgsch. 16, 31 Glaube an den Herrn Jesus Christus, so wirst du . . . selig.
Mrk. 16, 16 Wer glaubt und getauft wird, wird selig werden.
Eph. 2, 5 Da wir tot waren in den Sünden, hat er uns samt Christo lebendig gemacht.

c) Teilhaben an seiner Kraft, seinen Willen zu tun: Sowie wir mit Christus verbunden sind, ist die natürliche sündige Art, die wir, solange wir im Leibe sind, mit uns herumtragen, ohnmächtig; die Verbindung mit ihr ist abgestorben, die mit Christus lebensvoll hergestellt und treibt zu allem guten Werk.

Joh. 14, 12 Wer an mich glaubt, der wird die Werke auch tun, die ich tue, und wird größere als diese tun.
Röm. 6, 8 Sind wir mit Christo gestorben, so glauben wir, daß wir auch mit ihm leben werden.
6, 11 Haltet euch dafür (rechnet damit), daß ihr der Sünde gestorben seid und lebet Gott in Christo Jesu, unserem Herrn.
Kol. 3, 3 Denn ihr seid gestorben, und euer Leben ist verborgen mit Christo in Gott.
Phil. 1, 29 Euch ist es gegeben, um Christi willen zu tun, daß ihr nicht allein an ihn glaubet, sondern auch um seinetwillen leidet.

d) Wir haben Kraft in den Versuchungen.

1 Petr. 2, 6 Wer an ihn glaubt, soll nicht zuschanden werden.
Jes. 28, 16 Wer da glaubt, flieht nicht.
1 Joh. 5, 4 Unser Glaube ist der Sieg, der die Welt überwunden hat.
Hebr. 10, 39 Wir sind nicht von denen, die da weichen und verdammt werden, sondern von denen, die glauben und die Seele erretten.

e) Ewiges Leben.

Joh. 3, 16 Also hat Gott . . . geliebt, daß . . . alle, die an ihn glauben, das ewige Leben haben.
5, 24 Wer mein Wort hört und glaubt dem, der mich gesandt hat, der hat das ewige Leben und kommt nicht ins Gericht.
Joh. 11, 25 Ich bin die Auferstehung und das Leben.
Hebr. 4, 3 Wir, die wir Glauben haben, gehen in die Ruhe.

Gnade, gnädig, in Gnaden erlassen, verzeihen, Gnadengabe, Gnadenstuhl.

Im Alten Testament: Gottes Huld und Geneigtheit zum auserwählten Volk.

Im Neuen Testament: Gottes Geneigtheit zu dem Sünder ohne Verdienst und Würdigkeit ohne jeglichen Rechtsanspruch.

Im profanen Griechisch hat das Wort, das Luther mit Gnade übersetzt, die Bedeutung: 1.) gefälliges Wesen, Anmut einer Person oder Sache (Luk. 4, 22: Holdselige Rede, Kol. 3, 16). 2.) Gunst, Huld, Geneigtheit (Apgsch. 25, 3: Sie baten um Gunst. Luk. 1, 30; 2, 40). In 1. Kor. 16, 3 wird das Wort von der Liebesgabe der Korinther gebraucht. Im Neuen Testament gewinnt das Wort eine neue Bedeutung: Gottes Geneigtheit zum Sünder trotz allem Gegensatz gegen die Sünde, ohne alles Verdienst und Würdigkeit des Sünders, eine Geneigtheit, die Vergebung und Rechtfertigung schenkt. Im christlichen Lebenskreise ist das Wort »Verzeihen, in Gnaden erlassen« (Kol. 2, 13: Er hat uns alle unsere Sünden geschenkt) neugebildet worden, ebenso das Wort Gnadengabe als Resultat der Gnadenerweisung Gottes (Röm. 5, 15; 1, 11), die einem einzelnen widerfahren ist, und als spezielle Gnadengabe des Geistes (1 Kor. 12, 7).

I. Im Alten Bund.

1. Gottes Huld und Erbarmen mit den Elenden.

2 Mose	34, 6	Herr, Herr Gott, barmherzig und gnädig und geduldig und von großer Güte und Treue.
Ps.	130, 7	Bei dem Herrn ist die Gnade und viel Erlösung bei ihm.
	62, 13	Du, Herr, bist gnädig und bezahlst einem jeden, wie er's verdient.
2 Mose	33, 19	Wem ich gnädig bin, dem bin ich gnädig.
Ps.	119, 132	Sei mir gnädig, wie du pflegest zu tun denen, die dich fürchten.
Jerem.	16, 5	Ich habe meinen Frieden von diesem Volk weggenommen samt meiner Gnade und Barmherzigkeit.
Ps.	77, 10	Hat Gott vergessen, gnädig zu sein, und seine Barmherzigkeit vor ihnen verschlossen?
	103, 8	Barmherzig und gnädig ist der Herr.
Jes.	54, 8	Ich habe mein Angesicht im Augenblick des Zorns ein wenig vor dir verborgen, aber mit ewiger Gnade will ich mich dein erbarmen.
Jona	4, 2	Ich weiß, daß du gnädig, barmherzig bist . . ., und läßt dich des Übels reuen.

2. Gottes Huld währt durch die Zeiten, wirkt an allen Orten.

Ps.	100, 5	Seine Gnade währet ewig.
2 Mose	34, 7	Der da Gnade bewahrt in tausend Glieder.
Jes.	54, 10	Es sollen wohl Berge weichen . . ., meine Gnade soll nicht von dir weichen.
Ps.	108, 5	Deine Gnade reicht, soweit der Himmel ist.

3. Sie wird erbeten und gepriesen, sie kann verlassen werden.

4 Mose	6, 25	Der Herr sei dir gnädig!
Ps.	90, 14	Fülle uns frühe mit deiner Gnade!
	51, 3	Gott sei mir gnädig nach deiner Güte.
	109, 21	Deine Gnade ist mein Trost, errette mich.
	89, 2	Ich will singen von der Gnade des Herrn.
Jona	2, 9	Die da halten an dem Nichtigen, verlassen ihre Gnade.

4. Sie ist verheißen.

Jes.	61, 2	Zu verkündigen ein gnädiges Jahr des Herrn.
Sacharja	12, 10	Über das Haus Davids und über die Bürger Jerusalems will ich ausgießen den Geist der Gnade und des Gebets.

5. Sie ist einzelnen Frommen zugewandt.

1 Mose	6, 8	Noah fand Gnade vor dem Herrn.
2 Mose	33, 12	Mose.
2 Sam.	15, 25	David.
Jes.	55, 3	Die gewissen Gnaden Davids.

II. Im Neuen Bund.

1. Gottes Geneigtheit zu dem Sünder ohne Verdienst und Würdigkeit.

a) In Jesu geoffenbart.

2 Kor.	8, 9	Ihr wisset die Gnade unseres Herrn Jesu Christi, daß, ob er wohl reich ist, ward er doch arm um euretwillen.
Röm.	3, 25	Welchen Gott hat vorgestellt zu einem Gnadenstuhl durch den Glauben in seinem Blut (Die goldne Platte der Bundeslade, die am Versöhnungstag mit Blut besprengt ward).
	5, 15	Gottes Gnade ist vielen reichlich widerfahren durch die Gnade des einen Menschen Jesus Christus.
Eph.	1, 6	Zu Lob seiner herrlichen Gnade, durch welche er uns hat angenehm gemacht in dem Geliebten.

b) Gnade im Gegensatz zu Verdienst, Werk, Gesetz und Sünde.

Röm.	3, 24	Sie werden ohne Verdienst gerecht aus seiner Gnade.
	9, 12	Nicht aus Verdienst der Werke, sondern aus Gnade des Berufers.
	11, 6	Ist's aber aus Gnade, so ist's nicht aus Verdienst der Werke.
	4, 4	Dem aber, der mit Werken umgeht, wird der Lohn nicht aus Gnade zugerechnet, sondern aus Verdienst.
2 Tim.	1, 9	Nicht nach unseren Werken, sondern nach der Gnade.
Gal.	5, 4	Ihr habt Christum verloren, die ihr durch das Gesetz gerecht werden wollt, und seid von der Gnade gefallen.
Röm.	5, 20	Wo die Sünde mächtig geworden ist, da ist doch die Gnade viel mächtiger geworden.
Eph.	2, 5	Da wir tot waren in Sünden (Aus Gnade seid ihr selig geworden).

c) Die Gnade gilt allen Menschen.

Joh.	3, 16	Auf daß alle, die an ihn glauben, nicht verloren werden.
Röm.	11, 32	Gott hat alle beschlossen unter den Unglauben, auf daß er sich aller erbarme.
Titus	2, 11	Es ist erschienen die heilsame Gnade Gottes allen Menschen (2 Petr. 3, 9).

d) Die Gnadengabe Gottes.

Eph.	4, 7	Einem jeglichen ist gegeben unter uns die Gnade nach dem Maß der Gabe Christi.
1 Petr.	4, 10	Dienet einander, ein jeglicher mit der Gabe, die er empfangen hat.
2 Petr.	3, 18	Wachset in der Gnade.
Luk.	2, 52	Jesus nahm zu an . . . Gnade bei Gott.
1 Kor.	3, 10	Ich nach Gottes Gnade, die mir gegeben ist, habe den Grund gelegt.
	15, 10	Von Gottes Gnade bin ich, was ich bin.
2 Kor.	12, 9	Laß dir an meiner Gnade genügen.
Eph.	3, 8	Mir, dem allergeringsten, . . . ist gegeben diese Gnade.

2. Wie der Mensch der Gnade teilhaftig wird und ihrer verlustig geht.

Röm.	4, 16	Derhalben muß die Gerechtigkeit durch den Glauben kommen, auf daß sie sei aus Gnade.

1 Petr.	1, 13	Setzet eure Hoffnung ganz auf die Gnade, die euch angeboten wird durch die Offenbarung Jesu Christi.
Hebr.	4, 16	Darum lasset uns hinzutreten mit Freudigkeit zu dem Gnadenstuhl.
Röm.	16, 20	Die Gnade sei mit euch! (Fürbitte) Ebenso 1 Kor. 16,23; 2 Kor. 13, 13; Kol. 4, 18.
Hebr.	12, 15	Daß nicht jemand Gottes Gnade versäume.
Judä	4	Die ziehen die Gnade Gottes auf Mutwillen.

Gott der Schöpfer, der in der Höhe wohnet, der Gott des Gerichts, der Unerforschliche, der sich herabneigt zu den Sündern und in seinem Sohne sich ihnen hingibt, der sich ihr Gott nennt und ihnen die Fülle seiner Gnade offenbart.

1. Gott in seiner erhabenen Schöpfermajestät, in seinem heiligen Gerichtsernst.

Hiob	38, 4	Wo warst du, als ich die Erde gründete, da mich die Morgensterne . . . lobten?
Jes.	40, 12	Wer misset die Wasser mit der hohlen Hand und fasset den Himmel mit der Spanne . . .? Siehe, die Heiden sind geachtet wie ein Tropfen am Eimer.
Ps.	104, 2	Licht ist das Kleid, das du anhast.
2 Mose	20, 19	Rede du mit uns, laß Gott nicht mit uns reden, wir möchten sonst sterben.
Jes.	6, 5	Da sprach ich: Weh mir, ich vergehe, denn ich bin unreiner Lippen (Jesaja).
Apgsch.	5, 5	Da Ananias diese Worte hörte, fiel er nieder und gab den Geist auf.
Hebr.	10, 31	Schrecklich ist's, in die Hände des lebendigen Gottes zu fallen.
	12, 29	Unser Gott ist ein verzehrendes Feuer.
Röm.	11, 33	Wie gar unbegreiflich sind seine Gerichte und unerforschlich seine Wege!
2 Mose	33, 23	Mose darf Gott hintennach sehen.
1 Kön.	19, 11	Elia sieht Gott auf dem Horeb; nach Sturm, Erdbeben, Feuer naht der Herr im sanften, stillen Sausen.
Offenb.	4, 3	Auf dem Stuhl saß einer; und der da saß, war gleich anzusehen wie der Stein Jaspis und Sarder.

2. Wo Gott wohnt.

Jes.	57, 15	Der ich in der Höhe und im Heiligtum wohne und bei denen, die zerschlagenen und demütigen Geistes sind.
2 Mose	25, 8	Sie sollen mir ein Heiligtum machen, daß ich unter ihnen wohne.
Apgsch.	7, 48	Der Allerhöchste wohnt nicht in Tempeln mit Händen gemacht.
1 Tim.	6, 16	Der da wohnet in einem Lichte, da niemand zukommen kann.
1 Kön.	8, 12	Der Herr hat geredet, er wolle im Dunkel wohnen.
Joh.	1, 14	Das Wort ward Fleisch und wohnte unter uns.
.	14, 23	Wer mich liebt, der wird mein Wort halten, und wir werden zu ihm kommen und Wohnung bei ihm machen.

3. Gott ist der Gott des Heils, der sich den Sündern offenbart.

2 Mose	3, 15	Der Herr, eurer Väter Gott, der Gott Abrahams, Isaaks und Jakobs.
	33, 11	Der Herr redete mit Mose, wie ein Mann mit seinem Freunde redet.
Hebr.	11, 16	Darum schämt sich Gott ihrer nicht, zu heißen ihr Gott.
Röm.	1, 8	Ich danke meinem Gott.

2 Petr.	1, 1	Unser Gott.
Apgsch.	27, 23	Der Engel Gottes, des ich bin und dem ich diene.
Eph.	1, 17	Der Gott unseres Herrn Jesu Christi.
Röm.	15, 6	Gott und der Vater unseres Herrn Jesu Christi.
Gal.	1, 4	Gott und unser Vater.
Röm.	1, 7	Gott unser Vater (siehe Vater).
Joh.	20, 17	Ich fahre auf zu meinem Vater und zu eurem Vater, zu meinem Gott und zu eurem Gott.
2 Mose	34, 6	Herr, Herr Gott, barmherzig und gnädig, geduldig und von großer Gnade und Treue.
2 Kor.	13, 11	Gott der Liebe.
1 Petr.	5, 10	Gott aller Gnade.
2 Kor.	1, 3	Gott alles Trostes.
Röm.	15, 5	Gott der Geduld.
	15, 13	Gott der Hoffnung.
	16, 20	Gott des Friedens.
Apgsch.	7, 2	Gott der Herrlichkeit.

4. Jesus ist Gott.

Joh.	20, 28	Mein Herr und mein Gott.
	1, 1	Gott war das Wort.
Röm.	9, 5	Der da ist Gott über alles.

5. Gott als Beiwort zur Bezeichnung göttlicher Wesensart.

Apgsch.	12, 22	Das ist Gottes Stimme, nicht eines Menschen.
	28, 6	Sie sagten, er sei ein Gott (Auf dem Boden heidnischer Vielgötterei).
2 Kor.	4, 4	Der Gott dieser Welt.
Joh.	10, 34	Ihr seid Götter (Von den Richtern, sofern sie ein göttliches Amt haben).

Gottseligkeit, das ehrfürchtige Bewußtsein der Abhängigkeit von Gott.

1 Tim. 2, 2; 2, 10; 3, 16; 4, 7; 4, 8; 6, 3; 6, 6; 6, 11; 2 Tim. 3, 12; 2 Petr. 1, 6; 2, 9.

Gut, gütig. Gut ist das, was Gottes Art an sich trägt im Sinne der inneren, harmonischen Vollendung.

Bei den Griechen hat »gut« den Sinn von trefflich, gottwohlgefällig, von Gott gebraucht im Sinn von »gütig«. Im Alten Testament ist Gott der Gute, der in seinem geschichtlichen Walten die Menschen das messianische Heil erfahren läßt. Das Gesetz ist gut, denn es bringt Heil. Aber der Mensch hat nichts Gutes in sich (Röm. 7, 18). Doch der sittliche Unterschied bleibt. Es gibt Böse und Gute (Mtth. 5, 45), Jesus unterscheidet sie (Mtth. 12, 34). Die Obrigkeit ist Gottes Dienerin zum Guten (Röm. 13, 4). Aber jenseits dieser Unterscheidung ist die Erkenntnis aufgebrochen, daß diese Unterschiede vor Gott relativ sind, denn im Menschen wohnet nichts Gutes. Niemand ist gut als der einige Gott (Mrk. 10, 18). Mit Christus wird die neue Lebensmöglichkeit geschenkt (Eph. 2, 10: Geschaffen in Christus Jesus zu guten Werken, welche Gott uns zuvor bereitet hat, daß wir darin wandeln sollen).

1. Gottes Art.

Mtth.	19, 17	Niemand ist gut, denn der einige Gott.
1 Mose	1, 31	Gott sah an, was er gemacht hatte, und siehe da, es war sehr gut.
Jes.	39, 8	Das Wort des Herrn ist gut.
Röm.	7, 12	Das Gebot ist heilig, recht und gut.
Jak.	1, 17	Alle gute Gabe . . . kommt von oben herab.
Röm.	8, 28	Wir wissen aber, daß denen, die Gott lieben, alle Dinge zum Besten (wörtlich: zum Guten) dienen.
Mtth.	20, 15	Siehest du darum scheel, daß ich so gütig bin?

2. Des Menschen Art wird nur durch Erneuerung gut.

1 Mose	3, 5	Ihr werdet sein wie Gott und wissen, was gut und böse ist.
	8, 21	Das Dichten des menschlichen Herzens ist böse von Jugend auf.
Joh.	3, 3	Es sei denn, daß jemand von neuem geboren werde, kann er das Reich Gottes nicht sehn.
Röm.	5, 7	Um des Guten willen dürfte vielleicht jemand sterben . . ., Christus ist für uns gestorben, da wir noch Sünder waren.
Mtth.	12, 33	Setzet einen guten Baum, so wird die Frucht gut, oder setzet einen faulen Baum, so wird die Frucht faul . . ., ein guter Mensch bringt Gutes hervor aus dem guten Schatz seines Herzens, ein böser Mensch bringt Böses hervor.
Luk.	10, 42	Maria hat das gute Teil erwählt.
Apgsch.	9, 36	Tabea, voll guter Werke.
	11, 24	Barnabas, ein frommer (guter) Mann, voll Heiligen Geistes und Glaubens.
Jak.	3, 17	Die Weisheit von oben ist voll guter Früchte.
2 Thess.	2, 16	Der Herr, der uns gegeben eine gute Hoffnung, stärke euch in allerlei Lehre und gutem Werk.
2 Tim.	3, 17	Daß ein Mensch Gottes sei vollkommen zu allem guten Werk geschickt.
1 Petr.	3, 13	Wer ist, der euch schaden könnte, so ihr dem Guten nachkommt?
Röm.	12, 21	Überwinde das Böse mit Gutem.
Gal.	6, 10	Lasset uns Gutes tun an jedermann, allermeist aber an des Glaubens Genossen.
1 Thess.	5, 15	Jaget dem Guten nach untereinander und gegen jedermann.
Phil.	1, 6	Der in euch angefangen hat das gute Werk, der wird's auch vollführen.
Hebr.	13, 21	Der mache euch fertig in allem guten Werk.

Güte, Gottes mildes, auf das Wohltun gerichtetes Wesen.

1. Die Größe seiner Güte.

Ps.	86, 13	Deine Güte ist groß über mich.
	36, 6	Die reicht, soweit der Himmel ist.
	106, 1	Sie währet ewiglich.
Röm.	2, 4	Reichtum seiner Güte.
Klagel.	3, 22	Die Güte des Herrn ist, daß wir nicht gar aus sind.

2. Das Ziel der Güte Gottes.

Röm.	2, 4	Weißt du nicht, daß dich Gottes Güte zur Buße leitet?
	11, 22	Schau die Güte und den Ernst Gottes.
Ps.	52, 10	Ich verlasse mich auf Gottes Güte immer und ewiglich.
Jerem.	31, 3	Ich habe dich zu mir gezogen aus lauter Güte.

3. Wem wird sie zuteil.

Ps.	32, 10	Wer auf den Herrn hofft, den wird die Güte umfangen.
	147, 11	Der Herr hat Gefallen an denen, die auf seine Güte hoffen.

Klagel.	3, 32	Er betrübt wohl und erbarmet sich wieder nach seiner großen Güte (Den Bußfertigen wird Güte zuteil).
Röm.	11, 22	Die Güte, sofern du an der Güte bleibst.

4. Die Güte Gottes ermuntert zum Gebet.

Ps.	25, 7	Gedenke mein um deiner Güte willen.
	6, 5	Hilf mir um deiner Güte willen.
	40, 12	Laß deine Güte allewege mich behüten.
	36, 8	Wie teuer ist deine Güte, daß Menschenkinder unter dem Schatten deiner Flügel Zuflucht haben!
	51, 3	Gott, sei mir gnädig nach deiner Güte!
	86, 5	Du bist von großer Güte allen, die dich anrufen.
	59, 17	Ich will . . . rühmen deine Güte.

Handauflegung, eine Handlung, durch die ein geistiger Besitz auf einen anderen übertragen wird.

1. Alttestamentliche Handauflegung.

a) Übertragung einer Sündenlast.

3 Mose	24, 14	Die einen Fluch anhörten, legten ihre Hände dem Flucher auf (wohl, um frei auszugehen von der Schuld) und steinigen ihn.
2 Mose	29, 10	Aaron und seine Söhne legen ihre Hände auf des Farren Haupt.
3 Mose	16, 21	Am Versöhnungstag legt Aaron die Hände auf den Sündenbock und bekennt über ihm die Sünden Israels. Der Bock wird in die Wüste gelassen.
	1, 4	Dem Brandopfer lege deine Hände auf, so wird es versöhnen.

b) Übertragung des Erbsegens.

1 Mose	48, 14	Jakob segnet Ephraim und Manasse durch Händeauflegen.

c) Übertragung geistiger und geistlicher Fähigkeiten.

4 Mose	27, 18	Mose erhält den Befehl, auf Josua von seiner Herrlichkeit zu legen.
5 Mose	34, 9	Josua wird erfüllt mit dem Geist der Weisheit, denn Mose hatte seine Hände auf ihn gelegt.

2. Neutestamentliche Handauflegung.

a) Übertragung einer Amtsvollmacht.

Apgsch.	6, 6	Die Diakone bekommen vor der Gemeinde die Hände unter Gebet aufgelegt.
	13, 3	Die Gemeinde zu Antiochien fastet, betet und legt die Hände auf Paulus und Barnabas (Aussendung zur Mission).
1 Tim.	4, 14	Laß nicht außer acht die Gabe, die dir gegeben ist durch die Weissagung mit Handauflegung der Ältesten.

b) Handauflegung zur Segnung.

Mtth.	19, 13	Da wurden Kindlein zu ihm gebracht, daß er die Hände auf sie legte und betete. Er legte die Hände auf sie.

c) Handauflegung zum Geistesempfang.

Apgsch.	8, 17	Die Apostel legten den Getauften die Hände auf, da empfingen sie den Heiligen Geist.
	9, 17	Ananias legt die Hände dem Saulus auf, damit er wieder sehend und mit dem Heiligen Geist erfüllt würde.
2 Tim.	1, 6	Paulus legt dem Timotheus (wohl bei seiner Taufe) die Hände auf.

Apgsch.	10, 44	Geistesempfang des Kornelius ohne Handauflegung (Gott gibt den Heiligen Geist souverän mit und ohne Handauflegung).

d) Handauflegung zur Heilung von Kranken.

Mrk.	7, 32	Beim Taubstummen.
	8, 23	Beim Blinden von Jesus ausgeübt.
	16, 18	Auf die Kranken werden sie die Hände legen, so wird es besser mit ihnen werden.
Apgsch.	28, 8	Paulus legte dem Vater des Publius auf Malta die Hände auf.

e) Die Handauflegung soll nicht an Unwürdige und nicht von Unwürdigen gegeben werden.

1 Tim.	5, 22	Die Hände lege niemand zu bald auf, mache dich auch nicht teilhaftig fremder Sünden.
Apgsch.	19, 13	Unberufene nennen den Namen Jesu über Kranken und werden bestraft.

Harren, warten. Festhalten am Glauben trotz allem Widerspruch, in der Gewißheit, daß Gott zum Ziel kommt.

1. Gott wartet.

Jes.	30, 18	Darum harret der Herr, daß er euch gnädig sei.
1 Petr.	3, 20	Die nicht glaubten, daß Gott einst harrte und Geduld hatte zu Zeiten Noahs.
1 Mose	6, 3	Ich will ihnen noch Frist geben 120 Jahre.
Luk.	13, 8	Laß ihn noch dies Jahr.
Hebr.	10, 13	Wartet hinfort, daß seine Feinde zum Schemel seiner Füße gelegt werden.

2. Aufforderung zum Harren auf Gott.

Ps.	27, 14	Harre des Herrn, sei getrost und unverzagt!
	31, 25	Seid getrost und unverzagt, alle, die ihr des Herrn harret!
	37, 7	Sei stille dem Herrn und warte auf ihn!
	42, 6	Was betrübst du dich, meine Seele? . . . Harre auf Gott!
2 Petr.	3, 12	Wartet und eilet zu der Zukunft des Tages des Herrn!

3. Verheißung des Harrens.

Ps.	25, 3	Keiner wird zuschanden, der deiner harret.
	37, 9	Die des Herrn harren, werden das Land erben.
Jes.	40, 31	Die auf den Herrn harren, kriegen neue Kraft.
Habakuk	2, 3	Ob sie (die Weissagung) verzieht, so harret ihrer. Sie wird gewißlich kommen und nicht verziehen.
Sprüche	10, 28	Das Warten der Gerechten wird Freude werden.

4. Worauf wir warten.

1 Mose	49, 18	Herr, ich warte auf dein Heil.
Ps.	130, 6	Meine Seele wartet auf den Herrn von einer Morgenwache zur anderen.
	25, 5	Du bist der Gott, der mir hilft, täglich harre ich dein.
Luk.	2, 25	Simeon wartet auf den Trost Israels.
Ps.	104, 27	Es wartet alles auf dich, daß du ihnen Speise gebest.
Röm.	8, 23	Auf unseres Leibes Erlösung warten.
Titus	2, 13	Auf die selige Hoffnung warten.
2 Petr.	3, 13	Eines neuen Himmels und einer neuen Erde warten.
Röm.	8, 25	So wir des hoffen, was wir nicht sehen, so warten wir sein in Geduld.

Gal.	5, 5	Wir warten im Geist durch den Glauben der Gerechtigkeit, auf die man hoffen muß.
Hebr.	9, 28	Zum anderen Male wird er ohne Sünde erscheinen denen, die auf ihn warten, zur Seligkeit.

Haupt, siehe Christus. [4. m.]

Heil, Heiland, heilen, heilsam. Heil: vorwiegend ein messianischer Begriff, umfaßt im Alten Testament irdische, aber auch geistliche Wohltaten, im Neuen Testament vor allem geistliche Güter. Die Weltvollendung wird von der Wiederkunft erwartet.
Heiland ist der Heilsbringer, ein Ausdruck, der im Alten Testament von Gott, im Neuen Testament von Christus gebraucht wird. Bei den Griechen wurde das Wort Heiland viel von Zeus, dem obersten Gott, gebraucht und als Ehrentitel verdienten Staatsmännern und Feldherren beigelegt.

I. Im Alten Bund.

1. Verheißung und Erwartung des Heils.

Jes.	12, 3	Ihr werdet mit Freuden Wasser schöpfen aus dem Heilsbrunnen.
Hesek.	11, 16	Ich will bald ihr Heiland sein in den Ländern, dahin sie gekommen sind.
Jes.	62, 11	Siehe, dein Heil kommt!
	46, 13	Mein Heil säumt nicht, denn ich will zu Zion das Heil geben.
	49, 6	Ich habe dich auch zum Licht der Heiden gemacht, daß du seiest mein Heil bis an der Welt Ende.
	53, 5	Durch seine Wunden sind wir geheilt.
Jerem.	3, 22	So kehret nun wieder, ihr abtrünnigen Kinder, so will ich euch heilen von euerem Ungehorsam.
Hosea	14, 5	So will ich ihr Abtreten wieder heilen.
Maleachi	3, 20	Euch, die ihr meinen Namen fürchtet, soll aufgehen die Sonne der Gerechtigkeit und Heil unter ihren Flügeln.
1 Mose	49, 18	Herr, ich warte auf dein Heil.
Micha	7, 7	Ich aber will . . . des Gottes meines Heils warten.
Ps.	119, 81	Meine Seele verlangt nach deinem Heil.

2. Der Weg zum Heil.

a) Gebet.

Ps.	51, 16	Errette mich von den Blutschulden, der du mein Gott und Heiland bist.
	85, 5	Tröste uns, Gott, unser Heiland!
	88, 2	Herr Gott, mein Heiland, ich schreie Tag und Nacht vor dir!

b) Gottes Tat.

Jes.	61, 10	Er hat mich angezogen mit den Kleidern des Heils und mit dem Rock der Gerechtigkeit gekleidet.
Hosea	13, 9	Israel, du bringst dich ins Unglück, denn dein Heil steht allein bei mir.

c) Die Predigt vom Heil.

Ps.	96, 2	Verkündigt von Tag zu Tag sein Heil!
	98, 2	Der Herr läßt sein Heil verkündigen.
Jes.	52, 7	Wie lieblich sind auf den Bergen die Füße der Boten, die . . . Heil verkündigen!

d) Der Dank für empfangenes Heil.

Ps.	50, 23	Wer Dank opfert, der preiset mich; und da ist der Weg, daß ich ihm zeige mein Heil.

3. Freude am Heil (das in jeder Hilfe Gottes als im Anbruch befindlich erlebt wird) und Trost des Heils und Heilands.

2 Mose	15, 2	Der Herr ist meine Stärke und mein Lobgesang und ist mein Heil.
1 Sam.	2, 1	Ich freue mich deines Heils (Hanna).
Ps.	27, 1	Der Herr ist mein Licht und mein Heil, vor wem sollte ich mich fürchten?
	116, 13	Ich will den Kelch des Heils nehmen.
Jes.	25, 9	Das ist der Herr, auf den wir harren, daß wir uns freuen und fröhlich seien in seinem Heil.
	43, 3	Ich bin der Herr, dein Gott, dein Heiland.
	43, 11	Außer mir ist kein Heiland.
	45, 15	Du bist ein verborgener Gott, du Gott Israels, der Heiland.
Zeph.	3, 17	Der Herr, dein Gott, ist bei dir, ein starker Heiland.
Luk.	1, 47	Mein Geist freut sich Gottes, meines Heilandes.

II. Im Neuen Testament.

1. Jesus der Heiland, der durch sein Kreuz und das heilsame Wort vom Kreuz Israel und Heiden Heil bringt.

Luk.	2, 11	Euch ist heute der Heiland geboren.
	2, 30	Meine Augen haben deinen Heiland gesehen.
	4, 18	Zu heilen die zerstoßenen Herzen.
	4, 21	Heute ist diese Botschaft erfüllt.
	19, 9	Heute ist diesem Hause Heil widerfahren.
Joh.	4, 22	Das Heil kommt von den Juden.
Apgsch.	4, 12	Es ist in keinem anderen Heil.
	5, 31	Den hat Gott erhöht zu einem Heiland, zu geben Israel Buße und Vergebung der Sünden.
	13, 23	Aus diesem Samen hat Gott kommen lassen Jesum, dem Volke Israel zum Heiland.
	13, 26	Das Wort des Heils.
Röm.	11, 11	Aus ihrem Fall ist den Heiden das Heil widerfahren.
1 Petr.	2, 24	Durch welches Wunden ihr seid heil geworden.
1 Tim.	4, 10	Welches ist der Heiland aller Menschen, sonderlich der Gläubigen.
	6, 3	Heilsame Worte unseres Herrn Jesu Christi (2 Tim. 1, 13; Titus 1, 9).
2 Tim.	4, 3	Zeit, da sie die heilsame Lehre nicht leiden werden.

2. Die Vollendung des Heils.

2 Petr.	3, 18	Wachset in der Gnade und Erkenntnis unseres Herrn und Heilandes.
Röm	13, 11	Sintemal unser Heil jetzt näher ist, denn da wir gläubig wurden (Die Heilsgüter sind im Anbruch gegenwärtig, in der Vollendung zukünftig).
Phil.	3, 20	Unser Wandel (Bürgerrecht) ist im Himmel, von dannen wir auch warten des Heilandes Jesu Christi, des Herrn.
Titus	2, 13	Warten auf die selige Hoffnung und Erscheinung der Herrlichkeit des großen Gottes und unseres Heilandes Jesu Christi.
Offenb.	7, 10	Sie schrien mit großer Stimme und sprachen: Heil sei dem, der auf dem Stuhl sitzt, unserem Gott und dem Lamm!

12, 10 **Nun ist das Heil und die Kraft und das Reich unseres Gottes geworden und die Macht seines Christus, weil der Verkläger unserer Brüder verworfen ist.**

Heilig, heiligen, Heiligung. Gott ist heilig in seinem Abgesondertsein von der sündigen Welt, in seiner erwählenden Liebe als Gott der Gnade und Erlösung, der die Entsündigung der Erwählten will. Das richtige Verhalten der Menschen dem heiligen Gott gegenüber ist Furcht und Vertrauen, während der Unglaube die Kehrseite der Erwählung, die Verwerfung, das Gericht herbeiführt.

Im Neuen Testament sind die Menschen Heilige, die in die Gemeinschaft des heiligen Gottes durch den vom Vater geheiligten und sich selbst für die Menschheit heiligenden Christus hineingezogen sind und daher an seinem heiligen Wesen teilhaben. Die Heiligung ist also nicht ein Verhalten der Menschen, sondern ein Zustand der Teilhaberschaft am göttlichen Wesen.

Bei den Griechen steht der Begriff in enger Verbindung mit dem Heiligtum. — Im Alten Testament hat er die Bedeutung »abgesondert, geschieden vom Profanen«. Heilig bedeutet einen Zustand, weniger eine Handlung und ist bezogen auf den Gottesdienst. Durch die Propheten und die aus ihrem Geist lebenden Psalmen wird der Begriff »heilig« auf den Namen Gottes angewandt. Gott selbst erweist seinen Namen als heilig in Gericht und Gnade. Das Volk, in dessen Mitte der heilige Gott wohnt, soll heilig sein (2 Mose 19,6; 3 Mose 19,2). Während das kanaanäische Heidentum heilige Unzucht duldet, verlangt und schafft der Heilige Israels sittliche Reinheit. Hosea erkennt die Heiligkeit Gottes in seiner übermenschlichen Liebe (Hosea 11, 4). Jesaja erlebt in heiligem Erschrecken über seine eigene Unreinheit den dreimal Heiligen, der als Richter über das unheilige Volk nur einen Rest selig werden läßt. — Das Neue Testament gründet sich ganz auf dem Alten Testament. Jesus Christus ist der Heilige Gottes (Mrk. 1, 24). Das wird begründet mit seiner wunderbaren Geburt und mit dem Empfang des Heiligen Geistes bei seiner Taufe (Luk. 1, 35; Joh. 6, 69; Offenb. 3, 7). Jesus verbindet die gottesdienstliche Heiligkeit Israels mit der sittlichen Heiligkeit, indem er selbst sich zum Opfer hingibt, um dem Volk den Zugang zum Allerheiligsten zu öffnen (Hebr. 9). Priester und Opfer fallen zusammen. Jesus sendet den Heiligen Geist, der in der Taufe über ihn kommt und in großer Stunde aus ihm herausjubelt (Luk. 10, 21), den Jüngern (Joh. 20, 22) nach seiner Auferstehung und macht ihn in den pfingstlichen Ereignissen zum Besitz seiner Gemeinde. — Der vom Heiligen Geist Ergriffene, der ihm widerstrebt, tut die unvergebbare Sünde. Paulus wendet die Bilder des Gottesdienstes auf die geheiligte Gemeinde an. Sie ist der Tempel Gottes, der Heilige Geist wohnt in ihr, sie opfert ihre Leiber, Paulus selbst ist der Liturg und das Trankopfer.

Die Versöhnung durch Christus steht im Mittelpunkt (1 Kor. 3, 16; 6, 19; Eph. 2, 20; Röm. 12, 1; Phil. 2, 17; 4, 22). Nicht auf dem Grund ihres eigenen Handelns erhebt sich die Heiligkeit der Gemeinde, sondern Christus ist ihre Heiligung (1 Kor. 1, 30). Die Christen sind Geheiligte in Christus Jesus, sie dienen einander in heiliger Liebe, sie grüßen sich mit dem heiligen Kuß (1 Kor. 16, 20). Sie werden die Welt richten (1 Kor. 6, 2). Der Geheiligte wird zum Mittelpunkt seiner nächsten Lebensgemeinschaft. Der gläubige Mann heiligt das ungläubige Weib und umgekehrt, und ihre Kinder sind heilig (1 Kor. 7, 14). Bis in die Offenbarung des Johannes hinein ist der gottesdienstliche Hintergrund des Begriffs spürbar. Die Anbetung Gottes geschieht in der Versöhnung durch das Lamm Gottes und in der Neuschöpfung des Heiligen Geistes (Offenb. 7, 15). »Das Wesen des Christentums ist durch den Begriff des Heiligen im Innersten bestimmt« (ThW). Bei dem Begriff Heiligung und Heiligkeit liegt der Nachdruck auf dem sittlichen Tun des Christen auf Grund seiner Versöhnung mit Gott (1 Thess. 4, 3; 3, 13).

1. Im Alten Testament.

a) Gott ist heilig in seinem Abgesondertsein von der Sünde.

2 Mose	3, 5	Zieh deine Schuhe aus von den Füßen, denn der Ort, da du stehst, ist ein heilig Land.
1 Sam.	6, 20	Wer kann stehen vor dem Herrn, solchem heiligen Gott?
Jes.	6, 3	Heilig, heilig, heilig ist der Herr Zebaoth ... Weh mir, ich vergeh, denn ich bin unreiner Lippen.

b) Gott ist heilig als der Gott, der Israel erwählt und entsündigt.

2 Mose	19, 6	Ihr sollt mir ein priesterlich Königreich und ein heilig Volk sein.
3 Mose	11, 44	Darum sollt ihr euch heiligen, daß ihr heilig seid, denn ich bin heilig.
	16	Das große Versöhnungsfest (heilig durch Entsündigung).
	19, 2	Ihr sollt heilig sein, denn ich bin heilig, der Herr, euer Gott.
Ps.	71, 22	Der Heilige in Israel. 2 Kön. 19, 22.
Josua	3, 5	Josua sprach zum Volk: Heiligt euch, denn morgen wird der Herr ein Wunder an euch tun.

c) Gott ist heilig, darum ist alles, was mit dem alttestamentlichen Gottesdienst in Beziehung steht, heilig.

2 Mose	28, 2	Aarons heilige Kleider.
Ps.	15, 1	Heiliger Berg.
	46, 5	Die heiligen Wohnungen.

d) Gott ist heilig in seiner Führung und Bewahrung.

1 Sam.	2, 9	Er wird behüten die Füße seiner Heiligen.
Ps.	4, 4	Erkennet doch, daß der Herr seine Heiligen wunderbar führt.
	77, 14	Gott, dein Weg ist heilig.
	145, 17	Der Herr ist gerecht in allen seinen Wegen und heilig in allen seinen Werken.
Sprüche	2, 8	Er bewahrt den Weg seiner Heiligen.
Ps.	97, 10	Der Herr bewahrt die Seelen seiner Heiligen.
	116, 15	Der Tod seiner Heiligen ist wert gehalten vor Gott.
5 Mose	33, 3	Wie hat er die Leute so lieb, alle seine Heiligen sind in seiner Hand!

e) Gott ist heilig, darum fürchten, bitten und loben ihn seine Heiligen.

Ps. 34, 10 Fürchtet den Herrn, ihr seine Heiligen!
111, 9 Heilig und hehr ist sein Name. Die Furcht des Herrn ist der Weisheit Anfang.
32, 6 Alle Heiligen werden zu dir beten zur rechten Zeit.
30, 5 Ihr Heiligen, lobsinget dem Herrn, danket und preiset seine Heiligkeit.

f) Gott ist heilig, darum richtet er Unglauben und Ungehorsam.

Ps. 99, 8 Du Gott, vergabst ihnen und straftest ihr Tun . . ., betet an zu seinem heiligen Berge; denn der Herr, unser Gott, ist heilig.
4 Mose 14, 20 Ich habe es vergeben, . . . alle Männer, die meine Herrlichkeit gesehen haben und mich nun zehnmal versucht und meiner Stimme nicht gehorcht haben, deren soll keiner das Land sehen.
27, 14 Der Unglauben Moses wird gestraft.
Richt. 3, 7 Die Kinder Israels taten übel vor dem Herrn . . . Da ergrimmte der Zorn des Herrn über Israel (2 Kön. 24, 20).
Hesek. 20, 32 Gericht und Gnade über dem abtrünnigen Israel in der Babylonischen Gefangenschaft.

2. Im Neuen Testament.

a) Gott ist heilig, indem er den Sohn in die Welt sendet, um das Werk der Entsündigung und des Gerichts zu vollbringen.

Mtth. 1, 20 Das in ihr geboren ist, ist vom Heiligen Geist.
Joh. 10, 36 Den der Vater geheiligt und in die Welt gesandt hat.
Mrk. 1, 24 Der Heilige Gottes (Die Dämonen von Jesus).
Joh. 17, 19 Ich heilige mich selbst für sie, auf daß auch sie geheiligt seien in der Wahrheit.
3, 18 Wer nicht an mich glaubt, der ist schon gerichtet.
Hebr. 2, 11 Sintemal sie alle von einem kommen, beide, der da heiligt und die da geheiligt werden.
1 Kor. 1, 30 Christus, welcher uns gemacht ist von Gott zur Heiligung.

b) Gott ist heilig, darum schafft er durch Christum und den Heiligen Geist die heilige Gemeinde.

Apgsch. 26, 18 Zu empfangen Vergebung der Sünden und das Erbe samt denen, die geheiligt werden durch den Glauben an mich.
Eph. 5, 25 Christus hat geliebt die Gemeinde und hat sich selbst für sie gegeben, auf daß er sie heilige . . ., daß sie heilig sei und unsträflich.
1 Kor. 6, 11 Ihr seid abgewaschen, ihr seid geheiligt durch den Namen unseres Herrn Jesu und durch den Geist unseres Gottes.
2 Thess. 2, 13 Gott hat euch von Anfang erwählt zur Seligkeit in der Heiligung des Geistes.
1 Petr. 1, 2 Durch die Heiligung des Geistes zum Gehorsam.
2, 5 Bauet euch auf zum geistlichen Hause und zum heiligen Priestertum.

c) Gott heiligt die, die sich ihm hingeben in Glauben, Gehorsam und Dankbarkeit.

2 Kor. 7, 1 Dieweil wir nun solche Verheißungen haben, so lasset uns von aller Befleckung des Fleisches und des Geistes uns reinigen und fortfahren in der Heiligung in der Furcht Gottes.
Kol. 3, 8 Leget ab von euch den Zorn . . ., zieht an den neuen Menschen.
1 Thess. 4, 3 Das ist der Wille Gottes, eure Heiligung, daß ihr meidet die Hurerei und ein jeglicher unter euch wisse sein Gefäß zu behalten in Heiligkeit.
Apgsch. 26, 18 Zu empfangen Vergebung der Sünden . . . samt denen, die geheiligt werden durch den Glauben an mich.

Hebr.	12, 14	Jaget nach dem Frieden gegen jedermann und der Heiligung, ohne welche wird niemand den Herrn sehen (Nicht als Selbstwirken, sondern als Bleiben in der Nähe des heiligenden Herrn).
1 Tim.	4, 4	Alle Kreatur Gottes ist gut, und nichts ist verwerflich, das mit Danksagung empfangen wird, denn es wird geheiligt durch das Wort Gottes und Gebet (Vom Eheleben und den Speisen, die durch die Beziehung auf Gott geheiligt werden).

Helfen, Hilfe. Während Menschenhilfe oft versagt, kann der Herr helfen denen, die zu ihm rufen.

1. Was nicht hilft.

1 Sam.	2, 9	Viel Vermögen hilft doch niemand.
Mtth.	16, 26	Was hülfe es dem Menschen, wenn er die ganze Welt gewönne und nähme doch Schaden an seiner Seele?
Ps.	33, 17	Rosse helfen auch nicht.
	44, 7	Mein Schwert kann mir nicht helfen.
Sprüche	21, 30	Es hilft keine Weisheit . . . wider den Herrn.
Ps.	60, 13	Menschenhilfe ist nichts nütze.
Jak.	2, 14	Was hilft es, so jemand sagt, er habe den Glauben, und hat doch die Werke nicht.
Sprüche	11, 4	Gut hilft nicht am Tage des Zorns.
Hiob	12, 14	Wenn er zerbricht, so hilft kein Bauen.
Jes.	31, 1	Weh denen, die hinabziehen nach Ägypten um Hilfe.

2. Gott kann helfen.

a) Die Verheißung der Hilfe.

Ps.	12, 6	Ich will eine Hilfe schaffen.
	50, 15	Rufe mich an in der Not, so will ich dich erretten.
	91, 14	Er begehret mein, so will ich ihm aushelfen.
Jes.	41, 10	Ich stärke dich, ich helfe dir auch.
	63, 1	Ich bin's, ein Meister zu helfen.
Sacharja	9, 9	Siehe, dein König kommt zu dir, ein Gerechter und ein Helfer.
1 Tim.	2, 4	Gott will, daß allen Menschen geholfen werde.

b) Das Bekenntnis der Frommen.

1 Sam.	7, 12	Bis hierher hat uns der Herr geholfen.
	14, 6	Es ist dem Herrn nicht schwer, durch viel oder wenig zu helfen.
Ps.	3, 9	Bei dem Herrn findet man Hilfe.
	4, 9	Du allein, Herr, hilfst mir.
	13, 6	Mein Herz freut sich, daß du so gern hilfst.
	33, 20	Er ist unsere Hilfe und Schild.
	46, 2	Gott ist . . . eine Hilfe in den großen Nöten.
	68, 20	Gott legt uns eine Last auf, aber er hilft uns auch.
Jes.	33, 22	Der Herr ist unser König, der hilft uns.
Hebr.	13, 6	Der Herr ist meine Hilfe, was sollte mir ein Mensch tun?
	2, 18	Worinnen er gelitten hat und versucht ist, kann er helfen.

c) Wem hilft Gott?

Ps.	149, 4	Er hilft den Elenden herrlich.
2 Sam.	22, 28	Du hilfst dem elenden Volk, und mit deinen Augen erniedrigst du die Hohen.
2 Chron.	14, 10	Er hilft . . ., da keine Kraft ist.
Ps.	34, 19	Gott hilft denen, die ein zerschlagenes Gemüt haben.
	118, 21	Gott hilft den Demütigen. Ich danke dir, daß du mich demütigst und hilfst mir.
	119, 94	Ich bin dein, Herr hilf mir (Hilfe für die Seinen).
	86, 2	Hilf du, mein Gott, deinem Knechte, der sich verläßt auf dich!

Mtth.	9, 22	Sei getrost, meine Tochter, dein Glaube hat dir geholfen.
Jak.	5, 15	Das Gebet des Glaubens wird dem Kranken helfen (Hilfe für den Glaubenden).
Ps.	145, 19	Er hört ihr Schreien und hilft ihnen (Hilfe den Bittenden).
	12, 6	Er hilft dem, der sich danach sehnt.
	6, 5	Hilf mir um deiner Güte willen!
	31, 3	Eilend hilf mir!
	109, 26	Hilf mir nach deiner Gnade!
	69, 2	Hilf mir, das Wasser geht mir bis an die Seele!
Joh.	12, 27	Jesu Bitte: Vater, hilf mir!

Herr, Gott, der unumschränkte Herr von unendlicher Majestät. Der Jude sprach den Namen Jahwe nie aus, sondern sagte dafür Herr.
Jesus bekommt den Namen, der über alle Namen ist. Er ist der Herr, womit seine ganze göttliche Erhabenheit ausgesprochen ist. In Jesus hat der Gläubige Zugang zu allen Heilsgütern, und in Lebensverbindung mit ihm vollzieht sich all sein Tun und Lassen.
Der Ausdruck Kyrios »Herr« ist bei den Griechen in dem Sinn gebraucht, daß der ein Herr ist, der über seinen Besitz verfügt. Kyrios wurde der absolute Regent im Orient genannt. Kyrios nannte man den römischen Kaiser und umschrieb damit seine göttliche Hoheit.
Der Ausdruck »Herr« in der griechischen Übersetzung der Bibel umschreibt den Gottesnamen.
Jesus bezieht den 110. Psalm auf sich, worin David den Messias seinen Herrn nennt. Als der Auferstandene wird Jesus von seinen Jüngern Herr genannt. Der Ausdruck Kyrios als Bezeichnung Jesu kommt in allen neutestamentlichen Schriften vor. Jesus ist der Herr aller Herren (1 Tim. 6, 15). Er ist über alle Herrschaft gesetzt in diesem und im kommenden Äon (Eph. 1, 21: Kol. 1, 16: Durch ihn und zu ihm ist alles geschaffen, es seien Throne oder Herrschaften oder Fürstentümer oder Obrigkeiten).

1. Der wunderbar reiche Herr.

2 Mose	15, 26	Ich bin der Herr, dein Arzt.
	15, 6	Herr, deine rechte Hand tut Wunder.
	15, 18	Der Herr wird König sein immer und ewiglich.
Ps.	18, 3	Der Herr ist mein Fels.
	91, 2	Meine Zuversicht und meine Burg.
2 Mose	15, 3	Der rechte Kriegsmann.
Jes.	33, 22	Unser Richter, der Herr ist unser Meister, der Herr ist unser König, der hilft uns.
Sprüche	3, 12	Wen der Herr liebt, den straft er.
Ps.	16, 5	Der Herr ist mein Gut und mein Teil.
	27, 1	Der Herr ist mein Licht.
	34, 9	Schmecket und sehet, wie freundlich der Herr ist.
	145, 18	Der Herr ist nahe allen, die ihn anrufen.
	34, 19	Der Herr ist nahe bei denen, die zerbrochenen Herzens sind.
	130, 7	Bei dem Herrn ist die Gnade und viel Erlösung bei ihm.
	68, 5	Er heißt Herr, freut euch vor ihm.
Jes.	12, 2	Der Herr ist mein Psalm und ist mein Heil.
Ps.	97, 10	Der Herr bewahret die Seelen seiner Heiligen.
	23, 1	Der Herr ist mein Hirte.

2. Jesus der Herr:

a) in der Weissagung;

Ps.	110, 1	Der Herr sprach zu meinem Herrn.
Luk.	2, 11	Christus, der Herr.

b) im Selbstzeugnis.

Mtth.	22, 43	Wie nennt David ihn im Geist einen Herrn?
Joh.	13, 13	Ihr heißet mich Meister und Herr und tut recht daran.

c) Das Zeugnis der Apostel.

Luk.	24, 34	Der Herr ist auferstanden.
Joh.	20, 28	Mein Herr und mein Gott!
Apgsch.	1, 21	Der Herr Jesus.
	2, 36	So wisse nun das ganze Haus Israel gewiß, daß Gott diesen Jesus, den ihr gekreuzigt habt, zu einem Herrn und Christ gemacht hat.
Röm.	10, 9	So du mit deinem Munde bekennst Jesum, daß er der Herr sei.
Eph.	4, 5	*Ein* Herr, *ein* Glaube, *eine* Taufe.
Phil.	4, 5	Der Herr ist nahe.
2 Tim.	2, 19	Der Herr kennt die Seinen.
2 Kor.	3, 17	Der Herr ist der Geist; wo aber der Geist des Herrn ist, da ist Freiheit.
Offenb.	4, 11	Herr, du bist würdig, zu nehmen Preis und Ehre.
Apgsch.	10, 36	Er ist der Herr über alles.
Joh.	1, 3	Er hat alle Dinge gemacht.
Hebr.	1, 3	Er trägt alle Dinge.
Mtth.	11, 28	Er ruft alle zu sich.
	28, 18	Ihm ist alle Gewalt übergeben.
Phil.	2, 9	Sein Name über alle Namen.
	2, 10	Vor ihm müssen sich alle Knie beugen.
Röm.	14, 9	Der Herr über Tote und Lebendige.
1 Kor.	15, 22	In Christo werden alle lebendig gemacht.
	2, 8	Herr der Herrlichkeit Jak. 2, 1.

3. Sein Wille.

Jes.	55, 6	Suchet den Herrn, solange er zu finden ist.
Mtth.	4, 10	Du sollst anbeten Gott, deinen Herrn, und ihm allein dienen.
Luk.	10, 27	Du sollst lieben Gott, deinen Herrn, von ganzem Herzen.
Sprüche	3, 5	Verlaß dich auf den Herrn von ganzem Herzen.
Mtth.	4, 7	Du sollst Gott, deinen Herrn, nicht versuchen.
	7, 21	Du sollst seinen Willen tun.
Luk.	6, 46	Was heißet ihr mich Herr, Herr und tut nicht, was ich euch sage?
Joh.	15, 4	Bleibet in mir.

4. In Lebensgemeinschaft mit ihm geschehe all unser Werk.

Röm.	16, 11	Die da sind in dem Herrn.
1 Kor.	11, 11	Der Mann ist nicht ohne das Weib, noch das Weib ohne den Mann in dem Herrn.
	9, 1	Ihr seid mein Werk in dem Herrn.
	9, 2	Das Siegel meines Apostelamts in dem Herrn.
Röm.	16, 8	Meinen Lieben in dem Herrn.
	16, 13	Der Auserwählte in dem Herrn.
Eph.	4, 1	Ich, der Gefangene in dem Herrn.
Phil.	1, 14	Die Brüder in dem Herrn.
1 Thess.	5, 12	Die wohl vorstehen in dem Herrn.
Eph.	6, 10	Seid stark in dem Herrn.
Phil.	3, 1	Freuet euch in dem Herrn.
1 Kor.	15, 58	Eure Arbeit ist nicht vergeblich in dem Herrn.

5. Denn in ihm ist der Zugang zum Heil.

Röm.	6, 23	Die Gabe des ewigen Lebens in Christus Jesus, unserem Herrn.
	8, 1	Nichts Verdammliches an denen, die in Christo Jesu sind.
1 Kor.	1, 4	Die Gnade Gottes in Christo Jesu.
2 Tim.	2, 10	Die Seligkeit erlangen in Christo Jesu.

6. Menschliche Herren.

Mtth.	6, 24	Niemand kann zwei Herren dienen.
2 Kor.	1, 24	Nicht, daß wir Herren seien über euren Glauben, sondern Gehilfen eurer Freude.
Eph.	6, 9	Ihr Herren, lasset das Drohen!
Kol.	4, 1	Ihr Herren, was recht und billig ist, das beweiset euren Knechten.
1 Mose	18, 19	Er wird befehlen seinen Kindern und seinem Hause, daß sie des Herrn Wege halten.
Mtth.	10, 10	Ein Arbeiter ist seiner Speise wert (1 Tim. 5, 18: Ein Arbeiter ist seines Lohnes wert; siehe Luk. 10, 7).
	8, 6	Der Hauptmann und sein Knecht.

Herrlichkeit, Klarheit, Verklärung, verklären. 1. Die Enthüllung des göttlichen Wesens zum Heile der Menschen. Die Bibel hat ein eigenes Wort entwickelt, das das Lichtwesen Gottes zum Ausdruck bringt, in hebräischer Sprache das Wort kabod (Lichtglanz). Dieses Wort kabod hat dann das Wort der griechischen Übersetzung, das eigentlich Ansehen bedeutet, mit einem völlig neuen Sinn erfüllt, so daß es die überirdische Klarheit Gottes zum Ausdruck bringt. »Die neutestamentliche Sprache tut einen entscheidenden Schritt, indem sie das Wort, das Träger der Gottesaussage geworden war, zugleich zum Träger der Christusaussage macht« (ThW). Jesus Christus bekommt durch seinen Tod und seine Auferstehung Anteil an Gottes Herrlichkeit. In seiner Verklärung wird sie schon in seinem Erdenwandel transparent. Bei Lukas erscheint die Gottesherrlichkeit schon bei seiner Geburt. Johannes sagt schon für das Erdenleben Jesu diese Herrlichkeit aus. Allerdings ist sie nur dem Glauben sichtbar (Joh. 2, 11; 11, 40). Jesus bittet im Hohenpriesterlichen Gebet um seine Verklärung. 2. Pracht und Glanz vergänglicher Dinge.

1. Die Sehnsucht nach Gottes Offenbarung.

2 Mose	33, 18	Laß mich deine Herrlichkeit sehn!
Jes.	64, 1	Ach, daß du den Himmel zerrissest und führest herab!
1 Kön.	18, 36	Laß heute kundwerden, daß du Gott in Israel bist (Elia auf dem Karmel).
	19, 11	Elia auf dem Berge Horeb.
Luk.	10, 24	Viele Propheten wollten sehen, was ihr sehet, und haben es nicht gesehen.
Joh.	17, 5	Verkläre du mich, Vater, mit der Klarheit, die ich bei dir hatte, ehe die Welt war.

2. Die Verheißung der Offenbarung der göttlichen Herrlichkeit.

4 Mose	14, 21	So wahr ich lebe, so soll noch alle Welt der Herrlichkeit des Herrn voll werden.

Jes. 46, 13 Ich will zu Zion mein Heil geben und in Israel meine Herrlichkeit.
40, 5 Denn die Herrlichkeit des Herrn soll offenbar werden.
60, 1 Mache dich auf und werde Licht, denn . . . die Herrlichkeit des Herrn geht auf über dir!
Haggai 2, 9 Es soll die Herrlichkeit dieses letzten Hauses größer werden, als die des ersten gewesen ist.
Maleachi 1, 11 Mein Name soll heilig werden unter den Heiden.
Joh. 11, 40 So du glauben würdest, du solltest die Herrlichkeit Gottes sehn!
16, 14 Der Geist wird mich verklären.

3. Die Erscheinung der Herrlichkeit Gottes.

Ps. 104, 1 Herr, mein Gott, du bist sehr herrlich (In der Schöpfung).
29, 4 Die Stimme des Herrn geht herrlich (Im Gewitter).
111, 3 Was er ordnet, ist herrlich.
76, 2 In Israel ist sein Name herrlich (In der Geschichte).
149, 4 Er hilft den Elenden herrlich.
Jes. 12, 5 Er hat sich herrlich bewiesen.
28, 29 Sein Rat ist wunderbar und führt es herrlich hinaus.
Hesek. 1, 28 Dies war das Ansehen der Herrlichkeit des Herrn.
Apgsch. 7, 2 Gott der Herrlichkeit erschien unserem Vater Abraham.
2 Mose 16, 10 Die Herrlichkeit des Herrn erschien in einer Wolke.
1 Kön. 8, 11 Die Herrlichkeit des Herrn erfüllte das Haus des Herrn (Tempel Salomos).
Joh. 17, 4 Ich habe dich verklärt auf Erden.

4. Die Herrlichkeit Jesu Christi.

Luk. 2, 9 Und die Klarheit des Herrn leuchtete um sie.
Mtth. 17, 2 Er ward verklärt vor ihnen.
Joh. 1, 14 Wir sahen seine Herrlichkeit, eine Herrlichkeit als des eingeborenen Sohnes vom Vater, voller Gnade und Wahrheit (Im Sohne).
Hebr. 1, 3 Er ist der Glanz seiner Herrlichkeit und das Ebenbild seines Wesens.
1 Kor. 2, 8 Der Herr der Herrlichkeit. Jak. 2, 1.
Joh. 17, 24 Die Herrlichkeit, die du mir gegeben hast, denn du hast mich geliebt, ehe die Welt war.
17, 1 Die Stunde ist da, daß du deinen Sohn verklärst.
Apgsch. 3, 13 Der Gott Abrahams hat seinen Knecht Jesus verklärt.
Hebr. 2, 7 Du hast ihn eine kleine Zeit niedriger sein lassen als die Engel.
1 Tim. 3, 16 Gott geoffenbaret im Fleisch, aufgenommen in die Herrlichkeit.
Luk. 24, 26 Mußte nicht Christus solches leiden und zu seiner Herrlichkeit eingehen?
Röm. 6, 4 Christus ist auferweckt von den Toten durch die Herrlichkeit des Vaters.
Mtth. 25, 31 Wenn aber des Menschen Sohn kommen wird in seiner Herrlichkeit.
24, 30 Sie werden sehen kommen des Menschen Sohn in den Wolken des Himmels mit großer Kraft und Herrlichkeit.
2 Kor. 3, 9 Die überschwengliche Kraft des Amts, das die Versöhnung predigt.

5. Die Herrlichkeit schon jetzt Besitz der Gerechtfertigten.

Joh. 17, 10 Ich bin in ihnen verklärt.
Röm. 8, 30 Welche er hat gerecht gemacht, die hat er auch herrlich gemacht.
Eph. 1, 12 Daß wir etwas seien zu Lobe seiner Herrlichkeit.
1 Petr. 4, 14 Selig seid ihr, wenn ihr geschmäht werdet über dem Namen Christi, denn der Geist, der ein Geist der Herrlichkeit ist, ruht auf euch.

2 Kor.	3, 18	Nun aber spiegelt sich in uns allen des Herrn Klarheit, und wir werden verklärt in dasselbe Bild von einer Klarheit zur anderen.

6. Die Herrlichkeit ist in ihrem Vollumfang erst für die Ewigkeit verheißen.

Kol.	1, 27	Welcher ist Christus in euch, der da ist die Hoffnung der Herrlichkeit.
Röm.	5, 2	Wir rühmen uns der Hoffnung der zukünftigen Herrlichkeit, die Gott geben soll.
	8, 17	So wir anders mitleiden, auf daß wir auch mit zur Herrlichkeit erhoben werden.
	8, 18	Ich halte dafür, daß dieser Zeit Leiden der Herrlichkeit nicht wert sind, die an uns soll offenbar werden.
2 Kor.	4, 17	Unsere Trübsal, die zeitlich und leicht ist, schafft eine ewige und über alle Maße wichtige Herrlichkeit.
2 Tim.	2, 10	Die Seligkeit erlangen mit ewiger Herrlichkeit.
1 Kor.	15, 40	Die verschiedenen Stufen der Herrlichkeit.
	15, 43	Es wird gesäet in Unehre und wird auferstehn in Herrlichkeit.
Joh.	17, 24	Vater, ich will, daß, wo ich bin, auch die bei mir seien, die du mir gegeben hast, auf daß sie meine Herrlichkeit sehen.
Phil.	3, 21	Wird unseren nichtigen Leib verklären, daß er ähnlich werde seinem verklärten Leibe.

7. Irdische Pracht und Herrlichkeit.

Luk.	16, 19	Der reiche Mann lebte herrlich.
Mtth.	4, 8	Der Teufel zeigte Christo alle Reiche der Welt und ihre Herrlichkeiten.
1 Petr.	1, 24	Alles Fleisch ist wie Gras und alle Herrlichkeit des Menschen wie des Grases Blume.

Herrschaft, herrschen. Die dem Wesen Gottes angemessene Tätigkeit besteht darin, daß er über alle Gewalten herrscht. Jesus vollstreckt die Herrschaft Gottes über alle Gewalten, die noch widerstreben. Die Herrschaft über die Erde gewinnt er durch den Dienst, der seinen Höhepunkt im Tod am Kreuz und seine Fortführung im leidensbereiten Dienst seiner Zeugen findet. Durch die Wiederkunft des Herrn wird seine Herrschaft vollendet.

1. Die Herrschaft Gottes und Christi.

1 Tim.	6, 15	Der König aller Könige und Herr aller Herren.
Dan.	3, 33	Sein Reich ist ein ewiges Reich, und seine Herrschaft währet für und für. Ps. 145, 13.
Jes.	9, 5	Uns ist ein Kind geboren, ein Sohn ist uns gegeben, und die Herrschaft ist auf seiner Schulter.
Kol.	1, 16	Durch ihn (Christus) ist alles geschaffen . . ., es seien Throne oder Herrschaften (Engelherrschaften).
Mtth.	20, 25	Die weltlichen Fürsten herrschen. So jemand will gewaltig unter euch sein, der sei euer Diener. . . .; gleichwie des Menschen Sohn nicht gekommen ist, daß er sich dienen lasse, sondern daß er diene und gebe sein Leben zu einer Erlösung für viele.
Phil.	2, 9	Darum hat ihn auch Gott erhöht und hat ihm einen Namen gegeben, der über alle Namen ist, daß in dem Namen Jesu sich beugen sollen aller derer Knie, die im Himmel und auf Erden und unter der Erde sind, und alle Zungen bekennen sollen, daß Jesus der Herr sei.

1 Kor. 15, 25 Er muß aber herrschen, bis daß er alle seine Feinde unter seine Füße lege.
Eph. 1, 20 Gesetzt zur Rechten Gottes im Himmel über alle Fürstentümer, Gewalt, Macht, Herrschaft.
Mtth. 28, 18 Mir ist gegeben alle Gewalt im Himmel und auf Erden.
Offenb. 12, 10 Nun ist das Heil und die Kraft und das Reich unseres Gottes worden und die Macht seines Christus.
11, 17 Wir danken dir, Gott, daß du hast angenommen deine große Kraft und herrschest.

2. Die Mitherrschaft der Erlösten.

2 Tim. 2, 12 Dulden wir mit, so werden wir mit herrschen.
1 Mose 4, 7 Du aber herrsche über sie (die Sünde).
Röm. 6, 12 Lasset nun die Sünde nicht herrschen in eurem sterblichen Leibe.
Eph. 6, 12 Wir haben nicht mit Fleisch und Blut zu kämpfen, sondern mit Fürsten und Gewaltigen, nämlich mit den Herren der Welt, die in der Finsternis dieser Welt herrschen.
1 Kor. 6, 3 Wisset ihr nicht, daß wir über die Engel richten werden?
Luk. 19, 17 Du sollst Macht haben über zehn Städte.
Offenb. 20, 4 Diese lebten und regierten mit Christo tausend Jahre.

Herz, Sitz und Herd des menschlichen Personenlebens, Empfangs- und Sendestation des inneren Lebens.

1. Das verkehrte Herz.

1 Mose 8, 21 Das Dichten und Trachten des menschlichen Herzens ist böse von Jugend auf.
Jerem. 17, 9 Es ist das Herz ein trotzig und verzagtes Ding; wer kann es ergründen?
Mtth. 15, 19 Aus dem Herzen kommen arge Gedanken.
Sprüche 6, 18 Herz, das mit bösen Tücken umgeht.
Ps. 95, 10 Es sind Leute, deren Herz immer den Irrweg will.
Hebr. 3, 10 Immerdar irren sie mit ihrem Herzen.
Sprüche 6, 25 Laß dich ihre Schöne nicht gelüsten in deinem Herzen.
Luk. 21, 34 Hütet euch, daß eure Herzen nicht beschwert werden mit Fressen und Saufen.
1 Kön. 15, 3 Sein (Abiams) Herz war nicht rechtschaffen an dem Herrn.
Sprüche 16, 5 Ein stolzes Herz ist dem Herrn ein Greuel.
Ps. 101, 4 Ein verkehrtes Herz muß von mir weichen.
Apgsch. 5, 3 Ananias, warum hat der Satan dein Herz erfüllt?
2 Mose 7, 13 Das Herz Pharaos ward verstockt; das Herz Pharaos ist hart.

2. Das Herz ist Gott offenbar.

Ps. 95, 8 Verstocket euer Herz nicht!
Apgsch. 15, 8 Gott, der Herzenskündiger.
1 Sam. 16, 7 Ein Mensch siehet, was vor Augen ist, Gott aber sieht das Herz an.
1 Kön. 8, 39 Du allein kennest das Herz aller Kinder der Menschen.
Luk. 16, 15 Gott kennt eure Herzen.
Offenb. 2, 23 Ich bin, der Nieren und Herzen erforschet.
Joh. 2, 25 Jesus bedurfte nicht, daß jemand Zeugnis gäbe von einem Menschen, denn er wußte wohl, was im Menschen war.
1 Kor. 4, 5 Er wird den Rat der Herzen offenbaren.

3. Der Herr zeigt dem Menschen sein Herz; das bußfertige Herz.

Apgsch. 2, 37 Es ging ihnen durchs Herz.
16, 14 Der Herr tat der Lydia das Herz auf.

1 Sam.	10, 9	Gott gab dem Saul ein anderes Herz.
Ps.	34, 19	Der Herr ist nahe bei denen, die zerbrochenen Herzens sind.
	51, 19	Ein geängstetes und zerschlagenes Herz.
Joel	2, 13	Zerreißet eure Herzen.
1 Joh.	3, 20	Das verdammende Herz.
Ps.	109, 22	Mein Herz ist zerschlagen in mir.

4. Er heilt das Herz, das man ihm gibt; das versöhnte Herz.

Sprüche	23, 26	Gib mir, mein Sohn, dein Herz!
	23, 12	Gib dein Herz zur Zucht!
	23, 19	Richte dein Herz in den Weg!
Jerem.	29, 13	So ihr mich von ganzem Herzen suchet, will ich mich . . . finden lassen.
	30, 21	Wer ist der, so mit willigem Herzen zu mir nahet?
	24, 7	Ich will ihnen ein Herz geben, daß sie mich kennen sollen.
Hesek.	36, 26	Ich will das steinere Herz aus eurem Fleisch wegnehmen und euch ein fleischernes Herz geben.
Jerem.	31, 33	Mein Gesetz in ihr Herz geben.
Hesek.	11, 19	Ich will euch ein einträchtiges Herz geben.
Apgsch.	4, 32	Die Menge der Gläubigen war ein Herz und eine Seele.
Ps.	51, 12	Schaffe in mir, Gott, ein reines Herz (Davids Bitte).
1 Kön.	3, 9	Ein gehorsames Herz (Salomos Bitte).
Sirach	50, 25	Er gebe uns ein fröhliches Herz.
Sacharja	10, 7	Ihr Herz soll fröhlich werden am Herrn.
Apgsch.	2, 26	Darum ist mein Herz fröhlich . . ., auch mein Fleisch wird ruhen in der Hoffnung.
Jerem.	32, 40	Ich will ihnen meine Furcht ins Herz geben.
Luk.	4, 18	Zu heilen die zerstoßenen Herzen.
Apgsch.	15, 9	Gott reinigte ihre Herzen durch den Glauben.
2 Kor.	4, 6	Gott hat einen hellen Schein in unsere Herzen gegeben.
Mtth.	5, 8	Selig sind, die reines Herzens sind.
2 Thess.	3, 5	Der Herr richte eure Herzen zur Liebe Gottes und zu der Geduld Christi.
1 Tim.	1, 5	Liebe von reinem Herzen.
1 Joh.	3, 21	So uns unser Herz nicht verdammt, so haben wir eine Freudigkeit zu Gott.
Gal.	4, 6	Gott hat gesandt den Geist seines Sohnes in eure Herzen, der schreiet: Abba, lieber Vater!
Hebr.	13, 9	Es ist ein köstlich Ding, daß das Herz fest werde.
Sprüche	4, 23	Behüte dein Herz mit allem Fleiß, denn daraus geht das Leben.
Phil.	4, 7	Der Friede Gottes bewahre eure Herzen in Christo Jesu.

Herwiederbringen, Wiederbringung; siehe Wiedergeburt 4.

Himmel, himmlisch, Himmelreich. 1. Der die Erde umschließende Himmel. 2. Die Wohnung des erhabenen, übergeordneten und unvergänglichen Gottes. 3. Die Stätte der Heilsgüter, der höheren Ordnung der Dinge.

1. Der die Erde umschließende Himmel mit den Gestirnen ist:

a) geschaffen von Gott;

1 Mose	1, 1	Im Anfang schuf Gott Himmel und Erde.
Ps.	33, 6	Der Himmel ist durchs Wort des Herrn gemacht und all sein Heer durch den Geist seines Mundes.
	19, 2	Die Himmel erzählen die Ehre Gottes.

b) wird vergehen auf Gottes Wink am Ende der Tage.

Jes. 51, 6 Der Himmel wird wie ein Rauch vergehen.
Ps. 102, 27 Die Himmel werden vergehen, aber du bleibst.
Mtth. 24, 35 Himmel und Erde werden vergehen, aber meine Worte werden nicht vergehen.
2 Petr. 3, 10 Es wird aber des Herrn Tag kommen wie ein Dieb in der Nacht, an welchem die Himmel zergehen werden mit großem Krachen.

2. Der Himmel ist die Wohnung des erhabenen Gottes.

Ps. 2, 4 Der im Himmel wohnt, lachet ihrer, und der Herr spottet ihrer.
115, 3 Unser Gott ist im Himmel, er kann schaffen, was er will.
Mtth. 5, 34 Ihr sollt nicht schwören bei dem Himmel, denn er ist Gottes Stuhl, noch bei der Erde, denn sie ist seiner Füße Schemel (Gott erfüllt Himmel und Erde).
6, 9 Unser Vater in dem Himmel.
Luk. 15, 18 Ich habe gesündigt gegen den Himmel (Gottes Name).
2 Kor. 12, 2 Ward entzücket bis in den dritten Himmel (Erster Himmel: natürlicher Himmel; zweiter und dritter Himmel: die Sphäre des erhabenen Gottes, innerhalb dieser die Stätte des Christus).

3. Der Himmel ist der Ort der Heilsgüter.

a) Der Ort, woher Christus kam und wohin er ging als Hoherpriester seiner Gemeinde.

Joh. 3, 31 Der vom Himmel kommt, ist über alle (Jesus von sich).
6, 51 Ich bin das lebendige Brot, vom Himmel gekommen.
3, 13 Niemand fährt gen Himmel, denn der vom Himmel herniedergekommen ist, nämlich des Menschen Sohn, der im Himmel ist.
1 Kor. 15, 47 Der erste Mensch ist von der Erde und irdisch, der andere Mensch ist der Herr vom Himmel.
Apgsch. 1, 11 Dieser Jesus, welcher von euch ist aufgenommen gen Himmel, wird kommen, wie ihr ihn gesehen habt gen Himmel fahren.
Apgsch. 3, 21 Welcher muß den Himmel einnehmen bis auf die Zeit, da herwiedergebracht werde alles, was Gott geredet hat (Zeit der Vollendung).
Hebr. 4, 14 Wir haben einen großen Hohenpriester, Jesum, den Sohn Gottes, der gen Himmel gefahren ist.
1 Joh. 2, 1 Ob jemand sündigt, so haben wir einen Fürsprecher bei dem Vater, Jesum Christum.
Hebr. 7, 26 Wir haben einen Hohenpriester . . ., höher, denn der Himmel ist.

b) Das Geheimnis des Himmelreichs.

1. Wie kommt es?

Mtth. 13, 3 Es kommt durchs Wort und findet verschiedene Aufnahme.
13, 31 Es breitet sich von kleinen Anfängen aus.
13, 44 Es ist mehr wert als alles; und nur wer alles hingibt, kommt hinein.
13, 24 Es ist nie in reiner Gestalt auf Erden, die Scheidung zwischen Gut und Böse ist der Vollendung vorbehalten.

2. Wer kommt hinein?

Mtth. 11, 12 Es wird mit Gewalt errungen.
Joh. 3, 27 Ein Mensch kann nichts nehmen, es werde ihm denn gegeben vom Himmel.
Mtth. 18, 3 Wer nicht umkehrt und wie ein Kind wird, kommt nicht hinein.
Joh. 3, 3 Nur von neuem Geborene sehen es.

Es kommen hinein:

Mtth. 25, 1 Die Bereiten, bei denen das Leben die Form füllt;
25, 14 Die Treuen;
25, 31 Die Liebenden;
21, 31 Eher die Zöllner und Huren als die Selbstgerechten.

3. Wer kommt nicht hinein?

Es kommen nicht hinein:

Mtth. 7, 21 Die nicht den Willen tun des Vaters im Himmel;
18, 23 Die Unversöhnlichen;
22, 11 Die kein hochzeitliches Kleid anhaben (Die Ungeheiligten, siehe Heiligung).

4. Es ist gegenwärtig.

Mtth. 3, 2 Tut Buße, das Himmelreich ist nahe herbeigekommen.
Luk. 10, 20 Namen im Himmel angeschrieben.
17, 21 Das Reich Gottes ist mitten unter euch.
Eph. 1, 3 Der uns gesegnet hat in himmlischen Gütern durch Christum.
Hebr. 3, 1 Die ihr mit berufen seid durch die himmlische Berufung.
Eph. 2, 6 Samt ihm auferweckt und samt ihm in himmlisches Wesen gesetzt in Christo Jesu.
Phil. 3, 20 Unser Wandel (Bürgerrecht) ist im Himmel, von dannen wir auch warten des Heilands.

5. Es ist zugleich zukünftig (das, was Gott uns gibt, weist immer über sich hinaus; Phil. 3, 20).

1 Petr. 1, 4 Das unvergängliche und unbefleckte und unverwelkliche Erbe, das behalten wird im Himmel.
Hebr. 10, 34 Bessere und bleibende Habe im Himmel.
Offenb. 21, 2 Ich sah die heilige Stadt, das neue Jerusalem, von Gott aus dem Himmel herabfahren.

Hirte, Herde, Schafe.

Der Ausdruck Hirte wird von Hirten, von Fürsten und Heerführern und von Gott gebraucht, der seinem Volk Recht und Heil schafft und das messianische Heil verleiht. Die Gemeinde Gottes wird Herde genannt, an der Gott seine heilbringende Macht und Liebe beweist.

1. Menschliche Hirten (Führer und Lehrer) versagen.

1 Kön. 22, 17 Ganz Israel zerstreut auf den Bergen, wie Schafe ohne Hirten.
Hesek. 34, 5 Meine Schafe sind zerstreut, als die keinen Hirten haben.
Sacharja 10, 2 Sie sind verschmachtet, weil kein Hirte da ist.
Jes. 53, 6 Wir gingen alle in der Irre wie Schafe, ein jeglicher sah auf seinen Weg.
1 Petr. 2, 25 Ihr waret wie die irrenden Schafe.
Mtth. 9, 36 Da er das Volk sah, jammerte ihn desselben, denn sie waren verschmachtet und zerstreut wie die Schafe, die keinen Hirten haben.
Ps. 119, 176 Ich bin wie ein verirrt und verloren Schaf; suche deinen Knecht.

2. Gott ist der rechte Hirte. In Christus nimmt er sich seiner Herde an.

Hesek. 34, 11 Ich will mich meiner Herde selbst annehmen.
Jes. 40, 11 Er wird seine Herde weiden wie ein Hirt, er wird die Lämmer in seine Arme sammeln und in seinem Busen tragen und die Schafmütter führen.

Ps.	23, 1	Der Herr ist mein Hirte, mir wird nichts mangeln.
	80, 2	Du Hirte Israels, der du Joseph hütest wie die Schafe.
Hesek.	34, 23	Ich will ihnen einen einigen Hirten erwecken, der sie weiden soll, nämlich meinen Knecht David.
Joh.	10, 14	Ich bin der gute Hirte.
Luk.	15, 4	Er sucht sein verlorenes Schaf, bis daß er's findet.
Joh.	10, 14	Er kennt die Seinen.
	10, 11	Gibt ihnen Leben und volles Genüge.
	10, 12	Läßt sein Leben für die Schafe.
Mtth.	26, 31	Ich werde den Hirten schlagen, und die Schafe der Herde werden sich zerstreuen.
Jes.	53, 7	Da er gestraft und gemartert ward, tat er seinen Mund nicht auf wie ein Lamm, das zur Schlachtbank geführt wird, und wie ein Schaf, das verstummt vor seinem Scherer.
Hebr.	13, 20	Er, der große Hirt der Schafe, ist von den Toten ausgeführt.
Joh.	10, 28	Gibt seinen Schafen das ewige Leben.
	10, 29	Bewahrt sie: Niemand kann sie aus meines Vaters Hand reißen.
	10, 16	Sammelt sie mit den anderen Schafen (den Heiden) zu einer Herde unter einem Hirten.
	21, 16	Jesus (zu Petrus): Weide meine Schafe; setzt eine Herde ein.
1 Petr.	5, 2	Weidet die Herde Christi!
Mtth.	10, 16	Sendet sie wie Schafe mitten unter die Wölfe.
	7, 15	Die Wölfe kommen in Schafskleidern.
1 Petr.	5, 4	Lohnt seine Hirten: So werdet ihr, wenn erscheinen wird der Erzhirte, die unverwelkliche Krone der Ehren empfangen.
Mtth.	25, 32	Richtet die Schafe: Er wird sie voneinander scheiden, gleich als ein Hirt die Schafe von den Böcken scheidet.
Offenb.	7, 17	Er gibt ihnen die Seligkeit: Das Lamm mitten im Stuhl wird sie weiden und leiten zu den lebendigen Wasserbrunnen.

Hölle, Totenreich, Paradies.

Hölle. 1. Hades — hebräisch Scheol, altdeutsch hel —, Totenreich, ist der Ort der Toten, der in der Tiefe gedacht wird.

Im Tode kommt die Entfernung von Gott, dem Lebensquell zum Ausdruck. Daher sieht das Neue Testament den Zusammenhang des Totenreiches mit der Sünde deutlich. Deshalb ist das Totenreich besonders der Ort der Gottlosen. Der Ort der Gerechten, wo sie auf die Auferstehung warten, eine Stätte des Friedens, wird von den Rabbinen Paradies genannt und trifft wohl zusammen mit dem Paradies im Neuen Testament.

Hölle. 2. Hebräisch Geenna, der Ort der Verdammten, die im Endgericht durch Feuer vernichtet werden.

1. Totenreich der Ort der Toten.

1 Mose	37, 35	Ich werde mit Leid hinunterfahren in die Grube.
1 Sam.	2, 6	Der Herr führt in die Hölle und wieder heraus.
Ps.	89, 49	Wo ist jemand, der seine Seele rette aus der Hölle Hand (Neu durchgesehene Lutherbibel: aus des Todes Hand)?

2. Hölle der Ort der Gottlosen.

Ps.	49, 15	Die Gottlosen liegen in der Hölle wie Schafe, und der Tod weidet sie.
	55, 16	Sie müssen lebendig in die Hölle fahren, denn es ist eitel Bosheit unter ihrem Haufen.
Jes.	14, 9	Einzug des Königs von Babel in dem Totenreich.

Luk.	16, 23	Als er nun in der Hölle und in der Qual war, ... sprach er ..., ich leide Pein in dieser Flamme.
Mtth.	8, 12	In die Finsternis hinaus, wo sein wird Heulen und Zähneklappern (Ausdruck der Angst und Reue).
	11, 23	Du, Kapernaum, wirst in die Hölle hinuntergestoßen werden.

3. Geenna der Ort, wo die Verdammten gerichtet werden.

Jes.	66, 24	Ihr Wurm wird nicht sterben und ihr Feuer wird nicht verlöschen.
Mtth.	5, 30	Der ganze Leib werde in die Hölle geworfen.
Mrk.	9, 45	In das ewige Feuer, da ihr Wurm nicht stirbt und ihr Feuer nicht verlischt.
Mtth.	25, 41	Gehet hin in das ewige Feuer, das bereitet ist dem Teufel.
Offenb.	20, 14	Der Tod und das Totenreich (Hölle) wurden geworfen in den Feuersee, das ist der andere Tod.

4. Ort der Gerechten.

Jes.	57, 2	Die richtig vor sich gewandelt haben, kommen zum Frieden und ruhen in ihren Kammern.
Ps.	49, 16	Gott wird meine Seele erlösen aus der Hölle Gewalt, denn er hat mich angenommen.
Luk.	16, 22	Der Arme ward getragen von den Engeln in Abrahams Schoß.
	16, 23	Er hob seine Augen auf und sah Abraham.
	23, 43	Heute wirst du mit mir im Paradiese sein.
Offenb.	2, 7	Dem will ich zu essen geben von dem Holz des Lebens, das im Paradies Gottes ist.

5. Christus erlöst vom Totenreiche durch seine Auferstehung (siehe Auferstehung) und Wiederkunft.

Offenb.	1, 18	Ich habe die Schlüssel der Hölle und des Todes.
Mtth.	16, 18	Meine Gemeinde, und die Pforten der Hölle sollen sie nicht überwältigen (Ewiger Bestand der Gemeinde).
	27, 52	Es standen auf viele Leiber der Heiligen.
1 Petr.	3, 19	(Jesus) hat gepredigt den Geistern im Gefängnis.
1 Kor.	15, 26	Der letzte Feind, der aufgehoben wird, ist der Tod.
	15, 55	Dann (wenn Offenb. 20, 14 erfüllt ist) wird erfüllt werden, was geschrieben steht: ... Tod, ... Hölle, wo ist dein Sieg?

Hoffart, siehe Demut.

Hoffnung, hoffen. Hoffnung ist die gewisse Erwartung der zukünftigen Vollendung des Heils, die die Heiden nicht haben, die aus dem Glauben quillt und in allen Anfechtungen Mut gibt. Während die Hoffnung der Griechen eine Erwartung kommender Güter ist, die der Mensch sich entweder selber schafft oder die ihm zufallen, wobei doch die Enttäuschung in Rechnung gezogen werden muß (»Nur ein Gott geht in seinen Erwartungen nie fehl«, Pindar), betrachtet das Alte Testament jede Hoffnung, die sich nicht auf den Glauben an Gott gründet, als eine unerlaubte Sicherheit. Reichtum (Hiob 31, 24), Gerechtigkeit (Hesek. 33, 13), religiöser Besitz, Menschen (Jerem. 17, 5), Überlegungen und Berechnungen politischer Art sind eitel und ein Hauch (Ps. 94, 11; Jes. 30, 15). Nur die Hoffnung auf den lebendigen Gott, die sich auf seine Heilsoffen-

barung gründet, läßt nicht zuschanden werden. Sie ist Hilfe in konkreter Not und wird in irdischer Aussichtslosigkeit immer mehr zu endzeitlicher Erwartung. Da die Rabbinen die Erfüllung der messianischen Hoffnung auf menschliche Leistungen gründen (zum Beispiel pünktliche Erfüllung des Sabbatsgebots im ganzen Israel), geraten sie in große Unsicherheit, denn der Mose, auf den sie hoffen, verklagt sie (Joh. 5, 45).
Die Hoffnung der Urchristenheit beruht auf dem Glauben an Jesus Christus (Hebr. 11, 1), in dem das endzeitliche Heil angebrochen ist und auch vollendet werden wird. Die Bewahrung der Hoffnung unter den Widersprüchen des Lebens, »der Mut, der in den Anfechtungen festbleibt« (Luther), ist gegründet auf dem im Glauben gegenwärtigen Heil in Christus, der geradezu als Inhalt der Hoffnung bezeichnet wird (1. Thess. 1, 2; Eph. 1, 10). Der im Heiligen Geist gegenwärtige Christus erweckt die Hoffnung auf die Vollendung des Heils (Röm. 5, 5: Erfahrung bringt Hoffnung, denn die Liebe Gottes ist ausgegossen in unser Herz durch den Heiligen Geist, der uns gegeben ist; Röm. 15, 13: daß ihr völlige Hoffnung habet durch die Kraft des Heiligen Geistes). Diese Hoffnung, die dem Glauben geschenkt wird, ist kein leerer, abstrakter Begriff. Sie hat einen Inhalt, der die Vollendung des angebrochenen Heils erwartet.

1. Die Heiden haben keine Hoffnung.

Eph.	2, 12	Ihr waret ohne Christum . . ., daher ihr keine Hoffnung hattet und waret ohne Gott in der Welt.
1 Thess.	4, 13	Daß ihr nicht traurig seid wie die andern, die keine Hoffnung haben.

2. In Israel, das seinem Gott vertraut, flammt die Hoffnung auf.

a) Quelle der Hoffnung: Gottesfurcht und Gottvertrauen.

Ps.	115, 11	Die den Herrn fürchten, hoffen auf den Herrn.
Jerem.	14, 22	Du bist ja der Herr, unser Gott, auf den wir hoffen, denn du kannst solches alles tun.

b) Der Segen der Hoffnung: sie überwindet Furcht und Zagen.

Ps.	33, 18	Des Herrn Auge siehet auf die, so ihn fürchten, die auf seine Güte hoffen, daß er ihre Seele errette.
	56, 4	Wenn ich mich fürchte, so hoffe ich auf dich.
	112, 7	Wenn eine Plage kommen will, so fürchtet er sich nicht, sein Herz hofft unverzagt auf den Herrn.
	26, 1	Ich hoffe auf den Herrn, darum werde ich nicht fallen.
Jes.	30, 15	Durch Stillesein und Hoffen würdet ihr stark sein.

c) Der Inhalt der alttestamentlichen Hoffnung.

1. Der Vorläufer.

Jes.	40, 3	Es ist die Stimme eines Predigers in der Wüste.
	52, 7	Die Friedensboten.
Maleachi	3, 1	Ich will meinen Engel senden, der vor mir her den Weg bereiten soll.
	3, 23	Ich will euch senden den Propheten Elia.

2. Der Messias, der Davidssohn und König.

1 Mose 3, 15 Der Weibessame, der dem Schlangensamen den Kopf zertritt!

12, 3 In dir (Abraham) sollen gesegnet werden alle Geschlechter auf Erden.

49, 10 Es soll das Zepter von Juda nicht entwendet werden, bis daß der Held komme, demselben werden die Völker anhangen.

4 Mose 24, 17 Es wird ein Stern aus Jakob aufgehen.

2 Sam. 7, 16 Dein Haus und dein Königreich soll beständig sein vor dir, und dein Stuhl soll ewiglich bestehen (zu David).

Amos 9, 11 Ich will die zerfallene Hütte Davids wieder aufrichten.

Jes. 9, 5 Uns ist ein Kind geboren, ein Sohn ..., und er heißt ... Ewigvater, Friedefürst ... auf dem Stuhl Davids.

11, 1 Es wird eine Rute aufgehen von dem Stamm Isais.

Jerem. 33, 17 Es soll einer von David sitzen auf dem Stuhl des Hauses Israel.

Hesek. 34, 24 Mein Knecht David soll der Fürst unter ihnen sein.

Micha 5, 1 Du Bethlehem Ephrata ..., aus dir soll mir der kommen, der in Israel Herr sei.

Sacharja 9, 9 Du Tochter Zion, freue dich sehr ... Siehe, dein König kommt zu dir, ein Gerechter und ein Helfer, arm.

3. Der Messias, der Gottesknecht, der Erlöser.

Jes. 41, 8 Israel, mein Knecht, ... den ich erwählt habe.

49, 6 Der Gottesknecht das Licht der Heiden.

50, 4 Der leidende Gottesknecht. Der Herr, Herr, hat mir eine gelehrte Zunge gegeben, daß ich wisse mit dem Müden zur rechten Zeit zu reden. Ich hielt meinen Rücken dar denen, die mich schlugen.

53, 3 Der Allerverachtetste.

53, 5 Der stellvertretend Leidende.

59, 20 Der Erlöser.

4. Der Messias, der Prophet.

5 Mose 18, 15 Einen Propheten wie mich wird der Herr, dein Gott, dir erwecken.

Jes. 61, 1 Er hat mich gesandt, den Elenden zu predigen.

5. Der Messias, der Gottessohn.

Ps. 2, 7 Der Herr hat zu mir gesagt: Du bist mein Sohn.

6. Der Messias, der Menschensohn.

Ps. 8, 5 Des Menschen Kind ..., du hast ihn wenig niedriger gemacht denn Gott.

Dan. 7, 13 Es kam einer in des Himmels Wolken wie eines Menschen Sohn.

7. Der Messias, der Hohepriester.

Ps. 110, 4 Du bist ein Priester ewiglich nach der Weise Melchisedeks.

8. Der messianische Bund und die Erneuerung durch den Geist.

Jerem. 31, 31 Ich will einen neuen Bund machen ... Ich will mein Gesetz in ihr Herz geben und in ihren Sinn schreiben.

Hesek. 36, 26 Ich will euch ein neues Herz und einen neuen Geist in euch geben.

Joel 3, 1 Ich will meinen Geist ausgießen über alles Fleisch.

9. Die Endzeit.

Jes. 2, 2 Es wird zur letzten Zeit der Berg, da des Herrn Haus ist, fest stehen, höher denn alle Berge ..., und werden alle Heiden herzulaufen. Micha 4, 1–3.

Haggai 2, 9 Es soll die Herrlichkeit des letzten Hauses größer werden, denn des ersten gewesen ist.

Jes. 40, 5 Die Herrlichkeit des Herrn soll offenbart werden.

Joel	4, 18	Es wird eine Quelle vom Hause des Herrn herausgehen.
Hesek.	47, 1	Wasser floß heraus unter der Schwelle des Tempels.
	47, 12	Die unverwelklichen Bäume am Ufer dieses Stroms.
Jes.	2, 4	Die Friedenszeit: Schwerter werden zu Pflugscharen.
	11, 6	Die Wölfe werden bei den Lämmern wohnen.
	65, 25	Der Löwe wird Stroh essen wie ein Rind.
	26, 19	Deine Toten werden leben.
Hesek.	37, 1	Auferstehung der Toten.
Dan.	12, 2	Viele, die unter der Erde schlafen liegen, werden aufwachen.
Amos	5, 18	Weh denen, die den Tag des Herrn begehren; denn des Herrn Tag ist eine Finsternis.
Hesek.	30, 3	Des Herrn Tag ist nahe, ein finstrer Tag.
Joel	2, 11	Der Tag des Herrn ist groß und sehr erschrecklich.
	2, 10	Sonne und Mond werden finster.
Jes.	65, 17	Ich will einen neuen Himmel und eine neue Erde schaffen.
	66, 16	Das Endgericht.

3. Die Hoffnung im Neuen Testament.

a) Die Quelle der Hoffnung ist Christus, der Auferstandene.

Mtth.	12, 21	Die Heiden werden auf seinen Namen hoffen.
Luk.	24, 21	Wir aber hofften, er sollte Israel erlösen.
1 Thess.	1, 3	Hoffnung, welche ist unser Herr Jesus Christus.
1 Tim.	1, 1	Unser Herr Jesus . . ., welcher unsere Hoffnung ist.
Eph.	1, 12	Die wir auf Christum hoffen.
1 Tim.	4, 10	Hoffet auf den lebendigen Gott.
1 Petr.	1, 13	Hoffet auf die Gnade, die euch angeboten ist durch die Offenbarung Jesu Christi.
Eph.	1, 18	Hoffnung der Berufung (Anbietung durch den Ruf).
2 Thess.	2, 16	Unser Herr Jesus Christus hat uns gegeben . . . eine gute Hoffnung durch Gnade.
1 Petr.	1, 3	Der Vater Jesu Christi, der uns wiedergeboren hat zu einer lebendigen Hoffnung durch die Auferstehung Jesu Christi von den Toten.
	1, 21	Gott, der ihn auferweckt hat von den Toten, auf daß ihr Glauben und Hoffnung zu Gott haben möchtet.
Gal.	5, 5	Wir warten im Geist durch den Glauben der Gerechtigkeit, auf welche man hoffen muß.
Hebr.	7, 19	Bessere Hoffnung (weil gewisser als im Alten Bund).

b) Die Art der Hoffnung.

1. Die Hoffnung der Wiederkunft Christi.

Mtth.	26, 64	Ihr werdet sehen des Menschen Sohn sitzen zur Rechten der Kraft und kommen in den Wolken des Himmels.
Luk.	21, 27	Alsdann werden sie sehen des Menschen Sohn kommen in der Wolke mit großer Kraft und Herrlichkeit. Mtth. 24, 30.
Mtth.	24, 27	Wie der Blitz ausgeht . . ., also wird auch sein die Zukunft des Menschensohnes.
Joh.	14, 3	Wenn ich hingehe, euch die Stätte zu bereiten, so will ich wiederkommen und euch zu mir nehmen, daß ihr seid, wo ich bin.
Apgsch.	1, 11	Jesus wird kommen, wie ihr ihn gesehen habt gen Himmel fahren.
1 Thess.	4, 16	Er selbst, der Herr, wird mit einem Feldgeschrei . . . herniederkommen vom Himmel.
Hebr.	9, 28	Zum anderenmal wird er ohne Sünde erscheinen denen, die auf ihn warten, zur Seligkeit.
Offenb.	19, 11	Ich sah den Himmel aufgetan; und siehe, ein weißes Pferd, und der darauf saß, hieß Treu und Wahrhaftig, und er richtet und streitet mit Gerechtigkeit.
	22, 20	Ich komme bald.

Mtth.	24, 36	Von dem Tage aber und der Stunde weiß niemand, auch die Engel nicht im Himmel, sondern allein mein Vater.

2. Die Hoffnung der Herrlichkeit, der Auferstehung und Vollendung.

1 Kor.	13, 13	Glaube, Hoffnung, Liebe (Schwester des Glaubens und der Liebe, nie ohne sie).
Röm.	8, 24	Wir sind gerettet, doch in der Hoffnung.
Kol.	1, 5	Hoffnung, beigelegt im Himmel (Ihre Erfüllung ist dort aufbehalten).
	1, 27	Christus in euch, der da ist die Hoffnung der Herrlichkeit.
Röm.	5, 2	Wir rühmen uns der Hoffnung der zukünftigen Herrlichkeit.
Apgsch.	24, 15	Hoffnung zu Gott, daß zukünftig sei die Auferstehung der Toten.
	23, 6	Angeklagt um der Hoffnung und Auferstehung willen der Toten (siehe Auferstehung).
Titus	3, 7	Erben des ewigen Lebens nach der Hoffnung.
2 Kor.	3, 12	Dieweil wir nun solche Hoffnung haben, sind wir voll großer Freudigkeit.
1 Joh.	3, 2	Wir wissen, wenn es erscheinen wird, daß wir ihm gleich sein werden, denn wir werden ihn sehen, wie er ist.
Röm.	8, 20	Die Hoffnung der Kreatur auf Erlösung (siehe Wiedergeburt, Schluß).

3. Die Vollendung der Gemeinde.

Joh.	12, 32	Wenn ich erhöht werde von der Erde, will ich sie alle zu mir ziehen.
Röm.	11, 25	Blindheit ist Israel zum Teil widerfahren, bis daß die Fülle der Heiden eingehe . . ., und also das ganze Israel selig werde.
Eph.	4, 13	Bis daß wir alle hinankommen zu einerlei Glauben.
	5, 27	Auf daß er sie sich selbst darstellte als eine Gemeinde, die herrlich sei, die nicht habe einen Flecken oder Runzel.
1 Petr.	4, 17	Es ist Zeit, daß das Gericht anfange an dem Hause Gottes.
Joh.	10, 16	Es wird eine Herde und ein Hirte werden.

c) Der Segen der Hoffnung.

Apgsch.	2, 26	Darum ist mein Herz fröhlich . . ., denn auch mein Fleisch wird ruhen in der Hoffnung.
Röm.	12, 12	Seid fröhlich in Hoffnung.
2 Kor.	3, 12	Dieweil wir nun solche Hoffnung haben, sind wir voll Freudigkeit.
1 Petr.	4, 7	Es ist aber nahegekommen das Ende aller Dinge, so seid nun mäßig und nüchtern zum Gebet.
1 Joh.	3, 3	Wer solche Hoffnung hat, der reinigt sich.

Hohepriester, siehe Priester.

Hungern, siehe Durst.

Kampf, kämpfen. Die Lebensaufgabe des Christen, seinen Glauben unter allen Schwierigkeiten zu bewahren, fordert die Anspannung bis zum Äußersten, wie sie der Kampf mit sich bringt. Die Anschauung der Wettkämpfe im Stadion wird schon in der griechisch-jüdischen Literatur benützt, um den Kampf des Frommen, des Tugendhelden zu schildern. Das vierte Makkabäerbuch beschreibt den Leidenskampf der Märtyrer mit diesem Bildmaterial. Der Gegner, der den Kämpfer niederschlagen will, ist der Teufel selbst. Die Urchristenheit gebraucht unter dem Zeichen des Kreuzes das Bild vom Kampf mit großem Ernst. Jesus sagt Luk. 13, 24: Ringet darnach, daß ihr durch die enge Pforte eingeht. Er selbst kämpft im Garten Gethsemane mit dem Tode (Agonia, Luk. 22, 44). Die Missionsarbeit des Apostel Paulus ist ein einziger Kampf in leidenschaftlichem, zähem Ringen, wobei er wie ein Faustkämpfer alles einsetzt, sich selbst Faustschläge versetzt, um den Siegespreis zu erlangen (Kol. 1, 29; 1 Thess. 2,2: Zu sagen das Evangelium Gottes mit großen Kämpfen; 2 Kor. 7, 5: Auswendig Schlachten (Streit), inwendig Furcht; 1 Tim. 4, 7: Er hat einen guten Kampf gekämpft). Der Kampf geschieht mit dem Widersacher, mit dem Widersprechen der Sünder (Luk. 2, 34; Hebr. 12, 3; Eph. 6, 12). Es ist ein Leidenskampf, ein Martyrium, bei dem er selbst geopfert wird (2 Tim. 4, 6). Er ermahnt seine Mitarbeiter, das Böse zu erdulden (2 Tim. 2, 24). Die Hebräerchristen haben einen großen Kampf des Leidens erduldet (Hebr. 10, 32, die Bilder vom Stadion werden immer eindringlicher, letzte Anspannung ist nötig, daß sie bis aufs Blut widerstehen im Kampf wider die Sünde, Hebr. 12, 4). Dieser Kampf ist ein Kampf des Gebets, ein Gebetsringen um die Seelen. Die Gemeinde wird aufgefordert, mitzukämpfen im Gebet (Kol. 4, 2; Röm. 15, 30). Die Einmütigkeit, die erkämpft werden muß, ist die Voraussetzung des Sieges (Phil. 2, 2).

1. Der Kampf ist eine von Gott gestellte Aufgabe.

Hebr.	12, 1	Laufen durch Geduld in dem Kampf, der uns verordnet ist.
Mtth.	10, 34	Ihr sollt nicht wähnen, daß ich gekommen sei, Frieden zu senden auf die Erde (Luk. 12, 51).
Hebr.	10, 32	Erduldet habt einen großen Kampf des Leidens.
1 Thess.	2, 2	Zu sagen das Evangelium mit großen Kämpfen.
Kol.	2, 1	Welchen Kampf ich habe um euch (Der Bote Jesu kämpft um die Seelen).
Judä	3	Ermahnung, für den Glauben zu kämpfen.

2. Der Widersacher im Kampf.

Eph.	6, 12	Wir haben nicht mit Fleisch und Blut zu kämpfen, sondern mit Fürsten und Gewaltigen.
Hebr.	12, 4	Kämpfe wider die Sünde.
2 Kor.	10, 5	Anschläge und alle Höhe, die sich erhebt wider die Erkenntnis Gottes.

3. Die Waffen des Kampfes.

Röm.	13, 12	Anlegen die Waffen des Lichts.
2 Kor.	10, 4	Die Waffen unserer Ritterschaft sind nicht fleischlich, sondern mächtig vor Gott, zu zerstören Befestigungen.
Eph.	6, 10	Die geistliche Waffenrüstung: Buße und Vergebung, Bereitschaft zum Zeugnis, Glauben, Heilsgewißheit, Wort Gottes, Gebet.
1 Tim.	6, 12	Kämpfe den guten Kampf des Glaubens (Hauptwaffe der Glaube, der die Stärke Gottes anzieht, Eph. 6, 16).
1 Joh.	5, 4	Unser Glaube ist der Sieg, der überwunden hat.
Hebr.	12, 1	Laufen durch Geduld (Die Anspannung darf nicht nachlassen).
	12, 4	Ihr habt noch nicht bis aufs Blut widerstanden.
1 Kor.	9, 25	Ein jeglicher, der da kämpft, enthält sich alles Dinges.

2 Tim.	2, 5	So jemand auch kämpft, wird er doch nicht gekrönt, er kämpfe denn recht (nach der Kampfregel).
Mtth.	26, 41	Wachet und betet.

4. Der Siegespreis. Siehe Krone.

Keuschheit, keusch, rein, Reinigung.

Keusch im Griechischen zwei Worte: 1. geschlechtlich rein, lauter in der Gesinnung, 2. beherrscht.

Rein, nicht von geschlechtlicher, sondern von ritueller Reinheit, soviel wie entsündigt.

1. Die Keuschheit.

a) Keuschheit ist eine Frucht des Heiligen Geistes, der das Gedankenleben reinigt.

Gal.	5, 22	Die Frucht des Geistes ist Keuschheit.
Jak.	3, 17	Die Weisheit von oben ist aufs erste keusch.
1 Petr.	1, 22	Machet keusch eure Seelen im Gehorsam der Wahrheit durch den Geist.
Phil.	4, 8	Was gerecht, was keusch, dem denket nach.
Jak.	4, 8	Machet eure Herzen keusch, ihr Wankelmütigen (Soviel wie lauter).
2 Kor.	11, 3	Reine Jungfrau (Deren Gedanken nicht verrückt sind von der Einfältigkeit in Christo).
	6, 6	Wir beweisen uns als die Diener Gottes in Keuschheit.
1 Tim.	5, 22	Halte dich selber keusch!
	4, 12	Sei ein Vorbild in der Keuschheit!

b) Keuschheit ist Beherrschtheit des Triebhaften.

Apgsch.	24, 25	Da Paulus redete von der Keuschheit.
Titus	1, 8	Ein Bischof soll sein keusch.

2. Rein sein heißt entsündigt sein, im Alten Testament ersehnt, im Neuen Testament geschenkt.

Ps.	51, 12	Schaffe in mir, Gott, ein reines Herz!
	73, 1	Israel hat dennoch Gott zum Trost, wer nur reines Herzens ist.
1 Joh.	1, 7	Das Blut Jesu Christi, des Sohnes Gottes, macht uns rein von aller Sünde.
Hebr.	9, 14	Reinigt das Gewissen von den toten Werken.
Apgsch.	15, 9	Gott reinigte ihre Herzen durch den Glauben (Titus 2, 14).
Titus	2, 14	Reinigte ihm selbst ein Volk zum Eigentum.
1 Joh.	3, 3	Der solche Hoffnung zu ihm hat, der reinigt sich.
Mtth.	5, 8	Selig sind, die reines Herzens sind!
1 Tim.	3, 9	Das Geheimnis des Glaubens im reinen Gewissen.
	1, 5	Liebe von reinem Herzen.
Titus	1, 15	Dem Reinen ist alles rein (Für den, der Vergebung der Sünden hat, gibt es keine rituelle Unreinheit mehr).

Kind, Kindschaft spricht ein Zugehörigkeitsverhältnis aus. Das Kind empfängt seine Wesensart vom Vater. Der Begriff Kindschaft wird im Sinne von Adoption gebraucht. Die Einsetzung in das Kindschaftsverhältnis bezeichnet die Erwählung durch Gott zur Gemeinschaft mit ihm. Sie geschieht um Jesu willen durch den Schöpferakt des Geistes.

1. Kinder im natürlichen Sinn.

a) Kinder sind ein Segen.

Ps.	127, 3	Siehe, Kinder sind eine Gabe Gottes.
	128, 3	Deine Kinder wie Ölzweige um deinen Tisch her.

b) Die Erziehung der Kinder.

Sirach	30, 1	Wer sein Kind liebhat, hält es stets unter der Rute.
	30, 9	Zärtle mit deinem Kind, so mußt du dich hernach vor ihm fürchten.
Kol.	3, 21	Ihr Väter, erbittert eure Kinder nicht, auf daß sie nicht scheu werden.

c) Pflichten der Kinder.

2 Mose	20, 12	Du sollst deinen Vater und deine Mutter ehren!
Kol.	3, 20	Ihr Kinder, seid gehorsam den Eltern in allen Dingen.

d) Kinder sind vorbildlich durch Demut und Einfalt.

Luk.	18, 17	Wer nicht das Reich Gottes annimmt wie ein Kind, wird nicht hineinkommen.

2. Kinder im geistigen Sinn.

a) Kinder der Bösen.

5 Mose	13, 14	Kind Belials (Neu durchgesehene Lutherbibel: heillose Leute).
Apgsch.	13, 10	Kind des Teufels. 1. Joh. 3, 10.
Joh.	8, 44	Ihr seid von eurem Vater, dem Teufel.
Jes.	57, 4	Kind der Übertretung.
Luk.	16, 8	Kind der Welt.
Mtth.	13, 38	Kind der Bosheit.
Eph.	5, 6	Zorn Gottes über die Kinder des Unglaubens.
2 Thess.	2, 3	Das Kind des Verderbens.

b) Gottes Kinder werden geboren aus Geist, aus Licht durch den Glauben an Christus.

Ps.	110, 3	Deine Kinder werden dir geboren wie der Tau aus der Morgenröte.
Joh.	3, 5	Es sei denn, daß jemand geboren werde aus Wasser und Geist.
Röm.	8, 14	Welche der Geist Gottes treibt, die sind Gottes Kinder.
	8, 15	Ihr habt einen kindlichen Geist empfangen, durch welchen wir rufen: Abba, lieber Vater (Gal. 4, 6).
	8, 16	Gottes Geist gibt Zeugnis unserem Geist, daß wir Gottes Kinder sind.
Eph.	3, 15	Der rechte Vater über alles, was da Kinder heißt.
1 Joh.	3, 1	Sehet, welch eine Liebe hat uns der Vater erzeigt, daß wir sollen Gottes Kinder heißen.
Jak.	1, 18	Er hat uns gezeugt nach seinem Willen durch das Wort der Wahrheit.
Joh.	12, 36	Glaubet an das Licht . . ., auf daß ihr des Lichtes Kinder seid.
Eph.	5, 9	Wandelt wie die Kinder des Lichts (Luk. 16, 8).
Joh.	1, 12	Wie viele ihn aber aufnahmen, denen gab er Macht, Gottes Kinder zu werden, die an seinen Namen glauben.
Gal.	3, 26	Ihr seid alle Gottes Kinder durch den Glauben an Christus Jesus.

c) Gottes Kinder gehorchen, lieben, erben.

1 Petr.	1, 14	Als gehorsame Kinder.
Eph.	5, 1	So seid nun Gottes Nachfolger als die lieben Kinder.
Luk.	9, 55	Wisset ihr nicht, welches Geistes Kinder ihr seid?
Mtth.	5, 9	Selig sind die Friedfertigen, denn sie werden Gottes Kinder heißen!

Luk. 6, 35 Liebet eure Feinde . . ., so wird euer Lohn groß sein und ihr werdet Kinder des Allerhöchsten sein!
1 Joh. 3, 10 Daran wird's offenbar, welche die Kinder Gottes und die Kinder des Teufels sind. Wer nicht recht tut, ist nicht von Gott, und wer nicht seinen Bruder liebhat.
3, 2 Wir sind nun Gottes Kinder; und es ist noch nicht erschienen, was wir sein werden, wir wissen aber, wenn es erscheinen wird, daß wir ihm gleich sein werden, denn wir werden ihn sehen, wie er ist.
Röm. 8, 17 Sind wir denn Kinder, so sind wir auch Erben, nämlich Gottes Erben und Miterben Christi, so wir anders mit leiden (Gal. 4, 7).
Offenb. 21, 7 Wer überwindet, der wird es alles ererben, und ich werde sein Gott sein, und er wird mein Sohn sein.
Hiob 38, 7 Die Engel werden Kinder Gottes genannt!
Luk. 20, 36 Den Engeln gleich und Gottes Kinder, weil sie Kinder sind der Auferstehung.

d) Die Kindschaft soviel wie Adoption.

Eph. 1, 5 Gott hat uns verordnet zur Kindschaft gegen ihn selbst durch Jesum Christum.
Gal. 4, 5 Daß wir die Kindschaft empfingen.
Röm. 8, 23 Sehnen uns auch nach der Kindschaft und warten auf unseres Leibes Erlösung.
8, 21 Auch die Kreatur frei werden wird zu der herrlichen Freiheit der Kinder Gottes (In der jenseitigen Vollendung).

e) Kindsein bezeichnet das Unvollkommene, die Anfangsstufe des Wachstums.

1 Petr. 2, 2 Als die jetzt geborenen Kinder.
Eph. 4, 14 Daß wir nicht mehr Kinder seien und uns wägen und wiegen lassen.
1 Kor. 3, 1 Ich konnte nicht mit euch reden als mit Geistlichen, sondern . . . wie mit jungen Kindern (Hebr. 5, 13).

Kirche, Gemeinde. 1. Die Heilsgemeinde schon im Alten Testament in diesem Sinne, die Gesamtheit des israelitischen Volkes als Heilsvolk. 2. Die Heilsgemeinde im Neuen Testament. Die Gesamtheit aller von und zu Christus Berufenen (siehe Berufung). 3. Die neutestamentliche Heilsgemeinde in lokaler Begrenzung. 4. Die Versammlung der Gemeinde.

Das richtunggebende Wort ist das alttestamentliche kahal, Versammlung, das in der griechischen Übersetzung des Alten Testaments mit ekklesia wiedergegeben und mit diesem Ausdruck in das Neue Testament eingegangen ist. Es gibt nur ein Wort im Neuen Testament für Kirche und Gemeinde, zwei Ausdrücke, die wir unterschiedlich für ein und dieselbe Sache gebrauchen, nämlich das Wort ekklesia, die Versammlung. Dieses Wort betont an keiner Stelle des Neuen Testaments das »Herausgerufen werden«, sondern bedeutet einfach die Versammlung der Heilsgemeinde, der alttestamentlichen wie der neutestamentlichen. Diese Heilsgemeinde ist in jeder lokalen Gemeinde vorhanden (1. Kor. 1, 2: Die Versammlung Gottes, die in Korinth ist). Man hat auf dem Boden der Urchristenheit denselben Ausdruck gewählt wie ihn das Alte Testament von der Heilsgemeinde hat, weil man eben diese Heilsgemeinde sein wollte und keine Sekte. Entscheidend ist der Sprachgebrauch Jesu, der in Mtth. 16 und 18 den im Aramäischen, der Sprache des Herrn und der Apostel, gebräuchlichen Ausdruck für kahal, für ekklesia benützt hat. »Es dürfte sich als Übersetzung das Wort Versammlung in erster Linie empfehlen« (ThW), da das Wort »Kirche« mehr die ganze Christenheit meint als die örtliche Gemeinde und vom Katholizismus her als hierarchische und sakrale Institution belastet ist. Das ThW schlägt dann schließlich »Kirchengemeinde« vor, aber dieser Ausdruck betont dann wieder die lokale Gemeinde einseitig. Wir werden wohl nicht ohne die beiden Worte Gemeinde und Kirche auskommen, aber wir müssen deutlicher betonen, um das Neue Testament nicht zu verfälschen, daß die eine Kirche Gottes in der lokalen Gemeinde gegenwärtig ist (1. Kor. 1, 2).

I. Sprachgebrauch der Schrift.

1. Heilsgemeinde im alttestamentlichen Sinne.

3 Mose	4, 21	Das Sündopfer der Gemeinde.
4 Mose	15, 25	Der Priester soll die ganze Gemeinde versöhnen.
Ps.	1, 5	Die Sünder bleiben nicht in der Gemeinde der Gerechten.
	89, 6	Die Wahrheit in der Gemeinde der Heiligen.
	35, 18	Ich will dir danken in der großen Gemeinde.
	149, 1	Die Gemeinde der Heiligen soll ihn loben.

2. Die Heilsgemeinde im neutestamentlichen Sinne.

Mtth.	16, 18	Auf diesen Felsen will ich bauen meine Gemeinde.
	18, 17	Sage es der Gemeinde!
Apgsch.	2, 47	Der Herr tat hinzu täglich, die da selig wurden, zu der Gemeinde.
1 Kor.	1, 2	Der Gemeinde Gottes zu Korinth, den Geheiligten in Christo Jesu, den berufenen Heiligen samt all denen, die anrufen den Namen unseres Herrn Jesu Christi an allen ihren und unseren Orten (Ein Brief an eine örtliche Gemeinde, der doch der ganzen Heilsgemeinde gilt).
Eph.	5, 23	Gleichwie auch Christus ist das Haupt der Gemeinde (1, 22; Kol. 1, 18).
	5, 32	Sage von Christo und der Gemeinde.
Kol.	1, 24	Leib, welcher ist die Gemeinde.
Eph.	5, 27	Gemeinde, die herrlich sei.
Hebr.	12, 23	Gemeinde der Erstgeborenen.
1 Kor.	12, 28	Gott hat gesetzt in der Gemeinde Apostel.
Apgsch.	20, 28	Zu weiden die Gemeinde Gottes.
1 Tim.	3, 5	Wie wird er die Gemeinde Gottes versorgen?
Gal.	3, 28	Hier ist kein Jude noch Grieche.

3. Die Heilsgemeinde im lokalen Sinne.

Apgsch.	14, 23	Ordneten Älteste den Gemeinden.
2 Kor.	11, 28	Trage Sorge für alle Gemeinden.
Offenb.	2, 7	Was der Geist den Gemeinden sagt.
	1, 20	Engel der sieben Gemeinden.
Röm.	16, 4	Alle Gemeinden aus den Heiden.
	16, 5	Grüßet die Gemeinde in ihrem Hause.

4. Versammlung.

Apgsch.	19, 39	Ausrichten in einer ordentlichen Gemeinde.
1 Kor.	11, 18	Wenn ihr zusammenkommt in der Gemeinde.
	14, 28	So schweige er in der Gemeinde.

II. Das Wesen der Kirche.

1. Die Kirche ist Gottes Werk in Christus.

Kirche ist kyriake, das heißt: dem Herrn Gehörige. Ohne ständige, lebensvolle Verbindung mit Christus ist Kirche nicht mehr Kirche, sondern Welt. Die Schrift bringt diese Verbindung zum Ausdruck in sieben Bildern: Christus ist der Grundstein – die Christen die Bausteine, Christus das Weizenkorn – die Christen das Ackerwerk, Christus der Weinstock – die Christen die Reben, Christus das Haupt – die Christen die Glieder. Christus der Hirte – die Christen die Herde, Christus der Bräutigam – die Kirche die Braut, Christus der König – die Kirche das Bundesvolk.

Mtth.	16, 18	Ich will bauen meine Gemeinde.
1 Kor.	3, 11	Einen andern Grund kann niemand legen außer dem, der gelegt ist, welcher ist Jesus Christus.
1 Petr.	2, 5	Auch ihr, als die lebendigen Steine, bauet euch zum geistlichen Hause.
Eph.	2, 20	Erbaut auf den Grund der Apostel und Propheten, da Jesus Christus der Eckstein ist (Jes. 28, 16; Mtth. 21, 42).
Joh.	12, 24	Es sei denn, daß das Weizenkorn in die Erde falle und ersterbe . . ., so bringt es viele Früchte.
1 Kor.	3, 9	Ihr seid Gottes Ackerwerk und Gottes Bau (Mtth. 13, 3–23).
Joh.	15, 5	Ich bin der Weinstock, ihr seid die Reben.
Eph.	1, 22	Gott hat ihn gesetzt zum Haupt der Gemeinde über alles, welche da ist sein Leib.
	4, 15	Lasset uns wachsen in allen Stücken an dem, der das Haupt ist, Christus, von welchem aus der ganze Leib zusammengefügt ist und ein Glied am andern hanget.
1 Kor.	12, 12	Gleichwie ein Leib ist und hat doch viele Glieder, alle Glieder . . . doch ein Leib sind: also auch Christus.

2. Der Auftrag der Kirche.

Sie stellt die Verbindung zwischen Christus und seiner Gemeinde her durch das rein und lauter verkündigte Wort und die nach Christi Einsetzung verwalteten Sakramente. Weltliche Mittel (Macht und Gewalt, Weltklugheit, List und Lüge) sind ihr verboten, denn diese bauen nicht die Kirche, sondern zerstören sie.

Mtth.	28, 19	Gehet hin und lehret alle Völker und taufet sie.
Luk.	22, 19	Das ist mein Leib, der für euch gegeben wird, das tut zu meinem Gedächtnis.
Mtth.	24, 35	Himmel und Erde werden vergehen, aber meine Worte werden nicht vergehen.
Röm.	10, 17	So kommt der Glaube aus der Predigt, das Predigen aber durch das Wort Gottes.
Joh.	10, 27	Meine Schafe hören meine Stimme, und ich kenne sie, und sie folgen mir.
	18, 36	Mein Reich ist nicht von dieser Welt. Wäre mein Reich von dieser Welt, meine Diener würden kämpfen.
Mrk.	10, 42	Die weltlichen Fürsten herrschen, und die Mächtigen unter ihnen haben Gewalt. Aber also soll es unter euch nicht sein, sondern welcher will groß werden unter euch, der soll euer Diener sein.
Luk.	17, 20	Das Reich Gottes kommt nicht mit äußerlichen Gebärden.
Mtth.	26, 52	Stecke dein Schwert an seinen Ort, denn wer das Schwert nimmt, der soll durchs Schwert umkommen.

1 Kor. 1, 18 Das Wort vom Kreuz ist eine Torheit denen, die verlorengehen.
2, 1 Ich (Paulus) kam nicht mit hohen Worten oder hoher Weisheit.
2 Kor. 6, 14 Ziehet nicht am fremden Joch mit den Ungläubigen. Was hat die Gerechtigkeit zu schaffen mit der Ungerechtigkeit?
13, 8 Wir können nichts wider die Wahrheit, sondern für die Wahrheit.

3. Die Not der Kirche.

a) Die Sünde der Gläubigen.

1 Petr. 5, 8 Seid nüchtern und wachet, denn euer Widersacher, der Teufel, . . . sucht, welchen er verschlinge.
1 Joh. 1, 8 So wir sagen, wir haben keine Sünde, verführen wir uns selbst, und die Wahrheit ist nicht in uns.

b) Falsche Christen und Heuchler.

Mtth. 13, 24 Unkraut unter dem Weizen.
7, 15 Sehet euch vor vor den falschen Propheten, die in Schafskleidern zu euch kommen, inwendig aber sind sie reißende Wölfe. An ihren Früchten sollt ihr sie erkennen.
7, 21 Es werden nicht alle, die zu mir sagen: Herr, Herr, in das Himmelreich kommen, sondern die den Willen tun meines Vaters im Himmel.

c) Irrlehre.

Mtth. 24, 24 Es werden falsche Christi und falsche Propheten aufstehen und große Zeichen und Wunder tun, daß verführt werden in den Irrtum, wo es möglich wäre, auch die Auserwählten.
Apgsch. 20, 29 Das weiß ich, daß nach meinem Abschied werden unter euch kommen greuliche Wölfe, die die Herde nicht verschonen werden. Auch aus euch selbst werden aufstehen Männer, die da verkehrte Lehren reden, die Jünger an sich zu ziehen.
2 Tim. 4, 3 Es wird eine Zeit sein, da sie die heilsame Lehre nicht leiden werden, sondern nach ihren eigenen Lüsten werden sie sich selbst Lehrer aufladen, nach dem ihnen die Ohren jücken, und werden die Ohren von der Wahrheit wenden und sich zu den Fabeln (Urtext: Mythen) kehren.

d) Verfolgung.

Mtth. 10, 17 Hütet euch vor den Menschen, denn sie werden euch überantworten vor ihre Rathäuser.
10, 16 Ich sende euch wie Schafe mitten unter die Wölfe.
2 Kor. 11, 23 Die Leiden des Apostels Paulus.
Apgsch. 14, 22 Wir müssen durch viel Trübsale in das Reich Gottes gehen.
Mtth. 10, 25 Haben sie den Hausvater Beelzebub geheißen, wieviel mehr werden sie seine Hausgenossen also heißen!
Joh. 15, 19 Weil ihr nicht von der Welt seid, haßt euch die Welt (Das Leiden für Christus bestätigt unsere Gotteskindschaft).
1 Petr. 1, 6 Die ihr eine kleine Zeit, wo es sein soll, traurig seid in mancherlei Anfechtungen, auf daß euer Glaube . . . durchs Feuer bewährt wird (Läuterung unseres Glaubens).
Offenb. 2, 10 Der Teufel wird etliche von euch ins Gefängnis werfen, auf daß ihr versucht werdet, und werdet Trübsal haben zehn Tage (Die Zeit unseres Leidens ist von Gott bestimmt).
Sei getreu bis an den Tod, so will ich dir die Krone des Lebens geben.
Mtth. 5, 11 Selig seid ihr, wenn euch die Menschen um meinetwillen schmähen und verfolgen und reden allerlei Übles wider euch, so sie daran lügen, . . ., es wird euch im Himmel wohl belohnt werden (Es endet in Herrlichkeit).

4. Das Bekenntnis der Kirche

ist der Schutzwall der Wahrheit gegen die Irrlehre.

Joh. 16, 13 Der Geist der Wahrheit wird euch in alle Wahrheit leiten.

Mtth. 28, 19 Die Kirche bekennt sich zur Dreieinigkeit (Das apostolische Glaubensbekenntnis).

2 Tim. 3, 15 Weil du von Kind auf die heilige Schrift weißt, kann dich dieselbe unterweisen zur Seligkeit durch den Glauben an Christus Jesus (Die Heilige Schrift ist die einzige Quelle und Richtschnur des christlichen Glaubens und Lebens).

Röm. 3, 24 Es ist hier kein Unterschied, sie sind allzumal Sünder ... und werden ohne Verdienst gerecht aus seiner Gnade durch die Erlösung, die durch Christum Jesum geschehen ist (Rechtfertigung allein durch den Glauben. Schrift- und Rechtfertigungsgrundsatz ist das Bekenntnis der Reformation. Vom Bekenntnis aus muß und kann die Kirche gereinigt, geschützt und gestaltet werden).

5. Das Amt der Kirche

ist der Dienst im Auftrag Christi, durch Wort und Sakrament die Menschen zu Gott zu führen.

Mtth. 4, 19 Ich will euch zu Menschenfischern machen.

Joh. 21, 16 Hast du mich lieb? Weide meine Schafe (Voraussetzung und Wesen des Amts)!

Eph. 4, 11 Er hat etliche zu Aposteln gesetzt, etliche zu Propheten, etliche zu Evangelisten, etliche zu Hirten und Lehrern.

2 Kor. 1, 24 Nicht daß wir Herren seien über euren Glauben, sondern wir sind Gehilfen eurer Freude (In der Kirche gibt es keine Hierarchie, keine gottgewollten Herrschaftsstufen).

Apgsch. 20, 17 Die Ältesten der Gemeinde sind zugleich ihre Bischöfe (Aufseher, Apgsch. 20, 28).

Jak. 3, 1 Unterwinde sich nicht jedermann, Lehrer zu sein.

Joh. 15, 16 Ihr habt nicht mich erwählt, sondern ich habe euch erwählt.

Apgsch. 13, 2 Da sie dem Herrn dienten und fasteten, sprach der Heilige Geist: Sondert mir aus Barnabas und Saulus zu dem Werk, dazu ich sie berufen habe (Die Berufung zum Amt empfängt man durch die Gemeinde und damit von Christus selbst, dem Herrn der Kirche).

6. Die Einheit der Kirche

entspricht dem Willen Jesu, beruht auf seiner alleinigen Meisterschaft und wird geschenkt durch die Gabe des Heiligen Geistes. Sie beruht nicht auf menschlicher Organisation und wird nicht gestört durch Mannigfaltigkeit der äußeren Ordnungen.

Joh. 17, 20 Ich bitte für sie, auf daß sie alle eins seien.

Mtth. 23, 8 Ihr sollt euch nicht Meister nennen lassen, denn einer ist euer Meister, Christus, ihr aber seid alle Brüder.

Joh. 10, 16 Ich habe noch andere Schafe, die sind nicht aus diesem Stall, dieselben muß ich herführen, und sie werden meine Stimme hören und wird eine Herde und ein Hirte werden.

Apgsch. 4, 32 Die Menge der Gläubigen aber war ein Herz und eine Seele.

Eph. 4, 3 Seid fleißig zu halten die Einigkeit im Geist durch das Band des Friedens.

1 Kor. 3, 22 Es sei Paulus oder Apollos, Kephas oder die Welt ..., alles ist euer, ihr aber seid Christi.

12, 4 Es sind mancherlei Gaben, aber es ist ein Geist (Die Mannigfaltigkeit schließt die Einheit nicht aus. „Änderung der äußeren Ordnungen schadet nichts, die Einigkeit der christlichen Kirche zu erhalten." Augsburgisches Bekenntnis, 28. Artikel).

7. Der Trost der Kirche.

Mtth.	16, 18	Die Pforten der Hölle sollen sie nicht überwältigen.
	28, 20	Siehe, ich bin bei euch alle Tage bis an der Welt Ende.

Klarheit, siehe Herrlichkeit.

Kleid, kleiden.

1. Im natürlichen Sinne.

Mtth.	6, 30	So denn Gott das Gras auf dem Felde also kleidet, . . . sollte er das nicht viel mehr euch tun?
1 Tim.	6, 8	Wenn wir aber Nahrung und Kleider haben, so lasset uns genügen.
Jak.	2, 2	Man soll nicht die Kleider ansehen.
Mtth.	3, 4	Johannes hatte ein Kleid von Kamelhaaren.

2. Im übertragenen Sinne.

a) Das unflätige Kleid.

Jes.	64, 5	Unsere Gerechtigkeit ist wie ein unflätig Kleid.
Sacharja	3, 4	Tut die unreinen Kleider von ihm!
Mtth.	26, 65	Da zerriß der Hohepriester seine Kleider.
2 Sam.	1, 11	Da zerriß David seine Kleider (Man will keine Schuld an einem Frevel haben und tut gewissermaßen nur für Anhören und Sehen das Zeichen der Buße).
Joel	2, 13	Zerreißet eure Herzen und nicht eure Kleider.

b) Das reine Kleid.

1. Das Kleid der Himmlischen.

Ps.	104, 2	Licht ist dein Kleid, das du anhast.
Mtth.	17, 2	Seine Kleider wurden weiß wie ein Licht.
Mrk.	16, 5	Der hatte ein langes, weißes Kleid an.
Luk.	24, 4	Zwei Männer mit glänzenden Kleidern.

2. Das Kleid der Gerechtfertigten.

Jes.	61, 10	Angezogen mit Kleidern des Heils.
Gal.	3, 27	Sie haben Christum angezogen.
2 Mose	28, 2	Du sollst Aaron heilige Kleider machen.
Mtth.	9, 16	Niemand flicket ein altes Kleid mit einem Lappen.
Offenb.	7, 14	Haben ihre Kleider gewaschen . . . im Blut des Lammes.
2 Mose	19, 14	Sie wuschen ihre Kleider.
Jes.	1, 18	Wenn eure Sünde gleich blutrot ist, soll sie doch schneeweiß werden.

3. Das Kleid des Überwinders.

Offenb.	6, 11	Es wurde gegeben einem jeglichen ein weißes Kleid.
	3, 5	Wer überwindet, der soll mit weißen Kleidern angetan werden.
	3, 4	Die Überwinder sind solche, die ihre Kleider nicht besudelt haben.
Mtth.	22, 12	Hast kein hochzeitlich Kleid an.

Klugheit, klug, siehe Erkenntnis.

Knecht, Knechtschaft. Knecht ist der, dessen Willen und Vermögen einem anderen zur Verfügung steht.

1. Der Knecht der Sünde.

Joh.	8, 34	Wer Sünde tut, der ist der Sünde Knecht.
Röm.	6, 16	Wisset ihr nicht, welchem ihr euch begebet zu Knechten in Gehorsam, des Knechte seid ihr, dem ihr gehorsam seid, es sei der Sünde zum Tode.
	7, 15	Ich weiß nicht, was ich tue; denn ich tue nicht, das ich will, sondern das ich hasse, tue ich.
2 Petr.	2, 19	Von welchem jemand überwunden ist, des Knecht ist er geworden.

2. Der Knecht Gottes ist der Messias.

Jes.	42, 1	Siehe, das ist mein Knecht, ich erhalte ihn, und mein Auserwählter, an welchem meine Seele Wohlgefallen hat.
	42, 3	Das zerstoßene Rohr wird er nicht zerbrechen.
	49, 6	Ich habe dich zum Licht der Heiden gemacht, daß du seist mein Heil bis an der Welt Ende.
	50, 4	Er hat eine gelehrte Zunge, mit den Müden zur rechten Zeit zu reden.
	50, 6	Er hält seinen Rücken dar denen, die ihn schlugen.
	53, 4	Er trug unsere Krankheit.
Phil.	2, 7	Er entäußerte sich selbst und nahm Knechtsgestalt an.

3. Jesus macht frei von der Knechtschaft der Sünde zum Dienst Gottes.

Röm.	6, 18	Nun ihr frei geworden seid von der Sünde, seid ihr Knechte geworden der Gerechtigkeit.
	6, 17	Gott sei gedankt, daß ihr Knechte der Sünde gewesen seid, aber nun gehorsam geworden von Herzen dem Vorbild der Lehre.
	8, 15	Ihr habt nicht einen knechtischen Geist empfangen.
Gal.	4, 7	Es ist nun hier kein Knecht mehr, sondern es sind eitel Kinder.
1 Kor.	7, 23	Werdet nicht der Menschen Knechte!
Gal.	5, 1	Lasset euch nicht wiederum in das knechtische Joch fangen.
Röm.	6, 13	Begebet euch selbst Gott, als die da aus den Toten lebendig sind.

4. Knechte Gottes und Jesu Christi sind ihm wohlgefällig und zur Verfügung, darum von anderen unterschieden.

2 Mose	4, 10	Mose.
Hebr.	3, 5	Mose treu in seinem ganzen Hause als ein Knecht.
5 Mose	9, 27	Gedenke an deine Knechte Abraham, Isaak und Jakob.
1 Kön.	11, 34	David.
Apgsch.	16, 17	Diese Menschen sind Knechte Gottes (Magd zu Philippi).
Röm.	1, 1	Paulus, ein Knecht Jesu Christi.
Kol.	4, 12	Epaphras, ein Knecht Jesu Christi.
2 Petr.	1, 1	Simon Petrus, ein Knecht und Apostel Jesu Christi.
Jak.	1, 1	Jakobus, ein Knecht Gottes und des Herrn Jesu Christi.
Gal.	1, 10	Wenn ich den Menschen noch gefällig wäre, wäre ich Christi Knecht nicht.
2 Tim.	2, 24	Ein Knecht des Herrn soll nicht zänkisch sein, sondern freundlich gegen jedermann.

5. Menschliches Dienstverhältnis ist für den Christo Gehörigen Gottesdienst.

Eph.	6, 5	Ihr Knechte, seid Gehorsam euren Herren mit Furcht und Zittern, in Einfalt eures Herzens als Christo.

Eph. 6, 6 Als Knechte Christi. Lasset euch dünken, daß ihr dem Herrn dienet und nicht den Menschen.

1 Petr. 2, 18 Ihr Knechte, seid untertan mit aller Furcht den Herren, nicht allein den gütigen und gelinden.

6. Der Lohn.

Röm. 6, 21 Was hattet ihr zu der Zeit für Frucht? Welcher ihr euch jetzt schämet, denn das Ende derselbigen ist der Tod.

6, 22 Nun ihr aber seid von der Sünde frei und Gottes Knechte geworden, habt ihr eure Frucht, daß ihr heilig werdet, das Ende aber das ewige Leben. Denn der Tod ist der Sünde Sold.

Kraft, kräftig, stark, Stärke. Kraft ist das Vermögen auf Grund einer Fähigkeit. Die Griechen sehen in der Gottheit personifizierte Naturkräfte, ihre Philosophie eine überhöhte Naturkraft. — Das Alte Testament erkennt die Macht des persönlichen Gottes, der seine Kraft in der Geschichte der Völker erweist. Unvergeßlich war dem Volk Israel die Machterweisung Gottes beim Auszug aus Ägypten und beim Durchzug durch das Rote Meer. Der Schöpfungsglaube überwindet die Anschauung Gottes als einer Naturkraft. An Stelle des heidnischen Zaubers und der Zauberkraft tritt Gebet, Gehorsam und Opfer. — Die messianischen Weissagungen künden die Siegeskraft (Jes. 9, 5) und die prophetische Kraft des Messias (Micha 3, 8). — Im Neuen Testament betonen besonders die Lukanischen Schriften die prophetische Kraft des Herrn (Luk. 24, 19: ein Prophet, mächtig von Taten und Worten; Luk. 5, 17; Luk. 8, 46. Apgsch. 10, 38: Gott hat Jesum von Nazareth gesalbt mit dem Heiligen Geist und mit Kraft). Aber auch die Synoptiker, Johannes und alle Schriften des Neuen Testaments verkünden die Kraft Jesu (Joh. 3, 2; Hebr. 7, 16). Die Wunder Jesu geschehen durch sein vollmächtiges Heilandswort. Sie sind ein Stück der hereinbrechenden Gottesherrschaft und sind ein endzeitliches Geschehen, das den satanischen Machtbereich zurückdrängt. Die Wunder Jesu verlangen Glauben (Mrk. 9, 23: Alle Dinge sind möglich dem, der da glaubt). Die Kraft Christi führt den neuen Äon herauf (Apgsch. 2, 24: Der Tod konnte ihn nicht festhalten; Röm. 1, 4: Kräftiglich erwiesen als ein Sohn Gottes durch den Geist; 1 Kor. 6, 14: Gott hat den Herrn auferweckt durch seine Kraft; Phil. 3, 21: Nach der Wirkung, damit er kann auch alle Dinge sich untertänig machen; Mtth. 22, 29: Ihr irret und wisset die Schrift nicht, noch die Kraft Gottes; Kol. 1, 13: Er hat uns errettet aus der Obrigkeit der Finsternis und hat uns versetzt in das Reich seines lieben Sohnes). — Die Jünger bekommen Anteil an der Kraft des Herrn (Luk. 9, 1: Er gab ihnen Gewalt und Macht über alle Teufel; Luk. 24, 49: Bis daß ihr angetan werdet mit Kraft aus der Höhe; Apgsch. 4, 33: Mit großer Kraft gaben die Apostel Zeugnis von der Auferstehung des Herrn Jesu; Röm. 15, 19: Christus wirkt durch mich, die Heiden zum Gehorsam zu bringen; 1. Kor. 2, 4: In Beweisung des Geistes und der Kraft). — Auch die Gemeinde soll diese Kraft bekommen (die Fürbitte des Apostels, siehe 3c; 1. Kor. 12). Siehe Schwachheit.

1. Kraft ist das Kennzeichen aller Gotteswirkungen:

a) der Schöpfung;

Jerem.	10, 12	Er hat die Erde durch seine Kraft gemacht.
Röm.	1, 20	Seine ewige Kraft und Gottheit wird ersehen an den Werken.
Hebr.	1, 3	Trägt alle Dinge mit seinem kräftigen Wort.
1 Kor.	12, 6	Es sind mancherlei Kräfte, aber ein Gott, der da wirket alles in allen.
2 Chron.	25, 8	Bei Gott steht die Kraft zu helfen und fallen zu lassen.

b) der Erlösung nach Beginn und Vollendung;

Luk.	1, 35	Die Kraft des Höchsten wird dich überschatten.
	5, 17	Die Kraft des Herrn ging von ihm, und er half jedermann.
Apgsch.	10, 38	Gott hat Jesus von Nazareth gesalbt mit dem Heiligen Geiste und Kraft.
1 Kor.	6, 14	Gott aber hat den Herrn auferweckt und wird auch uns auferwecken durch seine Kraft.
2 Kor.	13, 4	Er lebt doch in der Kraft.
Mtth.	26, 64	Des Menschen Sohn sitzen zur Rechten der Kraft.
	22, 29	Ihr irret und wisset die Schrift nicht, noch die Kraft Gottes (Von der Auferstehung).
Hebr.	6, 5	Die Kräfte der zukünftigen Welt.

c) die Wirkungen des Heiligen Geistes.

Apgsch.	1, 8	Ihr werdet die Kraft des Heiligen Geistes empfangen und meine Zeugen sein.
Luk.	24, 49	Bis ihr angetan werdet mit Kraft aus der Höhe.
Röm.	15, 13	Völlige Hoffnung durch die Kraft des Heiligen Geistes.
2 Tim.	1, 7	Gott hat uns nicht gegeben den Geist der Furcht, sondern der Kraft.

d) Menschen ohne Kraft.

2 Tim.	3, 5	Sie haben den Schein eines gottseligen Wesens, aber seine Kraft verleugnen sie.

2. Daher hebt Anrede und Lobpreis Gottes seine Kraft hervor.

Ps.	18, 2	Herzlich lieb hab' ich dich, Herr, meine Stärke (Jes. 12, 2).
	46, 2	Gott ist unsere Zuversicht und Stärke.
Jes.	45, 24	Im Herrn habe ich Gerechtigkeit und Stärke.
Zeph.	3, 17	Der Herr, dein Gott, ist bei dir, ein starker Heiland.
Mtth.	6, 13	Dein ist das Reich und die Kraft.
Offenb.	19, 1	Ehre und Kraft sei Gott, unserem Herrn!

3. Die Kraft Gottes ist in den Menschen wirksam:

a) durch das Wort;

Röm.	1, 16	Das Evangelium eine Kraft Gottes, die da Rettung bringt.
1 Kor.	1, 18	Wort vom Kreuz – eine Gotteskraft.
2 Kor.	6, 7	In dem Wort der Wahrheit, in der Kraft Gottes.
1 Kor.	1, 6	Die Predigt von Christo in euch kräftig.
	2, 4	Mein Wort – in der Beweisung des Geistes und der Kraft.
Hebr.	4, 12	Das Wort Gottes ist lebendig und kräftig.
1 Kor.	4, 20	Das Reich Gottes steht nicht in Worten, sondern in Kraft (Wort und Gottes Kraft durch Sünde getrennt).

b) durch den Glauben (wenn der Mensch am Ende seiner Möglichkeiten anfängt, mit Gott zu rechnen);

1 Kor.	2, 5	Auf daß euer Glaube bestehe auf Gottes Kraft.
Jes.	40, 29	Er gibt dem Müden Kraft.

Jes.	40, 31	Die auf den Herrn harren, kriegen neue Kraft.
Ps.	27, 1	Der Herr meines Lebens Kraft. Harre des Herrn!
2 Kor.	12, 9	Meine Kraft ist in den Schwachen mächtig (siehe Schwachheit).
	13, 4	Ob wir auch schwach sind in ihm, so leben wir doch mit ihm in der Kraft Gottes.
	4, 7	Wir haben solchen Schatz in irdenen Gefäßen, auf daß die überschwengliche Kraft sei Gottes und nicht von uns selbst.
Röm.	4, 20	Abraham wird stark im Glauben.
Eph.	1, 19	Die wir glauben nach der Wirkung seiner mächtigen Stärke.
1 Kor.	16, 13	Stehet im Glauben . . ., seid stark!
Ps.	84, 6	Die dich für ihre Stärke halten.
Eph.	6, 10	Seid stark in dem Herrn und in der Macht seiner Stärke.
2 Tim.	1, 8	Leide für das Evangelium nach Maßgabe der Kraft Gottes.
1 Petr.	1, 5	Aus Gottes Macht durch den Glauben bewahrt werden zur Seligkeit.

c) durch die Fürbitte.

Eph.	3, 16	Beuge meine Knie, . . . daß er euch Kraft gebe, stark zu werden.
Kol.	1, 9	Hören nicht auf, zu bitten, daß . . . ihr gestärkt werdet mit aller Kraft.

Kreuzigen, Kreuz: Schand-, Marter- und Hinrichtungspfahl in einem. Kreuzigung die entehrendste Todesstrafe der Alten Welt.

1. Die Welt hat Christus das Kreuz bereitet und damit ihre Stellung zu Gott geoffenbart.

Mtth.	27, 22	Laß ihn kreuzigen (so fordert das Volk).
	27, 26	Pilatus überantwortete ihn, daß er gekreuzigt würde.

2. Christus hat das Kreuz freiwillig auf sich genommen:

a) zur Vollendung seines Gehorsams;

Phil.	2, 8	Er erniedrigte sich selbst und wurde gehorsam bis zum Tode, ja bis zum Tod am Kreuz.
Hebr.	5, 8	Er hat an dem, was er litt, Gehorsam gelernt.
Röm.	5, 19	Durch eines Gehorsam sind viele Gerechte.

b) zur Vollstreckung des Gerichts an der Welt an sich selbst, als an dem Vertreter der Menschheit;

Hebr.	2, 11	Er schämt sich nicht, sie Brüder zu heißen.
	2, 9	Er hat aus Gottes Gnade für alle den Tod geschmeckt.
Röm.	5, 15	Christus, der zweite Adam.
1 Petr.	2, 24	Er hat unsere Sünden an seinem Leibe hinaufgetragen auf das Holz.
Eph.	2, 16	Er hat die Feindschaft getötet durch sich selbst (Die Feindschaft zwischen dem Gesetzestreuen und dem Gesetzlosen).

c) zum Erweis der Treue Gottes, der als der Beleidigte selbst die Sühne darbringt, um die Versöhnung wiederherzustellen.

Ps.	49, 8	Kann doch einen Bruder niemand erlösen noch ihn Gott versöhnen.
Kol.	1, 20	Daß alles durch ihn versöhnt würde zu ihm selbst, es sei auf Erden oder im Himmel, damit, daß er Frieden machte durch das Blut an seinem Kreuz durch sich selbst (3 Mose 16, 11).
2 Kor.	5, 19	Gott war in Christo und versöhnte die Welt mit ihm selber.
Röm.	5, 11	Durch welchen wir die Versöhnung empfangen haben.
1 Joh.	2, 2	Derselbige ist die Versöhnung für unsere Sünde, . . . für die der ganzen Welt.

Eph. 2, 16 Daß er beide versöhnte mit Gott in einem Leibe durch das Kreuz (Den Gesetzesmenschen mit dem Gesetzlosen, indem er durch das Totalgericht über beide den Unterschied zwischen beiden aufhebt. Röm. 3, 23).

3. Er verlangt von seinem Jünger Aufnahme des Kreuzes zur Bejahung des Gottesgerichts, zur Duldung des Hasses der Welt.

Mrk. 10, 21 (Zum reichen Jüngling): Folge mir nach und nimm dein Kreuz auf dich!

Mtth. 16, 24 Will mir jemand nachfolgen, der verleugne sich selbst und nehme sein Kreuz auf sich und folge mir!

10, 38 Wer nicht sein Kreuz auf sich nimmt und folget mir nach, der ist mein nicht wert.

4. Wer sich ihm anschließt durch den Glaubensgehorsam, der ist mitgekreuzigt. Sünde und Gesetzesstolz ist für ihn abgetan.

Röm. 6, 6 Wir wissen, daß unser alter Mensch samt ihm gekreuzigt ist, auf daß der sündliche Leib aufhöre, daß wir hinfort der Sünde nicht dienen.

Gal. 5, 24 Alle, die Christo angehören, die haben ihr Fleisch gekreuzigt samt den Lüsten und Begierden.

2, 19 Ich bin mit Christo gekreuzigt.

6, 14 Rühmen allein von dem Kreuz unseres Herrn Jesu Christi, durch welchen mir die Welt gekreuzigt ist und ich der Welt.

1 Kor. 1, 18 Das Wort vom Kreuz ist eine Torheit denen, die verlorengehn, uns aber, die wir selig werden, ist's eine Gotteskraft.

5. Jesum verwerfen heißt ihn kreuzigen.

Hebr. 6, 6 Es ist unmöglich, . . . die, die abfallen, zu erneuern zur Buße, als die für ihre Person den Sohn Gottes von neuem kreuzigen.

Krone.

1. Der Siegespreis, das Ehrenzeichen des Überwinders, das ihm am Tag der Erscheinung Christi gegeben wird.

1 Kor. 9, 25 Ein jeglicher, der da kämpft, enthält sich alles Dinges; jene also, daß sie eine vergängliche Krone empfangen, wir aber eine unvergängliche.

1 Petr. 5, 4 Die unverwelkliche Krone der Ehren.

2 Tim. 4, 8 Hinfort ist mir beigelegt die Krone der Gerechtigkeit, welche mir der Herr an jenem Tage geben wird.

Offenb. 2, 10 Sei getreu bis an den Tod, so will ich dir die Krone des Lebens geben.

Jak. 1, 12 Selig ist der Mann . . ., denn nachdem er bewährt ist, wird er die Krone des Lebens empfangen.

Offenb. 3, 11 Halte, was du hast, daß niemand deine Krone nehme.

2 Tim. 2, 5 So jemand auch kämpfet, wird er doch nicht gekrönet, er kämpfe denn recht.

Joh. 19, 2 Die Dornenkrone.

Offenb. 4, 10 Die vierundzwanzig Ältesten warfen ihre Kronen vor den Stuhl.

19, 12 Auf seinem (Des erhöhten Herrn) Haupt sind viele Kronen.

2. Im übertragenen Sinn das Ehrenzeichen überhaupt.

Phil.	4, 1	Meine Freude und meine Krone (Von der Gemeinde).
1 Thess.	2, 19	Wer ist unsere Hoffnung . . . oder Krone des Ruhms.

Lamm. Im Alten Testament der Begriff vorbereitet als das Opferlamm beim Passah und als das ohnmächtig duldende Lamm, vollendet in Christus, der duldend sich selbst aufgeopfert hat und dadurch der Sieger wurde.
Im Aramäischen, der Sprache Jesu und seiner Jünger, heißt dasselbe Wort Knabe, Knecht und Lamm.
Das Lämmlein, ein Wort, das in der Offenbarung des Johannes achtundzwanzigmal vorkommt, ist das Opferlamm, denn es ist mit der Todeswunde gezeichnet (Offenb. 5,6). Die Hoheitsaussagen, die über das Lämmlein gemacht werden, kontrastieren mit seiner Niedrigkeit (Phil. 2, 5 ff). Es ist der Todesüberwinder, der Weltenherrscher, es richtet die Friedensherrschaft auf, es besiegt den Satan, es hält das Gericht. Es empfängt die Anbetung der Schar, die niemand zählen kann (Offenb. 7, 10; 14, 1; 17, 14; 19, 7).

1. Das geopferte Lamm.

2 Mose	12	Stellvertretend für die Erstgeburt stirbt das Lamm.
Joh.	1, 29	Siehe, das ist Gottes Lamm, welches der Welt Sünde trägt.
1 Kor.	5, 7	Wir haben auch ein Passahlamm, das ist Christus, für uns geopfert.
1 Petr.	1, 18	Wisset, daß ihr . . . erlöst seid . . . mit dem teuren Blut Christi als eines unschuldigen und unbefleckten Lammes.

2. Das duldende Lamm, das durch Selbstaufopferung gesiegt hat.

Jes,	53, 7	Da er gestraft und gemartert ward, tat er seinen Mund nicht auf, wie ein Lamm, das zur Schlachtbank geführt wird.
Apgsch.	8, 32	Diese Jesajastelle von Philippus auf Jesus bezogen.
Offenb.	5, 6	Ich sah ein Lamm, wie wenn es erwürget wäre.
	5, 12	Das Lamm, das erwürget ist, ist würdig zu nehmen Kraft und Reichtum.
	7, 14	Sie haben ihre Kleider helle gemacht im Blut des Lammes.
	7, 17	Das Lamm wird sie weiden und leiten.
	12, 11	Sie haben überwunden durch des Lammes Blut.
	14, 4	Sie folgen dem Lamm nach, wo es hingeht.
	17, 14	Das Lamm wird sie überwinden; denn es sei ein Herr aller Herren.
	19, 7	Die Hochzeit des Lammes ist gekommen.
	19, 9	Selig sind, die zum Abendmahl des Lammes berufen sind.
	21, 23	Ihre Leuchte ist das Lamm.

Läutern, siehe Leiden.

Leben, ewiges Leben: Seiner selbst mächtiges Dasein, welches Gott in seiner Existenz ist und der Mensch von Gott empfängt.
Der Grieche versteht unter Leben die Lebendigkeit der organischen Wesen. Dabei ist bei den Philosophen zu beobachten, daß sie in

dem Verstand und in der Schau die Erhabenheit des Menschen über das tierische Leben, das eigentliche Leben sehen. — Bei den Gnostikern ist die Erkenntnis das göttliche Leben, ein Fluidum, von dem etwas im Menschen ist. — Im Alten Testament ist das Leben das physische, organische Leben, für das ein Mensch alles gibt (Hiob 2, 4). Salomos Bitte um Weisheit wird so erhört, daß er langes Leben noch dazu bekommt. In der Literatur des fünften Buches Mose entscheidet die Stellung zum Wort Gottes über Leben und Tod (32, 47). In Amos 8, 11 ist der Hunger nach dem Wort verheißen. Bei Hesekiel beruht das Leben auf dem Gehorsam gegen das Wort Gottes (3, 19; 18, 21). — Der Tod ist ein Schattendasein, ein Wohnen in der Grube, im Totenreich, voller Verzicht. Doch erhebt sich die vom Wort angesprochene Menschenseele zur sehnlichen Erwartung der Vollendung, der begonnenen Verbindung mit Gott in einem höheren Leben (Ps. 16, 10: Du wirst nicht zugeben, daß dein Heiliger verwese; Hiob 19, 25: Ich weiß, daß mein Erlöser lebt; Ps. 73, 24: Du nimmst mich endlich in deine Herrlichkeit auf). Man erwartet von der messianischen Zeit den Sieg über den Tod (Jes. 25, 8; Hosea 13, 14; Dan. 12, 2). Die Märtyrer der Makkabäerzeit überwinden den Tod durch die Hoffnung auf die Auferstehung. Die Frage: »Was soll ich tun, daß ich das ewige Leben ererbe«, bewegt die Menschen der Zeit Jesu (Mrk. 10, 17). — Im Neuen Testament beginnt mit der Auferstehung des Herrn die messianische Heilszeit. Die Toten stehen auf (Mtth. 27, 53: Nach seiner Auferstehung). Im Glauben an Jesus ist das ewige Leben gegenwärtig. Die Tabeageschichte zeigt uns den Kampf gegen den Tod (Apgsch. 9). Die Thessalonicherbriefe bekunden das Befremden der Urgemeinde, als die ersten Christen sterben, und ihre Fragen, was wird aus ihnen bei der Wiederkunft des Herrn und was wird dann aus den lebenden Gläubigen, werden da beantwortet. Das ewige Leben ist in Jesus Christus angebrochen und wird bei seiner Wiederkunft vollendet.

I. Das natürliche Leben im Sinne der irdischen Existenz.

1. Gott gibt es.

Ps.	36, 10	Bei dir ist die Quelle des Lebens.
1 Mose	2, 7	Gott blies dem Menschen den lebendigen Odem in die Nase.
Hiob	10, 12	Leben und Wohltat hast du an mir getan.

2. Gott erhält es.

Hiob	10, 12	Dein Aufsehen bewahrt meinen Odem.
Ps.	31, 16	Meine Zeit steht in deinen Händen.
Mtth.	10, 30	Es sind auch eure Haare auf dem Haupte alle gezählt.
Apgsch.	17, 28	In ihm leben, weben und sind wir.
Mtth.	6, 25	Ist nicht das Leben mehr denn die Speise?

3. Gott nimmt es.

1 Mose	3, 19	Du bist Erde und sollst zu Erde werden.
Luk.	12, 20	Diese Nacht wird man dein Leben von dir fordern.

Ps.	102, 25	Mein Gott, nimm mich nicht weg in der Hälfte meiner Tage.
	90, 10	Unser Leben währet siebzig Jahre.
Jak.	4, 14	Was ist euer Leben? Ein Dampf ist's, der eine kleine Zeit währt ... So der Herr will und wir leben.

II. Das wahre Leben, das bleibende Gegenteil des Todes.

1. Im Alten Bund ersehnt und verheißen.

Sprüche	12, 28	Auf dem Wege der Gerechtigkeit ist Leben.
Ps.	34, 13	Wer ist, der Leben begehrt und gerne gute Tage hätte?
	27, 13	Ich glaube aber doch, daß ich sehen werde das Gute im Lande der Lebendigen.
5 Mose	30, 19	Ich habe euch Leben und Tod, Segen und Fluch vorgelegt, daß du das Leben erwählest.
Ps.	16, 10	Du wirst meine Seele nicht dem Tode lassen und nicht zugeben, daß dein Heiliger verwese. Du tust mir kund den Weg zum Leben.
Hiob	19, 25	Ich weiß, daß mein Erlöser lebt.
Ps.	73, 24	Du nimmst mich endlich in deine Herrlichkeit auf.

2. Im Neuen Bund geschenkt.

a) Geschenkt in Christus.

Joh.	1, 4	In ihm war das Leben, und das Leben war das Licht der Menschen.
	10, 11	Ich bin gekommen, daß sie das Leben und volle Genüge haben sollen.
	11, 25	Ich bin die Auferstehung und das Leben.
	5, 26	Wie der Vater hat das Leben in ihm selber, also hat er dem Sohn gegeben, das Leben zu haben in ihm selber.
	14, 6	Ich bin der Weg, die Wahrheit und das Leben.
	17, 2	Auf daß er das ewige Leben gebe allen, die du ihm gegeben hast.
Phil.	1, 21	Christus ist mein Leben.
Kol.	3, 4	Christus euer Leben.
Röm.	6, 23	Die Gabe Gottes ist das ewige Leben in Christo Jesu, unserem Herrn.
2 Kor.	4, 10	Daß das Leben des Herrn Jesu an unserem Leibe offenbar werde.

b) Der Welt vermittelt durch seinen Tod.

Joh.	6, 51	Ich bin das lebendige Brot ... Das Brot, das ich geben werde, ist mein Fleisch, welches ich geben werde für das Leben der Welt.
	3, 14	Des Menschen Sohn muß erhöht werden, auf daß alle, die an ihn glauben, nicht verloren werden, sondern das ewige Leben haben.
	10, 12	Der gute Hirte lässet sein Leben für seine Schafe.

c) Der an ihn Glaubende ergreift das ewige Leben.

1. Er traut dem Wort.

Joh.	6, 63	Die Worte, die ich rede, sind Geist und sind Leben.
Apgsch.	5, 20	Redet alle Worte dieses Lebens.
Phil.	2, 16	Haltet an dem Wort des Lebens.
1 Joh.	1, 1	Vom Wort des Lebens.
2 Kor.	2, 15	(Der Bote) ist ein Geruch des Lebens zum Leben.
Joh.	17, 3	Das ist das ewige Leben, daß sie dich, und den du gesandt hast, Jesum Christum, erkennen!

Joh.	8, 51	So jemand mein Wort wird halten, der wird den Tod nicht sehen ewiglich.
1 Tim.	6, 12	Kämpfe den guten Kampf des Glaubens, ergreife das ewige Leben!

2. Er ißt das Brot (Abendmahl) und trinkt das Wasser des Lebens.

Joh.	6, 51	Ich bin das lebendige Brot . . ., wer von diesem Brot essen wird, der wird leben in Ewigkeit.
	6, 54	Wer mein Fleisch isset und trinket mein Blut, der hat das ewige Leben.
	4, 14	Wer das Wasser trinkt, das ich ihm gebe, den wird ewiglich nicht dürsten . . . Das Wasser, das ich ihm gebe, wird ein Brunnen des Wassers werden, das in das ewige Leben quillt.
Offenb.	22, 17	Wen dürstet, der komme, und wer da will, der nehme das Wasser des Lebens umsonst.

3. Er folgt Christus nach durch Teilnahme an seinem Sterben und Leben.

Joh.	8, 12	Wer mir nachfolgt, wird . . . das Licht des Lebens haben.
Röm.	6, 8	Sind wir mit Christo gestorben, so glauben wir auch, daß wir mit ihm leben werden.
2 Tim.	2, 11	Sterben wir mit, so werden wir mit leben.
2 Kor.	4, 10	(Wir) tragen allezeit das Sterben des Herrn Jesu an unserem Leibe, auf daß auch das Leben des Herrn Jesu an unserem Leibe offenbar werde.
Gal.	2, 20	Ich lebe, doch nun nicht ich, sondern Christus lebt in mir.
1 Joh.	3, 14	Wir wissen, daß wir aus dem Tode in das Leben gekommen sind.
Röm.	6, 11	Rechnet damit, daß ihr der Sünde gestorben seid, und lebt Gott in Christo Jesu!
2 Kor.	5, 15	Er ist darum für alle gestorben, auf daß die, so da leben, hinfort nicht sich selbst leben, sondern dem, der für sie gestorben und auferstanden ist.
Mtth.	7, 14	Die Pforte ist eng und der Weg ist schmal, der zum Leben führt.
Offenb.	2, 10	Sei getreu bis an den Tod, so will ich dir die Krone des Lebens geben.

d) Das ewige Leben ist im Anbruch gegenwärtig und in der Vollendung zukünftig.

Joh.	4, 14	(Das Wasser . . . wird ein) Brunnen des Wassers werden, das in das ewige Leben quillt.
Kol.	3, 3	Euer Leben ist verborgen mit Christo in Gott.
1 Thess.	5, 10	Der für uns gestorben ist, auf daß, wir wachen oder schlafen, wir zugleich mit ihm leben sollen.
Joh.	5, 24	Wer mein Wort hört und glaubt dem, der mich gesandt hat, der hat das ewige Leben und kommt nicht in das Gericht, sondern er ist vom Tode zum Leben hindurchgedrungen.
	5, 29	Werden hervorgehen, die da Gutes getan haben, zur Auferstehung des Lebens.
	6, 54	Wer mein Fleisch isset . . ., der hat das ewige Leben, und ich werde ihn am Jüngsten Tage auferwecken.
1 Tim.	4, 8	Die Gottseligkeit hat die Verheißung dieses und des zukünftigen Lebens.
Joh.	12, 26	Wo ich bin, da soll mein Diener auch sein.
	14, 19	Ich lebe, und ihr sollt auch leben.
Mtth.	19, 29	Wer verläßt Häuser oder Brüder . . . um meines Namens willen, der wird es hundertfältig nehmen und das ewige Leben ererben.

Titus	3, 7	Auf daß wir durch desselbigen Gnade gerecht und Erben seien des ewigen Lebens, nach der Hoffnung.
Gal.	6, 8	Wer auf sein Fleisch sät, der wird vom Fleisch das Verderben ernten; wer aber auf den Geist sät, der wird von dem Geist das ewige Leben ernten.
Röm.	6, 22	Habt eure Frucht, daß ihr heilig werdet, das Ende aber das ewige Leben.
1 Kor.	15, 53	Dies Verwesliche muß anziehen die Unverweslichkeit.
2 Kor.	5, 4	Daß das Sterbliche verschlungen würde von dem Leben.

e) Das Buch des Lebens.

Phil.	4, 3	Welcher Namen sind in dem Buch des Lebens.
Offenb.	3, 5	Ich werde seinen Namen nicht austilgen aus dem Buch des Lebens.
	20, 15	So jemand nicht ward gefunden geschrieben in dem Buch des Lebens, der ward geworfen in den Feuersee.

f) Die Krone des Lebens.

Jak.	1, 12	Selig ist der Mann, der die Anfechtung erduldet, ... er wird die Krone des Lebens empfangen.
Offenb.	2, 10	Sei getreu ..., so will ich dir die Krone des Lebens geben.

g) Das Holz des Lebens.

Offenb.	2, 7	Zu essen geben von dem Holz des Lebens.
	22, 2	Mitten auf der Straße ... stand Holz des Lebens, das trug zwölfmal Früchte.

Lehre, Lehrer, lehren, Irrlehrer. Lehre ist Mitteilung des göttlichen Heilsratschlusses und der Heilserkenntnis.
Das Lehren in der Schrift hat keine einseitige intellektuelle Zielsetzung, sondern es beansprucht den ganzen Menschen. Im Alten Testament und im Spätjudentum wird das Wort gebraucht im Sinn der Auslegung des Gesetzes zur praktischen Willensbildung des Menschen, um sein Verhalten zu Gott und Menschen zu ordnen. — Jesus lehrt wie die Rabbinen seiner Zeit. Nur lehrt er vollmächtig und nicht wie die Schriftgelehrten (Mtth. 7, 29) als der Sohn, der den Willen des Vaters weiß (Joh. 8, 40), dem er aus der höheren Welt offenbart ist. — Bei Paulus tritt der Begriff »Lehre« zurück. Er selbst legt den Grund in der Lehre der Gemeinde und offenbart ihr den Heilsratschluß Gottes. In der Gemeinde stehen Lehrer neben den Hirten (Eph. 4, 11), die aus der Schrift Anweisung für das Leben geben. In den Pastoralbriefen sind es Christen, die geeignet sind, zu lehren (2. Tim. 2, 2), es wird von der gesunden Lehre gesprochen (1. Tim. 1, 10; 2. Tim. 4, 3; Titus 1, 9; 2, 1) im Gegensatz zur Irrlehre (1. Tim. 4, 1).

1. Das jüdische Amt des Schriftgelehrten.

Sirach	51, 36	Nehmet die Lehre an wie einen großen Schatz Silber.
Dan.	12, 3	Die Lehrer werden leuchten wie des Himmels Glanz, und die, so viele zur Gerechtigkeit weisen.

2. Jesus als Lehrer.

Mtth.	7, 28	Das Volk entsetzte sich über seine Lehre.
	10, 24	Der Jünger ist nicht über seinen Meister (Lehrer).

Joh.	3, 2	Wir wissen, daß du bist ein Lehrer von Gott gekommen.
	7, 16	Meine Lehre ist nicht mein.

3. Das Lehramt in der neutestamentlichen Gemeinde.

Apgsch.	13, 12	Er verwunderte sich der Lehre des Herrn.
	2, 42	Sie blieben beständig in der Apostel Lehre.
Röm.	6, 17	Seid gehorsam geworden von Herzen dem Vorbilde der Lehre.
2 Tim.	3, 10	Du bist meiner Lehre nachgefolgt.
1 Tim.	6, 1	Die Knechte sollen ihre Herren ehren, daß die Lehre nicht verlästert werde.
Apgsch.	13, 1	Es waren zu Antiochien Propheten und Lehrer.
1 Kor.	12, 28	Gott hat gesetzt Apostel, Propheten, Lehrer.
Eph.	4, 11	Etliche zu Hirten und Lehrern.
Jak.	3, 1	Es unterwinde sich nicht jedermann, Lehrer zu sein.
Titus	1, 9	Der Bischof sei lehrhaft, daß er mächtig sei zu ermahnen durch die heilsame Lehre.
1 Tim.	5, 17	Die Ältesten halte zwiefacher Ehre wert, die da arbeiten im Wort und in der Lehre.
Hebr.	13, 7	Gedenket an eure Lehrer, die euch das Wort Gottes gesagt haben.
	13, 17	Gehorchet euren Lehrern und folget ihnen, denn sie wachen über eure Seelen!

4. Die Gefahr der Irrlehre.

Kol.	2, 22	Es sind der Menschen Gebote und Lehren.
Mtth.	15, 9	Vergeblich dienen sie mir, weil sie lehren solche Lehren, die nichts denn Menschengebote sind.
Eph.	4, 14	Allerlei Wind der Lehre durch Schalkheit der Menschen, womit sie uns erschleichen.
1 Tim.	4, 1	In den letzten Zeiten werden etliche anhangen den Lehren der Teufel.
	6, 5	Die Seuche der Fragen und Wortkriege, Schulgezänke solcher, die meinen, Gottseligkeit sei ein Gewerbe.
2 Petr.	2, 1	Es werden unter euch sein falsche Lehrer, die werden einführen verderbliche Sekten.

5. Abwehr der Irrlehre. Die Lehre muß übereinstimmen mit der Schrift und mit dem Wandel.

Gal.	1, 8	So ein Engel vom Himmel euch würde das Evangelium anders predigen als wir, der sei verflucht.
	1, 12	Ich habe es von keinem Menschen empfangen noch gelernt.
1 Tim.	4, 16	Habe acht auf dich selbst und auf die Lehre!
Titus	2, 10	Die Lehre unseres Heilandes.
Röm.	15, 4	Was zuvor geschrieben ist, das ist uns zur Lehre geschrieben.
2 Tim.	3, 16	Alle Schrift von Gott eingegeben, ist nütze zur Lehre (Die Lehre muß mit der Schrift stimmen).
1 Tim.	6, 3	Die Lehre, die gemäß ist der Gottseligkeit (mit dem Wandel stimmt).
Titus	3, 8	Ich will, daß du fest lehrest, auf daß die, so an Gott gläubig sind geworden, in einem Stand guter Werke gefunden werden.
2 Joh.	10	So jemand kommt und bringt diese Lehre (Christus ins Fleisch gekommen) nicht, den nehmt nicht ins Haus.

Leib. Die äußere Erscheinung des Menschen, das Mittel für Empfang, Besitz und Erscheinung des Lebens. Darauf beruht:

1. Die Würde des Leibes.

1 Mose	1, 27	Gott schuf den Menschen.
Röm.	4, 19	Abraham sah nicht an seinen erstorbenen Leib.
Kol.	2, 23	Selbstgewählte Geistlichkeit dadurch, daß sie des Leibes nicht schonen und dem Fleisch nicht seine Ehre tun zu seiner Notdurft.
Röm.	13, 14	Wartet des Leibes, doch also, daß er nicht geil werde.
Mrk.	5, 29	Sie fühlte es am Leibe, daß sie gesund geworden war (Die Heilungen Jesu).

2. Seine Verbundenheit mit der Seele.

Mtth.	10, 28	Fürchtet euch vielmehr vor dem, der Leib und Seele verderben kann in der Hölle.
2 Kor.	4, 7	Wir haben solchen Schatz in irdenen Gefäßen.
	5, 6	Dieweil wir im Leibe wohnen, so wallen wir ferne vom Herrn.
	5, 4	Dieweil wir in der Hütte sind, sehnen wir uns.

3. Der Sündenleib. Durch ihn ist die sündliche Beschaffenheit vermittelt, er steht unter dem Gesetz des Todes.

Röm.	6, 6	Der sündliche Leib.
	6, 12	So lasset nun die Sünde nicht herrschen in eurem sterblichen Leib, ihr Gehorsam zu leisten in seinen Lüsten.
	6, 13	Begebet nicht der Sünde eure Glieder zu Waffen der Ungerechtigkeit.
1 Kor.	6, 18	Alle Sünden, die der Mensch tut, sind außer seinem Leib; wer aber hurt, der sündigt an seinem eigenen Leib.
Röm.	7, 24	Leib dieses Todes.
	8, 10	Leib ist tot wegen der Sünde.

4. Der Leib Jesu Christi wird durch seinen Tod, durch das Tragen des Gerichts für die Menschen, das Mittel zum Empfang des Lebens.

Joh.	1, 14	Das Wort ward Fleisch.
Kol.	2, 9	In ihm wohnt die ganze Fülle der Gottheit leibhaftig.
Phil.	2, 7	An Gebärden als ein Mensch erfunden.
Mtth.	26, 26	Nehmet, esset, das ist mein Leib.
Joh.	6, 54	Wer mein Fleisch isset . . ., der hat das ewige Leben.
Röm.	8, 3	Gott sandte seinen Sohn in der Gestalt des sündlichen Fleisches und verdammte die Sünde im Fleisch.
	8, 10	So aber Christus in euch ist, so ist der Leib zwar tot um der Sünde willen, der Geist aber ist Leben um der Gerechtigkeit willen.
2 Kor.	4, 10	Wir tragen allezeit das Sterben des Herrn Jesu an unserem Leib, auf daß auch das Leben des Herrn Jesu an unserem Leib offenbar werde.
Hebr.	10, 10	Wir sind geheiligt auf einmal durch das Opfer des Leibes Jesu.
1 Petr.	2, 24	Welcher unsere Sünden selbst hinaufgetragen hat an seinem Leib auf das Holz, auf daß wir, der Sünde gestorben, der Gerechtigkeit leben.
Röm.	7, 4	Ihr seid getötet dem Gesetz durch den Leib Christi.
Eph.	2, 16	Er versöhnte beide (Gesetzesmenschen [Jude] und Widergesetzlichen [Heide]) in einem Leib durch das Kreuz.

5. Der Leib des Wiedergeborenen bekommt durch das Opfer Christi das Lebensprinzip des Geistes.

Röm.	8, 13	Wo ihr durch den Geist des Fleisches Geschäfte tötet, werdet ihr leben.
1 Kor.	6, 19	Wisset ihr nicht, daß euer Leib ein Tempel des Heiligen Geistes ist?
	6, 20	Darum preiset Gott an eurem Leib und in eurem Geiste, welche sind Gottes.
	7, 34	Die nicht freit, sorgt, was dem Herrn angehört, daß sie heilig sei am Leib und auch am Geist.

6. Deshalb bekommt der Leib die Anwartschaft auf seine Wiederherstellung durch die Auferstehung.

Röm.	8, 11	So nun der Geist, der Jesum von den Toten auferweckt hat, in euch wohnt, so wird auch derselbe eure sterblichen Leiber lebendig machen um deswillen, daß sein Geist in euch wohnt.
1 Kor.	15, 40	Es sind himmlische und irdische Körper.
	15, 44	Natürlicher Leib und geistlicher Leib.

7. Die Gemeinde wird der Leib Christi genannt im übertragenen Sinne zum Ausdruck der in Christus, ihrem Lebensprinzip, begründeten Einheit.

Eph.	4, 4	Ein Leib und ein Geist.
	4, 15	Wachsen am Haupt, von welchem der ganze Leib zusammengefügt ist.
1 Kor.	12, 13	Wir sind durch einen Geist alle zu einem Leib getauft.
	10, 16	Gemeinschaft des Leibes Christi. Denn ein Brot ist's, so sind wir viele ein Leib.
Eph.	5, 30	Wir sind Glieder seines Leibes.
Kol.	1, 18	Er ist das Haupt des Leibes, nämlich der Gemeinde.
1 Kor.	12, 27	Ihr seid der Leib Christi und Glieder.

Leid (Leiden), leiden, Trübsal, Züchtigung, läutern. Leiden ist ein wunderbares Erziehungsmittel in der Hand des Gottes, der seine größte Liebe bewies dadurch, daß er in seinem Sohne für uns litt. Niemand kann größere Liebe zu Gott beweisen als dadurch, daß er für ihn leidet. Die Leiden der Gerechten, von denen die Psalmen so viel sprechen, sind Züchtigungen und Heimsuchungen, während es den Gottlosen scheinbar wohlgeht (Ps. 73, 12). Sie sind beispielhaft für die Bedrängnisse und Trübsale des Volkes Israel, das in Ägypten, in der Babylonischen Gefangenschaft und unter Antiochus Epiphanes viel erlitten hat. Diese Heimsuchungsleiden sind ausgerichtet auf die endzeitlichen Trübsale (Die Rabbinen: Wehen des Messias, Dan. 12, 1 ff). In der neutestamentlichen Gemeinde erfahren die Glieder der Kirche und unter ihnen in beispielhafter Weise die Apostel diese Bedrängnisse. Sie sind notwendig als Leiden Christi, die noch nicht in ihrem ganzen Ausmaße erfüllt sind. In ihnen wirkt die Macht des Todes, die bei dem Apostel so gesteigert ist, daß er das Sterben Jesu an seinem Leibe empfindet, 2 Kor. 4, 10. Diese Trübsale tragen endzeitlichen Charakter und gehen der Wiederkunft Christi voraus.

I. Wir sind leidensscheu.

Ps.	50, 17	So du doch Zucht hassest.
Zeph.	3, 2	Sie will nicht gehorchen noch sich züchtigen lassen.
Mtth.	16, 22	Herr, schone deiner selbst!

II. Leiden sind nötig.

1. Sie lehren uns beten.

Jes.	26, 16	Herr, wenn Trübsal da ist, so suchet man dich.
Jona	2, 2	Jona betete zu dem Herrn.
Röm.	12, 12	Geduldig in Trübsal, haltet an am Gebet.

2. Wir bedürfen ihrer zu unserer Erziehung (Züchtigung).

Ps.	3, 2	Wie sind meiner Feinde so viel!
	34, 20	Der Gerechte muß viel leiden, aber der Herr hilft ihm aus dem allem.
	39, 11	Wende deine Plage von mir, denn ich bin verschmachtet von der Strafe deiner Hand.
	73, 12	Siehe, das sind die Gottlosen; die sind glückselig in der Welt und werden reich. Soll es denn umsonst sein, daß mein Herz unsträflich lebt und bin geplagt täglich?
Jerem.	29, 11	Ich weiß wohl, was ich für Gedanken über euch habe, . . . Gedanken des Friedens und nicht des Leides.
Ps.	118, 18	Der Herr züchtigt mich wohl, aber er gibt mich dem Tode nicht.
1 Kor.	11, 32	Von dem Herrn gezüchtigt, auf daß wir nicht samt der Welt verdammt werden.
Hebr.	12, 6	Welchen der Herr liebhat, den züchtigt er (Offenb. 3, 19).
	12, 11	Alle Züchtigung, wenn sie da ist, dünkt uns nicht Freude, sondern Traurigkeit zu sein . . ., aber danach wird sie geben eine friedsame Frucht der Gerechtigkeit.
	5, 8	Er hat an dem, was er litt, Gehorsam gelernt.
	2, 10	Er hat den Herzog ihrer Seligkeit durch Leiden vollkommen gemacht.
Ps.	16, 7	Auch züchtigen mich meine Nieren des Nachts (Leid infolge der Mahnung des Gewissens).
Titus	2, 12	Die Gnade züchtigt uns.
Röm.	5, 3	Wir wissen, daß Trübsal Geduld bringt.
2 Kor.	4, 17	Unsere Trübsal schafft eine ewige . . . Herrlichkeit.

3. Zu unserer Läuterung und Bewährung.

Ps.	26, 2	Läutere meine Nieren und mein Herz!
	139, 23	Prüfe mich und erfahre, wie ich's meine!
	17, 3	Du läuterst mich.
Jerem.	9, 6	Ich will sie schmelzen und prüfen.
Ps.	66, 10	Du, Gott, hast uns geläutert, wie das Silber geläutert wird.
1 Petr.	1, 6	Die ihr jetzt eine kleine Zeit traurig seid in mancherlei Anfechtungen, auf daß euer Glaube rechtschaffen und viel köstlicher erfunden werde als das . . . Gold, das durchs Feuer bewährt wird.
Jak.	1, 12	Selig der Mann, der die Anfechtung erduldet, denn nachdem er bewährt ist, wird er die Krone des Lebens empfangen.

4. Zur Bereitung für das Kommen des Messias.

Dan.	12, 1	Denn es wird solche trübselige Zeit sein, wie sie nicht gewesen ist. Zur selben Zeit wird dein Volk errettet werden.

Dan.	12, 10	Viele werden gereinigt, geläutert und bewährt werden.
Maleachi	3, 3	Er wird sitzen und schmelzen und das Silber reinigen, ... dann werden sie dem Herrn Speisopfer bringen in Gerechtigkeit.

III. Das freiwillige Leiden Jesu.

1. In Gottes Rat beschlossen.

Luk.	24, 26	Mußte nicht Christus solches leiden und zu seiner Herrlichkeit eingehen?
Mtth.	16, 21	Jesus zeigte, wie er müßte ... viel leiden (Mtth. 17, 12).
Hebr.	2, 17	Er mußte seinen Brüdern gleich werden.
	2, 9	Daß er aus Gottes Gnade für alle den Tod schmeckte.
1 Mose	3, 15	Du wirst ihn in die Ferse stechen.

2. Freiwillig von ihm getragen:

Joh.	10, 18	Ich lasse es (mein Leben) von mir selber.
		a) zur Vollendung seines Gehorsams und seiner helfenden Liebe:
Hebr.	2, 10	Es ziemte Gott, daß er den Herzog (Mitteldarreicher, Spender) ihrer Seligkeit durch Leiden vollkommen machte.
	5, 8	Er hat an dem, das er litt, Gehorsam gelernt.
Phil.	2, 8	Er ward gehorsam bis zum Tod ..., darum hat ihn auch Gott erhöht.
Hebr.	2, 18	Worinnen er gelitten hat ..., kann er helfen denen, die versucht werden.
Joh.	14, 30	Es kommt der Fürst dieser Welt und hat nichts an mir.
		b) zur Vollendung des Gerichts an der Welt, die durch den Haß gegen Christus der Gottesfeindschaft überführt wird;
Joh.	12, 31	Jetzt geht das Gericht über die Welt ..., und ich, wenn ich erhöht werde (Tod am Kreuz) ..., will ich sie alle zu mir ziehn.
Apgsch.	2, 23	Den habt ihr ... erwürget.
	2, 37	Da sie aber das hörten, ging's ihnen durchs Herz.
		c) als stellvertretendes Leiden zur Sühne.
Jes.	53, 4	Fürwahr, er trug unsere Krankheit.
	53, 7	Wie ein Lamm.
Joh.	1, 37	Siehe, das ist Gottes Lamm (siehe Lamm)!

IV. Das Leiden um Jesu willen (Trübsal).

1 Petr.	2, 20	Um Wohltat willen leiden, das ist Gnade.
	4, 19	Leiden nach Gottes Willen.
Mtth.	5, 10	Selig sind, die um Gerechtigkeit willen verfolgt werden.
1 Petr.	4, 13	Freuet euch, daß ihr mit Christo leidet!
Apgsch.	9, 16	Wieviel er leiden muß um meines Namens willen.
2 Tim.	1, 8	Leide mit für das Evangelium.
Mtth.	13, 21	Trübsal und Verfolgung um des Worts willen erleiden.
	24, 9	Sie werden euch überantworten in Trübsal (Mrk. 13, 19).
Apgsch.	14, 22	Wir müssen durch viel Trübsale in das Reich Gottes gehn.
2 Kor.	4, 10	Wir tragen allezeit das Sterben Jesu an unserem Leibe.
2 Kor.	6, 4	Diener Gottes in ... Trübsalen.
1 Thess.	1, 6	Ihr habt das Wort aufgenommen unter vielen Trübsalen.
Offenb.	2, 9	Ich weiß deine Trübsal.
	7, 14	Diese sind gekommen aus großer Trübsal.
Kol.	1, 24	Nun freue ich mich in meinem Leid, das ich für euch leide, und erstatte an meinem Fleisch, was noch mangelt an Trübsalen in Christo, für seinen Leib, welcher ist die Gemeinde (Das Leiden Christi muß der Gemeinde vorgelebt werden).

Licht. Das Wesen Gottes ist Licht in seinem Gegensatz zum Wesen der Menschheit, das Finsternis ist. In Christus kommt das Licht in die Welt und wird nicht erkannt.

Durch einen Schöpfungsakt des Heiligen Geistes wird das erleuchtete Auge geschaffen, das Christus wahrnimmt. Das Licht Gottes straft, erweckt Glauben, einigt, reinigt und verklärt. Es muß weitergegeben werden, damit die Finsternis der Welt weiche.

1. Gott ist lauter Licht im Gegensatz zur Welt.

1 Joh.	1, 5	Gott ist Licht, und in ihm ist keine Finsternis.
Jak.	1, 17	Von dem Vater des Lichts, bei welchem ist keine Veränderung noch Wechsel des Lichts und der Finsternis.
1 Tim.	6, 16	Der da wohnt in einem Licht, da niemand zukommen kann.
2 Kor.	6, 14	Was hat das Licht für Gemeinschaft mit der Finsternis?

2. In Christus kommt das Licht in die Welt.

Joh.	1, 9	Das wahrhaftige Licht, welches alle Menschen erleuchtet.
	8, 12	Ich bin das Licht der Welt.

3. Die Menschheit ist Finsternis und steht in so völligem Gegensatz zu Gott, daß sie sein Licht nicht wahrnehmen kann.

Joh.	1, 5	Das Licht scheint in der Finsternis, und die Finsternis hat's nicht begriffen.
Eph.	4, 18	Deren Verstand verfinstert ist.
2 Kor.	4, 4	Der Gott dieser Welt hat der Ungläubigen Sinn verblendet, daß sie nicht sehen das helle Licht des Evangeliums (Mtth. 6, 23).
Eph.	5, 8	Ihr waret weiland Finsternis.
Joh.	3, 20	Wer Arges tut, der haßt das Licht.
	3, 19	Die Menschen liebten die Finsternis mehr als das Licht.

4. Gott schafft durch den Heiligen Geist in seinem Wort das erleuchtete Auge, das Christum wahrnimmt.

2 Kor.	4, 6	Gott, der da hieß das Licht aus der Finsternis hervorleuchten, hat einen hellen Schein in unsere Herzen gegeben.
Eph.	1, 18	Gott gebe euch den Geist der Weisheit und der Offenbarung zu seiner selbst Erkenntnis und erleuchtete Augen eures Verständnisses (1 Kor. 2, 11. 14).
Ps.	36, 10	In deinem Licht sehen wir das Licht.
	119, 105	Dein Wort . . . ist ein Licht auf meinem Wege.
2 Petr.	1, 19	Das prophetische Wort, . . . ein Licht, das da scheint in einem dunkeln Ort.

5. Die Wirkungen des Lichts.

Ps.	90, 8	Unsere unerkannte Sünde (stellst du) ins Licht vor deinem Angesicht (Joh. 3, 20).
Eph.	5, 13	Alles wird offenbar, wenn es vom Licht gestraft wird.
Joh.	3, 21	Wer die Wahrheit tut, der kommt an das Licht, daß seine Werke offenbar werden.
	12, 36	Glaubet an das Licht, . . . auf daß ihr des Lichtes Kinder seid!
Eph.	5, 8	Nun seid ihr ein Licht in dem Herrn.

1 Joh.	1, 7	So wir im Licht wandeln, ... so haben wir Gemeinschaft untereinander, und das Blut Jesu Christi ... macht uns rein von aller Sünde.
	2, 10	Wer seinen Bruder liebt, der bleibet im Licht.
2 Kor.	3, 18	Wir werden verklärt in dasselbe Bild von einer Klarheit zu der anderen.
1 Joh.	3, 2	Wir wissen, ... daß wir ihm gleich sein werden, denn wir werden ihn sehen, wie er ist (1 Tim. 6, 16).
Kol.	1, 12	Der uns tüchtig gemacht hat zu dem Erbteil der Heiligen im Licht.
Mtth.	13, 43	Dann werden die Gerechten leuchten wie die Sonne.

6. Unser Verhalten zum Licht.

Apgsch.	26, 18	Sich bekehren von der Finsternis zum Licht.
Joh.	12, 36	Glaubet an das Licht, dieweil ihr's habt.
Eph.	5, 9	Wandelt wie die Kinder des Lichts.
Mtth.	5, 14	Ihr seid das Licht der Welt.
	5, 16	Lasset euer Licht leuchten vor den Leuten!
1 Petr.	2, 9	Daß ihr verkündigen sollt die Tugenden des, der euch berufen hat von der Finsternis zu seinem wunderbaren Licht.
Röm.	13, 12	Laßt uns anlegen die Waffen des Lichts.

Liebe, lieben. Willentliche, sich selbst verleugnende, erbarmungsvolle Hingabe ohne Rücksicht auf natürliche Neigung oder Abneigung. Liebe ist im Alten Testament gemeint im Sinn selbstloser Hingabe, die auf Personen, nicht auf Sachen gerichtet ist. Auf erotischer Basis beruhend, wird sie zum Bild auch der Freundesliebe (Jonathan und David). Sie wird als Grundlage der Sozialbeziehung gesetzlich angeordnet (3 Mose 19, 18: Du sollst deinen Nächsten lieben wie dich selbst). Weil Gott in seiner Bundestreue das Volk Israel liebt, soll das Volk ihn wieder lieben von ganzem Herzen (5. Mose 6, 5). Die Liebe Gottes zu seinem treulosen Volk schildert Hosea in einzigartiger Weise. Wie der Prophet sein minderwertiges, treuloses Weib liebt, so liebt der Herr sein Volk und leidet unter dessen Treulosigkeit (Hosea 11, 4). Auch Jeremia weiß von dieser Liebe Gottes zu Israel (Jerem. 31, 3: Ich habe dich je und je geliebt), und Jesaja vergleicht sie mit der Mutterliebe (Jes. 49, 15; 66, 13; 43, 4).

In der griechischen Übersetzung des Alten Testaments wird zur Übersetzung des hebräischen Worts für Liebe das etwas blasse agapan gewählt, das die herablassende, schenkende Liebe bedeutet, aber nichts von dem Feuer der geschlechtlichen Liebe des Eros in sich hat, der den eigenen heißen Lebenshunger stillen will. Aber das hebräische Wort haucht dem griechischen Übersetzungsbegriff seine Glut ein. Nur das Triebhafte des Eros wird im Gegensatz zur griechischen Welt, die auch im Religiösen den sinnlichen Rausch sucht, völlig ausgeschieden. Das griechische Judentum bevorzugt die Nächstenliebe. Die Rabbinen beweisen die Liebe Gottes aus dem Geschenk des Gesetzes. Sie schildern sie mit dem Ausdruck des Hohenliedes, daß sie stark ist wie der Tod. Das Vierte Buch Esra appelliert von dem richtenden Gott an den liebenden Gott in starken Worten. Jesus verlangt radikale Liebe zu Gott (Mtth. 6, 24: Niemand kann

zwei Herren dienen). Er wendet das Liebesgebot im Gegensatz zu den Rabbinen positiv (Mtth. 7, 12: Was ihr wollt, daß euch die Leute tun, das tut ihr ihnen auch). Der Nächste ist nicht der Volksgenosse, sondern der, der meiner Hilfe bedarf (Luk. 10). Er fordert die Feindesliebe. Das ist mehr, als die Sünder auch sonst tun, es ist die Handlungsweise der Söhne des Gottesreichs. Hier liegt eine neue Weltlage vor. Gott schenkt die Vergebung der Sünden. Wer sie empfangen hat, kann lieben. Die bevorzugende Liebe Gottes gilt allein dem Sohn (Mrk. 12, 6: Er hatte einen einzigen Sohn, den er liebhatte). Lieblosigkeit ist nichts als Verachtung des Menschensohns (Mtth. 10, 40; 25, 31). Seine Fürbitte am Kreuz für seine Feinde ist der höchste Ausdruck seiner Liebe (Luk. 23, 34).
Paulus preist Röm. 8 die Liebe Gottes, die des eigenen Sohns nicht hat verschont (die Liebestat Gottes und Christi schildert er immer in der Zeitform der Tatsache und Ereignis gewordenen Vergangenheit). Diese Liebe gilt den Auserwählten. Wer ihn liebt, der ist von ihm erkannt (1. Kor. 8, 3). Sie ist Frucht des Heiligen Geistes (Gal. 5, 22: Die Frucht des Geistes ist Liebe). Die erfahrene Gottes- und Heilandsliebe dringt zur Bruderliebe (2. Kor. 5, 14: Die Liebe Christi dringet uns also). Das Ziel der Liebe ist der Dienst (Gal. 5, 14: Alle Gesetze werden in einem Wort erfüllt: Du sollst deinen Nächsten lieben als dich selbst). Die Liebe baut das Werk der Zukunft auf, denn sie höret nimmer auf (1. Kor. 13). Die Liebe bei Johannes ist ganz die herabsteigende Gottesliebe, die dem Sohn gilt und im Sohn alle umfaßt, die an ihn glauben. In der Offenbarung ist das Verständnis dessen, was Liebe heißt, ganz bestimmt vom Blick auf das Martyrium. Die Quelle: Er hat uns geliebt und gewaschen von unseren Sünden mit seinem Blut (Offenb. 1, 5). Sie haben ihr Leben nicht liebgehabt bis in den Tod (Offenb. 12, 11). In der Endzeit wird die erste Liebe verlassen (Offenb. 2, 4; Mtth. 24, 12: Die Liebe wird in vielen erkalten). Neben dem düsteren Feuer des Eros, der durch sein Begehren die Welt ruiniert, leuchtet die Klarheit der neutestamentlichen Agape (»die nicht begehrt, sondern gibt« ThW).

1. Die Liebe Gottes ist der Quell aller Liebe.

a) Die Liebe zum Sohn.

Joh.	3, 35	Der Vater hat den Sohn lieb.
	15, 9	Gleichwie mich mein Vater liebt, also liebe ich euch.
Mtth.	3, 17	Dies ist mein lieber Sohn.

b) Die Liebe zum Heilsvolk.

5 Mose	33, 3	Wie hat er die Leute so lieb!
Ps.	146, 8	Der Herr liebt die Gerechten.
Hosea	11, 4	Ich ließ sie in Seilen der Liebe gehen.
Jes.	43, 4	Ich habe dich lieb.
Jerem.	31, 3	Ich habe dich je und je geliebet.

c) Die Liebe zur Welt.

Joh.	3, 16	Also hat Gott die Welt geliebt, daß er seinen eingeborenen Sohn gab.

Röm.	5, 8	Darum preiset Gott seine Liebe gegen uns, daß Christus für uns gestorben ist, da wir noch Sünder waren.
	8, 32	Er hat ihn für uns alle dahingegeben.
1 Joh.	3, 1	Sehet, welch eine Liebe hat uns der Vater erzeiget, daß wir Gottes Kinder sollen heißen!
	4, 9	Daran ist erschienen die Liebe Gottes gegen uns, daß Gott seinen eingeborenen Sohn gesandt hat.
	4, 10	Darin steht die Liebe: nicht, daß wir Gott geliebet haben, sondern daß er uns geliebet hat.
	4, 16	Gott ist Liebe.

2. In Jesus strömt sie in die Welt.

Mtth.	4, 23	Er predigte das Evangelium vom Reich und heilte.
	8, 3	Jesus rührte ihn an (den Aussätzigen).
Luk.	15, 2	Dieser nimmt die Sünder an und isset mit ihnen.
Mrk.	10, 21	Er sah ihn an und liebte ihn.
Joh.	13, 1	Wie er geliebt hatte die Seinen, so liebte er sie bis ans Ende.
	15, 13	Niemand hat größere Liebe denn die, daß er sein Leben läßt für seine Freunde.
1 Joh.	3, 16	Daran haben wir erkannt die Liebe, daß er sein Leben für uns gelassen hat.
Luk.	23, 34	Vater, vergib ihnen!
Röm.	13, 10	Die Liebe ist des Gesetzes Erfüllung (siehe Gesetz).

3. Sie wird ausgegossen über die, die Jesum als Heiland annehmen.

Röm.	5, 5	Die Liebe Gottes ist ausgegossen in unser Herz durch den Heiligen Geist.
1 Joh.	4, 7	Die Liebe ist von Gott, und wer liebhat, der ist von Gott geboren.
Offenb.	2, 4	Die erste Liebe.
1 Joh.	4, 19	Lasset uns ihn lieben, denn er hat uns zuerst geliebet.
Ps.	18, 2	Herzlich lieb hab ich dich, Herr, meine Stärke.
1 Petr.	1, 8	Welchen ihr nicht gesehen und doch liebhabt.
Eph.	3, 19	Daß Christum liebhaben viel besser ist denn alles Wissen.
2 Kor.	5, 14	Die Liebe Christi dringet uns also.
Gal.	5, 6	Der Glaube, der in der Liebe tätig ist.
	5, 22	Die Frucht des Geistes ist Liebe.
Luk.	7, 42	Wer wird ihn am meisten lieben? Dem er am meisten geschenkt hat.

4. Die Glaubenden sind Kanäle, die die Heilandsliebe weiterleiten.

1 Thess.	4, 9	Ihr seid selbst von Gott gelehrt, euch untereinander zu lieben.
2 Thess.	1, 3	Die Liebe eines jeglichen unter euch allen nimmt zu gegeneinander.
1 Joh.	3, 14	Wir wissen, daß wir aus dem Tode ins Leben gekommen sind, denn wir lieben die Brüder.

5. Die Liebe ist einerseits Geschenk des Geistes, andererseits liegt sie im Bereich des menschlichen Willens, da Gottes Gaben nie unseren Willen beiseitesetzen, sondern ihn begründen, daher Aufforderung zur Liebe.

5 Mose	6, 5	Du sollst den Herrn, deinen Gott, liebhaben von ganzem Herzen.
Josua	23, 11	Behütet aufs fleißigste eure Seelen, daß ihr den Herrn, euern Gott, liebhabt.
2 Thess.	3, 5	Der Herr richte eure Herzen zu der Liebe Gottes.
Judä	21	Erhaltet euch in der Liebe Gottes.
Mtth.	10, 37	Wer Vater oder Mutter mehr liebt als mich, ist mein nicht wort.
Joh.	15, 9	Bleibet in meiner Liebe!
	21, 15	Hast du mich lieb?
3 Mose	19, 18	Du sollst deinen Nächsten lieben wie dich selbst.
Joh.	13, 34	Ein neu Gebot gebe ich euch, daß ihr euch untereinander liebet.
	15, 17	Das gebiete ich euch, daß ihr euch untereinander liebet.
Röm.	12, 10	Die brüderliche Liebe untereinander sei herzlich.
	13, 8	Seid niemand nichts schuldig, als daß ihr euch untereinander liebet.
1 Kor.	14, 1	Strebet nach der Liebe.
	16, 14	Alle eure Dinge lasset in der Liebe geschehen.
Gal.	5, 13	Durch die Liebe diene einer dem anderen.
Eph.	4, 15	Lasset uns wahrhaftig sein in der Liebe.
	5, 2	Wandelt in der Liebe.
Kol.	3, 14	Über alles ziehet an die Liebe.
1 Tim.	4, 12	Sei ein Vorbild in der Liebe.
	6, 11	Jage nach der Liebe.
1 Petr.	1, 22	Machet keusch eure Seelen zu ungefärbter Bruderliebe.
	2, 17	Habt die Brüder lieb!
	4, 8	Habt untereinander eine inbrünstige Liebe.
2 Petr.	1, 7	Reichet dar in der Gottseligkeit brüderliche Liebe und in der brüderlichen Liebe allgemeine Liebe.
1 Joh.	3, 11	Das ist die Botschaft, daß wir uns untereinander lieben sollen.
	3, 18	Lasset uns nicht lieben mit Worten noch mit der Zunge, sondern mit der Tat.
	4, 7	Lasset uns untereinander liebhaben.
Hebr.	10, 24	Lasset uns untereinander unser selbst wahrnehmen mit Reizen der Liebe.
	13, 1	Bleibet fest in der brüderlichen Liebe!

6. Das Wesen der Liebe.

Ps.	97, 10	Die ihr den Herrn liebt, hasset das Arge.
Joh.	14, 23	Wer mich liebt, der wird mein Wort halten.
1 Joh.	2, 5	Wer sein Wort hält, in solchem ist die Liebe Gottes vollkommen.
	5, 3	Das ist die Liebe zu Gott, daß wir seine Gebote halten.
Joh.	14, 15	Liebet ihr mich, so haltet meine Gebote.
	15, 10	So ihr meine Gebote haltet, bleibet ihr in meiner Liebe.
Hohel.	8, 6	Die Liebe ist stark wie der Tod.
1 Kor.	13, 4	Die Liebe ist langmütig und freundlich.
	13, 8	Die Liebe höret nimmer auf.
	13, 13	Die Liebe ist die größte unter ihnen (neben Glaube, Hoffnung).
	8, 1	Die Liebe bessert.
1 Petr.	4, 8	Sie deckt der Sünden Menge.
Mtth.	5, 46	So ihr liebet, die euch lieben, was werdet ihr für Lohn haben?
	5, 44	Liebet eure Feinde.
Röm.	12, 21	Laß dich nicht das Böse überwinden, sondern überwinde das Böse mit Gutem.

7. Der Segen der Liebe.

2 Mose	20, 6	Ich tue Barmherzigkeit an vielen Tausenden, die mich liebhaben.
Richt.	5, 31	Die ihn liebhaben, müssen sein, wie die Sonne aufgehet in ihrer Macht.
Ps.	145, 20	Der Herr behütet alle, die ihn lieben.
Sirach	1, 10	Gott gibt Weisheit denen, die ihn lieben.
	34, 19	Die Augen des Herrn sehen auf die, so ihn liebhaben.

Joh.	14, 21	Wer mich liebt, der wird von meinem Vater geliebt werden, und ich werde ihn lieben und mich ihm offenbaren.
Eph.	6, 24	Gnade sei mit allen, die liebhaben unseren Herrn Jesum Christum unverrückt.
Röm.	8, 28	Wir wissen, daß denen, die Gott lieben, alle Dinge zum Besten dienen.
1 Joh.	4, 18	Furcht ist nicht in der Liebe, sondern die völlige Liebe treibet die Furcht aus.
	4, 17	Darin ist die Liebe völlig bei uns, daß wir eine Freudigkeit haben am Tage des Gerichts.
1 Kor.	2, 9	Das kein Auge gesehen . . ., das hat Gott bereitet denen, die ihn lieben.
Mtth.	25, 40	Was ihr getan habt einem unter diesen meinen geringsten Brüdern, das habt ihr mir getan.

8. Wo keine Liebe ist, da ist der Fluch.

1 Kor.	16, 22	So jemand den Herrn Jesum Christum nicht liebhat, der sei anathema.
Hosea	4, 1	Es ist keine Liebe im Lande.
Mtth.	24, 12	Dieweil die Ungerechtigkeit wird überhandnehmen, wird die Liebe in vielen erkalten.
1 Joh.	2, 15	So jemand die Welt liebhat, in dem ist nicht die Liebe des Vaters, und die Welt vergeht mit ihrer Lust.

Loben, siehe danken.

Lohn. 1. Der Arbeitslohn. 2. Die Vergeltung der ausgleichenden Gerechtigkeit Gottes, die geglaubt werden darf, ein Lohn, der ohne jegliche Verpflichtung Gottes aus Gnaden gewährt wird. 3. Der Lohn des Gerichts.

Die Griechen erwarten den Lohn des sittlichen Handelns im Diesseits. In der römischen Religion gilt der Gedanke des Rechtsgeschäfts mit den Göttern. Der Fromme opfert und erwartet als Gegengabe der Götter die Hilfe. — Im Alten Testament wird ganz unbefangen von Lohn und Strafe gesprochen. Segen und Fluch für den, der die Gebote hält oder bricht, wird im Fünften Buch Mose proklamiert. Im Richterbuch wird eine genaue Entsprechung zwischen Gehorsam und Ungehorsam des Volkes und seinem Ergehen festgestellt. Bei Hesekiel wird die Strafe auf den, der sündigt, beschränkt. Im Buch Hiob wirft der Satan die Frage auf: Meinst du, daß Hiob umsonst Gott fürchtet (Hiob 1,9)? Im 73. Psalm hat der Fromme an Gott genug, auch wenn ihm Leib und Seele verschmachten. Der Psalmsänger hat jetzt schon auf Erden an Gott seinen Trost und wartet auf die endzeitliche Herrlichkeit (Ps. 73, 24: Du nimmst mich endlich in deine Herrlichkeit auf). Das Neue Testament verwendet den Lohngedanken vielfach, aber hebt ihn aus der Rechtssphäre völlig heraus. Im Gleichnis Jesu von den Arbeitern im Weinberg wird der völlig unverdiente Gnadenlohn an den Arbeitern verdeutlicht, die den ganzen Tag gearbeitet haben. Sie sind eine Parallele zum älteren Bruder aus Luk. 15. Nach Luk. 17, 10 sind wir unnütze Knechte, wenn wir alles getan haben, was uns befohlen war. Bei Paulus wird der Gerichts- und Gnadengedanke kräftig gebraucht. Er ist ein Regulativ gegen schwärmerischen, sittlich laxen Enthusiasmus. Aber das ohne Verdienst Erwähltsein hebt jedes Rechnen mit dem Lohn völlig auf (Röm. 4, 4: Gnadenlohn). Auch in den Timotheus- und Titusbriefen, den sogenannten Pastoralbriefen, ist die Heilsgrundlage in Christus ohne Verdienst und Würdigkeit ganz deutlich (1. Tim. 1, 15) und die Krone der Gerechtigkeit ist jetzt schon bereit und wird zukünftig gegeben (2. Tim. 4, 8). Im Hebräerbrief gibt das Blut Jesu Christi Freudigkeit zum Eingang in das Heilige (Hebr. 10, 19) und nicht das Wissen um vollbrachte gute Werke, wenn sie auch mit der Heiligung unentbehrlich sind. Ebenso deutlich ist die Heilsgrundlage in den übrigen Schriften des Neuen Testaments, auch im Jakobusbrief (Jak. 2, 5).

1. Der für Arbeit ausbedungene Lohn, Pflichtlohn.

3 Mose	19, 13	Es soll des Arbeiters Lohn nicht bei dir bleiben bis an den Morgen.
5 Mose	24, 14	Du sollst dem Armen und Dürftigen seinen Lohn nicht vorenthalten.
Jerem.	22, 13	Wehe dem, der seinen Nächsten umsonst arbeiten läßt und gibt ihm seinen Lohn nicht!
Luk.	10, 7	Der Arbeiter ist seines Lohnes wert.
Jak.	5, 4	Der Arbeiter Lohn, der von euch abgebrochen ist, der schreiet zu mir.

2. Der Gnadenlohn.

a) Der Gnadenlohn für alles, was aus Liebe zu Gott geschieht, und sei es noch so gering.

1 Mose	15, 1	Ich bin dein Schild und sehr großer Lohn.
Ruth	2, 12	Der Herr vergelte dir deine Tat, und müsse dein Lohn vollkommen sein.
Jes.	40, 10	Sein Lohn ist bei ihm und seine Vergeltung vor ihm (62, 11).
Röm.	4, 4	Pflichtlohn und Gnadenlohn.
Mtth.	10, 41	Wer einen Gerechten aufnimmt in eines Gerechten Namen, wird eines Gerechten Lohn empfangen, . . . ein Becher kalten Wassers (Jesu zuliebe gegeben) wird nicht unbelohnt bleiben.

b) Der Lohn ist zukünftig und muß geglaubt werden.

Offenb.	11, 18	Es ist Zeit, zu richten und zu geben deinen Knechten den Lohn.
Hebr.	11, 6	Glauben, daß Gott denen, die ihn suchen, ein Vergelter sein werde.
	10, 35	Werfet euer Vertrauen nicht weg, welches eine große Belohnung hat.
Luk.	6, 23	Siehe, euer Lohn ist groß im Himmel.
	6, 35	Liebet eure Feinde, so wird euer Lohn groß sein im Himmel.
Mtth.	20, 7	Was recht ist, soll euch werden (Die Letzten bekommen den Gnadenlohn, die Ersten verscherzen sich durch ihr Murren die Freude an ihrem Lohn).

c) Durch Murren, durch Trachten nach Menschenlohn, durch Zerfall einer geistlichen Arbeit bringt man sich um den Lohn.

1 Kor.	9, 17	Tue ich's gern, so wird mir gelohnet.
2 Joh.	8	Sehet zu, daß wir nicht verlieren, was wir gearbeitet haben, sondern vollen Lohn empfangen.
1 Kor.	3, 14	Wird jemandes Werk bleiben, so wird er Lohn empfangen.
Mtth.	6, 5	Sie haben ihren Lohn dahin.

3. Die Vergeltung des Gerichts.

Mtth.	24, 51	Der Herr des Knechts wird ihn zerscheitern und wird ihm seinen Lohn geben mit den Heuchlern.
Ps.	11, 6	Den Gottlosen ein Wetter zum Lohn.
Hebr.	2, 2	Jede Übertretung wird ihren verdienten Lohn empfangen.
Hiob	20, 29	Der Lohn des Gottlosen.
Offenb.	22, 12	Siehe, ich komme bald und mein Lohn mit mir, zu geben einem jeglichen, wie seine Werke sein werden.

Lüge. Die Verleugnung der Wahrheit, ein Hauptmerkmal des Widergöttlichen.

1. Ursprung und Ausbreitung der Lüge.

Joh.	8, 44	Der Satan ist nicht bestanden in der Wahrheit; der Vater der Lüge.
1 Mose	3, 1	Satans Lüge.
Ps.	116, 11	Alle Menschen sind Lügner.
Röm.	3, 4	Gott ist wahrhaftig und alle Menschen Lügner.
	1, 25	Sie haben verwandelt die Wahrheit Gottes in die Lüge.
Ps.	119, 69	Die Stolzen erdichten Lügen.
	4, 3	Wie habt ihr das Eitle so lieb und die Lüge so gern!
2 Thess.	2, 11	Sie glauben der Lüge.
1 Joh.	1, 6	So wir sagen, daß wir Gemeinschaft mit ihm haben und wandeln in der Finsternis, so lügen wir.
	2, 21	Wisset, daß keine Lüge aus der Wahrheit kommt.

2. Gott haßt die Lüge.

Maleachi	3, 6	Ich bin der Herr, der nicht lügt (in der neu durchgesehenen Lutherbibel: und wandle mich nicht).
4 Mose	23, 19	Gott ist nicht ein Mensch, daß er lüge.
1 Sam.	15, 29	Auch lügt der Held in Israel nicht.
Hebr.	6, 18	Es ist unmöglich, daß Gott lügt.
Titus	1, 2	In der Hoffnung des ewigen Lebens, welches verheißen hat, der nicht lügt.
Sprüche	19, 5	Ein falscher Zeuge bleibt nicht ungestraft, und wer Lüge frech redet, wird nicht entrinnen (Sprüche 6, 19: eins der sechs Stücke, die der Herr haßt).
2 Kön.	5, 27	Gehasi wegen seiner Lüge gestraft.
Apgsch.	5, 5	Ananias gestraft, weil er den Heiligen Geist belog (siehe Geist 3 b 3).
Offenb.	21, 27	Es wird nicht hineingehen irgend etwas Gemeines und das da Greuel tut und Lügen.
	22, 15	Draußen sind . . . alle, die liebhaben und tun die Lüge.
Eph.	4, 25	Darum leget die Lüge ab und redet die Wahrheit.

Lust, gelüsten, Wollüste begehren. Das Begehren unseres Herzens ist verkehrt, wenn es auf Gottwidriges, — recht, wenn es auf Gott und Gottgefälliges gerichtet ist.

Der Begriff ist an sich neutral. Jesus nach Luk. 22, 15: Mich hat herzlich verlangt). Schon früh wurde erkannt, daß das Begehren die Wurzel der Sünde ist (Zehntes Gebot: Du sollst nicht begehren). Die Begierde wird durch ihren Gegenstand bestimmt, so Mtth. 5, 28, das Weib; 1 Kor. 10, 6, das Böse; durch die Richtung, so Gal. 5, 7 gegen den Geist; nach dem Träger, so dem Herzen, dem Leib, den

Gliedern, den Augen (Jak. 4, 1; Joh. 2, 16), dem Teufel Joh. 8, 44, der Welt 1 Joh. 2, 17, dem Menschen 1 Petr. 4, 2. Es sind weltliche Begierden Titus 2, 12; fleischliche Lüste 1 Petr. 2, 11. »Die Begierde, die Wollust ist eine Kraft, die in das Gebiet der ungeheiligten Leiblichkeit gehört« (ThW). Schon bei den Griechen wird der an sich neutrale Begriff ethisch entwertet. Die Philosophenschulen fragen: ist die Lust etwas Gutes oder etwas Böses? — Im Neuen Testament wird die Vergnügungssucht, die Lust als eine Kraft verstanden, die wider die Seele streitet. Diese Lüste stehen im erbitterten Kampf gegen Gott (Mrk. 4, 19: Sie ersticken das Wort Gottes), sie streiten wider die Seele (1 Petr. 2, 11), sie wirken den Tod (Jak. 1, 15; Röm. 7, 10). Sie führen in Skaverei (Röm. 7, 23), sie machen die Seele zwiespältig (Jak. 1, 8; 4, 2). Die Irrlehrer lieben die Lüste mehr als Gott (2 Tim. 3, 4). Die neutestamentliche Freude bekommt einen Inhalt, der dem gewöhnlichen Menschenverstand widerspricht: Leiden und Martyrium bringt dem Jünger große Seligkeit, ja ist der Weg zur ewigen Freude (Jak. 1, 2; 1, 12).

1. Die verkehrte Lust bringt das, was den Tod bringt, und haßt das, was allein Leben und volles Genüge gibt.

Joh.	8, 44	Ihr seid von dem Vater, dem Teufel, und nach eures Vaters Lust wollt ihr tun (Ursprung der verkehrten Lust).
1 Mose	3, 6	Das Weib schaute an.
Jak.	1, 14	Ein jeglicher wird versucht, wenn er von seiner eigenen Lust gereizt und gelockt wird.
Röm.	7, 5	Da wir im Fleisch waren, da waren die sündlichen Lüste, welche durchs Gesetz sich erregten, kräftig in unseren Gliedern, dem Tode Frucht zu bringen (Im Fleisch bedeutet: im von Gott losgetrennten Ichleben. In diesem Zustand wirkt das Gebot nicht Befreiung, sondern nur höchste Aufstachelung der Sünde).
Eph.	2, 3	Wir alle haben weiland unseren Wandel gehabt in der Lust des Fleisches.
1 Joh.	2, 16	Alles, was in der Welt ist, des Fleisches Lust und der Augen Lust . . ., ist nicht vom Vater, sondern von der Welt, und die Welt vergeht mit ihrer Lust.
1 Tim.	5, 6	Die (Witwe, welche) in Wollüsten lebt, ist lebendig tot.
Röm.	1, 24	Darum hat sie Gott dahingegeben in ihres Herzens Gelüste.
Judä	16	Die murren und klagen immer, die nach ihren Lüsten wandeln.
1 Kor.	10, 5	Sie wurden niedergeschlagen in der Wüste. Das ist aber uns zum Vorbild geschehen, daß wir uns nicht gelüsten lassen des Bösen.
Sprüche	1, 32	Was die Unverständigen gelüstet, das tötet sie.

2. Los von der verkehrten Lust!

2 Mose	20, 17	Laß dich nicht gelüsten!
2 Tim	2, 22	Fliehe die Lüste der Jugend!
1 Petr.	2, 11	Enthaltet euch von fleischlichen Lüsten, welche wider die Seele streiten!
Titus	2, 12	Verleugnet die weltlichen Lüste.
Gal.	5, 24	Welche aber Christo angehören, die haben ihr Fleisch gekreuzigt samt den Lüsten und Begierden (Der zu Christo Gehörige kommt nur zu ihm durch die Anerkennung des am Kreuz vollzogenen Gerichts).
	5, 16	Wandelt im Geist, so werdet ihr die Lüste des Fleisches nicht vollbringen (In der Stellung von Gal. 5, 24 bleiben).

3. Die rechte Lust.

Ps.	37, 4	Habe deine Lust an dem Herrn, der wird dir geben, was dein Herz wünscht!
	1, 2	Wohl dem, der Lust hat zum Gesetz des Herrn!
	119, 16	Ich habe Lust zu deinen Rechten.
Röm.	7, 22	Ich habe Lust an Gottes Gesetz nach dem inwendigen Menschen.
Sprüche	14, 9	Die Frommen haben Lust an den Frommen.
Hebr.	10, 19	So haben wir denn nun die Freudigkeit zum Eingang in das Heilige durch das Blut Jesu.
Phil.	1, 23	Ich habe Lust abzuscheiden und bei Christo zu sein.
1 Kor.	3, 22	Alles ist euer, ihr aber seid Christi.

4. Die rechte Lust erst dann möglich, wenn Gott Lust an uns hat.

Weish.	1, 13	Gott hat nicht Lust am Verderben der Lebendigen (Hesek. 18, 23).
Hosea	6, 6	Ich habe Lust an der Liebe und nicht am Opfer.
Ps.	18, 20	Er riß mich heraus, denn er hatte Lust zu mir.
Jerem.	32, 41	Es soll meine Lust sein, daß ich ihnen Gutes tue.
Eph.	1, 6	Durch die (Gnade), welche er uns angenehm gemacht hat in dem Geliebten.

Macht, siehe Vollmacht.

Mensch der Sünde, siehe Widerchrist.

Menschensohn, eine messianische Hoheitsbezeichnung im Alten Testament; Selbstbezeichnung Jesu, die seine Hoheit und Niedrigkeit zum Ausdruck bringt; nur einmal von seinem Jünger gebraucht in sichtlicher Anlehnung an ein Herrnwort (Apgsch. 7, 55).

1. Die messianisch verstandenen Stellen im Alten Testament.

Ps.	8, 5	Was ist des Menschen Kind, daß du dich seiner annimmst? Du hast ihn wenig niedriger gemacht denn Gott, und mit Ehre und Schmuck hast du ihn gekrönt. Du hast ihn zum Herrn gemacht über deiner Hände Werk; alles hast du unter seine Füße getan: die Vögel unter dem Himmel und die Fische im Meer.
Dan.	7, 13	Es kam einer in des Himmels Wolken wie eines Menschen Sohn.

2. Jesu Selbstbezeichnung in deutlicher Anlehnung an den achten Psalm. Er ist als der Menschensohn (auch: des Menschen Sohn) der einzige unter seinesgleichen. Auf ihn zielt das Menschengeschlecht. Er ist der verheißene Weibessame.

Joh.	1, 51	Ihr werdet sehen die Engel Gottes herauf und hinab fahren auf den Menschensohn.
Mrk.	1, 13	Er war bei den Tieren, und die Engel dienten ihm.
Luk.	5, 9	Wunderbarer Fischzug (Macht über die Tiere).
Mtth.	9, 6	Des Menschen Sohn hat Macht, die Sünden zu vergeben.
	12, 8	Des Menschen Sohn ist ein Herr auch über den Sabbat.
	18, 11	Des Menschen Sohn ist gekommen, selig zu machen, was verloren ist.

Joh.	5, 27	Der Vater hat ihm Macht gegeben, das Gericht zu halten, darum, daß er des Menschen Sohn ist.
Mtth.	24, 30	Das Zeichen des Menschensohnes am Himmel.
	16, 27	Daß des Menschen Sohn komme in der Herrlichkeit des Vaters.
	26, 64	Werdet sehen des Menschen Sohn sitzen zur Rechten der Kraft.
Apgsch.	7, 55	Ich sehe des Menschen Sohn zur Rechten Gottes stehn (Stephanus).
Luk.	17, 26	In den Tagen des Menschensohnes.
	21, 36	Stehen vor des Menschen Sohn.
	12, 8	Den wird auch des Menschen Sohn bekennen vor den Engeln.

3. Im Gegensatz zu seiner Hoheit steht seine Niedrigkeit.

Ps.	8, 6	Du hast ihn wenig niedriger gemacht denn Gott.
Hebr.	2, 9	Der eine kleine Zeit niedriger gewesen ist denn die Engel.
Mtth.	8, 20	Die Füchse haben Gruben . . ., des Menschen Sohn hat nicht, da er sein Haupt hinlege.
	20, 28	Des Menschen Sohn ist nicht gekommen, daß er sich dienen lasse, sondern daß er diene.
Joh.	12, 34	Des Menschen Sohn muß erhöht werden.
Mrk.	8, 31	Des Menschen Sohn muß viel leiden.
Mtth.	12, 40	Des Menschen Sohn wird drei Tage und drei Nächte unter der Erde sein.
	26, 2	Des Menschen Sohn wird überantwortet werden.
Luk.	22, 48	Verrätst du des Menschen Sohn mit einem Kuß?
Mtth.	16, 13	Wer sagen die Leute, daß des Menschen Sohn sei?
Phil.	2, 8	Er erniedrigte sich selbst . . ., darum hat ihn auch Gott erhöht und ihm einen Namen gegeben, der über alle Namen ist, daß in dem Namen Jesu sich beugen sollen alle derer Knie, die im Himmel, auf Erden und unter der Erde sind.

Mittler, siehe Christus [4 l].

Müdigkeit, müde. Die menschliche Müdigkeit kann durch Gottes Kraft überwunden werden.

1. Menschen werden müde durch die Mühe und machen Gott Mühe durch ihr Wesen.

1 Mose	5, 29	Mühe und Arbeit auf der Erde, die der Herr verflucht hat.
Pred.Sal.	1, 8	Es sind alle Dinge so voll Mühe.
Ps.	6, 7	Ich bin so müde vom Seufzen.
1 Mose	31, 42	Gott hat mein Elend und Mühe angesehen.
Ps.	95, 10	Vierzig Jahre hatte ich Mühe mit diesem Volk.
Jes.	43, 24	Du hast mir Mühe gemacht mit deinen Missetaten.

2. Gott wird nicht müde, zu retten.

Jes.	40, 28	Der Herr . . . wird nicht müde.
Ps.	121, 4	Der Hüter Israels schläft noch schlummert nicht.
Jerem.	31, 25	Ich will die müden Seelen erquicken.
Mtth.	11, 28	Kommet her zu mir, alle, die ihr mühselig seid.
Jes.	50, 4	Der Herr hat mir eine gelehrte Zunge gegeben, daß ich wisse mit dem Müden zur rechten Zeit zu reden (Der Gottesknecht hilft durchs Wort).
	40, 31	Die auf den Herrn harren, kriegen neue Kraft, daß . . . sie nicht müde werden.

3. Menschen, zu denen das Wort der Barmherzigkeit gegangen ist, werden nicht müde.

2 Kor. 4, 1 Nachdem uns Barmherzigkeit widerfahren ist, werden wir nicht müde.

Daher die Aufforderung:

Eph. 3, 13 Daß ihr nicht müde werdet um meiner Trübsale willen.
Gal. 6, 9 Lasset uns Gutes tun und nicht müde werden.
Hebr. 12, 12 Darum richtet wieder auf die lässigen Hände und die müden Knie (Jes. 35, 3).

Nachfolge, nachfolgen: Mit Jesus den Kreuzes- und Auferstehungsweg gehen.

Der Begriff Nachfolge wird im Alten Testament nie in bezug auf Gott gebraucht. Dazu ist das Distanzgefühl zu groß (5 Mose 4, 24: Gott ist ein verzehrendes Feuer). Eher reden die Rabbinen von der Nachahmung Gottes. Doch im Lehrer-Schüler-Verhältnis wird der Ausdruck »Nachfolgen« von ihnen benützt. — Im Neuen Testament ist die Nachfolge streng beschränkt auf die Nachfolge Jesu Christi. Ihm nachzufolgen ist Gabe und Aufgabe zugleich, weil er seinen Nachfolgern Anteil gibt am messianischen Heil, aber auch von ihnen einen ganzen Einsatz erwartet. Es handelt sich dabei nicht um Nachahmung, sondern um Lebens- und Leidensgemeinschaft. Diese Nachfolge ist beschränkt auf den geschichtlichen Jesus. 1 Petr. 2, 21 versteht unter Fußstapfen die Fußspuren des geschichtlichen Jesus. Es wird nur das Tätigkeitswort benützt, nicht das Hauptwort, weil das Nachfolgen eine Tätigkeit zum Ausdruck bringt. — In den Briefen des Apostels Paulus und im Hebräerbrief wird nicht das Wort »nachfolgen«, sondern nachahmen gebraucht (1 Kor. 4, 16; 1 Thess. 1, 6; 2, 14; Hebr. 6, 12).

1. Der Entschluß zur Nachfolge fordert den Entschluß zum Verlassen dessen, woran man bisher hing.

Mtth. 4, 19 Folget mir nach! ... und alsbald verließen sie alles und folgten ihm nach.
19, 21 Verkaufe, was du hast, und komme und folge mir nach!
Luk. 9, 57 Ich will dir nachfolgen ... Des Menschen Sohn hat nicht, da er sein Haupt hinlege.
9, 59 Folge mir nach! Laß die Toten ihre Toten begraben!
9, 62 Wer die Hand an den Pflug legt und sieht zurück, der ist nicht geschickt zum Reiche Gottes.
14, 33 Wer nicht absagt allem, was er hat, kann nicht mein Jünger sein.

2. Jesu nachfolgen heißt, das Kreuz, das Gerichtsholz, auf sich nehmen.

Mtth. 10, 38 Wer nicht sein Kreuz auf sich nimmt und folget mir nach, der ist mein nicht wert.
16, 24 Will mir jemand nachfolgen, der verleugne sich selbst (sage sich selbst ab) und nehme sein Kreuz auf sich und folge mir.

1 Petr.	2, 21	Christus hat gelitten für uns und uns ein Vorbild gelassen, daß ihr sollt nachfolgen seinen Fußstapfen.
1 Joh.	2, 6	Wer da sagt, daß er in ihm bleibt, der soll auch wandeln, gleichwie er gewandelt hat.

3. Der Segen der Nachfolge Jesu Christi.

Luk.	14, 27	Wir werden seine Jünger.
Joh.	8, 12	Wir wandeln im Licht.
	10, 12	Wir sind seine Schafe.
	12, 26	Wer mir dienen will, der folge mir nach; und wo ich bin, da soll mein Diener auch sein.
Offenb.	14, 4	Sie sind Jungfrauen und folgen dem Lamme nach, wo es hingeht (Nicht aus Pflicht, sondern aus Gunst).
Mtth.	19, 27	Wir haben alles verlassen und sind dir nachgefolgt, was wird uns dafür? . . . Wer verlässet Häuser oder Brüder oder Schwestern oder Vater oder Mutter oder Weib oder Äcker um meines Namens willen, der wird's hundertfältig nehmen und das ewige Leben ererben.
1 Kor.	4, 16	Seid meine Nachfolger (Nachahmer) (Paulus zu den Korinthern).
1 Thess.	1, 6	Ihr seid unsere Nachfolger (Nachahmer) geworden und des Herrn und habt das Wort aufgenommen unter viel Trübsalen mit Freuden im Heiligen Geist.
	2, 14	Ihr seid Nachfolger (Nachahmer) geworden der Gemeinden Gottes . . ., weil ihr ebendasselbe erlitten habt.
Hebr.	6, 12	Daß ihr nicht träge werdet, sondern Nachfolger (Nachahmer) derer, die durch Glauben und Geduld ererben die Verheißungen.

Name ist Stellvertretung der Person durch das Wort. Wo der Name ist, ist auch die Person. Der Name Gottes ist zu ehren wie Gott selbst. Mit dem Anrufen seines Namens ist er selbst beansprucht und angerufen. Etwas in seinem Namen tun, heißt etwas in Verbindung mit ihm, unter Berufung auf ihn tun.

Oft wird der Name Gottes gebraucht als Ruhm, Ehre Jahwes, als Wechselbegriff Gottes im Parallelismus der Psalmen, ja vielleicht als selbständige Offenbarungsform. Jesus bekommt seinen Namen von Gott (Mtth. 1, 21), er bekommt den höheren Namen (des Sohnes, Hebr. 1, 4), ja den Namen, der über alle Namen ist (Phil. 2, 9: Kyrios, Herr, mit dem Jahwe genannt wurde, während man Jahwe nicht auszusprechen wagte). Jesus verherrlicht den Namen des Vaters Joh. 12, 28), er offenbart ihn den Menschen (Joh. 17, 26). Jesus wird der Herr aller Herren genannt (Offenb. 19, 16). Nur er selbst weiß seinen Namen (Offenb. 19, 12; Mtth. 11, 27). In seinem Namen handeln seine Jünger in Vollmacht (Luk. 10, 17: Die Teufel sind ihnen untertan in seinem Namen; Apgsch. 3, 6: In seinem Namen heilt Petrus den Lahmen; Apgsch. 4, 30 bittet die Gemeinde, daß Zeichen und Wunder geschehen durch den Namen deines heiligen Knechtes Jesu). Im Namen Jesu vergeben sie die Sünden (Joh. 20, 23; Apgsch. 10, 43: Durch seinen Namen Vergebung der Sünden). In seinem Namen taufen sie (Mtth. 28, 19) und erweisen Liebe (Mtth. 18, 5). Seinen Namen bezeugen sie Apgsch. 9, 15: Paulus soll seinen Namen tragen vor die Heiden, vor den Königen und den Kindern Israel und Luk. 24, 47: predigen lassen in seinem Namen Buße und Vergebung der Sünden unter allen Völkern und anheben zu Jerusalem. Apgsch. 4, 12: Und ist in keinem andern Heil, ist auch kein anderer Name unter dem Himmel den Menschen gegeben; Hebr. 13, 15: Frucht der Lippen, die seinen Namen bekennen. In seinem Namen beten und danken sie. Eph. 5, 20; Phil. 2, 10: Im Namen Jesu sollen sich beugen alle Knie; Joh. 14, 13: Bitten in seinem Namen (Joh. 16, 23. 24). Apgsch. 7, 50: Stephanus rief an und sprach: Herr Jesu, nimm meinen Geist auf!; Offenb. 22, 20: Ja, komm, Herr Jesu! In seinem Namen leiden sie. Mtth. 10, 22: Ihr müsset gehaßt werden um meines Namens willen; Joh. 15, 21: Sie werden euch antun um meines Namens willen; Apgsch. 9, 16: Wieviel er leiden muß um meines Namens willen; 1 Petr. 4, 14: Selig seid ihr, wenn ihr geschmäht werdet um meines Namens willen; Apgsch. 21, 13: Ich bin bereit zu sterben um des Namens willen des Herrn Jesu; Offenb. 2, 13: Du hältst fest an meinem Namen; Offenb. 3, 8: Du hast meinen Namen nicht verleugnet; Apgsch. 5, 41: Gewürdigt um des Herrn Namens willen zu leiden. Die Feinde lästern den Namen des Herrn (Röm. 2, 24: Eurethalben wird Gottes Name gelästert unter den Heiden).

1. Der Name Gottes und Jesu Christi.

2 Mose	3, 13	Wie heißt sein Name? Ich werde sein, der ich sein werde.
Richt.	13, 18	Was fragst du mich nach meinem Namen, der doch wundersam ist.
2 Mose	34, 5	Der Herr rief aus des Herrn Namen: Herr, Herr Gott, barmherzig und gnädig und geduldig und von großer Gnade und Treue!
Jes.	9, 5	Er heißt Wunderbar, Rat.
Jerem.	23, 6	Dies wird sein Name sein: Der Herr ist unsere Gerechtigkeit.
Offenb.	19, 11	Er hieß Treu und Wahrhaftig.
	19, 13	Sein Name heißt: das Wort Gottes.
Ps.	7, 18	Ich will loben den Namen des Herrn.
Mtth.	6, 9	Dein Name werde geheiligt!
Ps.	124, 8	Unsere Hilfe steht im Namen des Herrn.
Joel	3, 5	Wer den Namen des Herrn anrufen wird, der soll errettet werden.
Sprüche	18, 10	Der Name des Herrn ist ein festes Schloß.
Ps.	23, 3	Führet mich auf rechter Straße um seines Namens willen (Damit sein Name nicht zuschanden, sondern geehrt werde, Ps. 25, 11).
Apgsch.	19, 17	Der Name des Herrn Jesu ward hochgelobt! 2 Thess. 1, 12.
1 Mose	4, 26	Zu der Zeit fing man an, zu predigen von des Herrn Namen.
Hebr.	13, 15	Seinen Namen bekennen.
Offenb.	3, 8	Du hast meinen Namen nicht verleugnet.
Phil.	2, 9	Gott hat ihm einen Namen gegeben, der über alle Namen ist (Der Jahwename für Christus).
Joh.	3, 18	Der ist schon gerichtet; denn er glaubt nicht an den Namen des eingeborenen Sohnes Gottes.
1 Joh.	3, 23	Das ist sein Gebot, daß wir glauben an den Namen seines Sohnes Jesu Christi.
Joh.	20, 31	Durch den Glauben das Leben haben in seinem Namen.
Apgsch.	4, 12	Es ist kein anderer Name den Menschen gegeben, darin wir sollen selig werden.

2. Was wir tun in Gottes und Jesu Namen.

Mtth.	18, 5	Wer ein solches Kind aufnimmt in meinem Namen.
	28, 19	Taufet sie im Namen des Vaters und des Sohnes und des Heiligen Geistes.
Mrk.	16, 17	In meinem Namen werden sie Teufel austreiben (Apgsch. 3, 16).
Joh.	16, 23	So ihr den Vater etwas bitten werdet in meinem Namen, so wird er es euch geben (siehe Gebet 3 h).
Apgsch.	9, 16	Leiden um meines Namens willen.
Mtth.	19, 29	Wer verläßt . . . um meines Namens willen.
	10, 22	Ihr müsset gehaßt werden um meines Namens willen.

neu, erneuern, siehe Wiedergeburt.

nüchtern, siehe Schlaf [3].

Obrigkeit.

1. Alle Gewalt nimmt ihren Ausgang von Gott.

Joh.	19, 11	Du hättest keine Macht über mich, wenn sie dir nicht wäre von oben herab gegeben.
Röm.	13, 1	Es ist keine Obrigkeit ohne von Gott.
	13, 2	Sie ist Gottes Ordnung (Paulus von der römischen Obrigkeit, der Verfolgerin der Christen).
Mtth.	22, 21	Gebet dem Kaiser, was des Kaisers ist, und Gott, was Gottes ist.

2. Die Eigenschaften rechter Obrigkeit nach Gottes Willen.

2 Mose	18, 21	Siehe dich um unter allem Volk nach redlichen Leuten, die Gott fürchten, wahrhaftig und dem Geiz feind sind; die setze über sie.
Josua	1, 7	Daß du haltest und tust allerdinge nach dem Gesetz. Weiche nicht davon weder zur Rechten noch zur Linken!
Röm.	13, 4	Gottes Dienerin, eine Rächerin zur Strafe über den, der Böses tut.
	13, 6	Gottes Diener, die solchen Schutz sollen handhaben.
1 Petr.	2, 14	Zur Rache über die Übeltäter und zu Lobe den Frommen.

3. Christen sind der Obrigkeit untertan und beten für sie.

Röm.	13, 1	Jedermann sei untertan der Obrigkeit.
Titus	3, 1	Daß sie den Fürsten und der Obrigkeit untertan seien.
1 Petr.	2, 17	Ehret den König.
1 Tim.	2, 1	Daß man tue Bitte, Gebet, Fürbitte . . . für die Könige und für alle Obrigkeit.

4. Gott allein ist König, darum muß man ihm mehr gehorchen als den Menschen.

1 Tim.	6, 15	Der allein Gewaltige, der König aller Könige und Herr aller Herren.
Apgsch.	5, 29	Man muß Gott mehr gehorchen als den Menschen.
Mtth.	5, 39	Ihr sollt nicht widerstreben dem Übel.

Mtth.	10, 17	Sie werden euch überantworten vor ihre Rathäuser und werden euch geißeln (Bei einem Zwiespalt zwischen Obrigkeit und Gottes Willen heißt es für den Christen, willig zu leiden und zu sterben).
	20, 25	Die Oberherren haben Gewalt. So jemand unter euch will gewaltig sein, der sei euer Diener (Christen wachsen in eine andere Ordnung der Dinge hinein).
1 Kor.	15, 24	Wenn er aufheben wird alle Herrschaft und alle Obrigkeit und Gewalt.

Offenbarung, offenbar. Offenbarung, der Blick ins Verborgene, ist nur Gott möglich und dem, welchem er die Augen öffnet.

1. Wir sind Gott offenbar.

Sirach	17, 16	Alle ihre Werke sind vor ihm offenbar wie die Sonne.
Mtth.	10, 26	Es ist nichts verborgen, das nicht offenbar werde.
Luk.	2, 35	Daß vieler Herzen Gedanken offenbar werden.
1 Tim.	5, 24	Etlicher Menschen Sünden sind offenbar, daß man sie richten kann, bei etlichen werden sie hernach offenbar.
2 Kor.	5, 10	Wir müssen alle offenbar werden vor dem Richtstuhl Christi.

2. Der verborgene Gott offenbart sich und seinen Rat durch Christus und den Heiligen Geist, wem er will (den Unmündigen und denen, die ihn lieben).

1 Tim.	3, 16	Gott geoffenbart im Fleisch.
Mtth.	11, 27	Niemand kennet den Vater denn der Sohn, und wem der Sohn es will offenbaren.
	11, 25	Den Weisen verborgen, den Unmündigen geoffenbart.
	16, 17	Fleisch und Blut haben dir es nicht geoffenbart, sondern mein Vater in dem Himmel.
Joh.	17, 6	Ich habe deinen Namen geoffenbart den Menschen.
Mrk.	16, 14	Zuletzt, da die Elf zu Tische saßen, offenbarte er sich.
Joh.	14, 21	Wer mich liebet, der wird von meinem Vater geliebt werden, und ich . . . werde mich ihm offenbaren.
1 Kor.	2, 10	Uns hat es Gott geoffenbart durch seinen Geist.
Gal.	1, 16	Daß er seinen Sohn offenbare in mir.
Phil.	3, 15	Solltet ihr sonst etwas halten, das lasset euch Gott offenbaren.
2 Petr.	1, 21	Die heiligen Menschen Gottes haben geschrieben, getrieben durch den Heiligen Geist.
Mtth.	1, 20	Der Traum des Joseph.
2 Kor.	12, 7	Die hohen Offenbarungen des Paulus durch Gesicht.
Eph.	3, 3	Kundgeworden durch Offenbarung.
Gal.	2, 2	(Paulus) zog hinauf aus einer Offenbarung.
Offenb.	1, 1	Dieses ist die Offenbarung Jesu Christi.
Eph.	1, 17	Daß Gott euch gebe den Geist der Offenbarung.
1 Kor.	14, 26	Wenn ihr zusammenkommt, so hat ein jeglicher Psalmen . . ., er hat Offenbarung.

3. Die verborgene Herrlichkeit des Gekreuzigten und seiner Nachfolger wird am Ende offenbar.

1 Petr.	4, 13	Auf daß ihr zur Zeit der Offenbarung seiner Herrlichkeit Freude und Wonne haben möget.
Röm.	8, 19	Das ängstliche Harren der Kreatur wartet auf die Offenbarung der Kinder Gottes.

Opfer, opfern ist eine Gabe des Menschen an Gott zur Sühne, Reinigung, zum Dank und zur Besiegelung eines Bundes. Gott hat im Gesetz Moses die Opfer ausdrücklich angeordnet, damit sie hinweisen auf die Sühnebedürftigkeit der Menschen und das große Sühneopfer Christi. Im Opfer Christi, das Gott selbst darbringt, ist der alttestamentliche Opferkult erfüllt. Sein Opfer reinigt das Gewissen derer, die an ihn glauben. Das äußerliche Dankopfer ist erfüllt durch die Opferung des Lebens, die der Glaubende Gott darbringt; das Bundesopfer am Sinai durch das Neue Testament im Blut Jesu, auf das das Heilige Abendmahl hinweist (siehe Abendmahl).

1. Die Opfergesetze im Alten Bund.

3 Mose 1–7 Opfergesetze. Brand-, Speis-, Dank-, Sünd-, Schuldopfer.
2 Mose 24 Bundesopfer am Sinai.

2. Die Unvollkommenheit dieser Opfer wird bewiesen:

a) durch ihre Wiederholung;

Hebr. 9, 9 Sie können nicht vollkommen machen nach dem Gewissen (10, 1).

b) durch die Mahnungen der Propheten zum Opfer des Herzens.

1 Sam. 15, 22 Meinst du, der Herr habe Lust am Opfer gleich wie am Gehorsam?
Ps. 40, 7 Opfer und Speisopfer gefallen dir nicht, aber die Ohren hast du mir aufgetan.
Jes. 1, 11 Was soll mir die Menge eurer Opfer?
Hosea 6, 6 Ich habe Lust an der Liebe und nicht am Opfer.

3. Das einmalige Opfer Jesu Christi, von Gott selbst veranstaltet, vollendet die Sühne, die Reinigung und reißt hinein in den Gehorsam alle, die an ihn glauben.

Röm. 3, 25 Welchen Gott hat vorgestellet zu einem Gnadenstuhl.
8, 32 Welcher auch seines eigenen Sohnes nicht hat verschont (Vorgebildet in der Opferung Isaaks).
Hebr. 10, 14 Mit einem Opfer hat er in Ewigkeit vollendet, die geheiligt werden.
9, 14 Wieviel mehr wird das Blut Christi, der sich selbst ohne allen Fehl durch den ewigen Geist Gott geopfert hat, unser Gewissen reinigen von den toten Werken, zu dienen dem lebendigen Gott!
9, 28 Christus ist einmal geopfert, wegzunehmen vieler Sünden.
Röm. 12, 1 Ich ermahne euch durch die Barmherzigkeit Gottes, daß ihr eure Leiber begebet zum Opfer.

Paradies, siehe Hölle.

Predigt, predigen. Predigt der Heroldsruf, der öffentlich den Willen und Rat Gottes zum Gericht und zur Erlösung kundmacht.

1. Gott hat zu allen Zeiten den Menschen predigen lassen.

1 Mose 4, 26 Zu derselben Zeit fing man an zu predigen von des Herrn Namen.

1 Mose	12, 8	Abraham predigte von dem Namen des Herrn.
Jes.	40, 2	Predige ihr, daß ihre Dienstbarkeit ein Ende hat.
	40, 3	Es ist eine Stimme eines Predigers in der Wüste.
Jerem.	35, 14	Ich habe stets euch predigen lassen, doch gehorchtet ihr mir nicht.
Mtth.	24, 14	Es wird gepredigt werden das Evangelium vom Reich in der ganzen Welt.
Luk.	24, 47	Predigen lassen unter allen Völkern.
2 Tim.	4, 2	Predige das Wort, halte an, es sei zur rechten Zeit oder zur Unzeit.
1 Petr.	3, 19	Christus hat gepredigt den Geistern im Gefängnis.

2. Das Predigtamt ist ein verantwortungsschweres Amt.

a) Es bedarf einer Berufung dazu.

Jes.	41, 27	Ich gebe Jerusalem Prediger
	61, 1	Er hat mich gesandt, den Elenden zu predigen.
Röm.	10, 15	Wie sollen sie predigen, wo sie nicht gesandt werden?
2 Tim.	1, 11	Für welches ich gesetzt bin, ein Prediger.
Jerem.	1, 6	Ich tauge nicht zu predigen, ich bin zu jung (Einwände).
	20, 9	Wohlan, ich will . . . nicht mehr in seinem Namen predigen . . . Aber es ward in meinem Herzen wie ein brennendes Feuer.

b) Die hohe Verantwortung der Predigt.

Hesek.	3, 18	Du warnest ihn nicht (den Gottlosen), so will ich sein Blut von deiner Hand fordern.
1 Kor.	9, 27	Daß ich nicht anderen predige und selbst verwerflich werde.

c) Der Inhalt der Predigt.

Ps.	116, 13	Des Herrn Namen predigen.
	87, 3	Herrliche Dinge werden in dir gepredigt.
Luk.	4, 19	Predige das angenehme Jahr des Herrn.
	24, 47	Predigen lassen in seinem Namen Buße und Vergebung der Sünden.
2 Kor.	3, 9	So das Amt, das die Verdammnis predigt, Klarheit hat, wieviel mehr hat das Amt, das die Gerechtigeit predigt, überschwengliche Klarheit!
	4, 5	Wir predigen nicht uns selbst, sondern Jesum Christum, daß er sei der Herr.
Apgsch.	10, 36	Verkündigen lassen den Frieden durch Christum.
Gal.	3, 2	Predigt vom Glauben.
1 Kor.	15, 14	Ist Christus nicht auferstanden, so ist unsere Predigt vergeblich.
Mtth.	24, 14	Es wird gepredigt das Evangelium.

d) Die Art der Predigt.

1 Kor.	1, 21	Törichte Predigt.
	2, 1	Nicht mit hohen Worten.
Mtth.	7, 29	Gewaltig predigen (mit Vollmacht).
Jes.	40, 2	Redet mit Jerusalem freundlich!
Zeph.	3, 9	Mit freundlichen Lippen (Neu durchgesehene Lutherbibel: Ich will den Völkern reine Lippen geben).
Apgsch.	4, 29	Gib deinen Knechten mit aller Freudigkeit zu reden dein Wort (Gebete der Gemeinde).

e) Die Wirkung der Predigt.

Jes.	42, 20	Man predigt wohl viel, aber sie halten's nicht; man sagt ihnen genug, aber sie wollen's nicht hören.
	53, 1	Aber wer glaubt unserer Predigt?
Röm.	10, 17	Es kommt der Glaube aus der Predigt.

1 Kor. 1, 6 Wie denn die Predigt von Christo ist kräftig in euch geworden.
Gal. 3, 2 Habt ihr den Geist empfangen durch des Gesetzes Werke oder durch die Predigt vom Glauben?
1 Kor. 1, 21 Durch törichte Predigt selig zu machen.

Priester, Hoherpriester, Priestertum, Fürsprecher. Das von Gott bestellte Amt zur Ausrichtung des Opfers und Gottesdienstes. Durch das Gesetz Moses beschränkt auf die Nachkommen Aarons, die noch einer besonderen Weihe bedürfen, um Gott nahen zu können. Sie dienen Gott durch Darbringung des Opfers und vertreten das Volk vor Gott und Gott vor dem Volk als Segensträger und Gesetzesbewahrer. Der Hohepriester hat diese Aufgaben in besonderer Weise zu erfüllen. Jesus ist der Vollender des Priestertums, weil er der ewige Gottessohn ist (Hebr. 1, 2). Aus Barmherzigkeit hat er unser Fleisch und Blut angenommen (Hebr. 2, 14). Er schämt sich nicht, uns Brüder zu heißen (Hebr. 2, 11). Im Gehorsam und im Leiden bewährt er seine Gottessohnschaft und prägt dadurch dem zeitlichen Geschehen seines Erdenlebens den Charakter der Ewigkeit auf. Was er für uns tat, hat er ein für allemal getan und damit eine ewige Erlösung erfunden (Hebr. 9, 12; 10, 10. 14). Er ist für uns der Weg zum himmlischen Heiligtum, indem er uns vorausging als Bahnbereiter (Hebr. 6, 20). Wir haben einen Hohenpriester (Hebr. 10, 21), der Heilsstand ist unser Besitz. Wir haben einen Altar, der weit hinausgeht über den alttestamentlichen (Hebr. 13, 10). Wir haben den rechten Gottesdienst, der in Ewigkeit gilt, zu dienen dem lebendigen Gott. Wir haben die realen, zukünftigen Güter, von denen das Gesetz nur ein Schatten ist: eine endgültige, vollkommene Erlösung (Hebr. 9, 12), die Vergebung (Hebr. 10, 18), die Reinigung vom Schuldbewußtsein (Hebr. 9, 14), das Geheiligtsein (Hebr. 10, 10). Wir haben einen starken Trost (Hebr. 6, 18) und die Hoffnung, in das himmlische Heiligtum zu gelangen (Hebr. 6, 19). Wir haben den freien Zugang, uns zu Gott zu nahen. In Christus ist die Vollendung und das Ende des Priestertums. Durch ihn wird das Volk der Glaubenden ein priesterliches Volk. Seitdem gibt es keinen besonderen priesterlichen Stand mehr. Doch bleibt priesterliches Handeln eine hohe Geistesgabe, die bei manchem Gläubigen besonders hervortritt und bei keinem Prediger fehlen sollte.

1. Aussonderung und Weihe der Priester.

1 Mose 14, 18 Melchisedek, ein Priester Gottes des Höchsten.
2 Mose 28, 1 Du sollst Aaron und seine Söhne zu dir nehmen aus den Kindern Israel, daß er mein Priester sei.
28, 36 Stirnblatt: Heilig dem Herrn.
29, 21 Du sollst von dem Blut nehmen, so wird er und seine Kleider und seine Söhne und ihre Kleider geweiht.

2. Der Auftrag des Priesters und des Hohenpriesters.

2 Mose 28, 29 Also soll Aaron den Namen der Kinder Israel tragen in dem Amtsschildlein . . . zum Gedächtnis vor Gott.

2 Mose	28, 38	Daß er sie versöhne vor dem Herrn (3 Mose 16: Versöhnungstag).
4 Mose	18, 7	Daß ihr dienet in allerlei Geschäft des Altars. Wenn sich ein Fremder herzutut, der soll sterben.
	6, 23	Also sollt ihr sagen zu den Kindern Israel, wenn ihr sie segnet.
2 Mose	28, 30	Du sollst in das Amtsschildlein tun Licht und Recht (Die heiligen Lose zur Erfragung des göttlichen Willens).
Maleachi	2, 7	Der Priester Lippen sollen die Lehre bewahren.

3. Die Vollendung des Priestertums.

Hebr.	4, 15	Der große Hohepriester hat Mitleid, ist versucht, doch ohne Sünde.
	7, 24	Dieser hat ein unvergängliches Priestertum (von Jesus).
	7, 25	Er bittet für sie.
1 Joh.	2, 1	Einen Fürsprecher beim Vater, Jesum.
Röm.	8, 26	Der Geist selbst vertritt uns mit unaussprechlichem Seufzen.
Hebr.	9, 12	Durch sein eigen Blut ist er einmal in das Heilige eingegangen und hat eine ewige Erlösung erfunden.
	9, 28	Zum anderen Mal wird er ohne Sünde erscheinen denen, die auf ihn warten zur Seligkeit.
	7, 26	Heilig, unschuldig, höher, denn der Himmel ist.

4. Das priesterliche Volk.

2 Mose	19, 6	Ihr sollt mir ein priesterlich Königreich und ein heiliges Volk sein.
Jes.	61, 6	Ihr sollt Priester des Herrn heißen.
1 Petr.	2, 9	Ihr seid das auserwählte Geschlecht, das königliche Priestertum.
Offenb.	1, 6	Christus hat uns zu Königen und Priestern gemacht. 5, 10.

5. Das priesterliche Handeln im Neuen Bund.

Joh.	20, 23	Welchen ihr die Sünden erlasset, denen sind sie erlassen (Der Auferstandene zu den Aposteln).
Apgsch.	8, 17	Da legten sie die Hände auf sie (die Apostel), und sie empfingen den Heiligen Geist.
	13, 3	Da fasteten sie und beteten und legten die Hände auf sie und ließen sie gehen (die Ältesten zu Antiochien).
Eph.	1, 16	Ich gedenke euer in meinem Gebet.
Kol.	1, 24	Das Leiden, das ich für euch leide.
Röm.	9, 3	Ich habe gewünscht, verbannet zu sein von Christo für meine Brüder (2 Mose 32, 32).
Gal.	6, 2	Einer trage des andern Last.
Offenb.	3, 2	Stärke das andere, das sterben will.

Prophet. Das prophetische Amt ist nicht an die Familie oder eine gesetzliche Ordnung gebunden, wie das der Priester und Leviten, sondern frei und unmittelbar von Gott selbst als Auftrag auferlegt. Der Prophet wurzelt mit seinen Erkenntnissen im Überzeitlichen, daher auch sein Durchblick durch Vergangenes und Zukünftiges. Der Prophet sieht mit Gottes Augen und ist Gottes Mund. Die Reihe der Propheten gipfelt in Christus. Auch in der Gemeinde Jesu ist das prophetische Amt lebendig bis zur Gegenwart.

1. Der Prophet ist von Gott gesandt.

Jerem.	25, 4	So hat der Herr zu euch gesandt alle seine Knechte, die Propheten.
Luk.	11, 49	Ich will Propheten und Apostel zu ihnen senden.

2. Der Prophet sieht mit Gottes Augen und ist Gottes Mund.

1 Sam. 9, 9 Die man jetzt Propheten nennt, die hieß man vor Zeiten Seher.

1 Mose 20, 7 Er ist ein Prophet (Abraham).

5 Mose 34, 10 Hinfort kein Prophet, den der Herr erkannt hätte von Angesicht zu Angesicht, wie Mose.

4 Mose 12, 6 Ist jemand unter euch ein Prophet des Herrn, dem will ich mich kundmachen in einem Gesicht oder will mit ihm reden im Traum.

1 Sam. 10, 5 Ein Haufe Propheten von der Höhe herabkommend, und vor ihnen her Psalter und Pauke und Flöte und Harfe, und sie werden weissagen, und der Geist des Herrn wird über dich kommen, daß du mit ihnen weissagest; da wirst du ein anderer Mann werden (Durch die mit dem Weissagen verbundene Sinnesänderung abgegrenzt von Schwärmerei und der auch bei den Heiden vorkommenden Ekstase).

Amos 3, 7 Der Herr tut nichts, er offenbare denn sein Geheimnis den Propheten, seinen Knechten.

Offenb. 22, 6 Der Herr, der Gott der Geister der Propheten, hat seinen Engel gesandt, zu zeigen seinen Knechten, was bald geschehen muß.

2 Mose 7, 1 Aaron soll dein Prophet (Mund) sein.

Jes. 6, 7 Gott rührte meinen Mund an (mit der glühenden Kohle).

Jerem. 1, 9 Ich lege meine Worte in deinen Mund.

23, 28 Ein Prophet, der Träume hat, der erzähle Träume; wer aber mein Wort hat, der predige mein Wort recht.

3. Die Lügenpropheten haben einen falschen Geist.

1 Kön. 22, 22 Falscher Geist in aller Propheten Mund.

Jes. 9, 14 Propheten, die falsch lehren.

Jerem. 14, 14 Die Propheten weissagen falsch in meinem Namen. Ich habe sie nicht gesandt und ihnen nichts befohlen und habe nichts mit ihnen geredet.

Hesek. 13, 3 Wehe den tollen Propheten, die ihrem eigenen Geist folgen und haben keine Gesichte.

14, 9 Wo aber ein Prophet sich betören läßt, etwas zu reden.

Mtth. 7, 15 Sehet euch vor vor den falschen Propheten, die in Schafskleidern zu euch kommen, inwendig aber sind sie reißende Wölfe (siehe Widerchristus).

4. Jesus ist der Prophet.

5 Mose 18, 18 Ich will ihnen einen Propheten, wie du bist, erwecken aus ihren Brüdern (Apgsch. 3, 22 Anspielung darauf).

Luk. 7, 16 Es ist ein großer Prophet unter uns aufgestanden.

Joh. 6, 14 Das ist wahrlich der Prophet, der in die Welt kommen soll.

Luk. 4, 21 Heute ist diese Schrift erfüllt vor euren Ohren (nämlich Jes. 61, 1, 2: Er hat mich gesandt zu verkündigen – auf den Propheten gedeutet).

Apgsch. 10, 43 Von diesem zeugen alle Propheten, daß durch seinen Namen alle, die an ihn glauben, Vergebung der Sünden empfangen sollen.

5. Die Prophetie im Neuen Testament.

Apgsch. 15, 32 Judas und Silas, die auch Propheten waren.

Mtth. 23, 34 Ich sende zu euch Propheten und Weise und Schriftgelehrte.

10, 41 Wer einen Propheten aufnimmt in eines Propheten Namen, soll eines Propheten Lohn empfangen.

1 Kor. 12, 28	Gott hat gesetzt in der Gemeinde aufs erste die Apostel, aufs andere die Propheten.
Apgsch. 21, 10	Es reiste herab ein Prophet aus Judäa, mit Namen Agabus, und kam zu uns.
1 Kor. 14, 37	So jemand sich läßt dünken, er sei ein Prophet.
Apgsch. 2, 18	Ich will von meinem Geist ausgießen, und sie sollen weissagen (Joelweissagung an Pfingsten erfüllt; mit der Geistesgabe an die Gläubigen ist auch die prophetische Gabe verknüpft, die je nach der Geistesfülle mehr oder weniger hervortritt).

Recht, Rechtfertigung, siehe Gerechtigkeit.

Rede, reden, siehe Wort [II].

Reich Gottes. Himmelreich, ist die Herrschaft Gottes, in welcher sein Heilsratschluß zur Verwirklichung kommt. Die irdischen Reiche stehen fast immer im Gegensatz gegen Gott und sind dem Teufel verfallen, besonders die römische Weltmacht (Offenb. 13). Darum verspricht der Fürst dieser Welt die Reiche dieser Welt zu vergeben, wem er will (Mtth. 4, 8). Das Reich des Königs David ist die Herrschaft der Auserwählten und des auserwählten Volkes und als solche die Herrschaft des Messias, der der wahre König Israels ist. Sein Reich hat kein Ende (Luk. 1, 33; 23, 42; 2 Petr. 1, 11: Es wird euch reichlich dargereicht werden der Eingang zu dem ewigen Reich unseres Herrn und Heilandes Jesus Christi; 2 Tim. 4, 18: Der Herr wird mich erlösen ... und mir aushelfen zu seinem himmlischen Reich; Offenb. 11, 15: Es sind die Reiche der Welt unseres Herrn und seines Christus geworden, und er wird regieren von Ewigkeit zu Ewigkeit). Matthäus spricht vom Himmelreich, um die Andersartigkeit, den Unterschied von einem irdischen Reich, stark zu betonen. Man bekommt den Anteil am Reich Christi geschenkweise ohne Verdienst (Mtth. 21, 31: Zöllner und Huren kommen eher hinein als die Hohenpriester und Ältesten; Luk. 22, 29: Ich will euch das Reich bescheiden; Hebr. 12, 28: Dieweil wir empfangen ein unbeweglich Reich; die Armen bekommen es, Mtth. 5, 3). Und doch kostet es den höchsten Einsatz (Mtth. 6, 33: Trachtet am ersten; Luk. 16, 16: Mit Gewalt dringt man hinein; die um Gerechtigkeit willen Verfolgten, Mtth. 5, 10; die alles daransetzen, Mtth. 13, 44—46; die der Verführungsmacht radikal widerstehen, Mtth. 5, 29; die auf den Fels bauen, hören und tun, Mtth. 7, 24—27; wenige sind auserwählt, Mtth. 20, 16; Mtth. 25, 10 die klugen Jungfrauen; die treuen Knechte, die Barmherzigen, Mtth. 25). Hingabe an Jesus wird verlangt bis zum Haß gegen das eigene Leben, gegen die eigene Familie (Mtth. 10, 37). Die Herr-Herr-Sager kommen nicht hinein (Mtth. 7, 21). Das Reich Gottes ist Jesus selbst (Mtth. 21, 9 verglichen mit Mrk. 11,10). Es geht um seinen Namen (Mtth. 19, 29), um ihn selbst (Mrk. 9, 1; Mtth. 16, 28). Darum tritt der Ausdruck »Reich Gottes« in den Briefen des Neuen Testaments zurück, wenn er auch nicht ganz fehlt. Dafür wird der Glaube an Jesus Christus

verkündigt. Nie werden die Christen selbst mit dem Reich Gottes identifiziert. Sie werden Könige genannt, sie werden mitherrschen, aber nur durch ihre Verbundenheit mit Christus (Offenb. 1, 6; 2 Tim. 2, 12).
Erst bei den apostolischen Vätern wird Reich Gottes und Kirche einander angenähert. Bei Augustin wird Reich Gottes und Kirche identifiziert. Aber Kirche und Gemeinde haben das Reich Gottes als Hoffnung, Besitz und Kraft, sind aber nicht seine Erscheinungsform.

1. Die frohe Botschaft vom Reich.

a) Als Heilsoffenbarung Gottes wird das Reich Gottes sehnsüchtig erwartet.

Jes.	2, 11	Der Herr wird allein hoch sein zu dieser Zeit.
	52, 7	Dein Gott ist König.
Jerem.	23, 5	Es soll ein König sein, der Recht und Gerechtigkeit anrichtet auf Erden.
Dan.	7, 14	Seine (des Menschensohn) Gewalt ist ewig, die nicht vergeht, und sein Königreich hat kein Ende.
Luk.	16, 16	Das Gesetz und die Propheten weissagen bis auf Johannes, und von der Zeit wird das Reich Gottes durchs Evangelium gepredigt.
Mrk.	15, 43	Joseph von Arimathia, welcher auch aufs Reich Gottes wartete.
Luk.	17, 20	Wann kommt das Reich Gottes?
Mtth.	3, 2	Tut Buße, das Himmelreich ist nahe herbeigekommen!
	6, 10	Dein Reich komme!

b) Es wird verkündigt als frohe Botschaft und durch die Heilungen veranschaulicht.

Mrk.	1, 15	Die Zeit ist erfüllt, und das Reich Gottes ist herbeigekommen.
Mtth.	10, 7	Gehet aber und predigt, das Himmelreich ist nahe herbeigekommen!
Luk.	4, 43	Ich muß das Evangelium verkündigen vom Reich Gottes.
	8, 1	Er reiste durch die Städte und Märkte und verkündigte das Evangelium vom Reich Gottes.
	9, 2	Sandte aus, zu predigen das Reich Gottes und zu heilen die Kranken.
Apgsch.	1, 3	Er redete mit ihnen vom Reich Gottes.
	19, 8	Er lehrte . . . vom Reich Gottes.
		Paulus predigte das Reich Gottes.

2. Es steht im Gegensatz zur herrschenden Weltordnung (siehe Himmel 3 b).

Mtth.	10, 7	Das Himmelreich ist nahe herbeigekommen.
Joh.	18, 36	Mein Reich ist nicht von dieser Welt.
	3, 3	Es sei denn, daß ein Mensch von neuem geboren werde, so kann er das Reich Gottes nicht sehen.
Luk.	17, 20	Das Reich Gottes kommt nicht mit äußeren Gebärden.
Mtth.	18, 3	Es sei denn, daß ihr umkehret und werdet wie die Kinder, so werdet ihr nicht ins Himmelreich kommen.
1 Kor.	15, 50	Fleisch und Blut können das Reich Gottes nicht ererben.
	6, 9	Wisset ihr nicht, daß die Ungerechten werden das Reich Gottes nicht ererben?
Gal.	5, 21	Die solches tun, werden das Reich Gottes nicht ererben.
Apgsch.	14, 22	Daß wir durch viele Trübsale müssen in das Reich Gottes gehen.
Mtth.	13, 11	Euch ist's gegeben, daß ihr das Geheimnis des Himmelreichs versteht.

Mtth.	6, 33	Trachtet am ersten nach dem Reich Gottes und nach seiner Gerechtigkeit, so wird euch solches alles zufallen.
Luk.	13, 29	Es werden kommen vom Morgen . . ., die zu Tische sitzen werden im Reich Gottes (Das Reich Gottes ist übernational).

3. Das Reich Gottes ist gegenwärtiger Heilsbesitz, mit Jesus ist es gekommen.

Mtth.	12, 28	So ich aber die Teufel durch den Geist Gottes austreibe, so ist ja das Reich Gottes zu euch gekommen.
	21, 43	Das Reich Gottes wird von euch genommen und einem Volk gegeben werden, das seine Früchte bringt.
Luk.	17, 21	Das Reich Gottes ist unter euch.
Röm.	14, 17	Das Reich Gottes ist nicht Essen und Trinken, sondern Gerechtigkeit und Friede in dem Heiligen Geist.
Kol.	1, 13	Welcher uns errettet hat . . . und hat uns versetzt in das Reich seines lieben Sohnes.
	4, 11	Gehilfen am Reich Gottes.
Hebr.	12, 28	Dieweil wir empfangen ein unbeweglich Reich.

4. Es ist da als Anbruch, aber in seiner Vollendung ist es zukünftig.

Mtth.	25, 34	Ererbet das Reich, das euch bereitet ist von Anbeginn der Welt!
Luk.	21, 31	Wenn ihr dies alles sehet angehen, so wisset, daß das Reich Gottes nahe ist (Wiederkunft).
2 Tim.	4, 18	Der Herr wird mir aushelfen zu seinem himmlischen Reich (vom Tode).
Hebr.	6, 5	Geschmeckt haben . . . der zukünftigen Welt.

5. Die Kirche und die Gemeinde haben das Reich Gottes als Hoffnung, Besitz und Kraft, sind aber nicht seine Erscheinungsform.

Luk.	12, 32	Fürchte dich nicht, du kleine Herde, es ist eures Vaters Wohlgefallen, euch das Reich zu geben (Hoffnung).
Hebr.	12, 28	Wir empfangen ein unbeweglich Reich (Besitz).
1 Kor.	4, 20	Das Reich Gottes stehet nicht in Worten, sondern in Kraft.
Mtth.	13, 27	Unkraut im Weizen (Das Reich Gottes deckt sich mit keiner irdischen Organisation).

Reichtum, reich. Reichtum kann zum Segen oder zum Fluch werden, je nach Ursprung und Verwendung. Wahrer Reichtum ist allein in Gott.

1. Reichtum ein Segen, wenn er Gott verdankt und zum Dienst der Liebe verwandt wird.

a) Reichtum Gott verdankt.

1 Kön.	3, 13	Was du nicht gebeten hast, habe ich dir auch gegeben, nämlich Reichtum und Ehre.
Pred.Sal.	5, 18	Welchem Menschen Gott Reichtum und Güter gibt.
5 Mose	28, 3	Gesegnet wirst du sein in der Stadt, gesegnet auf dem Acker.
Sprüche	10, 22	Der Segen des Herrn macht reich ohne Mühe.
Sirach	11, 22	Es ist dem Herrn gar leicht, einen Armen reich zu machen.
Ps.	127, 2	Seinen Freunden gibt er's schlafend.

b) Im Liebesdienst verwandt.

2 Kor. 8, 9 Ob er wohl reich ist, ward er doch arm um euretwillen.
1 Joh. 3, 17 Wenn aber jemand dieser Welt Güter hat und siehet seinen Bruder darben, wie bleibet die Liebe Gottes bei ihm?
Luk. 12, 33 Verkaufet, was ihr habt, und gebet Almosen.
18, 22 Verkaufe alles, was du hast, und gib es den Armen, so wirst du einen Schatz im Himmel haben.
Apgsch. 4, 32 Keiner sagte von seinen Gütern, daß sie sein wären, sondern es war ihnen alles gemein.
20, 35 Geben ist seliger denn nehmen.
Mtth. 5, 42 Gib dem, der dich bittet.
Luk. 6, 38 Gebet, so wird euch gegeben.
Röm. 12, 8 Gibt jemand, so gebe er einfältiglich.
Eph. 4, 28 Arbeite, daß er habe zu geben dem Dürftigen (Die radikale Stellung Jesu und der Jerusalemer Christen dem Besitz gegenüber ergab sich aus ihrer Berufsauffassung – sie wollten völlig frei zum Dienst sein; doch war es nie wie beim Kommunismus ein Verlangen an andere zur Selbstbereicherung, sondern freiwillige Selbstentäußerung anderen zulieb).

2. Reichtum ein Fluch.

a) Reichtum durch Sünde erworben.

Ps. 73, 12 Die Gottlosen . . . werden reich.
Sprüche 28, 20 Wer eilet, reich zu werden, wird nicht unschuldig bleiben.
1 Tim. 6, 9 Die da reich werden wollen, fallen in Versuchung und Stricke.

b) Reichtum im Selbstsuchtsdienst verwandt.

Ps. 52, 9 Der Mann, der Gott nicht für seinen Trost hielt, sondern verließ sich auf seinen großen Reichtum und war mächtig, Schaden zu tun.
Jerem. 9, 22 Ein Reicher rühme sich nicht seines Reichtums.
1 Tim. 6, 17 Den Reichen dieser Welt gebiete, daß sie nicht stolz seien.
6, 10 Geiz ist eine Wurzel alles Übels; des hat etliche gelüstet und sind vom Glauben irregegangen.

c) Reichtum ein Fluch.

Mrk. 4, 19 Der betrügliche Reichtum.
Mtth. 6, 24 Ihr könnt nicht Gott dienen und dem Mammon.
13, 22 Der Betrug des Reichtums erstickt das Wort.
Mrk. 10, 24 Wie schwer ist's, daß die, so ihr Vertrauen auf Reichtum setzen, ins Reich Gottes kommen!
Luk. 12, 20 Du Narr! . . . also geht es, wer sich Schätze sammelt und ist nicht reich in Gott.
6, 24 Wehe euch Reichen, denn ihr habt euren Trost dahin!
Jak. 5, 1 Wohlan, ihr Reichen, heulet und weinet über euer Elend!
5, 2 Euer Reichtum ist verfaulet, eure Kleider sind mottenfräßig geworden.

3. Gott allein ist reich.

1 Chron. 29, 12 Reichtum und Ehre ist vor dir.
Röm. 2, 4 Reichtum seiner Güte.
9, 23 Reichtum seiner Herrlichkeit.
11, 33 O, welch eine Tiefe des Reichtums, beides, der Weisheit und Erkenntnis Gottes!
Eph. 2, 4 Der da reich ist an Barmherzigkeit.
Offenb. 5, 12 Das Lamm, das erwürget ist, ist würdig zu nehmen Kraft und Reichtum.

4. Wahrer Reichtum ist Reichtum in Gott.

Luk.	12, 21	Reich in Gott.
1 Kor.	1, 5	Durch ihn in allen Stücken reich gemacht.
1 Tim.	6, 18	Reich werden an guten Werken.
2 Kor.	6, 10	Als die Armen, die doch viele reich machen.
Eph.	1, 18	Reichtum seines herrlichen Erbes.
Hebr.	11, 26	Und achtete die Schmach Christi für größeren Reichtum als die Schätze Ägyptens.

Rein, Reinheit, siehe Keuschheit.

Rettung, siehe Seligkeit.

Reue, siehe Buße.

Richten, Richter, siehe Gericht.

Ruf, rufen, siehe Berufung.

Ruhe, siehe Stille.

Saat, siehe Frucht.

Sabbat, Sonntag, Tag des Herrn. Der Ruhetag im Alten Bund als strenge Form durchs Gesetz geboten, im Neuen Bund durch Christus mit Inhalt erfüllt, daher Tag des Herrn.

1. Das Sabbatgesetz.

1 Mose	2, 3	Gott segnete den siebenten Tag und heiligte ihn.
2 Mose	20, 8	Gedenke des Sabbattages, daß du ihn heiligest (5 Mose 5, 12).
4 Mose	15, 32	Ein Mann las Holz am Sabbat und wurde gesteinigt.

2. Das Unvollkommene des Sabbatgesetzes.

Ps.	95, 11	Sie sollen zu meiner Ruhe nicht kommen (Wohl äußere Ruhe, aber keine Ruhe der Seele).
Kol.	2, 17	Welches ist der Schatten von dem, das zukünftig ist, der Körper aber ist in Christo.

3. Christus der Erfüller des Sabbatgebotes.

Mtth.	11, 29	Lernet von mir, so werdet ihr Ruhe finden für eure Seelen.
	5, 17	Ich bin nicht gekommen, aufzulösen, sondern zu erfüllen.
	12, 12	Darum mag man wohl am Sabbat Gutes tun (Erfüllung des Sabbats durch Menschenliebe).
Mrk.	2, 27	Der Sabbat ist um des Menschen willen gemacht, nicht der Mensch um des Sabbat willen.
Joh.	9, 16	Der Mensch ist nicht von Gott, weil er den Sabbat nicht hält (Jesu Konflikt mit den Juden).
Mtth.	15, 8	Dies Volk naht sich zu mir mit seinem Munde, aber ihr Herz ist ferne von mir (Äußerlicher Gottesdienst).

Mtth. 23, 23 Ihr lasset dahinten das Schwerste im Gesetz, nämlich das Gericht, die Barmherzigkeit und den Glauben (Erfüllung des Sabbat durch wahrhaftigen Glauben an Gott).
12, 8 Des Menschen Sohn ist ein Herr auch über den Sabbat.

4. Die Apostel gaben diesem Tatbestand Ausdruck durch Feier des Sonntags, des Tages der Auferstehung und der Geistesausgießung.

Apgsch. 20, 7 Am ersten Tag der Woche, da die Jünger zusammenkamen, das Brot zu brechen.
1 Kor. 16, 2 Auf jeglichen ersten Tag der Woche lege bei sich selbst ein jeglicher unter euch und sammle.
Offenb. 1, 10 Ich war im Geist an des Herrn Tag.
Kol. 2, 16 So lasset nun niemand euch Gewissen machen über Sabbate.

Sanftmut, sanftmütig. Sanftmut ist die grenzenlose Bereitschaft, zu vergeben. Sie ist Geistesgabe und fließt aus der Demut und Liebe, die das Böse mit Gutem überwindet.

1. Jesus ist sanftmütig.

Sacharja 9, 9 Dein König kommt zu dir, sanftmütig.
Mtth. 11, 29 Lernet von mir; denn ich bin sanftmütig und von Herzen demütig.
1 Petr. 2, 23 Der nicht drohte, da er litt.

2. Sanftmut ist Geistesfrucht; wir werden zur Sanftmut ermahnt, weil uns nur das geschenkt werden kann, was wir ergreifen.

Gal. 5, 22 Die Frucht des Geistes ist . . . Sanftmut.
Kol. 3, 12 Ziehet an als die Auserwählten Gottes . . . die Sanftmut.
1 Tim. 6, 11 Du, Gottesmensch, jage nach . . . der Sanftmut.
Jak. 1, 21 Nehmet das Wort an mit Sanftmut.
Röm. 12, 21 Überwinde das Böse mit Gutem.

Satan, siehe Teufel.

Schafe, siehe Hirte.

Schauen, siehe sehen.

Schlaf, schlafen. Der Zustand der Empfindungslosigkeit im natürlichen Schlaf, im Tode, im Sündenschlaf. Der Sündenschlaf ist ein Zustand der Verstocktheit (geistlicher Tod) oder der Sicherheit (die Gnade wird zum Ruhekissen) oder der geistlichen Trägheit (Nachlassen des Missionseifers, Offenb. 3, 2, und der Wiederkunftserwartung). Wachen heißt, sich dieses Schlafes enthalten.

1. Der natürliche Schlaf.

Mtth. 26, 43 Ihre Augen waren voll Schlafes.
Ps. 121, 4 Der Hüter Israels schläft noch schlummert nicht.
4, 9 Ich liege und schlafe ganz im Frieden; denn du, Herr, hilfst mir, daß ich sicher wohne.

2. Der Todesschlummer.

Dan.	12, 2	Viele, so unter der Erde schlafend liegen.
Mtth.	27, 52	Es standen auf viele Leiber der Heiligen, die da schliefen.
1 Kor.	15, 20	Christus, der Erstling . . . unter denen, die da schlafen.

3. Der Sündenschlaf.

Jes.	29, 10	Der Herr hat euch einen Geist des harten Schlafes eingeschenkt.
Eph.	5, 14	Wache auf, der du schläfst, stehe auf von den Toten!
1 Thess.	5, 6	So lasset uns nun nicht schlafen wie die anderen, sondern lasset uns wachen und nüchtern sein.
1 Kor.	11, 30	Darum sind auch viele Schwache und Kranke unter euch, und ein gut Teil schlafen.
Offenb.	3, 1	Du hast den Namen, daß du lebest, und bist tot. Werde wach und stärke das andere, das sterben will.
Mtth.	25, 5	Als nun der Bräutigam verzog, wurden alle schläfrig und schliefen ein.
Röm.	13, 11	Die Stunde ist da, aufzustehen vom Schlafe, sintemal unser Heil jetzt näher ist.
Mtth.	26, 41	Wachet und betet, daß ihr nicht in Anfechtung fallet.
1 Kor.	16, 13	Wachet, stehet im Glauben, seid männlich und seid stark.
2 Tim.	4, 5	Du aber sei nüchtern allenthalben.

4. Die Gefahren des Schlafes.

Mtth.	13, 25	Da aber die Leute schliefen, kam sein Feind und säte Unkraut zwischen den Weizen.
1 Petr.	5, 8	Seid nüchtern und wachet, denn euer Widersacher, der Teufel, schleicht umher und sucht, welchen er verschlinge.
Offenb.	3, 2	Es sterben andere in ihren Sünden, denen man hätte helfen können.
Mtth.	25, 8	Das Geistesöl geht aus, ohne daß man es merkt, und man verpaßt das Heil.

Schöpfer, siehe Gott.

Schrift, Buchstabe, die Heilige Schrift (im Munde Jesu und seiner Jünger das Alte Testament) hat eine einzigartige Stellung im Sinne göttlicher Autorität (»Es steht geschrieben«, siehe Wort). »Buchstabe« bringt zum Ausdruck die Äußerlichkeit des Gesetzes, das aufs Papier, aber nicht ins Herz geschrieben ist (im Gegensatz zu dem Geist, der neutestamentlichen Heilsgabe).

1. Die Schrift ist von Gott eingegeben, daher Autorität.

Jerem.	8, 8	Die »heilige« Schrift.
Joh.	10, 35	Die Schrift kann doch nicht gebrochen werden.
Mtth.	4, 4	Es steht geschrieben (Jesu Waffe gegenüber dem Versucher).
2 Tim.	3, 16	Alle Schrift von Gott eingegeben.

2. Sie weist auf Jesum hin, in dem sie erfüllt ist.

Luk.	4, 21	Heute ist diese Schrift erfüllt vor euren Ohren.
	24, 27	Er legte ihnen alle Schriften aus, die von ihm gesagt waren.

Joh. 5, 39 Suchet in der Schrift, denn ihr meinet, ihr habt das ewige Leben drinnen; und sie ist es, die von mir zeuget.
Apgsch. 18, 28 Er erwies öffentlich durch die Schrift, daß Jesus der Christus sei.
1 Kor. 15, 3 Christus gestorben für unsere Sünden nach der Schrift.
15, 4 Auferstanden am dritten Tage nach der Schrift.
Gal. 3, 22 Die Schrift hat alles beschlossen unter die Sünde, auf daß die Verheißung käme durch den Glauben an Jesum Christum.

3. Sie muß erforscht, gelernt und geglaubt werden.

2 Tim. 3, 15 Weil du von Kind auf die Heilige Schrift weißt.
Joh. 5, 39 Suchet in der Schrift.
Apgsch. 17, 11 (Die zu Beröa) forschten täglich in der Schrift.
Joh. 2, 22 Sie glaubten der Schrift und der Rede, die Jesus gesagt hatte.

4. Der Segen der Schrift.

Röm. 15, 4 Was zuvor geschrieben ist, das ist uns zur Lehre geschrieben, auf daß wir durch Geduld und Trost der Schrift Hoffnung haben.
2 Tim. 3, 16 Alle Schrift ist nütze zur Lehre, zur Strafe, zur Besserung, zur Züchtigung in der Gerechtigkeit.

5. Der Buchstabe des äußerlichen Gesetzes.

Röm. 2, 29 Eine Beschneidung, die im Geist, nicht im Buchstaben geschieht.
2 Kor. 3, 6 Das Amt des Neuen Testaments, nicht des Buchstabens, sondern des Geistes. Denn der Buchstabe tötet, aber der Geist macht lebendig.

Schuld, Schuldner, schuldig, schuldigen. Schuld eine Verpflichtung sittlicher Art, eine Verpflichtung, Genugtuung, Sühne zu leisten (Dem griechischen Wort für [Geld-]schuld aus dem Hebräischen dieser Sinn beigelegt. Siehe Sünde).

1. Schuld im Sinne sittlicher Verpflichtung.

Gal. 5, 3 Der sich beschneiden läßt, ist schuldig, das ganze Gesetz zu tun.
Röm. 13, 8 Seid niemand nichts schuldig, denn daß ihr euch untereinander liebet.
15, 27 Sie sind auch ihre Schuldner (Die Heidenchristen die Schuldner der Judenchristen).
8, 12 So sind wir nun Schuldner nicht dem Fleisch.
Philemon 19 Ich schweige, daß du dich selbst mir schuldig bist.
Luk. 17, 10 Wir sind unnütze Knechte, wir haben getan, was wir zu tun schuldig waren.

2. Schuld eine Verpflichtung zur Sühne.

4 Mose 5, 6 Wenn ein Mann oder Weib irgendeine Sünde wider einen Menschen tut und sich an dem Herrn damit versündigt, so hat die Seele eine Schuld auf sich. Sie sollen ihre Sünde bekennen, die sie getan haben, und sollen ihre Schuld versöhnen.
Esra 9, 6 Unsere Schuld ist groß bis in den Himmel.
Jerem. 2, 19 Es ist deiner Bosheit Schuld, daß du so gestäupt wirst.
Hosea 10, 2 Nun wird sie ihre Schuld finden.
Mtth. 5, 21 Wer tötet, der soll des Gerichts schuldig sein.
Mrk. 3, 29 Wer den Heiligen Geist lästert, der ist schuldig des ewigen Gerichts.

1 Kor.	11, 27	Welcher . . . unwürdig . . . isset, ist schuldig an dem Leib und Blut des Herrn.
Jak.	2, 10	So jemand das ganze Gesetz hält und sündigt an einem, der ist es ganz schuldig.

3. Bekenntnis der Schuld und Bitte um Vergebung.

Hiob	42, 6	Darum spreche ich mich schuldig und tue Buße.
Mtth.	6, 12	Vergib uns unsere Schulden, wie auch wir vergeben unseren Schuldigern.
Luk.	11, 4	

4. Jesus, das unschuldige Lamm, gibt sich zum Schuldopfer.

Joh.	18, 38	Ich finde keine Schuld an ihm.
Ps.	69, 5	Ich muß bezahlen, was ich nicht geraubt habe.
Jes.	53, 10	Wenn er sein Leben zum Schuldopfer gegeben hat.

Schwachheit, schwach. Der Zustand des durch die Sünde ausgehöhlten fleischlichen Daseins (siehe auch Allmacht 4).

1. Die Schwachheit.

Mtth.	26, 41	Der Geist ist willig, aber das Fleisch ist schwach.
1 Kor.	15, 43	Es wird gesäet in Schwachheit.
Röm.	6, 19	Ich muß menschlich davon reden um der Schwachheit eures Fleisches willen.

2. Das Gesetz hilft nicht.

Gal.	4, 9	Die schwachen und dürftigen Satzungen.
Hebr.	7, 18	Das Gesetz zu schwach und nichts nütze.
Röm.	8, 3	Was dem Gesetz unmöglich war, weil es durch das Fleisch geschwächt ward.

3. Christus nahm die Schwachheit auf sich.

Mtth.	8, 17	Er hat unsere Schwachheit auf sich genommen.
Hesek.	34, 16	Ich . . . will des Schwachen warten.
Röm.	5, 6	Christus ist, da wir noch schuldig waren nach der Zeit, für uns Gottlose gestorben.
Hebr.	4, 15	Wir haben nicht einen Hohenpriester, der nicht könnte Mitleid haben mit unserer Schwachheit.

4. Die ihre Schwachheit zu Jesus treibt, haben teil an seiner Kraft.

Röm.	8, 26	Der Geist hilft unserer Schwachheit auf.
1 Kor.	1, 27	Was schwach ist vor der Welt, das hat Gott erwählt, daß er zuschanden mache, was stark ist.
2 Kor.	12, 9	Meine Kraft ist in dem Schwachen mächtig . . ., wenn ich schwach bin, so bin ich stark.
Jes.	33, 24	Kein Einwohner wird sagen, ich bin schwach, denn das Volk wird Vergebung der Sünde haben.
2 Kor.	12, 9	Darum will ich mich am allerliebsten meiner Schwachheit rühmen, auf daß die Kraft Christi bei mir wohne.
Offenb.	3, 8	Ich habe dir gegeben eine offene Tür, denn du hast eine kleine Kraft.

5. Sie können die Schwachen tragen.

Röm.	14, 1	Den Schwachen im Glauben nehmet auf.
	15, 1	Wir, die wir stark sind, sollen der Schwachen Gebrechlichkeit tragen.
1 Kor.	9, 22	Den Schwachen bin ich geworden wie ein Schwacher, auf daß ich die Schwachen gewinne.

Seele, das individuelle Leben, das Einzelleben, der Träger und die Erscheinungsform des Geistes, die Einzelpersönlichkeit. Seele und Leib können getrennt werden, Seele und Geist aber nur begrifflich unterschieden werden.

Der seelische (Luther: natürliche) Mensch so bezeichnet nicht, weil er keinen Geist hat (den hat jeder Mensch), sondern weil er den Heiligen Geist der Erlösung nicht besitzt.

Die Seele, das individuelle Leben.

1. Geschieden vom Leibe im Tode.

1 Mose	35, 18	Da ihr aber die Seele ausging, daß sie sterben mußte (Rahel).
1 Kön.	19, 4	Es ist genug, so nimm nun, Herr, meine Seele.
Mtth.	10, 28	Die Seele nicht können töten.
Offenb.	20, 4	Die Seelen derer, die enthauptet sind.

2. Träger von Sehnsucht, Freude und Leid.

Ps.	73, 26	Die verschmachtende Seele.
	42, 2	Die nach Gott schreiende Seele.
Jerem.	31, 25	Die müde und bekümmerte Seele.
Ps.	116, 7	Die zufriedene Seele.
	103, 1	Die lobende Seele.
Mtth.	26, 38	Die Seele Jesu: betrübt bis in den Tod.
Jes.	53, 11	Seine Seele hat gearbeitet.

3. Bedroht von der Sünde.

1 Petr.	2, 11	Fleischliche Lüste, welche wider die Seele streiten.
Luk.	17, 33	Wer da sucht seine Seele zu erhalten, der wird sie verlieren.
Ps.	119, 109	Ich trage meine Seele immer in meinen Händen.

4. Erlöst durch Christus.

Ps.	49, 9	Es kostet zuviel, ihre Seele zu erlösen.
Jes.	38, 17	Du hast dich meiner Seele herzlich angenommen, daß sie nicht verdürbe.
Luk.	9, 56	Des Menschen Sohn ist nicht gekommen, der Menschen Seelen zu verderben, sondern zu erhalten!
Mtth.	11, 29	Bei Jesu Ruhe für die Seelen.

5. Bewacht und geliebt von den Lehrern.

Hebr.	13, 17	Sie wachen über eure Seelen.
2 Kor.	12, 15	Ich will gerne hingegeben werden für eure Seelen.

6. Unterschieden vom Geiste.

1 Thess.	5, 23	Geist ganz samt Seele und Leib.
Hebr.	4, 12	Es (das Wort Gottes) scheidet Seele und Geist.

1 Kor.	2, 14	Der natürliche (seelische) Mensch vernimmt nichts vom Geist Gottes (siehe oben zweiten Absatz der Einführung zu Seele).
Jak.	3, 15	Irdisch, menschlich, teuflisch (dämonisch). (Die Seele entweder das Organ der Weisheit von oben her oder der von unten her).

Segen, segnen. Segen, das Heil Gottes in irdischer und geistlicher Beziehung. Segnen in Beziehung auf Gott: Anbetend preisen (1 Kor. 10, 16); segnen in Beziehung auf Menschen: das Heil Gottes zusagen. Gottes Segenszusage ist ein Handeln.

1. Gott segnet.

1 Mose	12, 3	Ich will dich (Abraham) segnen, die dich segnen.
	12, 2	Ich will dich segnen, und du sollst ein Segen sein.
	32, 26	Ich (Jakob) lasse dich nicht, du segnest mich denn.
1 Chron.	17, 27	Was du, Herr, segnest, das ist gesegnet ewiglich.
Mrk.	10, 16	Christus segnete die Kinder, er herzte sie und legte die Hände auf sie und segnete sie.
Luk.	24, 50	Christus segnet die Jünger.
1 Mose	2, 3	Gott segnete den siebenten Tag und heiligte ihn.
Eph.	1, 3	Gelobet sei Gott, der uns gesegnet hat mit allerlei geistlichem Segen in himmlischen Gütern durch Christum.

2. Menschen als Segensträger.

1 Mose	30, 27	Ich spüre, daß der Herr mich segnet um deinetwillen (Laban zu Jakob).
	14, 19	Melchisedek segnete Abraham.
3 Mose	9, 23	Mose und Aaron gingen in die Hütte des Stifts, und als sie wieder herausgingen, segneten sie das Volk.
4 Mose	6, 24	Der Segen Aarons.
Ps.	109, 28	Fluchen sie, so segnest du.
Luk.	6, 28	Segnet, die euch verfluchen.
Röm.	12, 14	Segnet, die euch verfolgen.
1 Petr.	3, 9	Vergeltet nicht Scheltwort mit Scheltwort, sondern segnet und wisset, daß ihr dazu berufen seid, daß ihr den Segen erbet.
1 Kor.	10, 16	Den Kelch segnen.

3. Bedingungen des Segens.

Ps.	128, 4	Siehe, also wird gesegnet der Mann, der den Herrn fürchtet.
	112, 2	Das Geschlecht der Frommen wird gesegnet sein.
Sprüche	3, 33	Das Haus der Gerechten wird gesegnet.
	28, 20	Ein treuer Mann wird viel gesegnet.
Jerem.	17, 7	Gesegnet ist der Mann, der sich auf den Herrn verläßt.
Sirach	7, 36	Reiche dem Armen deine Hand, daß du reichlich gesegnet werdest.
Maleachi	3, 10	Bringet den Zehnten voll in mein Kornhaus . . . und prüfet mich hierin, ob ich euch nicht des Himmels Fenster auftun werde und Segen herabschütten werde die Fülle.

4. Die Art des Segens.

5 Mose	28, 3	Gesegnet wirst du sein in der Stadt, gesegnet wirst du sein auf dem Acker (Irdischer Segen).
Sirach	3, 11	Des Vaters Segen baut den Kindern Häuser.
Sprüche	10, 22	Der Segen des Herrn macht reich ohne Mühe.
Eph.	1, 3	Geistlicher Segen.
Ps.	29, 11	Der Herr wird sein Volk segnen mit Frieden.

3 Mose	9, 23	Da erschien die Herrlichkeit des Herrn allem Volk (Als Mose sie segnete).

Sehen, schauen. Gott allein sieht die Wirklichkeit, wie sie ist. Der Mensch ist blind für Gott, daher auch für die Wirklichkeit, bis ihm durch den Geist die Augen geöffnet werden, Christus im Glauben zu schauen. Einst werden wir ihn sehen, wie er ist.

1. Das Sehen Gottes.

Ps.	94, 9	Der das Auge gemacht hat, sollte der nicht sehen?
Sirach	15, 19	Gott sieht alles.
1 Mose	6, 12	Da sah Gott auf die Erde, und siehe, sie war verderbt (Gerichtsblick).
Hiob	34, 21	Seine Augen sehen auf eines jeglichen Weg.
1 Mose	16, 13	Du, Gott, siehest mich (Gnadenblick).
Ps.	101, 6	Meine Augen sehen nach den Treuen im Lande, daß sie bei mir wohnen.
	33, 18	Des Herrn Auge siehet auf die, so ihn fürchten.
Jes.	66, 2	Ich sehe an den Elenden, der sich fürchtet vor meinem Wort.
Ps.	34, 16	Auf die Gerechten sehen.
	139, 3	Du siehst alle meine Wege.
1 Sam.	16, 7	Der Herr siehet das Herz an.
Jes.	59, 16	Er siehet, daß niemand da ist, und wundert sich, daß niemand ins Mittel tritt (Gott sucht priesterliche Leute, die die Not ihrer Brüder vor Gott bringen).
Joh.	5, 6	Das Sehen Jesu.
Mrk.	10, 21	

2. Das Sehen Gottes wird dem Blinden durch den Heiligen Geist und durch Geistesträger geschenkt in Jesus Christus.

Joh.	1, 18	Niemand hat Gott je gesehen, der eingeborene Sohn, der in des Vaters Schoß sitzt, hat es uns verkündet.
	14, 9	Wer mich siehet, der siehet den Vater.
Mrk.	8, 18	Ihr habet Augen und sehet nicht.
Joh.	9, 39	Ich bin zum Gericht auf diese Welt gekommen, auf daß, die da nicht sehen, sehend werden, und die da sehen, blind werden.
Mtth.	13, 15	Ihre Augen schlummern.
Luk.	19, 3	Zachäus begehrte Jesum zu sehen.
Joh.	12, 21	Herr, wir wollten Jesum gerne sehen.
	3, 3	Es sei denn, daß jemand von neuem geboren werde, so kann er das Reich Gottes nicht sehen.
2 Kor.	4, 6	Gott hat einen hellen Schein in unsere Herzen gegeben, daß durch uns entstünde die Erleuchtung von der Erkenntnis der Klarheit Gottes im Angesichte Jesu Christi (Eph. 1, 18: erleuchtete Augen eures Verständnisses).
1 Mose	21, 19	Gott tat ihr die Augen auf, daß sie einen Wasserbrunnen sah (Hagar, ein Gleichnis für das Glaubensschauen).
Joh.	20, 29	Selig sind, die nicht sehen und doch glauben (1 Petr. 1, 8: Welchen ihr nicht gesehen und doch liebhabt und nun an ihn glaubet).
1 Kor.	2, 9	Was kein Auge gesehen hat . . ., das hat Gott bereitet denen, die ihn lieben.

3. So entsteht auch der Blick für die Not der Brüder.

2 Mose	2, 11	Mose sah seiner Brüder Last.
Apgsch.	3, 4	Petrus sah ihn an (den Lahmen).

4. Darum die ernste Aufforderung zum Sehen.

Ps.	34, 9	Schmecket und sehet, wie freundlich der Herr ist!
Sacharja	9, 9	Siehe, dein König kommt zu dir!
Joh.	1, 29	Siehe, das ist Gottes Lamm!
Hebr.	3, 1	Nehmet wahr des Apostels und Hohenpriesters.
	12, 2	Lasset uns aufsehen auf Jesum.
Phil.	2, 4	Ein jeglicher sehe nicht auf das Seine, sondern auch auf das, was des anderen ist.

5. Einst werden wir Gott sehen, wie er ist.

Ps.	42, 3	Wann werde ich dahin kommen, daß ich Gottes Angesicht schaue?
Hiob	19, 27	Meine Augen werden ihn sehen.
2 Kor.	5, 7	Wandeln im Glauben und nicht im Schauen.
1 Joh.	3, 2	Wir wissen, daß wir ihm gleich sein werden; denn wir werden ihn sehen, wie er ist.
Offenb.	1, 7	Er kommt in den Wolken, und es werden ihn sehen alle Augen.

Seligkeit, selig (Im Urtext zwei verschiedene Wörter, in der Lutherbibel ein Ausdruck für beide Begriffe).

I. Rettung; der Besitz des Heils, der Erlösung.

II. Glückseligkeit, oft im Gegensatz zu äußeren Leiden durch die Heilserfahrung geschenkt.

I. Die Rettung.

1. Sie ist gegenwärtiger Besitz.

1 Thess.	5, 9	Gott hat uns nicht gesetzt zum Zorn, sondern die Seligkeit zu besitzen durch unseren Herrn Jesum Christum.
2 Thess.	2, 13	Daß euch Gott von Anfang erwählt hat zur Seligkeit.
2 Tim.	3, 15	Weil du von Kind auf die Heilige Schrift weißt, kann dich dieselbe unterweisen zur Seligkeit.
2 Petr.	3, 15	Die Geduld unseres Herrn achtet für eure Seligkeit.

2. Sie wird erworben durch den Glauben an die Gnade Jesu Christi.

Apgsch.	2, 21	Wer den Namen des Herrn anrufen wird, der soll selig werden.
	16, 31	Glaube an den Herrn Jesum Christum, so wirst du und dein Haus selig (gerettet).
Mrk.	16, 16	Wer da glaubt und getauft wird, der wird selig werden.
Joh.	10, 9	So jemand durch mich eingehet, der wird selig werden.
Röm.	5, 10	Vielmehr werden wir selig werden durch sein Leben, so wir nun versöhnt sind.
Eph.	2, 5	Denn aus Gnaden seid ihr selig geworden.
Apgsch.	15, 11	Wir glauben, durch die Gnade des Herrn Jesu Christi selig zu werden.

3. Die Seligkeit entfaltet sich in ihrem Vollinhalt erst künftig.

1 Petr.	1, 9	Und das Ende eures Glaubens davonbringet, nämlich der Seelen Seligkeit.

Röm. 13, 11 Sintemal unser Heil jetzt näher ist, denn da wir gläubig wurden.
Hebr. 5, 9 Da er vollendet war, ist er geworden allen, die ihm gehorsam sind, eine Ursache zur ewigen Seligkeit.
9, 28 Zum andernmal wird er erscheinen denen, die auf ihn warten, zur Seligkeit.
1, 14 Dienstbare Geister, ausgesandt zum Dienst um derer willen, die ererben sollen die Seligkeit.

a) Darum erweckt sie die Hoffnung;

Röm. 8, 24 Wir sind wohl selig, doch in der Hoffnung.

b) spornt den Eifer an;

Hebr. 2, 3 Wie wollen wir entfliehen, die wir eine solche Seligkeit nicht achten?
Phil. 2, 12 Schaffet, daß ihr selig werdet mit Furcht und Zittern.

c) bedarf der Bewahrung.

1 Petr. 1, 5 Euch, die ihr aus Gottes Macht durch den Glauben bewahrt werdet zur Seligkeit.

II. Glückseligkeit als Folge des Heilsbesitzes.

1. Glückseligkeit Gottes Zustand.

1 Tim. 1, 11 Von Gott. 6, 15.

2. Glückselig ist der Bußfertige.

Hiob 5, 17 Selig ist der Mensch, den Gott straft.
Mtth. 5, 3 Selig sind, die geistlich arm sind, denn das Himmelreich ist ihr (Die Seligpreisungen der Bergpredigt, Mtth. 5, 3–10).
11, 6 Selig ist, der sich nicht an mir ärgert.

3. Glückselig ist der Glaubende.

Mtth. 13, 16 Selig sind eure Augen, daß sie sehen.
Luk. 1, 45 Selig bist du, die du geglaubt hast.
Joh. 20, 29 Selig sind, die nicht sehen und doch glauben.
Jak. 1, 12 Selig ist der Mann, der die Anfechtung erduldet.
Luk. 11, 28 Selig sind, die Gottes Wort hören und bewahren.

4. Glückselig ist der nach Gottes Gebot Handelnde.

Offenb. 22, 14 Selig sind, die seine Gebote halten.
Joh. 13, 17 So ihr solches wisset, selig seid ihr, so ihr's tut.
Jak. 1, 25 Selig sein in seiner Tat.

5. Glückselig ist der Wachende, den das Ende nicht unvorbereitet überrascht.

Offenb. 16, 15 Selig ist, der da wacht. Mtth. 24, 46.

6. Glückselig sind die Vollendeten.

Offenb. 14, 13 Selig sind die Toten, die in dem Herrn sterben.
19, 9 Selig sind, die zum Abendmahl des Lammes berufen sind.
20, 6 Selig ist der und heilig, der teilhat an der ersten Auferstehung.

Sieg, siegen, überwinden. Gott hat einen Feind, der zugleich der Feind der Menschheit ist (siehe Kampf [2] und Teufel). In Christus ist er besiegt. Im Endkampf bei der Wiederkunft Christi wird der Sieg vollendet werden.

1. Menschlicher Sieg kommt von Gott.

Judith	9, 13	Herr, du kannst wohl Sieg geben ohne alle Menge.
1 Makk.	3, 19	Der Sieg kommt vom Himmel und wird nicht durch große Menge erlangt.
2 Mose	17, 11	Wenn Mose seine Hände emporhielt, siegte Israel.
1 Sam.	17, 50	Davids Sieg über Goliath.

2. Gottes Sieg.

a) Gott hat gesiegt über den Bösen in Christus.

Ps.	118, 15	Die Rechte des Herrn behält den Sieg.
Mtth.	12, 20	Den glimmenden Docht wird er nicht auslöschen, bis daß er ausführe das Gericht zum Sieg (Weissagung).
Joh.	16, 33	Ich habe die Welt überwunden.
Kol.	2, 15	Er hat ausgezogen die Fürstentümer und einen Triumph aus ihnen gemacht.
Offenb.	5, 5	Es hat überwunden der Löwe aus Juda.
1 Kor.	15, 57	Gott aber sei Dank, der uns den Sieg gegeben hat durch unseren Herrn Jesum Christum.

b) Die Vollendung des Sieges.

1 Kor.	15, 25	Er muß aber herrschen, bis daß er alle seine Feinde unter seine Füße lege.
	15, 26	Der letzte Feind, der aufgehoben wird, ist der Tod.
	15, 54	Dann wird erfüllt werden das Wort, das geschrieben steht: Der Tod ist verschlungen in den Sieg, Tod, wo ist dein Stachel, Hölle, wo ist dein Sieg?
Offenb.	12, 8	Der Drache mit seinen Engeln siegte nicht.

c) Der Sieg wird uns zuteil durch den Glauben.

1 Joh.	5, 4	Unser Glaube ist der Sieg, der die Welt überwunden hat (durch den Anschluß an Christus ist sein Sieg unser Sieg).
Ps.	84, 8	Sie erhalten einen Sieg nach dem anderen.
Röm.	8, 37	In dem allem überwinden wir weit um des willen, der uns geliebet hat.
	12, 21	Überwinde das Böse mit Gutem.
1 Joh.	2, 14	Das Wort Gottes bleibt bei euch, und ihr habt den Bösewicht überwunden.
Offenb.	12, 11	Sie haben ihn überwunden durch des Lammes Blut und durch das Wort ihres Zeugnisses und haben ihr Leben nicht liebgehabt bis in den Tod.

d) Die Verheißungen, die dem Überwinder gelten.

Offenb.	2, 7	Wer überwindet, dem will ich zu essen geben vom Holz des Lebens.
	2, 11	Wer überwindet, dem soll kein Leid geschehen von dem anderen Tode.
	2, 26	Wer überwindet, dem will ich Macht geben über die Heiden.
	3, 5	Wer überwindet, der soll mit weißen Kleidern angetan werden.
	3, 12	Wer überwindet, den will ich machen zum Pfeiler in dem Tempel meines Gottes.
	3, 21	Wer überwindet, dem will ich geben, mit mir auf meinem Stuhl zu sitzen.

Siegel, versiegelt. Siegel das Zeichen des Eigentums, die Bestätigung.

1. Die Bestätigung der Wahrhaftigkeit Gottes.

Joh.	3, 33	Wer das Zeugnis Jesu annimmt, der besiegelt's, daß Gott wahrhaftig sei.

2. Bestätigung des Gottessohnes und der Gotteskinder durch Gott.

Joh.	6, 27	Den (Jesum) hat der Vater versiegelt.
2 Kor.	1, 22	Gott ist's, der uns versiegelt und in unsere Herzen das Pfand, den Heiligen Geist, gegeben hat.
Eph.	1, 13	Durch welchen ihr auch, da ihr gläubig wurdet, versiegelt worden seid mit dem Heiligen Geist.
	4, 30	Betrübet nicht den Heiligen Geist, mit dem ihr versiegelt seid auf den Tag der Erlösung.

3. Kennzeichen der Erlösten zum Schutz vor dem Gericht.

Offenb.	7, 3	Daß wir versiegeln die Knechte unseres Gottes an ihren Stirnen.

Sohn Gottes. Es wird damit die Zugehörigkeit zu Gott auf Grund göttlicher Erwählung ausgedrückt. Jesus Christus ist der eingeborene Gottessohn, vom Vater in Ewigkeit geboren.

1. Das Volk Israel als Heilsvolk Gottessohn.

2 Mose	4, 22	Israel ist mein erstgeborener Sohn.
Hosea	11, 1	Aus Ägypten habe ich meinen Sohn gerufen. Mtth. 2, 15.
5 Mose	14, 1	Ihr seid Kinder des Herrn, eures Gottes.
	32, 6	Ist er nicht dein Vater und dein Herr?
Maleachi	2, 10	Haben wir nicht alle einen Vater?
Ps.	82, 6	Ihr seid Götter und allzumal Kinder des Höchsten.

2. Der davidische König wird Gottessohn im Ausblick auf den Messias genannt (doch im Alten Testament nie als menschliche Anrede an einen Menschen, sondern nur im Munde Gottes).

2 Sam.	7, 14	Ich will sein Vater sein, und er soll mein Sohn sein.
Ps.	89, 28	Ich will ihn zum ersten Sohn machen.
	2, 7	Du bist mein Sohn, heute habe ich dich gezeuget.

3. Jesus der Gottessohn:

a) im allgemeinen Sinn: »Gottessohn«;

Mtth.	27, 40	Bist du Gottes Sohn, so steige herab.
	27, 43	Er hat gesagt, ich bin Gottes Sohn.
	27, 54	Dieser ist Gottes Sohn gewesen. Mrk. 15, 39
Luk.	1, 32	Der wird groß sein und ein Sohn des Höchsten genannt werden.
Röm.	1, 4	Kräftiglich erwiesen ein Sohn Gottes nach dem Geist.

b) in einzigartiger Weise: der Gottessohn als der Messias.

Mtth.	3, 17	Das ist mein lieber Sohn, Mtth. 17, 5; Mrk. 1, 11; 9, 7; Luk. 3, 22; 9, 35; 2 Petr. 1, 17.
	26, 63	Ich beschwöre dich bei dem lebendigen Gott, daß du uns sagest, ob du seiest Christus, der Sohn Gottes. Mrk. 14, 61.

Joh. 6, 69 Wir haben geglaubt und erkannt, daß du bist Christus, der Sohn des lebendigen Gottes.
10, 36 Der, den der Vater geheiligt und in die Welt gesandt hat, ist Gottes Sohn.
1, 34 Ich sah es und bezeugte, daß dieser ist der Sohn Gottes.

c) Jesus ist der Gottessohn nicht nur als erwählter Messias, sondern auf Grund des jenseits seiner Menschheit bestehenden Sohnesverhältnisses zu Gott.

Röm. 8, 3 Gott sandte seinen Sohn in der Gestalt des sündlichen Fleisches.
Joh. 3, 16 Daß er seinen eingeborenen Sohn gab.
Gal. 4, 4 Sandte Gott seinen Sohn, geboren von einem Weibe.
Joh. 16, 28 Ich bin vom Vater ausgegangen und komme in die Welt.
8, 58 Ehe denn Abraham ward, bin ich.
17, 5 Verkläre mich bei dir selbst mit der Klarheit, die ich bei dir hatte, ehe die Welt war.
Mtth. 11, 27 Niemand kennet den Sohn denn nur der Vater.
28, 19 Taufet sie im Namen des Vaters und des Sohnes und des Heiligen Geistes.
Joh. 10, 30 Ich und der Vater sind eins.
14, 9 Wer mich siehet, siehet den Vater.
Kol. 2, 9 In ihm wohnet die ganze Fülle der Gottheit leibhaftig.

d) Die übernatürliche Geburt Jesu Christi ist der Ausdruck der Erwählung des Weibessamens.

Luk. 1, 35 Das Heilige, das von dir geboren wird, wird Gottes Sohn genannt werden.
Joh. 1, 14 Das Wort ward Fleisch.
1, 13 Welcher nicht aus dem Geblüt noch aus dem Willen des Fleisches noch aus dem Willen des Mannes, sondern aus Gott geboren ist (Nicht sichere, aber wahrscheinlichere Lesart).

Sorge, sorgen.

1. Sündhaft sind die Sorgen, wenn sie aus dem Mißtrauen gegenüber Gottes Führung hervorwachsen.

Sirach 40, 2 Da ist immer Sorge, Furcht, Hoffnung und zuletzt der Tod.
Luk. 10, 41 Martha, du hast viel Sorge und Mühe.
Mrk. 4, 19 Die Sorge der Welt und der betrügliche Reichtum.

2. Sorgen sind umsonst.

Ps. 127, 2 Es ist umsonst, daß ihr früh aufstehet . . . und esset euer Brot mit Sorgen.
Mtth. 6, 27 Wer ist unter euch, der seiner Länge eine Elle zusetzen möge, ob er gleich darum sorget?

3. Sorgen schaden dem inneren Menschen.

Mrk. 4, 19 Die Sorgen dieser Welt und der betrügliche Reichtum . . . ersticken das Wort.
Luk. 21, 34 Hütet euch aber, daß eure Herzen nicht beschweret werden . . . mit Sorgen der Nahrung.

4. Wir brauchen uns nicht zu sorgen, weil Gott für uns sorgt.

Ps. 40, 18 Der Herr aber sorget für mich.
Weish. 5, 16 Die Gerechten werden ewiglich leben, der Herr ist ihr Lohn und der Höchste sorget für sie.

Mtth.	6, 25	Sorget nicht für euer Leben.
	6, 34	Sorget nicht für den anderen Morgen.
Phil.	4, 6	Sorget nichts, sondern in allen Dingen lasset eure Bitten im Gebet und Flehen . . . vor Gott kundwerden.
1 Petr.	5, 7	Alle eure Sorgen werfet auf ihn, denn er sorget für euch!

Speise, das Lebensmittel für Leib und Seele.

1. Gott gibt die Speise.

Ps.	145, 15	Aller Augen warten auf dich, und du gibst ihnen ihre Speise zu seiner Zeit.
Mtth.	10, 10	Ein Arbeiter ist seiner Speise wert.
2 Mose	16, 13	Speise für die Kinder Israel. 1 Kön. 19, 6 für Elia; Mtth. 14, 15 für die fünftausend Mann.
Ps.	111, 5	Er gibt Speise denen, die ihn fürchten.

2. Die Speise fördert weder noch hindert sie uns, Gott wohlzugefallen.

1 Kor.	8, 8	Die Speise fördert uns nicht vor Gott.
	8, 13	Darum, so die Speise meinen Bruder ärgert, wollte ich nimmermehr Fleisch essen; Röm. 14, 15.
Kol.	2, 16	Lasset euch niemand ein Gewissen machen über Speise und Trank.
1 Tim.	4, 3	Gebieten, nicht ehelich zu werden und zu meiden die Speise, die Gott geschaffen hat.

3. Die Seelenspeise.

5 Mose	8, 3	Daß der Mensch nicht lebt von Brot allein, sondern von allem, das aus dem Mund des Herrn gehet.
Joh.	6, 27	Wirket Speise, die nicht vergänglich ist, sondern die da bleibet ins ewige Leben.
	6, 55	Mein Fleisch ist die rechte Speise.
	4, 34	Meine Speise ist die, daß ich tue den Willen des, der mich gesandt hat, und vollende sein Werk.
1 Kor.	3, 2	Milch und starke Speise. Hebr. 5, 14.

Stärke, stark, siehe Kraft.

Sterben, siehe Tod.

Stille, stillesein.

1. Am Ende des eigenen Vollbringens angelangt in abwartendem Vertrauen Gott Raum zu lassen, daß er es schafft.

2 Mose	14, 14	Der Herr wird für euch streiten, und ihr werdet stille sein.
Ps.	46, 14	Seid stille und erkennet, daß ich Gott bin.
Habakuk	2, 20	Es sei stille vor ihm alle Welt.
Ps.	37, 7	Sei stille dem Herrn und warte auf ihn.
1 Thess.	4, 11	Ringet danach, daß ihr stille seid und das Eure schaffet (Die Unruhe geht an der nächstliegenden Pflicht vorbei).

2. Gott selbst ist stille und schafft Stille.

1 Kön.	19, 12	Ein stilles, sanftes Sausen.
Mtth.	8, 26	Jesus stand auf und bedräuete den Wind und das Meer; da ward es ganz stille.
	11, 28	Ruhe für die Seelen (für den, der das sanfte Joch auf sich nimmt).
1 Tim.	2, 2	Ein ruhiges und stilles Leben (eine Frucht der Fürbitte für die Obrigkeit).
Jes.	32, 17	Der Gerechtigkeit Nutzen wird ewige Stille sein.

3. Stillesein vor Gott bringt Hilfe.

Ps.	62, 1	Meine Seele ist stille zu Gott, der mir hilft.
Jes.	30, 15	Wenn ihr umkehrtet und stille bliebet, so würde euch geholfen, durch Stillesein und Hoffen würdet ihr stark sein, aber ihr wollt nicht.
1 Petr.	3, 4	Ein sanfter und stiller Geist, das ist köstlich vor Gott.

Strafe, strafen. 1. Zurechtweisen, der Sünde überführen, mit dem Ziel, dadurch zur Besserung zu führen. 2. Die Strafe des Gerichts, die erfolgt, wenn die Zurechtweisung vergeblich war.

1. Gott straft, um zu bessern.

Habakuk	1, 12	Laß sie (die Feinde) uns, o Herr, nur eine Strafe sein, laß uns nicht sterben.
Klagel.	1, 14	Meine schweren Sünden sind durch seine Strafe erwacht.
Jerem.	2, 19	Es ist deines Ungehorsams Schuld, daß du so gestraft wirst.
Ps.	6, 2	Strafe mich nicht in deinem Zorn.
	39, 11	Ich bin verschmachtet von der Strafe deiner Hand.
1 Mose	6, 3	Die Menschen wollen sich von meinem Geist nicht mehr strafen lassen (Vor der Sintflut).
Joh.	3, 20	Wer Arges tut, der kommt nicht an das Licht, auf daß seine Werke nicht gestraft werden.
	16, 8	Der Heilige Geist . . . wird die Welt strafen um die Sünde, um die Gerechtigkeit und das Gericht.
2 Tim.	3, 16	Alle Schrift von Gott eingegeben ist nütze zur Lehre, zur Strafe, zur Besserung.
Hebr.	12, 5	Verzage nicht, wenn du von ihm gestraft wirst.
Sprüche	3, 11	Sei nicht ungeduldig über seiner Strafe.
Hiob	5, 17	Selig ist der Mensch, den Gott straft.
Offenb.	3, 19	Welche ich liebhabe, die strafe und züchtige ich, so sei nun fleißig und tue Buße.
Sprüche	3, 12	

2. Die Strafe des Gerichts (siehe Sünde).

Jerem.	51, 9	Ihre Strafe reicht bis an den Himmel (Gericht über Babel).
Jes.	53, 5	Die Strafe lag auf ihm, auf daß wir Frieden hätten.
Hebr.	10, 29	Wieviel ärgere Strafe wird der verdienen, der den Sohn Gottes mit Füßen tritt und das Blut des Testamentes unrein achtet!

3. Menschen strafen in göttlichem Auftrage.

Sprüche	13, 24	Wer seine Rute schonet, der hasset seinen Sohn.
Mtth.	18, 15	Strafe deinen Bruder zwischen dir und ihm alleine.
Luk.	23, 40	Der andere strafte ihn und sprach (Übeltäter).
1 Tim.	5, 20	Die da sündigen, die strafe vor allem.

2 Tim.	2, 25	Zu strafen die Widerspenstigen. } (Vom geistlichen Amt)
Titus	1, 9	Zu strafen die Widersprecher. } (Vom geistlichen Amt)
2 Tim.	4, 2	Strafe mit aller Geduld!
Titus	2, 15	Strafe mit ganzem Ernst!
Sirach	18, 21	Strafe dich selbst zuvor, ehe du andere richtest.

4. Menschen strafen im Sinne des Gerichts.

Röm.	13, 4	Sie ist Gottes Dienerin, eine Rächerin zur Strafe über den, der Böses tut (Obrigkeit).
1 Kor.	5, 3	Ich habe beschlossen über den, der solches getan hat (Blutschänder), ihn zu übergeben dem Satan zum Verderben des Fleisches.

Stunde, siehe Zeit [2 a und c.]

Suchen und finden.

1. Menschen suchen irdische, selbstische Werte, nämlich:

Sprüche	14, 6	Weisheit;
Luk.	17, 33	seine Seele zu erhalten;
Joh.	5, 44	nicht die Ehre bei Gott;
Mtth.	12, 39	ein Zeichen.
Phil.	2, 21	Sie suchen alle das Ihre;
Offenb.	9, 6	Die Menschen werden den Tod suchen.

2. Die Menschen werden ermahnt und durch Verheißungen ermuntert, ewige Werte zu suchen.

5 Mose	4, 29	Wenn du . . . den Herrn, deinen Gott, suchen wirst, so wirst du ihn finden.
Ps.	34, 11	Die den Herrn suchen, haben keinen Mangel.
	69, 33	Die Gott suchen, denen wird das Herz leben.
2 Chron.	15, 4	Wenn sie sich bekehren, wird er sich gnädig finden lassen.
Jes.	45, 19	Suchet mich, denn ich bin der Herr!
	55, 6	Suchet den Herrn, solange er zu finden ist!
1 Petr.	3, 11	Suche Frieden und jage ihm nach.
Jes.	26, 16	Herr, wenn Trübsal da ist, so sucht man dich.
Kol.	3, 1	Suchet, was droben ist!

3. Bedingungen des Findens.

Mtth.	7, 7	Suchet, so werdet ihr finden!
Joh.	5, 39	Suchet ihn in der Schrift!
Hebr.	11, 6	Wer zu Gott kommen will, der muß glauben, daß er sei und denen, die ihn suchen, ein Vergelter sein werde.
Jerem.	29, 13	So ihr mich von ganzem Herzen suchen werdet, will ich mich von euch finden lassen. 5 Mose 4, 29.

4. Gott sucht uns.

Ps.	119, 176	Ich bin wie ein verirrtes Schaf, suche deinen Knecht.
Hesek.	34, 11	Ich will mich meiner Herde selbst annehmen und sie suchen.
Luk.	15, 4	Verlorenes Schaf, verlorener Groschen. Freude des Findens.
	19, 10	Des Menschen Sohn ist gekommen, zu suchen und selig zu machen.

Joh.	5, 30	(Er kann retten, denn): ich suche nicht meinen Willen (Joh. 8, 50: nicht meine Ehre), sondern des Vaters Willen.

5. Der von Gott Gefundene wird frei vom Ich.

1 Kor.	13, 5	Die Liebe sucht nicht das Ihre.
	10, 24	Niemand suche, was sein ist, sondern ein jeglicher, was des anderen ist.

Sünde, sündigen, Sünder. Sünde ist das Abirren vom gottgewollten Ziel, das gottwidrige Handeln. »Vergebung der Sünde ist Gottes Tat im Heilsereignis, sie erneuert als ein endzeitliches Ereignis den ganzen Menschen, an welchem die Sünde nicht etwas Einzelnes und Gelegentliches, sondern die sein ganzes Sein bestimmende Macht war« (ThW).

I. Ihr Wesen.

1. Ihre Entstehung.

Sirach	10, 15	Hoffart treibet zu allen Sünden.
Jak.	1, 15	Wenn die Lust empfangen hat (nämlich die Zustimmung des Willens), gebiert sie die Sünde.
1 Mose	3, 6	Das Weib schaute an, daß von dem Baume gut zu essen wäre und lieblich anzusehen, daß es ein lustiger Baum wäre, weil er klug machte, und nahm von der Frucht und aß.

2. Die Sünde liegt nicht in der Tat an sich, sondern in der verkehrten, gegensätzlichen Einstellung zu Gott.

Röm.	14, 23	Was nicht aus dem Glauben gehet, das ist Sünde (Dieselbe Tat kann Sünde oder Gerechtigkeit sein je nach der Einstellung zu Gott).

3. Sünde ist nicht eine isolierte Einzeltat, sondern ein Machtbereich der Auflehnung wider Gott voll Anmaßung und scheinbarer Größe, voll Lüge und Selbstsucht.

1 Joh.	3, 8	Der Teufel sündigt von Anfang .
1 Mose	4, 7	So ruht die Sünde vor der Tür, und nach dir hat sie Verlangen.
Joh.	8, 44	Ihr seid von dem Vater, dem Teufel, und nach eures Vaters Lust wollt ihr tun. Derselbige ist ein Mörder von Anfang und ist nicht bestanden in der Wahrheit.
1 Joh.	3, 8	Wer Sünde tut, der ist vom Teufel.
Joh.	8, 34	Wer Sünde tut, der ist der Sünde Knecht.
Röm.	6, 13	Begebet nicht der Sünde eure Glieder.
	6, 20	Ihr waret der Sünde Knechte.
Röm.	6, 2	In der Sünde leben.
Joh.	9, 34	Ganz in Sünden geboren.
Ps.	51, 7	Ich bin in sündlichem Wesen geboren.
Röm.	7, 14	Unter die Sünde verkauft.
Jes.	50, 1	Ihr seid um eurer Sünde willen verkauft.
Röm.	7, 20	Die Sünde, die in mir wohnet.

4. In diesen Machtbereich sind alle Menschen hineingezogen.

2 Mose 34, 7	Vor welchem niemand unschuldig ist.
Röm. 3, 23	Es ist hier kein Unterschied, sie sind allzumal Sünder.
5, 12	Der Tod ist zu allen Menschen durchgedrungen, dieweil sie alle gesündigt haben.

5. Darum kann auch das Gesetz, das ein Damm ist gegen die wilden Ausbrüche der Sünde, die abgerissene Beziehung zu Gott nicht herstellen, sondern die Sünde nur zum Bewußtsein, zum Anschwellen und zur Verurteilung bringen.

Röm. 7, 12	Das Gesetz ist ja heilig und das Gebot ist heilig, recht und gut.
3, 20	Durch das Gesetz kommt Erkenntnis der Sünde.
7, 7	Die Sünde erkannte ich nicht, ohne durch das Gesetz.
7, 13	Die Sünde, auf daß sie als Sünde offenbar werde, hat sie mir durch das Gute (das Gebot) den Tod (das Verdammungsurteil) gewirkt.
1 Kor. 15, 56	Die Kraft der Sünde ist das Gesetz.
Röm. 7, 9	Da aber das Gebot kam, lebte die Sünde auf, ich aber starb.

6. Der Versuch des Menschen, die Sünde zu leugnen oder von sich abzuwälzen, mißlingt.

Ps. 32, 3	Als ich's wollte verschweigen, verschmachteten meine Gebeine.
1 Joh. 1, 8	So wir sagen, wir haben keine Sünde, so verführen wir uns selbst..
Mtth. 16, 26	Was kann der Mensch geben, damit er seine Seele wieder löse?

7. Es gibt Grade der Sünde hinsichtlich ihrer Wirkung auf die Beziehung des Sünders zu Gott.

1 Mose 4, 13	Meine Sünde ist größer, denn daß sie mir vergeben werden möge.
1 Joh. 5, 16	Es ist eine Sünde zum Tode (Der Sünder ist dadurch für immer geschieden von Gott).
Mtth. 12, 31	Die Lästerung wider den Geist wird den Menschen nicht vergeben, weder in dieser noch in jener Welt (Die Sünde gereicht zur Verstockung, der Sünder will nicht mehr Buße tun; wer Buße tun will, hat diese Sünde nicht getan. Siehe Geist [I 2]).
Hebr. 6, 4	Es ist unmöglich, die, so einmal erleuchtet sind und teilhaftig worden sind des Heiligen Geistes, wo sie abfallen, wiederum zu erneuern zur Buße.
Hebr. 10, 26	So wir mutwillig sündigen, haben wir fürder kein anderes Opfer.
Offenb. 18, 5	Ihre Sünden reichen bis an den Himmel.
2 Thess. 2, 3	Der Mensch der Sünde (Antichrist).
1 Joh. 5, 17	Es ist etliche Sünde nicht zum Tode.
Jes. 1, 18	Wenn eure Sünde gleich blutrot ist, soll sie doch schneeweiß werden.

II. Gott und die Sünde.

1. Gott kennt unsere Sünde.

Ps. 90, 8	Unsere unerkannten Sünden stellst du ins Licht vor deinem Angesicht.
Sirach 17, 17	Alle ihre Sünden sind vor ihm offenbar.

Ps.	139, 1	Herr, du erforschest mich und kennest mich.
Amos	5, 12	Ich weiß eure Sünden, die stark sind.
Offenb.	3, 15	Ich weiß deine Werke, daß du weder kalt noch warm bist.

2. Gott richtet und straft die Sünde.

1 Mose	3, 17	Verflucht sei der Acker um deinetwillen.
	3, 16	Du sollst mit Schmerzen Kinder gebären.
	3, 19	Du bist Erde und sollst zu Erde werden.
	4, 11	Verflucht seist du auf der Erde . . . Unstet und flüchtig sollst du sein auf Erden.
2 Mose	20, 5	Ich, der Herr, dein Gott, bin ein eifriger Gott, der da heimsucht der Väter Missetat an den Kindern bis ins dritte und vierte Glied.
Sprüche	14, 34	Die Sünde ist der Leute Verderben.
Hosea	10, 10	Wenn ich sie strafen werde um ihre Sünde.
Klagel.	1, 14	Meine schweren Sünden sind durch seine Strafe erwacht.
5 Mose	24, 16	Ein jeglicher soll für seine Sünde sterben.
Röm.	6, 23	Der Tod ist der Sünde Sold.
	5, 18	Wie durch eines Sünde die Verdammnis gekommen ist.
Offenb.	21, 27	Es wird nicht hineingehen irgendein Gemeines und das da Greuel tut und Lüge (Der Sünder ewig ausgeschlossen aus der Gottesgemeinschaft).
Röm.	8, 3	Gott sandte seinen Sohn in der Gestalt des sündlichen Fleisches und verdammte die Sünde im Fleisch.
Jes.	53, 5	Er ist um unserer Sünde willen zerschlagen, die Strafe lag auf ihm . . ., er warf unser aller Sünde auf ihn.
2 Kor.	5, 21	Gott hat den, der von keiner Sünde wußte, für uns zur Sünde gemacht.
1 Kor.	15, 3	Daß Christus gestorben sei für unsere Sünde.
Joh.	1, 29	Das ist Gottes Lamm, welches der Welt Sünde trägt.
Gal.	3, 13	Er ward ein Fluch für uns (denn es steht geschrieben, verflucht ist jedermann, der am Holz hänget).
3 Mose	16	Das blutige Opfer – die am Tier, dem zuvor Sünde des Volkes auferlegt war, vollzogene Strafe – ist der Schatten, der vom großen Gericht auf Golgatha vorausfiel.

3. Die Vergebung der Sünde als der souveräne Gnadenwille Gottes auf Grund des Gerichts auf Golgatha.

2 Mose	33, 19	Wem ich gnädig bin, dem bin ich gnädig; und wes ich mich erbarme, des erbarme ich mich.
	34, 6	Gott, barmherzig und gnädig, geduldig und von großer Gnade und Treue! Der da bewahret Gnade in tausend Glieder und vergibt Missetat, Übertretung und Sünde.
Ps.	32, 5	Da vergabst du mir die Missetat meiner Sünde.
Jes.	44, 22	Ich vertilge deine Sünde wie den Nebel.
	38, 17	Du wirfst alle meine Sünde hinter dich zurück.
Micha	7, 18	Der die Sünde vergibt.
Ps.	103, 3	Der dir alle deine Sünde vergibt.
Micha	7, 19	Er wird all unsere Sünden in die Tiefe des Meeres werfen.
Sacharja	13, 1	Zu der Zeit wird das Haus Davids und die Bürger Jerusalems einen freien, offenen Born haben wider die Sünde.
Ps.	130, 8	Er wird Israel erlösen aus allen seinen Sünden.
Mrk.	1, 4	Johannes . . . predigte von der Taufe der Buße zur Vergebung der Sünden.
Mtth.	9, 2	Dir sind deine Sünden vergeben. Mrk. 2, 5; Luk. 5, 20.
Luk.	23, 34	Vater, vergib ihnen; denn sie wissen nicht, was sie tun!
Apgsch.	2, 38	Lasse sich ein jeglicher taufen zur Vergebung der Sünden.
Eph.	1, 7	An welchem wir haben die Vergebung der Sünden. Kol. 1, 14.

1 Joh.	1, 7	Das Blut Jesu Christi, des Sohnes Gottes, macht uns rein von aller Sünde.
Mtth.	26, 28	Welches vergossen wird zur Vergebung der Sünden.
Hebr.	10, 17	Ihrer Sünden will ich nicht mehr gedenken.
Röm.	3, 25	Welchen Gott hat dargestellet zu einem Gnadenstuhl, in dem, daß er Sünden vergibt.

4. Die Bedingungen der Vergebung.

a) Buße als Beugung unter das göttliche Gericht (siehe Buße).

Ps.	32, 4	Deine Hand lag schwer auf mir.
	38, 4	Es ist kein Friede in meinen Gebeinen vor meiner Sünde, meine Sünden gehen über mein Haupt, wie eine schwere Last sind sie mir zu schwer geworden.
Apgsch.	2, 37	Es ging ihnen durchs Herz.
	2, 38	Tut Buße!
Röm.	6, 8	Sind wir mit Christo gestorben, so glauben wir, daß wir auch mit ihm leben werden.

b) Bekennen der Sünde als Beginn des Bruchs mit ihr.

Ps.	32, 5	Darum bekannte ich dir meine Sünde.
Nehemia	1, 6	Ich bekenne die Sünde der Kinder Israel, die wir an dir getan haben.
Mtth.	3, 6	Ließen sich taufen von ihm im Jordan und bekannten ihre Sünden.
1 Joh.	1, 9	So wir unsre Sünden bekennen, ist er treu und gerecht, daß er uns die Sünde vergibt.

c) Bereitschaft, zu vergeben.

Mtth.	18, 35	Also wird euch mein himmlischer Vater auch tun, so ihr nicht vergebet von eurem Herzen, ein jeglicher seinem Bruder seine Fehler.

d) Die Aneignung der Vergebung durch den Glauben, der die Gerechtigkeit Christi für sich nimmt (siehe Glaube).

Apgsch.	16, 31	Glaube an den Herrn Jesum Christum.
Luk.	7, 50	Dein Glaube hat dir geholfen, gehe hin in Frieden!
Eph.	2, 8	Aus Gnaden gerettet durch den Glauben.
1 Joh.	2, 12	Die Sünden sind euch vergeben durch seinen Namen.

5. Wo Vergebung ist, da ist die Verbindung mit Gott hergestellt und damit ein neues Leben geschenkt.

Luk.	15, 24	Dieser mein Sohn war tot und ist wieder lebendig geworden.
	7, 47	Ihr sind viele Sünden vergeben, denn sie hat viel geliebt (Die Liebe quillt aus der Vergebung)
Röm.	6, 6	Daß der sündliche Leib aufhöre, daß wir hinfort der Sünde nicht dienen.
1 Joh.	3, 9	Wer aus Gott geboren ist, . . . der kann nicht sündigen (Er hält es in der Sünde nicht aus).

6. Das neue Leben ist das durch den Glauben ergriffene Christusleben, das sich wachstümlich im sündlichen Leib auswirkt. Der Mensch bleibt bis zum Tode ein Sünder, dessen einzige Hoffnung Christus ist.

1 Joh.	2, 1	Ob jemand sündigt, so haben wir einen Fürsprecher bei dem Vater.

1 Tim. 1, 15 Jesus ist gekommen in die Welt, die Sünder selig zu machen, unter welchen ich der vornehmste (größte) bin.
1 Joh. 1, 8 So wir sagen, wir haben keine Sünde, so verführen wir uns selbst.

Tag des Herrn, siehe Sabbat und Zeit [2 c.]

Tat, siehe Tun.

Taufe. Im Alten Testament Waschung zur Reinigung von Verunreinigung durch Tote, ansteckende Krankheiten, Entsühnung, deren Unterlassung die Todesstrafe folgte (4 Mose 19, 13). Diese rituelle Reinigung hat nichts zu tun mit den heidnischen Wasserbräuchen, die dinglich magisch gemeint sind und eine naturhafte Lebenserneuerung versprechen. Die Johannestaufe ist eine Taufe auf das kommende messianische Reich zur Buße und Vergebung der Sünden. Sie will eine sittlich-religiöse Reinigung. Jesus tritt in die Reihe dieser Täufergemeinde, die den Messias erwartet, und empfängt dabei Berufung und Ausrüstung zum messianischen Amt. Die für das messianische Reich entscheidende Taufe ist sein Sühnetod. Zu der Aussendung der Apostel gehört auch der Taufbefehl. Die Taufe ist bei Paulus und den anderen Aposteln auf den Namen Jesu, auf das Heilsereignis bezogen. Sie zieht ihre Kraft aus dem Sühnetod Jesu. Der eigentlich Handelnde dabei ist Christus selbst (Eph. 5, 26: Er hat sie gereinigt durch das Wasserbad im Wort). Die Taufe ist heilsgeschichtlich und endzeitlich ausgerichtet. Die Gabe der Taufe in einem taufgemäßen Wandel ins Leben zu übersetzen, ist Aufgabe der Getauften. Es findet sich auf dem Boden des Neuen Testaments keine Spur eines magisch-naturalistischen Mißverständnisses der Taufe. Auch die Taufe über den Toten (1. Kor. 15, 29) ist vielleicht eine Anspielung des Apostels auf heidnische Bräuche, vielleicht auch auf den Brauch, sich über ungetauft Verstorbenen taufen zu lassen, der ja dann schlecht passen würde zur Leugnung der Auferstehungshoffnung.

1 Kor. 10, 2 Sie wurden auf Mose getauft.

1. Johannes der Täufer taufte zur Vergebung der Sünden. Das Aneignungsmittel war die Buße.

Mrk. 1, 4 Johannes taufte und predigte von der Taufe der Buße zur Vergebung der Sünden.
Luk. 3, 3 Taufe der Buße. Die Taufe Johannes des Täufers eine unvollendete Stufe. Apgsch. 13, 24; 19, 4.
Mtth. 3, 11 Ich taufe euch mit Wasser zur Buße, der aber nach mir kommt, ist stärker denn ich, der wird euch mit dem Heiligen Geist und mit Feuer taufen.
Apgsch. 19, 3 Die Johannestaufe. Es fehlt der Heilige Geist.

2. Die Taufe Jesu: Mtth. 3, 3; Mrk. 1, 9—11; Luk. 3, 21 ff. Jesus der Sündlose stellt sich aus hohepriester-

licher Liebe in die Reihe der sündigen, reumütigen Menschen, das Lamm, das der Welt Sünde trägt.

Luk. 12, 50 Ich muß mich zuvor taufen lassen mit einer Taufe (Das Ende seines Amtswirkens, die Reinigung von den Sünden der Welt, die er trug, durch sein eigen Blut).

3. Die Taufe auf den Namen Jesu (Joh. 4, 2: Jesus tauft nicht selbst).

Mtth. 28, 19 Darum gehet hin und lehret alle Völker, und taufet sie im Namen des Vaters und des Sohnes und des Heiligen Geistes.
Apgsch. 19, 5 Ließen sich taufen auf den Namen des Herrn.
8, 16 Waren allein getauft auf den Namen des Herrn.
2, 38 Lasset euch taufen auf den Namen Jesu Christi.

4. Taufe ist Todesgemeinschaft mit Christus.

Röm. 6, 3 Sind auf seinen Tod getauft, mit ihm begraben durch die Taufe in den Tod.
Kol. 2, 12 Mit ihm begraben durch die Taufe.
1 Joh. 1, 7 Das Blut Jesu Christi macht uns rein von aller Sünde.
1 Petr. 1, 2 Zur Besprengung mit dem Blut Jesu Christi.
Röm. 6, 5 Zusammengewachsen mit ihm durch das Abbild seines Todes.
Hebr. 10, 22 Besprengt in unserem Herzen und los von dem bösen Gewissen und gewaschen am Leibe mit reinem Wasser

5. Daher ist Taufe die Rettung aus der Sünde.

Mrk. 16, 16 Wer glaubt und getauft wird, wird selig (errettet) werden.
Titus 3, 5 Nach seiner Barmherzigkeit machte er uns selig (errettet er uns) durch das Bad der Wiedergeburt.
1 Petr. 3, 21 Durchs Wasser, welches nun auch uns rettet in der Taufe ..., nicht das Abtun des Unflats am Fleisch (mosaische Taufe), sondern der Bund (Anspruch) eines guten Gewissens mit Gott (auf Grund der Taufe).
Hebr. 10, 22 Los vom bösen Gewissen.

6. Taufe ist Lebensgemeinschaft mit Christus.

Röm. 6, 4 Gleichwie Christus ist auferweckt von den Toten durch die Herrlichkeit des Vaters, also sollen auch wir in einem neuen Leben wandeln.
Kol. 2, 12 In welchem ihr auch auferstanden seid durch den Glauben, den Gott wirkt.
Gal. 3, 27 Wie viele euer auf Christum getauft sind, die haben Christum angezogen.
Titus 3, 5 Bad der Wiedergeburt und Erneuerung des Heiligen Geistes.
1 Kor. 12, 13 Wir sind durch einen Geist alle zu einem Leib getauft.

7. Das Aneignungsmittel der Rettung in der Taufe ist der Glaube.

Mrk. 16, 16 Wer da glaubt und getauft wird, wird selig werden (Der Glaube hält sich an das Wasser wie beim Abendmahl an Wein und Brot. Mit dem Wasser ist das Wort Jesu verbunden, und durch das Wasser wird das Wort Jesu der Person des Getauften zugeeignet. Luther tröstet sich in schweren Anfechtungen mit seiner

Taufe. Das Wort, das uns die Taufe zu einer teueren Gabe macht, ist Mtth. 28, 19: Gehet hin in alle Welt und taufet sie auf den Namen des Vaters, des Sohnes und des Heiligen Geistes, und Mrk. 16, 16: Wer da glaubt und getauft wird, wird selig [errettet] werden).

8. Der Glaube an Christus ist die Gabe des Heiligen Geistes, die zeitlich nicht mit der Taufe zusammenzufallen braucht.

Gott gibt den Geist souverän vor oder nach der Taufe, wenn der Mensch den Widerstand gegen Christus aufgibt und glaubt.

Die Taufe ist also kein Heilsmittel in Menschenhand, sondern das Heil liegt allein in Gottes Hand. Er allein gibt, der Glaubende allein nimmt.

Apgsch. 19, 1 Taufe des Johannes ohne den Heiligen Geist.
8, 15 Taufe auf den Namen Jesu ohne den Heiligen Geist.
11, 15 Heiliger Geist ohne Taufe.
1 Kor. 1, 14 Paulus taufte nicht, um nicht dem Mißverständnis Raum zu geben, seine Taufe sei besser als die anderer. Die Taufe hat es nur mit dem Gekreuzigten zu tun.

9. Ist die Kindertaufe berechtigt? Nach Mtth. 19, 14 (Lasset die Kindlein zu mir kommen, Handauflegung Jesu auf die Kinder, schon früh geübt) entspricht sie der Art der Gnade, die uns zuvorkommt, und der israelitischen Auffassung von der Zusammengehörigkeit der Familie (Apgsch. 16, 31: Du und dein Haus).

1 Joh. 4, 19 Er hat uns zuerst geliebet.
Apgsch. 16, 33 Ließ sich taufen und die Seinen alsobald (Kerkermeister, wohl auch Kinder dabei).
1 Kor. 7, 14 Kinder einer gläubigen Mutter und eines gläubigen Vaters sind heilig. – Allerdings dann Erziehungspflicht:
Eph. 6, 4 Ziehet sie auf in der Zucht und Vermahnung des Herrn. (Kindertaufe setzt gläubige Eltern oder Paten voraus.)

10. Die Schrift weiß nichts von einer Wiederholung der Taufe auf den Namen Jesu.

Eph. 4, 5 Ein Herr, ein Glaube, eine Taufe.

Testament, siehe Bund.

Teufel, Satan. Der Diabolos (griechische Übersetzung des hebräischen Satan), der Widersacher Gottes und der Menschen, ist der öffentliche Ankläger vor Gott, der das Recht gegen die Menschen geltend macht. So wird er im Alten Testament zuerst erkannt. Dann erscheint er als Versucher, der das Verhältnis der Menschen zu Gott und das Verhältnis Gottes zu Israel und der Welt zu stören versucht, um den Menschen zu verderben. Er tritt als Versucher in Tätigkeit beim Sündenfall, beim Auszug, beim goldenen Kalb, bei David und in der Geschichte Israels. Der, der dem Versucher nachgibt, kommt in seine Gewalt. — Im Neuen Testament ist der Gegensatz zwischen Gott und dem Satan verschärft durch das in Christus gegenwärtige Gottesreich. Er ist der Fürst dieser Welt. Die Menschen sind versklavt unter seine Herrschaft. Die Zauberei gehört zu seinem Machtbereich. Die Dämonen und die Götzen der Heiden stehen in seinem Dienst. Christus aber besiegt ihn. Er wird auf die Erde gestürzt, verliert also seine Stellung als Ankläger vor Gott und hat nur noch wenig Zeit. Er kämpft gegen die Herrschaft Gottes, versucht Jesus und verführt den Judas zum Verrat. Die Gemeinde Jesu ist seinem Machtbereich entnommen, darum kann sie und soll sie siegreich gegen ihn kämpfen. In den letzten Tagen ist er der Antichrist, dem eine große Machtfülle von Gott gegeben ist (Offenb. 13, 7; 13, 15: Es ward ihm gegeben).

1. Sein Ursprung.

Judas	6	Engel, die ihr Fürstentum nicht bewahrten, sondern verließen
Weish.	2, 24	Durch des Teufels Neid ist der Tod in die Welt gekommen.
Joh.	8, 44	Derselbe ist ein Mörder von Anfang und nicht bestanden in der Wahrheit, ein Lügner und Vater derselbigen.
1 Joh.	3, 8	Der Teufel sündigt von Anfang an.

2. Sein Werk.

a) Er versucht und reizt zum Bösen, verführt zur Feindschaft wider Gott.

1 Mose	3, 1	Die Schlange war listiger denn alle Tiere.
1 Chron.	21, 1	Satan stand wider Israel und reizte David, daß er Israel zählen ließe.
Mtth.	4, 1	Jesus in die Wüste geführt, daß er vom Teufel versucht würde.
	13, 28	Das hat der Feind getan.
Röm.	5, 10	Als wir noch Feinde waren (Der Teufel reißt uns in die Feindschaft gegen Gott hinein).
Luk.	22, 31	Satan hat euer begehrt, euch zu sichten.
1 Kor.	7, 5	Daß euch der Satan nicht versuche.
2 Kor.	2, 11	Auf daß wir nicht übervorteilt würden vom Satan.
Eph.	6, 11	Die listigen Anläufe des Teufels.
2 Tim.	2, 26	Des Teufels Strick.
Mtth.	16, 23	Hebe dich, Satan, von mir.
2 Sam.	19, 23	Wollt ihr mir zum Satan werden (Kinder der Zeruja)?

b) Er verstellt sich.

2 Kor.	11, 14	Der Satan zum Engel des Lichts.

c) Er gibt die bösen Gedanken ins Herz.

Joh.	13, 2	Da schon der Teufel hatte Judas ins Herz gegeben.
	13, 27	Es fuhr der Satan in ihn.
Apgsch.	5, 3	Warum hat der Satan dein Herz erfüllt?
1 Joh.	3, 8	Wer Sünde tut, der ist vom Teufel.
Apgsch.	13, 10	Kind des Teufels.

1 Kor.	10, 20	Opfern sie den Teufeln (Die heidnischen Religionen haben es mit dem Teufel zu tun).

d) Er ist wider die Gläubigen.

1 Petr.	5, 8	Euer Widersacher, der Teufel, geht umher wie ein brüllender Löwe.
1 Thess.	2, 18	Satan hat uns (Paulus) verhindert, (die Gemeinde zu besuchen).
1 Tim.	5, 15	Es sind schon etliche umgewandt dem Satan nach (er bringt Gläubige zum Abfall).
Offenb.	2, 10	Der Teufel wird etliche von euch ins Gefängnis werfen.

e) Er bindet die Menschen mit Krankheit.

Mtth.	15, 22	Meine Tochter wird vom Teufel übel geplagt.
Luk.	13, 16	Sie ist vom Satan gebunden nun wohl achtzehn Jahre.
Luk.	9, 42	Riß ihn der Teufel und zerrte ihn.
2 Kor.	12, 7	Des Satans Engel, der mich mit Fäusten schlage.
1 Kor.	5, 5	Ihn zu übergeben dem Satan zum Verderben des Fleisches.

f) Er verklagt.

Hiob	2, 1	Der Satan trat vor den Herrn.
Sacharja	3, 1	Der Satan stand zu seiner Rechten.
Ps.	109, 6	Der Satan müsse stehen zu seiner Rechten.
Offenb.	12, 10	Der Verkläger unserer Brüder, der sie verklagte Tag und Nacht vor Gott.

g) Er hat auf Erden bestimmte Wohnsitze.

Offenb.	2, 13	Da des Satans Stuhl ist.
Joh.	12, 31	Fürst dieser Welt.

3. Seine Zukunft.

2 Thess.	2, 9	Die Zukunft des Antichrists geschieht nach der Wirkung Satans.
Offenb.	12, 12	Er wird ausgeworfen und kommt auf die Erde, weiß, daß er wenig Zeit hat.
	20, 2	Gebunden auf tausend Jahre.
	20, 7	Wenn tausend Jahre um sind, wird er los werden.

4. Seine Besiegung durch Christus und die Seinen.

Mtth.	4, 10	Hebe dich weg von mir!
Luk.	10, 18	Sah den Satan vom Himmel fallen.
1 Joh.	3, 8	Dazu ist erschienen der Sohn Gottes, daß er die Werke des Teufels zerstöre.
Hebr.	2, 14	Daß er durch den Tod die Macht nehme dem Teufel.
Mtth.	12, 28	Die Teufel durch den Geist Gottes austreiben.
Luk.	11, 20	Die Teufel austreiben durch Gottes Finger.
Apgsch.	26, 18	Daß sie sich bekehren aus des Satans Gewalt.
Röm.	16, 20	Der Gott des Friedens zertrete den Satan unter eure Füße.
Eph.	6, 11	Ziehet an den Harnisch Gottes, daß ihr bestehen könnet.
Jak.	4, 7	Widerstehet dem Teufel, so fliehet er von euch.
2 Tim.	2, 26	Ob sie nüchtern würden aus des Teufels Strick.
Luk.	9, 1	Jesus gab ihnen Macht über alle Teufel.
Mrk.	16, 17	In meinem Namen werden sie Teufel austreiben.
Offenb.	20, 10	Der Teufel, der sie verführte, ward geworfen in den feurigen Pfuhl.
Mtth.	25, 41	Gehet hin in das ewige Feuer, welches bereitet ist dem Teufel und seinen Engeln.

Tod, sterben. 1. Vom natürlichen Lebensende. 2. Den Tod als das mit der Sünde verbundene Gerichtsverhängnis erleiden.

1. Das natürliche Lebensende.

a) Die ernste Mahnung.

Ps.	90, 12	Lehre uns bedenken, daß wir sterben müssen, auf daß wir klug werden.
2 Kön.	20, 1	Beschicke dein Haus, denn du wirst sterben. Jes. 38, 1.
Luk.	12, 20	Du Narr, diese Nacht wird man deine Seele von dir fordern, und wes wird's sein, das du bereitet hast?

b) Furcht vor dem Sterben.

Hebr.	2, 15	Durch Furcht des Todes im ganzen Leben Knechte.

c) Die Sehnsucht nach dem Tod.

1 Mose	25, 8	Abraham starb alt und lebenssatt.
1 Kön.	19, 4	Elia bat, daß seine Seele stürbe. Es ist genug, so nimm nun, Herr, meine Seele.
Phil.	1, 23	Ich habe Lust abzuscheiden.

d) Sterben im Frieden.

Luk.	2, 29	Herr, nun lässest du deinen Diener (Simeon) im Frieden fahren.
	16, 22	Der Arme starb und ward getragen von den Engeln in Abrahams Schoß.
Offenb.	14, 13	Selig sind die Toten, die in dem Herrn sterben.
Apgsch.	7, 58	Stephanus, der anrief und sprach: Herr Jesu, nimm meinen Geist auf!

2. Den Tod als das mit der Sünde verbundene Gerichtsverhängnis erleiden.

a) Der Tod ist das Gericht über die Sünde, das über alle Menschen gekommen ist.

1 Mose	2, 17	Welches Tages du davon issest, wirst du des Todes sterben.
Hesek.	18, 4	Welche Seele sündigt, die soll sterben.
4 Mose	15, 35	Todesstrafe für einen Sabbatschänder.
5 Mose	17, 6	Todesstrafe auf Abgötterei.
Hebr.	10, 28	Wenn jemand das Gesetz Mose bricht, der muß sterben.
Joh.	8, 24	So ihr nicht glaubet, daß ich es sei, werdet ihr sterben in euren Sünden (Jesus zu den Juden).
Röm.	6, 23	Der Tod ist der Sünde Sold.
Jak.	1, 15	Nachdem die Sünde vollendet ist, gebiert sie den Tod.
1 Kor.	15, 56	Der Stachel des Todes ist die Sünde.
Hebr.	9, 27	Den Menschen ist gesetzt, einmal zu sterben, danach das Gericht.
Röm.	5, 12	Wie durch einen Menschen die Sünde gekommen ist in die Welt und der Tod durch die Sünde, und ist also der Tod zu allen Menschen durchgedrungen, dieweil sie alle gesündigt haben.

b) Der Tod ein Machtmittel in der Hand des Satans.

Weish.	2, 24	Durch des Teufels Neid ist der Tod in die Welt gekommen.
Ps.	116, 3	Stricke des Todes hatten mich umfangen, und Ängste der Hölle hatten mich getroffen.
	49, 15	Sie liegen in der Hölle wie Schafe, und der Tod weidet sie.
Hebr.	2, 14	Daß er . . . die Macht nehme dem, der des Todes Gewalt hatte, dem Teufel.
	2, 15	Durch Furcht des Todes im ganzen Leben Knechte.

c) Der Tod ist nicht nur ein einmaliges Geschehen, sondern ein Zustand des unter dem Gerichte Gottes Stehens.

Eph.	2, 1	Da ihr tot waret durch Übertretungen.
Kol.	2, 13	Tot waret in den Sünden.
1 Tim.	5, 6	Witwe, die in Wollüsten lebt, ist lebendig tot.
Luk.	15, 24	Dieser mein Sohn war tot.
Offenb.	3, 1	Du hast den Namen, daß du lebest, und bist tot.
Röm.	7, 10	Ich aber starb (Paulus unter der Fluchwirkung des Gesetzes).
	8, 10	Wenn Christus in euch lebet, ist der Leib zwar tot um der Sünde willen.
	7, 24	Ich elender Mensch, wer wird mich erlösen von dem Leibe dieses Todes?
1 Joh.	3, 14	Wer den Bruder nicht liebt, der bleibt im Tod.

d) Der Tod der Hinrichtung als Vollzug des Gerichtes sühnt.

Josua	7, 26	Nach der Hinrichtung Achans kehrte sich der Herr von dem Grimm seines Zorns.
1 Kor.	5, 5	Ihn (den Blutschänder) zu übergeben dem Satan zum Verderben des Fleisches, auf daß der Geist selig werde am Tage des Herrn Jesu.
Röm.	6, 7	Wer gestorben ist, der ist gerechtfertigt von der Sünde.

e) Christus, der Gerechte, starb für uns, die Ungerechten. Sein Sterben sühnt die Sünden aller, die ihn als ihren Stellvertreter annehmen.

Mtth.	20, 28	Des Menschen Sohn . . . gibt sein Leben zu einem Lösegeld für viele.
Joh.	12, 24	Wo das Weizenkorn erstirbt, bringt es viele Früchte.
Luk.	22, 44	Und es kam, daß er mit dem Tod rang.
Mtth.	27, 50	Jesus schrie laut und verschied. Mrk. 15, 37.
Luk.	23, 46	Jesus rief laut: Vater, in deine Hände befehle ich meinen Geist. Und als er das gesagt, verschied er.
Joh.	19, 30	Als er den Essig genommen hatte, sprach er: Es ist vollbracht; und neigte das Haupt und verschied.
Gal.	3, 13	Christus aber hat uns erlöset von dem Fluch des Gesetzes, da er ward ein Fluch für uns.
Röm.	5, 18	Durch eines Gerechtigkeit ist die Rechtfertigung des Lebens über alle Menschen gekommen.
	5, 8	Christus ist für uns gestorben, da wir noch Sünder waren.
	5, 6	Christus starb für uns Gottlose.
	5, 10	Wir sind Gott versöhnt durch den Tod seines Sohnes.
Phil.	2, 8	Er erniedrigte sich selbst und ward gehorsam bis zum Tod, ja zum Tod am Kreuz.
Hebr.	2, 9	Jesus durchs Leiden des Todes gekrönt, auf daß er durch Gottes Gnade für alle den Tod schmeckte.

f) Wer den Gekreuzigten als seinen Herrn annimmt, ist mit ihm ins Gericht gekommen, der Sünde abgestorben und versöhnt mit Gott.

Röm.	6, 5	Mit ihm gepflanzt zu gleichem Tod.
	6, 6	Wir wissen, daß unser alter Mensch samt ihm gekreuzigt ist, auf daß der sündliche Leib aufhöre, daß wir hinfort der Sünde nicht dienen.
	6, 11	Ihr rechnet damit, (ihr) haltet euch dafür, daß ihr der Sünde gestorben seid.
Kol.	3, 3	Ihr seid gestorben, und euer Leben ist verborgen mit Christo in Gott.
2 Kor.	5, 14	So einer für alle gestorben ist, so sind sie alle gestorben.
	5, 15	Auf daß die, die da leben, hinfort nicht sich selbst leben, sondern dem, der für sie gestorben und auferstanden ist.
Röm.	14, 7	Unser keiner lebt sich selber.

Gal. 2, 19 Gestorben dem Gesetz durchs Gesetz.
Joh. 5, 24 Wer mein Wort hört und glaubet dem, der mich gesandt hat, der hat das ewige Leben und kommt nicht in das Gericht, sondern er ist vom Tode zum Leben hindurchgedrungen.
Röm. 6, 3 Wisset ihr nicht, daß alle, die in Jesum getauft sind, die sind in seinen Tod getauft?
6, 4 So sind wir ja mit ihm begraben durch die Taufe in den Tod, auf daß, gleichwie Christus ist auferweckt von den Toten durch die Herrlichkeit des Vaters, also sollen auch wir in einem neuen Leben wandeln.

g) Dieses Sterben wird vertieft durch die Gemeinschaft der Leiden Christi.

1 Kor. 15, 31 Ich sterbe täglich.
2 Kor. 6, 9 Als die Sterbenden, und siehe, wir leben.
4, 10 Wir tragen allezeit das Sterben unseres Herrn Jesu an unserem Leibe.
Gal. 6, 17 Hinfort mache mir niemand weiter Mühe, denn ich trage die Malzeichen des Herrn Jesu an meinem Leibe.
Kol. 1, 24 Ich freue mich in meinem Leiden, das ich für euch leide, und erstatte an meinem Fleisch, was noch mangelt an Trübsalen in Christo.
Phil. 3, 10 Erkennen ihn ... und die Gemeinschaft seiner Leiden, daß ich seinem Tode ähnlich werde.

h) Der Tod ist verschlungen in den Sieg (Sieg über Sünde und Todesangst)!

2 Tim. 2, 11 Sterben wir mit, so werden wir mit ihm leben!
Joh. 11, 25 Wer an mich glaubet, der wird leben, ob er gleich stürbe.
1 Joh. 3, 14 Wir sind aus dem Tod ins Leben gekommen, denn wir lieben die Brüder.
2 Tim. 1, 10 Der dem Tod die Macht genommen und Leben und unvergängliches Wesen ans Licht gebracht hat.
1 Kor. 15, 55 Der Tod ist verschlungen in den Sieg.
Offenb. 21, 4 Der Tod wird nicht mehr sein.

f) Wer an dem Sieg Christi durch seinen Unglauben nicht teilnimmt, der kommt in den anderen Tod, das abschließende Gericht über alles Widergöttliche.

Offenb. 20, 14 Der Tod und die Hölle (Totenreich) wurden geworfen in den feurigen Pfuhl, das ist der andere Tod.
20, 10 Der Teufel ward geworfen in den feurigen Pfuhl.
21, 8 Der Verzagten aber und Ungläubigen und Greulichen und Totschläger und Hurer und Zauberer und Abgöttischen ..., deren Teil wird sein in dem Feuersee, das ist der andere Tod.

Traurigkeit, siehe Leid und Buße [5.]

Treu, Treue. Treu ist der, dem man trauen kann, weil er sich selbst treu bleibt. Treu ist Gott in allen Beziehungen und unter allen Umständen.

1. Gottes Treue.

2 Mose 34, 6 Herr, Herr ... geduldig und von großer Gnade und Treue!
5 Mose 32, 4 Treu ist Gott und kein Böses an ihm.
Ps. 31, 6 In deine Hände befehle ich meinen Geist. Du ... treuer Gott
78, 72 Er weidete sie auch mit aller Treue.
Klagel. 3, 23 Deine Treue ist groß.

Micha	7, 20	Du wirst dem Jakob die Treue halten.
1 Kor.	1, 9	Gott ist treu, durch welchen ihr berufen seid.
	10, 13	Gott ist getreu, der euch nicht läßt versuchen über euer Vermögen.
1 Thess.	5, 24	Getreu ist er, der euch ruft, er wird's auch tun.
2 Thess.	3, 3	Der Herr ist treu, der wird euch stärken und bewahren vor dem Argen.
2 Tim.	2, 13	Glauben wir nicht, so bleibt er treu, er kann sich selbst nicht verleugnen.
Hebr.	2, 17	Ein treuer Hoherpriester.
	11, 11	Denn sie achtete ihn treu, der es verheißen hatte.
Offenb.	19, 11	Treu und wahrhaftig.

2. Gott sucht beim Menschen die Treue, stellt sie in seinen Dienst und belohnt sie.

Ps.	101, 6	Meine Augen sehen nach den Treuen im Lande.
Hosea	4, 1	Es ist keine Treue im Lande (Klage).
Ps.	85, 11	Daß Güte und Treue einander begegnen (Verheißung).
Dan.	6 5	Denn er war treu.
Luk.	12, 42	Wie ein groß Ding ist's um einen treuen und klugen Haushalter.
	16, 10	Wer im Geringsten treu ist, der ist auch im Großen treu.
1 Tim.	1, 12	Ich danke unserem Herrn Christo . . ., der mich treu geachtet hat und gesetzt in das Amt.
	3, 11	Ihre Frauen sollen treu sein in allen Dingen.
Mtth.	25, 21	Ei du frommer und getreuer Knecht!
Offenb.	2, 10	Sei getreu bis an den Tod, so will ich dir die Krone des Lebens geben.

Trösten, Tröster, Trost, getrost. Trost ist die göttliche Ausfüllung einer menschlichen Leere, eines Hohlraums, den Leid und Gericht geschaffen haben.

1. Der Trost wirkt nur im Elend.

Ps.	119, 50	Das ist mein Trost in meinem Elend.
	118, 5	In der Angst rief ich den Herrn an, . . . und er tröstete mich.
	73, 26	Wenn mir gleich Leib und Seele verschmachtet, so bist du, Gott, allezeit meines Herzens Trost.
	23, 4	Ob ich schon wanderte im finstern Tal, . . . dein Stecken und Stab trösten mich.
Jes.	12, 1	Dein Zorn sich gewendet hat und tröstet mich.
Mtth.	5, 4	Selig sind, die da Leid tragen; denn sie sollen getröstet werden.
2 Kor.	1, 4	Der uns tröstet in all unserer Trübsal.
	7, 6	Gott, der die Geringen tröstet.
Luk.	6, 24	Wehe euch Reichen, ihr habt euren Trost dahin!
	16, 25	Lazarus wird getröstet, aber du wirst gepeinigt.

2. Der Trost naht sich dem Elenden:

a) im Wort Gottes;

Ps.	119, 50	Das ist mein Trost, dein Wort erquickt mich.
	119, 92	Wo dein Gesetz nicht mein Trost gewesen wäre.
Jerem.	15, 16	Dein Wort ist meines Herzens Freude und Trost.
Josua	1, 7	Sei nur getrost und sehr freudig (Der Herr zu Josua).
1 Kön.	2, 2	Sei getrost und sei ein Mann (Der sterbende David zu seinem Sohn).
Jes.	35, 4	Saget den verzagten Herzen: Seid getrost.
	51, 12	Ich, ich bin euer Trost.
Dan.	10, 19	Friede sei mit dir, und sei getrost, sei getrost!
Jes.	66, 13	Ich will euch trösten, wie einen seine Mutter tröstet.

b) im fleischgewordenen Wort:

Luk.	2, 25	Simeon wartete auf den Trost Israels.
Mtth.	9, 2	Sei getrost mein Sohn, deine Sünden sind dir vergeben!
	14, 27	Seid getrost, ich bin's.
Joh.	16, 33	In der Welt habt ihr Angst, aber seid getrost, ich habe die Welt überwunden.

c) im geistlebendigen Wort (über die besondere Bedeutung von Trost siehe Heiliger Geist: I, 3 b 1).

Joh.	14, 26	Der Tröster, der Heilige Geist . . . wird euch alles lehren und erinnern alles des, das ich euch gesagt habe.
	14, 16	Ich will den Vater bitten, und er soll euch einen anderen Tröster geben.
	16, 7	So ich nicht hingehe, so kommt der Tröster nicht zu euch.
2 Kor.	5, 5	Der uns das Pfand, den Geist, gegeben hat. So sind wir denn getrost allezeit. 2 Thess. 2, 16. Hat uns gegeben einen ewigen Tröster.

d) So ist Gott ein Gott des Trostes.

Jerem.	14, 8	Du bist der Trost Israels.
Röm.	15, 5	Der Gott aber der Geduld und des Trostes.
2 Kor.	1, 3	Der Gott alles Trostes.

3. Des Trostes wird man durch Glauben und Bitten teilhaftig.

Ps.	27, 14	Harre des Herrn! Sei getrost und unverzagt.
Mtth.	9, 22	Sei getrost, meine Tochter, dein Glaube hat dir geholfen.
Ps.	80, 4	Gott tröste uns, laß uns leuchten dein Antlitz.
	4, 2	Der du mich tröstest in Angst, sei mir gnädig und erhöre mein Gebet.

4. Der Getröstete soll den Trost weitergeben.

1 Thess.	5, 14	Tröstet die Kleinmütigen!
2 Kor.	1, 4	Der uns tröstet in aller unserer Trübsal, daß wir auch trösten können, die da sind in allerlei Trübsal.

Trübsal, siehe Leiden.

Tun, Tat, Täter, tätig. Wie bei Gott Wort und Tat zusammenstimmen, so sollen dies auch des Menschen Tat mit Gottes Wort.

1. Gottes Tun.

a) Bei Gott ist Wort und Tun beisammen.

4 Mose	23, 19	Sollte er etwas sagen und nicht tun?
5 Mose	32, 4	Alles, was er tut, ist recht.
Jes.	46, 11	Was ich denke, das tue ich auch.
Röm.	4, 21	Was Gott verheißt, das kann er auch tun.
1 Thess.	5, 24	Getreu ist er, der euch ruft, er wird's auch tun.

b) Die Art des göttlichen Tuns.

Ps.	135, 6	Alles, was er will, das tut er.
	145, 19	Er tut, was die Gottesfürchtigen begehren.
Pred.Sal.	3, 11	Er tut alles fein zu seiner Zeit.
Eph.	3, 20	Dem aber, der überschwenglich tun kann.

c) Beugung unter Gottes Tun.

1 Sam. 3, 18 Es ist der Herr, er tue, was ihm wohlgefällt.

2. Des Menschen Tat.

a) Sie soll mit dem Wort Gottes übereinstimmen.

1 Mose 6, 22 Noah tat alles, was ihm Gott gebot.
Joh. 2, 5 Was er euch sagt, das tut.
13, 15 Ein Beispiel habe ich euch gegeben, daß ihr tut, wie ich euch getan habe.
1 Joh. 3, 18 Lasset uns nicht lieben mit Worten noch mit der Zunge, sondern mit der Tat und mit der Wahrheit.
Jak. 1, 22 Seid aber Täter des Worts, nicht Hörer allein.
Gal. 5, 6 In Christo gilt nur der Glaube, der in der Liebe tätig ist.

b) Die Art des menschlichen Tuns.

Sirach 32, 24 Tue nichts ohne Rat.
Tobias 4, 16 Was du nicht willst, daß man dir tue, das tue einem anderen auch nicht.
Mtth. 7, 12 Alles nun, das ihr wollt, daß euch die Leute tun sollen, das tut ihr ihnen auch (Das Gebot).
Röm. 7, 15 Ich tue nicht, das ich will (Die Not).
Ps. 60, 14 Mit Gott wollen wir Taten tun (Die Kraft).
Joh. 15, 5 Ohne mich könnt ihr nichts tun.
Kol. 3, 23 Alles, was ihr tut, das tut von Herzen als dem Herrn und nicht den Menschen (Das Ziel).
1 Kor. 10, 31 Was ihr tut, so tut es alles zu Gottes Ehre.
Luk. 17, 10 Wir sind unnütze Knechte, wir haben getan, das wir zu tun schuldig waren (Die Demut).

c) Der Segen des gehorsamen Tuns.

3 Mose 18, 5 Welcher Mensch dieselben tut, der wird dadurch leben.
Luk. 10, 28 Tue das, so wirst du leben.
Mtth. 25, 40 Was ihr getan habt . . ., das habt ihr mir getan.
Jak. 1, 25 Nicht ein vergeßlicher Hörer, sondern ein Täter, derselbige wird selig sein in seiner Tat.

d) Das Gericht über unser Tun.

Jerem. 17, 10 Ich gebe einem jeglichen nach seinem Tun.
Luk. 23, 41 Wir empfangen, was unsere Taten wert sind.
Mtth. 7, 21 Es werden nicht alle, die zu mir sagen: Herr, Herr! in das Himmelreich kommen, sondern die den Willen tun meines Vaters im Himmel.
Offenb. 20, 12 Gericht nach den Werken.

Übel, 1. Im Sinn von Unglück. 2. Unglück, welches die Bösen, die Sünder verursachen, 3. das Böse.

1. Übel im Sinn von Unglück.

Ps. 91, 10 Es wird dir kein Übel begegnen.
121, 7 Der Herr behüte dich vor allem Übel!
2 Mose 32, 14 Also gereute den Herrn das Übel.

2. Übel im Sinn des Bösen, Sündigen.

Mtth. 5, 11 Wenn die Menschen reden allerlei Übles.
5, 39 Ich sage euch, daß ihr nicht widerstreben sollt dem Übel.

Joh.	17, 15	Ich bitte, daß du sie bewahrest vor dem Übel.
1 Petr.	2, 19	Das ist Gnade, so jemand das Übel verträgt und leidet das Unrecht.
1 Tim.	6, 10	Geiz ist eine Wurzel alles Übels.
2 Tim.	4, 18	Der Herr wird mich erlösen von allem Übel und mir aushelfen zu seinem himmlischen Reich.

3. Übel als das Böse.

1 Mose	39, 9	Wie sollte ich ein so großes Übel tun und wider meinen Gott sündigen!
Mtth.	27, 4	Ich habe übel getan (Judas).
Ps.	51, 6	An dir allein habe ich gesündigt und übel vor dir getan.
Joh.	5, 29	Die aber Übles getan haben, zur Auferstehung des Gerichts.
Mtth.	6, 13	Erlöse uns von dem Übel!

Überwinden, siehe Sieg.

Unglaube (siehe Glaube), ungläubig. Der Unglaube zweifelt und verzagt an Gott, rechnet nicht mit ihm, versperrt sich gegen ihn, fällt ab von ihm.

1. Der Unglaube hindert Gottes Wirken, doch hebt er Gottes Treue nicht auf.

Mtth.	13, 58	Er tat daselbst nicht viel Zeichen um ihres Unglaubens willen.
	17, 19	Warum konnten wir ihn nicht austreiben? Jesus antwortete . . .: Um eures Unglaubens willen.
	17, 17	O du ungläubige und verkehrte Art!
Röm.	3, 3	Daß etliche nicht glauben, was liegt daran? Sollte ihr Unglauben Gottes Glauben (Treue) aufheben?

2. Der Unglaube liefert der Finsternis und dem Gericht Gottes aus.

2 Kor.	4, 4	Bei welchen der Gott dieser Welt der Ungläubigen Sinn verblendet hat.
Eph.	2, 2	Der Geist (der Finsternis), der zu dieser Zeit sein Werk hat in den Kindern des Unglaubens.
Titus	1, 15	Den Ungläubigen ist nichts rein.
Röm.	11, 20	Sie sind ausgebrochen um ihres Unglaubens willen.
Eph.	5, 6	Um dieser Dinge willen kommt der Zorn Gottes über die Kinder des Unglaubens.
Joh.	8, 24	So ihr nicht glaubet, daß ich's sei, so werdet ihr sterben in euren Sünden.
Hebr.	4, 6	Etliche sind nicht zur Ruhe gekommen um ihres Unglaubens willen.
Luk.	12, 46	Er wird ihm seinen Lohn geben mit den Ungläubigen
Mrk.	16, 16	Wer aber nicht glaubet, der wird verdammt werden.
Offenb.	21, 8	Der Verzagten und Ungläubigen Teil wird sein in dem Feuersee, das ist der andere Tod.

3. Daher darf man sich vom Ungläubigen nicht die Richtlinien seines Handelns geben lassen, es sollte umgekehrt sein.

2 Kor.	6, 14	Ziehet nicht am fremden Joch mit den Ungläubigen.
1 Kor.	7, 14	Der ungläubige Mann ist geheiligt durch das Weib.

Ungerechtigkeit, siehe Gerechtigkeit.

Vater. Der Name für Gott im Alten Testament selten. Gott wird der Vater des Volkes Israel in seiner Gesamtheit und der Vater des davidischen Königshauses genannt.

Im Neuen Testament der Vater Jesu Christi und der Wiedergeborenen.

Von Menschen im natürlichen Sinne und im geistlichen Sinne gebraucht.

Vom Teufel.

1. Von Gott.

a) Der Vater des Volkes Israel.

2 Mose	4, 22	Israel ist mein erstgeborener Sohn.
5 Mose	32, 6	Dankest du also dem Herrn, du toll und töricht Volk? Ist er nicht dein Vater?
Jes.	63, 16	Bist du doch unser Vater; von alters her ist das dein Name.
Maleachi	1, 6	Bin ich nun Vater, wo ist meine Ehre?
	2, 10	Haben wir nicht alle einen Vater, hat uns nicht ein Gott geschaffen?
Ps.	68, 6	Der ein Vater ist der Waisen.

b) Der Vater des Königs.

2 Sam.	7, 14	Ich will sein Vater sein und er soll mein Sohn sein.
Ps.	89, 27	Du bist mein Vater.
	2, 7	Du bist mein Sohn, heute habe ich dich gezeuget.
Jes.	9, 5	Er heißet . . . Ewigvater (auf den Messias übertragen).

c) Der Vater Jesu Christi (Christus hat eine Sonderstellung zum Vater als der eingeborene Sohn, daher: mein Vater).

Mtth.	11, 27	Alle Dinge sind mir übergeben von meinem Vater.
	15, 13	Alle Pflanzen, die mein himmlischer Vater nicht gepflanzt hat.
	18, 35	Also wird euch mein himmlischer Vater auch tun.
	26, 29	Bis daß ich's neu trinken werde in meines Vaters Reich.
	26, 39	Mein Vater, ist's möglich, so gehe dieser Kelch von mir.
Mrk.	14, 36	Abba, mein Vater.
Luk.	2, 49	Daß ich sein muß in dem, was meines Vaters ist.
	22, 29	Mein Vater.
	23, 34	Vater, vergib ihnen!
	23, 46	Vater, ich befehle meinen Geist in deine Hände.
	24, 49	Die Verheißung meines Vaters.
Joh.	5, 26	Wie der Vater hat das Leben in ihm selber, also hat er dem Sohn gegeben.
	8, 29	Der Vater läßt mich nicht allein.
	8, 16	Ich bin nicht allein, sondern ich und der Vater.
	10, 15	Wie mich mein Vater kennet und ich kenne den Vater.
	10, 30	Ich und der Vater sind eins.
	14, 28	Der Vater ist größer denn ich.
	14, 2	In meines Vaters Hause sind viele Wohnungen.
	14, 23	Mein Vater wird ihn lieben.
	11, 41	Vater, ich danke dir, daß du mich erhört hast.
	12, 27	Vater, hilf mir aus dieser Stunde!
	14, 9	Wer mich siehet, der siehet den Vater.
	16, 15	Was der Vater hat, das ist mein.
Röm.	6, 4	Christus auferweckt durch die Herrlichkeit des Vaters.

d) Der Vater der Wiedergeborenen.

Mtth. 28, 19 Taufet sie im Namen des Vaters!
6, 9 Unser Vater im Himmel.
5, 48 Wie euer Vater im Himmel vollkommen ist.
5, 16 Euren Vater im Himmel preisen.
18, 14 Also ist's vor eurem Vater im Himmel nicht der Wille.
6, 8 Euer Vater weiß, was ihr bedürfet.
6, 14 So wird euch euer himmlischer Vater auch vergeben.
7, 11 Wieviel mehr wird euer Vater im Himmel Gutes geben denen, die ihn bitten!
Joh. 16, 23 So ihr den Vater etwas bitten werdet in meinem Namen.
Röm. 8, 15 Der kindliche Geist, durch welchen wir rufen: Abba, lieber Vater!
Eph. 3, 14 Der der rechte Vater ist über alles, was da Kinder heißt im Himmel und auf Erden.
1 Petr. 1, 17 Sintemal ihr den zum Vater anrufet.
1 Joh. 3, 1 Welch eine Liebe hat uns der Vater erzeiget, daß wir sollen Gottes Kinder heißen!
Eph. 2, 18 Durch ihn (Christus) haben wir den Zugang alle beide in einem Geiste zum Vater.
2 Kor. 6, 17 Darum, gehet aus von ihnen . . ., so will ich euch annehmen und euer Vater sein und ihr sollt meine Söhne und meine Töchter sein.
Eph. 1, 17 Der Vater der Herrlichkeit.
2 Kor. 1, 3 Der Vater der Barmherzigkeit.

2. Menschenväter:

a) in natürlicher Beziehung;

Joh. 8, 56 Abraham, euer Vater.
Mtth. 15, 4 Du sollst Vater und Mutter ehren. 2 Mose 20, 12; 5 Mose 5, 16.
Maleachi 1, 6 Ein Sohn soll seinen Vater ehren.
Mtth. 10, 37 Wer Vater oder Mutter mehr liebt denn mich, ist mein nicht wert.

b) in geistlicher Beziehung.

2 Kön. 2, 12 Mein Vater, mein Vater, Wagen Israels (Elisa).
Mtth. 23, 9 Ihr sollt niemand Vater heißen auf Erden.
1 Joh. 2, 13 Ich schreibe euch Vätern.
2 Kor. 6, 13 Ich rede mit euch als mit meinen Kindern.
1 Kor. 4, 15 Ob ihr gleich zehntausend Zuchtmeister hättet in Christo, so habt ihr doch nicht viel Väter, denn ich habe euch gezeuget in Christo Jesu durchs Evangelium.

3. Vom Teufel.

Joh. 8, 44 Er ist ein Lügner und Vater derselbigen; ihr seid von dem Vater, dem Teufel.
8, 41 Ihr tut eures Vaters Werke.
8, 44 Nach eures Vaters Lust wollt ihr tun.
8, 38 Tut, was ihr von euerm Vater gesehen habt.
Jerem. 2, 27 Die zum Holz (Götze) sagen: Du bist mein Vater!

Verdammnis, verdammen. Verdammnis der durch die Verurteilung des Sünders von seiten Gottes herbeigeführte Zustand, an dem alle, die nicht an Jesus glauben, beteiligt sind.

1. Verdammt werden:

Mtth. 7, 13 Die auf dem breiten Weg;
1 Tim. 6, 9 die da reich werden wollen;

Phil.	3, 19	denen der Bauch ihr Gott ist;
Mtth.	25, 41	die Unbarmherzigen;
	25, 30	die Untreuen;
	23, 33	die heuchlerischen Frommen;
	10, 33	die Jesum verleugnen;
Röm.	3, 8	die auf die Gnade hin mutwillig Sündigenden, Hebr. 10, 26;
	5, 18	infolge der Sünde Adams alle Menschen;
Mtth.	25, 41	der Teufel mit seinen Engeln.

2. Die Stufen der Verdammnis (Siehe Sünde I, 7).

Joh.	3, 18	Über alle, die nicht glauben, das Gericht.
Mtth.	25, 30	Äußerste Finsternis.
Mrk.	9, 46	Wurm, der nicht stirbt, Feuer, das nicht erlischt.
Offenb.	20, 14	Der andere Tod (Vollendung der Verdammnis nach dem Jüngsten Gericht).

3. Jesus ist die einzige Rettung vor der Verdammnis.

Röm.	8, 1	So ist nun nichts Verdammliches an denen, die in Christo Jesu sind.

Vergebung, siehe Sünde [II 3 ff.]

Verheißung, siehe Hoffnung.

Verklärung, siehe Herrlichkeit.

Versöhnung, siehe Kreuz [2. 3. 4.]

Verstockung, verstocken. Infolge des Widerstandes gegen Gottes Heilswirkung wird der Mensch unempfänglich dafür. Das ist eine gerichtliche Zulassung Gottes, der den, welcher sich verhärten will, verhärtet, unnachgiebig und unbußfertig macht dadurch, daß er ihn seiner Sünde überläßt.

2 Mose	4, 21	Ich will sein (Pharaos) Herz verstocken.
1 Sam.	6, 6	Warum verstockt ihr euer Herz wie die Ägypter?
Ps.	95, 8	So verstockt euer Herz nicht.
Jes.	6, 10	Verstocke das Herz dieses Volkes.
Hesek.	2, 4	Sie haben harte Köpfe und verstockte Herzen.
Mtth.	13, 15	Das Herz dieses Volkes ist verstockt.
Mrk.	3, 5	Er ward betrübt über ihr verstocktes Herz.
Joh.	12, 40	Er hat ihr Herz verstockt.
Apgsch.	19, 9	Da aber etliche verstockt waren und nicht glaubten.
Röm.	2, 5	Du nach deinem verstockten und unbußfertigen Herzen.
	9, 18	Er verstockt, wen er will.
Hebr.	3, 13	Daß nicht jemand unter euch verstockt werde durch Betrug der Sünde.
Hosea	13, 8	Ich will ihr verstocktes Herz zerreißen (Gericht).

Versucher Versuchung, versuchen, Anfechtung. 1. Auf die Probe stellen zur Bewährung. 2. Reizen zum Bösen, Anfechtung.

1. Mißtrauen, das sich gegen Gott kehrt und seine Macht auf die Probe stellt.

5 Mose	6, 16	Ihr sollt den Herrn, euern Gott, nicht versuchen.
Hebr.	3, 9	Da mich eure Väter versuchten.
Ps.	78, 41	Sie versuchen Gott immer wieder.
1 Kor.	10, 9	Lasset uns Christum nicht versuchen!
Apgsch.	5, 9	Zu versuchen den Geist des Herrn.

2. Gott stellt die Menschen auf die Probe zur Bewährung.

5 Mose	13, 4	Der Herr, euer Gott, versucht euch, daß er erfahre, ob ihr ihn von ganzem Herzen liebhabt.
1 Kor.	10, 13	Gott ist getreu, der euch nicht läßt versuchen über euer Vermögen.
Mtth.	6, 13	Führe uns nicht in Versuchung!

3. Versuchung zum Bösen durch Satan und die eigene böse Lust unter gerichtlicher Zulassung Gottes.

1 Mose	3, 1	Versuchung der ersten Menschen.
Luk.	8, 13	Zur Zeit der Anfechtung fallen sie ab.
	22, 28	Ihr habt . . . bei mir beharret in meinen Anfechtungen.
	22, 31	Satan hat euer begehrt, daß er euch sichte wie den Weizen.
Joh.	13, 2	Satan hatte es dem Judas ins Herz gegeben.
Apgsch.	5, 3	Warum hat Satan dein Herz erfüllt?
	20, 19	Gedient mit Anfechtungen.
Jak.	1, 13	Niemand sage . . ., daß er von Gott versucht werde.
Gal.	4, 14	Habt meine Anfechtungen nicht verachtet.
1 Tim.	6, 9	Die da reich werden wollen, fallen in Versuchung.
1 Thess.	3, 5	Auf daß euch nicht versucht hätte der Versucher.
1 Petr.	1, 6	Traurig in mancherlei Anfechtungen.
Jak.	1, 2	Achtet es für eitel Freude, wenn ihr in mancherlei Anfechtung fallet.
	1, 12	Selig ist der Mann, der die Anfechtung erduldet (besteht).

4. Der Helfer in den Versuchungen.

Hebr.	2, 18	Darinnen er gelitten hat und versucht ist, kann er helfen.
	4, 15	Versucht allenthalben gleich wie wir, doch ohne Sünde.
2 Petr.	2, 9	Der Herr weiß die Gottseligen aus der Versuchung zu erlösen (Offenb. 3, 10).
Röm.	16, 20	Der Gott des Friedens zertrete den Satan unter eure Füße in kurzem.
Offenb.	3, 10	Ich will dich bewahren vor der Stunde der Versuchung, die kommen wird über der ganzen Welt Kreis.

5. Wie wir uns die Hilfe aneignen.

Mtth.	26, 41	Wachet und betet, daß ihr nicht in Anfechtung fallet!
Eph.	6, 16	Ergreifet den Schild des Glaubens!
	6, 13	Ergreifet den Harnisch Gottes.
Röm.	13, 14	Ziehet an den Herrn Christus!
Jak.	4, 7	Widerstehet dem Teufel, so fliehet er von euch!
Eph.	6, 17	Nehmet das Schwert des Geistes, welches ist das Wort Gottes! Mtth. 4, 4.
Jes.	28, 19	Anfechtung lehrt aufs Wort merken.

Vertrauen. Ein Begriff, der mehr im Alten Testament als im Neuen Testament vorkommt, im Sinne von Hilfe von Gott erwarten, sich jemand hingeben, anvertrauen. Im Neuen Testament wird der Begriff durch Glauben ersetzt. Der Glaube schließt den Heilsbesitz in sich.

1. Das Vertrauen auf Gott läßt nicht zuschanden werden, wenn es bis ans Ende festgehalten wird.

2 Sam.	22, 31	Er ist ein Schild allen, die ihm vertrauen.
2 Kön.	18, 5	Hiskia vertraute dem Herrn.
1 Chron.	5, 20	Er ließ sich erbitten, denn sie vertrauten ihm.
Ps.	17, 7	Du Heiland derer, die dir vertrauen.
	118, 8	Es ist gut, auf den Herrn vertrauen.
Jerem.	39, 18	Darum, daß du mir vertraut hast.
Dan.	6, 24	Denn er hat seinem Gott vertraut.
Weish.	3, 9	Die ihm vertrauen, erfahren, daß er Treue hält.
Sirach	2, 6	Vertraue Gott, so wird er dir aushelfen.
	32, 28	Wer dem Herrn vertraut, dem wird nichts mangeln.
Mtth.	27, 43	Er hat Gott vertraut, der erlöse ihn nun!
Phil.	2, 24	Ich vertraue in dem Herrn, daß ich bald kommen werde.
2 Kor.	3, 4	Solch Vertrauen haben wir durch Christum zu Gott.
Hebr.	2, 13	Ich will mein Vertrauen auf ihn setzen.
	3, 6	So wir das Vertrauen bis ans Ende festhalten.
	10, 35	Werfet euer Vertrauen nicht weg.

2. Das Vertrauen auf Menschen und Dinge enttäuscht.

a) Vom Vertrauen auf Menschen.

Rich.	9, 15	(Der Dornstrauch.) Vertraut euch unter meinen Schatten.
Ps.	118, 8	Sich nicht verlassen auf Menschen.
Jerem.	12, 6	Vertraue du ihnen nicht, wenn sie gleich freundlich mit dir reden.
Sirach	6, 7	Vertraue keinem Freund, du habest ihn denn erkannt in der Not.
Joh.	2, 24	Jesus vertraute sich ihnen nicht.
2 Kor.	1, 9	Unser Vertrauen nicht auf uns selbst stellen.

b) Vertrauen auf Dinge.

Jes.	59, 4	Man vertraut aufs Eitle.
Jerem.	29, 31	Macht, daß ihr auf Lügen vertraut.
Weish.	14, 5	Ihr Leben so geringem Holz vertrauen.
Mrk.	10, 24	Die, so ihr Vertrauen auf Reichtum setzen.

3. Gott will sich und das Seine uns anvertrauen.

Hosea	2, 21	Ich will mich dir vertrauen.
Jerem.	3, 14	Ich will euch mir vertrauen.
2 Kor.	11, 2	Ich habe euch vertraut einem Manne.
1 Thess.	2, 4	Daß uns das Evangelium vertraut ist (1 Tim. 1, 11).
Luk.	16, 11	Wer will euch das Wahrhaftige vertrauen?
1 Tim.	6, 20	Bewahre, was dir vertraut ist (2 Tim. 3, 14).
Mtth.	1, 18	Als Maria dem Joseph vertraut war.

Verzagtheit ist Folge des Unglaubens. Der Ungläubige verliert in der Not Mut und Hoffnung, weil ihm der Zugang zu Gott, der allein helfen kann, verschüttet ist. Verzagtheit ist Gerichtswirkung Gottes.

1. Verzagtheit infolge von Sünde als Gerichtswirkung Gottes.

Josua	7, 5	Da ward dem Volk das Herz verzagt (Niederlage zu Ai infolge der Sünde Achans).
1 Sam.	28, 5	Sauls Herz verzagte sehr (Der Herr antwortete ihm nicht).
Jerem.	17, 9	Es ist das Herz ein trotzig und verzagt Ding.
	50, 36	Schwert soll kommen über ihre Starken, daß sie verzagen.
Judith	9, 6	Da du sie ansahest, wurden sie verzagt.
Weish.	17, 10	Daß einer so verzagt ist, macht seine eigene Bosheit.
	17, 13	Wo wenig Trost im Herzen ist, da macht die Verzagtheit bänger denn die Plage selbst.
Sirach	2, 14	Weh denen, die an Gott verzagen und nicht festhalten.
Offenb.	21, 8	Der Verzagten und Ungläubigen, deren Teil wird sein in dem Feuersee.

2. Nur der Glaube, der Gottes Hilfe ergreift, rettet aus der Verzagtheit.

5 Mose	20, 3	Euer Herz verzage nicht, denn der Herr, euer Gott, geht mit euch.
2 Kor.	4, 8	Uns ist bange, aber wir verzagen nicht.
Hebr.	12, 5	Verzage nicht, wenn du von ihm gestraft wirst.

Volk ist Schöpfung Gottes und wird als solche von der Schrift bejaht. Jedes Volk ist gefallene Schöpfung und steht daher unter dem Gericht Gottes. Es steht aber auch unter der Gnade und ist durch Christus in die höhere Einheit des Reiches Gottes berufen. Das Reich Gottes hebt die völkische Eigenart nicht auf, sondern heiligt sie.

1. Die Völker sind Schöpfung Gottes und werden in ihrer Verschiedenheit bejaht. Sie sind in ihrer Eigenart Gedanken Gottes und sollen Werkzeuge sein, die er lenken und gebrauchen will. Sie sind gleichwertig vor Gott.

1 Mose	10	Die Völkertafel gehört zur Schöpfungsgeschichte.
2 Mose	19, 6	Ihr sollt mir ein priesterlich Königreich und ein heiliges Volk sein (Das ganze Alte Testament: Gottes Geschichte mit dem Volk Israel. Die einzelnen sind immer als Glieder ihres Volkes angesprochen).
Jes.	7, 20	Assyrien das gemietete Schermesser (Das feindliche Volk Gottes Werkzeug).
Amos	9, 7	Seid ihr Kinder Israel mir nicht wie die Mohren? (Vor Gott sind alle Völker gleichwertig.)
Mtth.	15	Das kanaanäische Weib. Luk. 17, 11 die Samariter (Das Neue Testament achtet die Verschiedenheit).
Apgsch.	17, 26	Gott hat gemacht, daß von einem Blut aller Menschen Geschlechter auf dem ganzen Erdboden wohnen.

2. Alle Völker sind gefallene Schöpfung. Sie überheben sich selbst, lehnen deshalb Gott und seinen Messias ab, sie mißverstehen sich und kämpfen gegeneinander.

1 Mose	11	Turmbau zu Babel (Mißverstehen infolge Selbstüberhebung).
Jes.	5, 7	Gegen die Selbstüberhebung Israels (Ähnliche Stellen bei allen Propheten).

Jes.	14	Gegen die Selbstüberhebung Babels.
Mtth.	3, 9	Saget nicht, wir haben Abraham zum Vater. Gott vermag dem Abraham aus diesen Steinen Kinder zu erwecken.
Joh.	8, 33	Wir sind Abrahams Samen, sind nie jemandes Knechte gewesen.
	19, 21	Schreibe nicht, der Juden König, sondern, daß er gesagt habe, er sei der Juden König (Es ärgert sie das Bußwort wie die geringe Gestalt des Messias).

3. Alle Völker stehen unter dem Gericht Gottes.

Jes.	10, 5	Assur, meines Zornes Rute.
	15	Weissagungen gegen die Völker (Jes. 16–21).
Apgsch.	17, 31	Er hat einen Tag gesetzt, an welchem er richten will den Kreis des Erdbodens durch einen Mann.

4. Jedes Volk ist durch Christus zur höheren Einheit des Reiches Gottes berufen. Seine Eigenart soll geheiligt werden zum Dienst an anderen Völkern.

Mtth.	8, 11	Viele werden kommen vom Morgen und vom Abend und mit Abraham im Himmelreich sitzen.
	28, 19	Lehret alle Völker!
Apgsch.	2, 9	Sprachengabe an Pfingsten (Das große Verstehen der Völker im Reich Gottes).
	10	Die Berufung des Heiden Kornelius.
Gal.	3, 26	Ihr seid alle Gottes Kinder durch den Glauben an Christus Jesus.
	3, 28	Hier ist kein Jude noch Grieche.
1 Kor.	12, 13	Wir sind durch einen Geist alle zu einem Leib getauft, wir seien Juden oder Griechen.
Eph.	2, 14	Christus hat abgebrochen den Zaun, der dazwischen war.
Röm.	11, 17	Einpfropfen der wilden Ölzweige.
1 Kor.	7, 20	Ein jeglicher bleibe in dem Beruf, darinnen er berufen ist (Der Jude Jude, der Heide Heide, V. 18).

Vollkommen, Vollkommenheit.

1. Gott ist vollkommen.

Mtth.	5, 48	Gleichwie euer Vater im Himmel vollkommen ist.
1 Kor.	13, 10	Wenn aber kommen wird das Vollkommene, wird das Stückwerk aufhören (Der Einbruch der göttlichen Welt in der Wiederkunft).

2. Wir sollen ihm ähnlich sein. Das ist unser Ziel.

Mtth.	5, 48	Darum sollt ihr vollkommen sein.
1 Kor.	14, 20	Am Verständnis seid vollkommen.
Hebr.	6, 1	Lehre vom Anfang und von der Vollkommenheit des christlichen Lebens.
Eph.	4, 13	Daß wir ein vollkommener Mann werden, der da sei im Maße des vollkommenen Alters Christi.

3. Das Mittel, vollkommen zu werden:

a) Gehorsam gegen das Wort Gottes.

1 Joh.	2, 5	Wer sein Wort hält, in dem ist die Liebe Gottes vollkommen.
2 Tim.	3, 16	Alle Schrift . . . ist nütze zur Lehre . . ., daß ein Mensch Gottes sei vollkommen.
Jak.	3, 2	Wer in keinem Wort fehlt, das ist ein vollkommener Mann.

b) Gebet;

Joh. 16, 24 Bittet, so werdet ihr nehmen, auf daß eure Freude vollkommen sei.

c) die Lebensverbindung mit Christus im Glauben.

Joh. 17, 23 Ich in ihnen und du in mir, auf daß sie vollkommen seien in eins.
Kol. 2, 10 Ihr seid vollkommen in ihm.

Vollmacht, Macht. Gott ist der Ursprung aller Macht. Vollmacht ist übertragene Macht. Der Vater hat dem Sohn Macht gegeben. Der Sohn gibt die Macht weiter an alle, die an ihn glauben, in welchem Maß und Umfang er will. Es gibt angemaßte Macht, hinter der der Satan steht, der Fürst dieser Welt. Jeder Mißbrauch von Gott verliehener Macht im Dienst der Eigenliebe überliefert uns den Dämonen.

1. Gott ist der allein Mächtige.

5 Mose 10, 17 Der Herr, euer Gott, ist ein Gott aller Götter und Herr über alle Herren.
1 Tim. 6, 15 Der allein Gewaltige, der König aller Könige und Herr aller Herren.
Offenb. 17, 14 (Vom Lamm Gottes:) Es ist der Herr aller Herren und der König aller Könige.

2. Der Vater hat dem Sohn alle Gewalt gegeben.

Mtth. 11, 27 Alle Dinge sind mir übergeben von meinem Vater.
28, 18 Mir ist gegeben alle Gewalt im Himmel und auf Erden.
Joh. 17, 2 Gleichwie du ihm Macht hast gegeben über alles Fleisch, auf daß er das ewige Leben gebe allen, die du ihm gegeben hast.
Mtth. 21, 23 Aus was für Macht tust du das, und wer hat dir die Macht gegeben? (Frage der Hohenpriester an Jesus.)
9, 6 Des Menschen Sohn hat Macht auf Erde, die Sünden zu vergeben.
Luk. 4, 36 Er gebietet mit Macht den unsauberen Geistern.
Mtth. 7, 29 Er predigt mit Vollmacht und nicht wie die Schriftgelehrten.
2 Tim. 1, 10 Der dem Tode die Macht genommen hat.
Eph. 1, 21 Über alle Fürstentümer Gewalt, Macht, Herrschaft, und alles, was genannt mag werden, nicht allein in dieser Welt, sondern auch in der zukünftigen.

3. Vollmacht ist übertragene Macht.

a) Die Macht der Obrigkeit.

Joh. 19, 11 Du hättest keine Macht über mich, wenn sie dir nicht wäre von oben gegeben.
Röm. 13, 1 Die Obrigkeit, die Gewalt über ihn hat.

b) Die an die Gläubigen übertragene Macht.

Joh. 1, 12 Wie viele ihn aber aufnahmen, denen gab er Macht, Gottes Kinder zu werden, die an seinen Namen glauben.
Mtth. 10, 1 Er gab seinen zwölf Jüngern Macht über die unsauberen Geister.
Apgsch. 4, 7 Aus welcher Gewalt oder in welchem Namen habt ihr das (Heilung der Lahmen) getan?

Joh. 15, 7	So ihr in mir bleibet und meine Worte in euch bleiben, werdet ihr bitten, was ihr wollt, und es wird euch widerfahren.
Mtth. 18, 19	Wo zwei unter euch eins werden auf Erden, was es ist, was sie bitten wollen, das soll ihnen widerfahren von meinem Vater im Himmel.
Joh. 16, 23	So ihr den Vater etwas bitten werdet in meinem Namen, so wird er es euch geben (Macht durch das Gebet).
Mtth. 16, 19	Alles, was du auf Erden binden wirst, soll auch im Himmel gebunden sein. Alles, was du auf Erden lösen wirst, soll auch im Himmel los sein.
Joh. 20, 22. 23	Nehmet hin den heiligen Geist. Welchen ihr die Sünden erlasset, denen sind sie erlassen (Macht der Schlüssel).
Mrk. 16, 17	Die Zeichen aber, die da folgen werden denen, die da glauben: In meinem Namen werden sie Teufel austreiben, mit neuen Zungen reden, Schlangen vertreiben, und so sie etwas Tödliches trinken, wird es ihnen nichts schaden; auf die Kranken werden sie die Hände legen, so wirds besser mit ihnen werden.
Apgsch. 1, 8	Ihr werdet die Kraft des heiligen Geistes empfangen und werdet meine Zeugen sein (Vollmacht der Zeugen Jesu).
Mtth. 26, 26	So jemand unter euch will gewaltig sein, der sei euer Diener (der rechte Gebrauch der Macht).

4. Beispiele der Macht.

2 Mose 7, 1	Zu Mose: Siehe ich habe dich einen Gott gesetzt über Pharao (die Macht wird ihm übertragen, nachdem er vierzig Jahre gedemütigt war und seine eigene Unzulänglichkeit erkannt hatte, 6, 30).
7, 2	Du sollst reden alles, was ich dir gebieten werde (Grenzen solcher Macht).
Jerem. 1, 10	Zu Jeremia: Siehe, ich setze dich heute dieses Tages über Völker und Königreiche.
2 Kor. 10, 8	Von unserer Gewalt, welche uns der Herr gegeben hat, euch zu bessern und nicht zu verderben.
1 Kor. 5, 3	Beispiel vollmächtiger Kirchenzucht.
Apgsch. 13, 11	Der Zauberer Elymas wird mit Blindheit geschlagen.
Philemon 19	Ich schweige, daß du dich selbst mir schuldig bist (Paulus verlangt nichts, sondern bittet in demütiger Zurückhaltung im Gebrauch der Macht).

5. Falsche Wege zur Macht.

1 Mose 3, 5	Ihr werdet sein wie Gott.
Apgsch. 12, 21–23	Herodes ließ sich göttlich verehren und ward gefressen von den Würmern.
2 Thess. 2, 3. 4	Er (der Antichrist) überhebt sich über alles, was Gott und Gottesdienst heißt.
Apgsch. 19, 11–15	Die Skevassöhne wirken in eigener Macht und werden zuschanden.
4 Mose 16	Korah maßt sich die Machtfülle Moses an und wird gerichtet.
2 Sam. 15	Absalom greift nach der Machtstellung seines Vaters und sein Ende.
3 Joh. 9	Diotrephes, der unter ihnen will hochgehalten sein, nimmt uns nicht an (Hinter diesem Machtstreben steht der Satan, dessen verlogenen Anspruch Jesus entlarvt – Mtth. 4, 10 – und durch seine Selbsterniedrigung besiegt hat).
Luk. 22, 53	Die Macht der Finsternis.
Offenb. 12, 12	Der Teufel kommt zu euch hinab und hat einen großen Zorn und weiß, daß er wenig Zeit hat (Die Macht der Finsternis zeitlich begrenzt).
12, 10	Nun ist die Macht seines Christus geworden.

Vorsehung. Der vorausschauende Rat Gottes in bezug auf das Heilsgeschehen und in bezug auf die Führung des einzelnen zu Christus.

Apgsch.	2, 23	Aus bedachtem Rat und Vorsehung Gottes.
1 Petr.	1, 2	Nach der Vorsehung Gottes des Vaters.

Wachen, siehe Schlaf, schlafen.

Wachstum, wachsen. Im Reiche Gottes geht alles wachstümlich zu.

1. Die Verheißung des Wachstums.

1 Mose	48, 4	Siehe, ich will dich wachsen lassen und mehren.
Sacharja	6, 12	Siehe, es wird ein Mann kommen, der heißt Zemach, denn unter ihm wird es wachsen.
Mrk.	4, 27	Der Same geht auf und wächst, daß er (der Sämann) es nicht weiß (vom Wort Gottes).
Mtth.	13, 31	Das Himmelreich ist gleich einem Senfkorn, welches ist das kleinste unter den Samenkörnern, wenn es aber erwächst, so ist es das größte unter dem Kohl.

2. Die Bedingungen des Wachstums.

Jerem.	12, 2	Du pflanzest sie, daß sie wurzeln und wachsen und bringen Frucht.
Mtth.	15, 13	Alle Pflanzen, die mein himmlischer Vater nicht pflanzte, werden ausgereutet.
Joh.	3, 30	Er muß wachsen, ich aber muß abnehmen (Das Gericht geht zuvor bis zum Sterben des Ichs, Röm. 7, 10: Ich aber starb).
Ps.	92, 13	Der Gerechte wird wachsen wie eine Zeder auf dem Libanon (Gerecht durch den Freispruch über den mit Jesu Gekreuzigten).
Eph.	4, 15	Wachset in allen Stücken an dem, der das Haupt ist.
Kol.	2, 19	Das Haupt, aus welchem der ganze Leib durch Gelenke und Fugen Handreichung empfängt und also wachsen zur göttlichen Größe.
Eph.	2, 21	Auf welchem der ganze Bau ineinandergefüget wächst zu einem heiligen Tempel in dem Herrn (Das Wachsen bedingt Jesusverbindung und Verbindung mit der Gemeinde; Joh. 15, 5: Wer in mir bleibt und ich in ihm, der bringt viel Frucht).
Apgsch.	5, 14	Außerordentliches Wachsen des Worts und der Gemeinde (nach dem Gericht über Ananias und Saphira).
	12, 24	Nach dem Gericht über Agrippa.
	19, 20	Nach Verbrennung der Zauberbücher.

3. Das Ziel des Wachstums.

Eph.	2, 21	Wachsen zu einem heiligen Tempel in dem Herrn.
Luk.	2, 52	Jesus nahm zu an Alter, Weisheit und Gnade bei Gott und den Menschen. Luk. 1, 80.
Eph.	4, 13	Ein vollkommener Mann, der da sei im Maße des vollkommenen Mannesalters Christi.
	4, 15	Wachsen in allen Stücken.
	4, 13	Hinankommen zu einerlei Glauben und Erkenntnis des Sohnes Gottes.
2 Petr.	3, 18	Wachsen in der Gnade und Erkenntnis unseres Herrn und Heilandes.
Eph.	4, 15	Wahrhaftig sein in der Liebe.

2 Thess.	1, 3	Euer Glaube wächset sehr, und die Liebe eines jeglichen nimmt zu gegeneinander.
1 Kor.	15, 58	Seid fest und unbeweglich und nehmet immer zu in dem Werk des Herrn.
Kol.	1, 11	Wachsen in der Erkenntnis Gottes . . . zu aller Geduld und Langmütigkeit mit Freuden.
1 Tim.	4, 15	Daß dein Zunehmen in allen Dingen offenbar sei.

Wahrheit, wahr, wahrhaftig. Wahrheit 1. im Sinn von Zuverlässigkeit und Treue, nicht nur im Reden, sondern auch im Handeln (im Alten Testament von Gott). 2. Wahrheit im Sinn von letzter, hinter den Dingen stehender Wirklichkeit (in den Apokryphen und im Neuen Testament).

1. Gott ist wahrhaftig.

1 Mose	24, 27	Gelobet sei der Herr, der seine Barmherzigkeit und Wahrheit nicht verlassen hat an meinem Herrn (Eliesers Gebet).
Ps.	25, 10	Die Wege des Herrn sind eitel Güte und Wahrheit.
	33, 4	Des Herrn Wort ist wahrhaftig.
	36, 6	Herr, deine Wahrheit reicht, soweit die Wolken gehn.
	91, 4	Seine Wahrheit ist Schirm und Schild.
	119, 90	Deine Wahrheit für und für.
Joh.	3, 33	Wer es annimmt, der besiegelt es, daß Gott wahrhaftig sei.
Röm.	3, 4	Gott ist wahrhaftig, alle Menschen Lügner.

2. Christus ist die Wahrheit.

Joh.	1, 14	Voller Gnade und Wahrheit.
	1, 9	Das war das wahrhaftige Licht.
	1, 17	Die Gnade und Wahrheit ist durch Jesum Christum geworden.
	14, 6	Ich bin der Weg, die Wahrheit.
	18, 37	Ich bin dazu geboren . . ., daß ich für die Wahrheit zeugen soll (Eph. 4, 21).
Offenb.	19, 11	Der treue und wahrhaftige Zeuge. 3, 14.
Eph.	4, 21	Gelehrt, wie in Jesu ein rechtschaffenes Wesen (wörtlich Wahrheit) sei.

3. Der Geist ist Wahrheit. Diese Wahrheit ist nicht zu ergrübeln, sondern wird im Wort geoffenbart und verlangt Gehorsam.

Joh.	16, 13	Wenn aber jener, der Geist der Wahrheit, kommen wird, der wird euch in alle Wahrheit leiten (Überführen und führen).
1 Joh.	5, 20	Hat uns einen Sinn gegeben, daß wir erkennen den Wahrhaftigen.
Eph.	5, 9	Die Frucht des Geistes ist allerlei . . . Wahrheit.
	4, 15	Wahrhaftig in der Liebe.
	4, 25	Darum redet die Wahrheit.
	6, 14	Umgürtet mit Wahrheit.
Joh.	3, 21	Wer die Wahrheit tut, der kommt an das Licht.
1 Joh.	3, 18	Lieben mit der Tat und der Wahrheit.
3 Joh.	4	In der Wahrheit wandeln.
Joh.	4, 24	Anbeten im Geist und in der Wahrheit.

4. Gott offenbart die Wahrheit durch sein Wort.

Joh.	17, 17	Dein Wort ist die Wahrheit.
2 Kor.	6, 7	Diener Gottes im Wort der Wahrheit.

Röm.	2, 8	Der Wahrheit nicht gehorsam sein (Gal. 3, 1).
1 Petr.	1, 22	Gehorsam der Wahrheit.
Jak.	1, 18	Er hat uns gezeugt durch das Wort der Wahrheit.
Joh.	18, 37	Wer aus der Wahrheit ist, der höret meine Stimme.

Warten, siehe harren.

Weg, das Mittel, durch das man zum Ziele kommt.

1. Der Weg Gottes zur Vollendung seines Ratschlusses ist Christus.

Ps.	77, 14	Gott, dein Weg ist heilig. Jes. 35, 8: Der heilige Weg.
Hebr.	9, 8	Weg zum Heiligen.
Luk.	1, 79	Richte unsere Füße auf den Weg des Friedens!
Ps.	16, 11	Du tust mir kund den Weg zum Leben.
Apgsch.	16, 17	Weg der Seligkeit.
Ps.	145, 17	Der Herr ist gerecht in allen seinen Wegen.
Dan.	4, 34	Seine Wege sind recht.
Ps.	23, 3	Er führt mich auf rechter Straße.
Offenb.	15, 3	Gerecht und wahrhaftig sind deine Wege.
Röm.	11, 33	Unerforschlich seine Wege.
Joh.	14, 6	Ich bin der Weg.
Hebr.	10, 20	Welchen er uns bereitet hat zum neuen und lebendigen Weg.

2. Der Mensch steht vor der Entscheidung, ob er den Weg Gottes gehen will oder nicht.

Jerem.	21, 8	Ich lege euch vor den Weg zum Leben und den Weg zum Tode.
Ps.	1, 6	Der Herr kennt den Weg der Gerechten, aber der Gottlosen Weg vergeht.
Mtth.	7, 13	Der Weg ist breit, der zur Verdammnis abführt, und viele sind, die darauf wandeln, und die Pforte ist eng, und der Weg ist schmal, der zum Leben führt.
Jes.	59, 8	Sie kennen den Weg des Friedens nicht.
	53, 6	Wir gingen alle in der Irre, ein jeglicher sah auf *seinen* Weg.
Judä	11	Der Weg Kains. 2 Petr. 2, 15 Weg Bileams.
Jak.	1, 8	Ein Zweifler ist unbeständig in allen seinen Wegen (Er will sich nicht entscheiden).
Ps.	37, 5	Befiehl dem Herrn deine Wege!
Mtth.	8, 22	Folge du mir (siehe Nachfolge)!
Offenb.	14, 4	Folgen dem Lamme nach, wo es hingeht.
Sprüche	16, 7	Wenn jemandes Wege dem Herrn wohlgefallen, so macht er auch seine Feinde mit ihm zufrieden.

Weisheit, weise, siehe Erkenntnis.

Welt. 1. Die Schöpfung, das All. 2. Die Gesamtheit der Menschen. 3. Die von Gott abgewandte Ordnung der Dinge.

1. Die Schöpfung.

a) Der Rat der Erlösung früher als die Schöpfung.

Joh.	17, 24	Du hast mich geliebt, ehe die Welt gegründet ward.
Eph.	1, 4	Wie er uns erwählt hat durch denselbigen, ehe der Welt Grund gelegt ward. 1 Petr. 1, 20.

b) Die Welt der Schöpfung Gottes Werk.

Hebr.	11, 3	Die Welt durch Gottes Wort fertig.
Jos.	3, 11	Der Herrscher über alle Welt.
1 Tim.	6, 7	Wir haben nichts in die Welt gebracht.
Mrk.	16, 15	Gehet hin in alle Welt.
Apgsch.	17, 24	Gott, der die Welt gemacht hat.

c) Die zukünftige Welt, die Gott ganz untertan ist, den Glaubenden schon jetzt gegenwärtig.

Hebr.	6, 5	Geschmeckt haben das gütige Wort Gottes und die Kräfte der zukünftigen Welt.

2. Die Menschheit.

Joh.	3, 16	Also hat Gott die Welt geliebet.
	12, 19	Alle Welt läuft ihm nach.

3. Die von Gott abgewandte Welt.

a) Die Welt wider Gott.

Joh.	1, 10	Die Welt kannte es nicht.
	15, 18	So euch die Welt haßt, so wisset, daß sie mich vor euch gehasset hat.
	18, 36	Mein Reich ist nicht von dieser Welt.
	12, 31	Der Fürst dieser Welt.
	14, 17	Der Geist der Wahrheit, welchen die Welt nicht kann empfangen.
1 Joh.	3, 1	Die Welt kennet euch nicht, denn sie kennet ihn nicht.
	5, 19	Die ganze Welt liegt im argen.
Jak.	4, 4	Der Welt Freundschaft ist Gottes Feindschaft.

b) Die Welt unter dem Gericht.

1 Kor.	11, 32	Daß wir nicht samt der Welt verdammt werden.
Mtth.	18, 7	Wehe der Welt der Ärgernisse halben!
Röm.	3, 19	Daß alle Welt Gott schuldig sei.
1 Kor.	1, 20	Weisheit dieser Welt zur Torheit gemacht.
1 Joh.	2, 17	Die Welt vergeht mit ihrer Lust.

c) Die Welt wird durch Christus gerettet.

Joh.	4, 42	Christus der Welt Heiland.
	8, 12	Ich bin das Licht der Welt.
	6, 33	Brot Gottes gibt der Welt das Leben.
	12, 47	Der Sohn nicht gekommen, daß er die Welt richte, sondern daß die Welt durch ihn selig werde.
	1, 29	Das Lamm Gottes, das der Welt Sünde trägt.
2 Kor.	5, 19	Gott war in Christo und versöhnte die Welt mit ihm selber.
1 Joh.	2, 2	Die Versöhnung für unsere Sünden, nicht allein für die unseren, sondern auch für die der ganzen Welt.
Joh,	16, 33	Seid getrost, ich habe die Welt überwunden.
Gal.	1, 4	Daß er uns rettete von dieser gegenwärtigen argen Welt.

d) Die rechte Stellung des Glaubenden zur Welt.

1 Kor.	7, 31	Die diese Welt gebrauchen, daß sie sie nicht mißbrauchen, denn das Wesen dieser Welt vergeht.
Gal.	6, 14	Die Welt ist mir gekreuzigt und ich der Welt.
2 Petr.	1, 4	So ihr fliehet die vergängliche Lust der Welt.
Jak.	1, 27	Sich von der Welt unbefleckt erhalten.
2 Tim.	4, 10	Demas hat mich verlassen und die Welt liebgewonnen.
1 Joh.	2, 15	Habt nicht lieb die Welt noch was in der Welt ist!
Titus	2, 12	Züchtig, gerecht und gottselig leben in der Welt.

Phil.	2, 15	Ihr scheinet als Lichter in der Welt.
Mtth.	5, 14	Ihr seid das Licht der Welt.
Hebr.	11, 38	Deren die Welt nicht wert war.

Werk. Gott ist der Anfänger jedes guten Werks. Er hat sein Werk in Christus, Christus hat es in den Glaubenden. Was ein Mensch tut ohne Verbindung mit Gott, kann nicht bestehen vor ihm. Der Mensch tut entweder Gottes oder des Satans Werk. Das gute Werk ist nicht die Ursache unserer Gemeinschaft mit Gott, sondern die Folge. Das gute Werk soll Zeugnis von Gott sein. Gott richtet nach unseren Werken.

1. Gottes Werk.

Ps.	111, 2	Gottes Werk ist groß. Ps. 104, 24.
	145, 17	Er ist heilig in all seinen Werken.
Offenb.	15, 3	Seine Werke sind wundersam.
5 Mose	32, 4	Sie sind unsträflich.
Ps.	111, 7	Gottes Werke sind Wahrheit und Recht.
	92, 5	Du lässest mich fröhlich singen von deinen Werken.
	106, 13	Sie vergaßen bald seine Werke.
Habakuk	3, 2	Herr, mache dein Werk lebendig mitten in den Jahren.
Joh.	6, 29	Das ist Gottes Werk, daß ihr glaubet an mich.

2. Christi Werk.

Joh.	5, 36	Christi Werk ist vom Vater gegeben.
	14, 10	Der Vater, der in mir wohnet, der tut die Werke.
	5, 36	Die Werke zeugen von mir.
	4, 34	Meine Speise ist die, daß ich . . . vollende sein Werk.

3. Satans Werke.

Eph.	2, 2	Er hat sein Werk in den Kindern des Unglaubens.
1 Joh.	3, 8	Dazu ist der Sohn Gottes erschienen, daß er die Werke des Teufels zerstöre.

4. Des Menschen Werke.

Offenb.	3, 2	Ich habe deine Werke nicht völlig erfunden vor Gott (Es fehlt die ganze Gottes- und die ganze Nächstenliebe).
Mtth.	23, 5	Sie tun sie, daß sie von den Leuten gesehen werden.
Jerem.	1, 16	Sie beten an ihrer Hände Werke.
Gal.	5, 19	Offenbar sind die Werke des Fleisches.
Joh.	7, 7	Ich zeuge, daß ihre Werke böse sind (Joh. 3, 19).
	8, 41	Ihr tut eures Vaters Werke.
Röm.	13, 12	Die Werke der Finsternis.
2 Chron.	20, 37	Darum hat der Herr deine Werke zerrissen.
Eph.	5, 11	Unfruchtbare Werke der Finsternis.

5. Kein Mensch wird gerecht vor Gott durch sein eigen Werk.

Gal.	3, 10	Die mit des Gesetzes Werken umgehen, sind unter dem Fluch.
Röm.	3, 20	Kein Fleisch durch des Gesetzes Werke vor ihm gerecht.
	3, 28	Der Mensch gerecht ohne des Gesetzes Werke, allein durch den Glauben.

2 Tim.	1, 9	Der uns selig gemacht hat . . . nicht nach unseren Werken, sondern nach seinem Vorsatz und Gnade.
Eph.	2, 8	Aus Gnaden seid ihr selig worden durch den Glauben – nicht aus euch, Gottes Gabe ist es –, nicht aus den Werken, auf daß sich nicht jemand rühme.

6. Auf Grund von Christi Werk können wir vor Gott bestehn und werden fähig zu guten Werken.

Röm.	3, 24	Wir werden ohne Verdienst gerecht durch die Erlösung, die durch Christum Jesum geschehen ist.
	4, 5	Dem aber, der nicht mit Werken umgeht, glaubt aber an den, der die Gottlosen gerecht macht, wird sein Glaube gerechnet zur Gerechtigkeit.
Hebr.	9, 14	Wieviel mehr wird das Blut Christi . . . unser Gewissen reinigen von den toten Werken, zu dienen dem lebendigen Gott!
Apgsch.	26, 20	Rechtschaffene Werke der Buße.
2 Tim.	3, 17	Daß ein Mensch Gottes sei vollkommen, zu allem guten Werk geschickt.
Titus	2, 14	Der sich selbst für uns gegeben hat, auf daß er reinigte sich selbst ein Volk zum Eigentum, das fleißig wäre zu guten Werken.
Röm.	2, 7	Preis und Ehre denen, die mit Geduld in guten Werken trachten nach dem ewigen Leben.
Titus	3, 8	Auf daß die, die an Gott gläubig geworden sind, in einem Stand guter Werke erfunden werden.
Hebr.	13, 21	Der mache euch fertig in allem guten Werk.
Jak.	2, 17	Der Glaube, der nicht Werke hat, ist tot.

7. Die Werke sollen Zeugnis sein.

Nehemia	6, 16	Es fürchteten sich alle Heiden, denn sie merkten, daß das Werk von Gott war.
Mtth.	5, 16	Lasset euer Licht leuchten vor den Leuten, daß sie eure guten Werke sehen und euren Vater im Himmel preisen (1 Petr. 2, 12).
Röm.	15, 18	Die Heiden zum Gehorsam zu bringen durch Wort und Werk.

8. Gericht nach den Werken.

Mtth.	16, 27	Alsdann wird er einem jeglichen vergelten nach seinem Werk.
1 Kor.	3, 13	Es wird eines jeglichen Werk offenbar werden.
	3, 14	Wird jemandes Werk bleiben, so wird er Lohn empfangen.
2 Kor.	11, 15	Welcher Ende sein wird nach ihren Werken.
Offenb.	14, 13	Ihre Werke folgen ihnen nach.
	20, 13	Sie wurden gerichtet, ein jeglicher nach seinem Werk.

Widerchrist, Antichrist, Mensch der Sünde, Kind des Verderbens. Widerchrist, der wider Christus ist und sich an seine Stelle setzen will. Der Name Widerchrist nur bei Johannes, bei Paulus wird der Widerchrist Mensch der Sünde, Kind des Verderbens genannt.

1. Der Widerchrist im Buche Daniel.

Dan.	7, 7	Das vierte Tier hatte zehn Hörner . . . Das Horn hatte ein Maul, das redete große Dinge.

2. Der Widerchrist ist eine Persönlichkeit, nicht eine Gruppe von geschichtlichen Erscheinungen, wenn er auch seine Vorläufer hat.

1 Joh. 2, 18 Es ist die letzte Stunde . . ., der Widerchrist kommt.

4, 3 Das ist der Geist des Widerchristen, von welchem ihr gehört habt, daß er kommen werde.

2 Thess. 2, 3 Offenbart werde der Mensch der Sünde, das Kind des Verderbens.

2, 7 Es regt sich schon das Geheimnis der Bosheit.

3. Der Widerchrist kommt in der Endzeit unmittelbar vor der Wiederkunft Christi.

1 Joh. 2, 18 Es ist die letzte Stunde . . ., der Widerchrist kommt.

2 Thess. 2, 3 Der Tag Christi kommt nicht, es sei denn, daß zuvor der Abfall komme.

2, 6 Was es noch aufhält, wisset ihr (Was das ist, diese Frage muß offengelassen werden).

4. Der Widerchrist kommt aus der Christenheit.

1 Joh. 2, 19 Sie sind von uns ausgegangen (Der Widerchrist ist kein Jude).

5. Der Widerchrist wirkt politisch und religiös und sucht durch seine Erfolge Christus zu überbieten.

a) Politische Wirksamkeit des Widerchristen.

Dan. 7, 7 Zehn Hörner, und auf seinen Hörnern zehn Kronen (Internationale Weltmacht), Offenb. 13, 1.

Offenb. 13, 2 Der Drache gab ihm seine Kraft und seinen Stuhl und große Macht (Drache = Satan).

13, 17 Niemand kann kaufen und verkaufen, er habe denn das Malzeichen, nämlich den Namen des Tieres (des Widerchristen; Boykott der Christen).

13, 15 Daß alle, welche nicht des Tiers Bild anbeteten, getötet würden.

17, 6 Trunken vom Blut der Heiligen.

b) Religiöse Wirksamkeit des Widerchristen.

Dan. 11, 36 Er wird sich aufwerfen wider alles, was Gott ist.

2 Thess. 2, 4 Daß er sich setzt in den Tempel Gottes als ein Gott.

1 Joh. 2, 22 Leugnet, daß Jesus der Christus ist.

4, 3 Nicht bekennt, daß Jesus Christus ist in das Fleisch gekommen.

2 Thess. 2, 9 Nach der Wirkung des Satans mit allerlei lügenhaften Kräften und Wundern.

Offenb. 13, 6 Er tat seinen Mund auf zur Lästerung gegen Gott, zu lästern seinen Namen und seine Hütte (Gemeinde Jesu).

13, 11 Ein anderes Tier gleichwie ein Lamm und redete wie ein Drache, es macht, daß die auf Erden anbeten das erste Tier, und tut große Zeichen (Wunder sind nicht immer die Zeichen göttlicher Beglaubigung).

19, 20 Der falsche Prophet (Mtth. 7, 15: Falsche Propheten Wölfe in Schafskleidung).

13, 18 Seine Zahl ist 666 (Die Zahl der Menschen ist 6; 666 bedeutet vielleicht die ungeheure Steigerung menschlicher Leistungen).

6. Das Ende des Widerchristen.

Offenb. 13, 5 Es ward ihm gegeben, daß es mit ihm währte zweiundvierzig Monate lang (Eine kurze, von Gott bestimmte Zeit).

19, 20 Besiegung des Widerchristen und seiner Propheten durch den wiederkommenden Christus.

2 Thess. 2, 8 Der Herr wird ihn umbringen mit dem Geist seines Mundes und durch die Erscheinung seiner Zukunft ihm ein Ende machen.

Wiederbringung, siehe Wiedergeburt [4].

Wiedergeburt, (wiedergeboren, Erneuerung, neuer Mensch, neue Kreatur) ist derselbe Vorgang wie die Rechtfertigung, nur in einem Bilde gesehen, das das schöpferische Eingreifen Gottes und die Erneuerung des Menschen besonders deutlich macht. Die Wiedergeburt ist als Beginn der Erneuerung ein einmaliges Geschehen. Die Erneuerung selbst dauert ein ganzes Christenleben lang. Dafür gebraucht die Schrift die Ausdrücke: verklären, erneuern, umgestalten.

1. Die Wiedergeburt als einmalige Schöpfungstat Gottes.

a) Im Alten Bund angedeutet als Bitte und Verheißung.

Ps.	51, 12	Schaffe in mir, Gott, ein reines Herz und gib mir einen neuen gewissen Geist.
Hesek.	11, 19	Ich will einen neuen Geist in euch geben und will das steinerne Herz wegnehmen aus eurem Leibe und ein fleischern Herz geben. 36, 26.
Jerem.	24, 7	Ich will ihnen ein Herz geben, daß sie mich kennen sollen, daß ich der Herr sei.

b) Im Neuen Bund gefordert und geschenkt.

Joh.	3, 6	Was vom Fleisch geboren wird, das ist Fleisch.
	3, 5	Es sei denn, daß jemand geboren werde aus Wasser und Geist, so kann er nicht in das Reich Gottes kommen.
	3, 3	Es sei denn, daß jemand von neuem (oben her) geboren werde, kann er das Reich Gottes nicht sehen.
1 Kor.	15, 50	Daß Fleisch und Blut nicht können das Reich Gottes ererben.
Joh.	1, 12	Macht, Gottes Kinder zu werden, die nicht von dem Geblüt noch von dem Willen des Fleisches, sondern von Gott geboren sind.
2 Kor.	5, 17	Ist jemand in Christo, so ist er eine neue Schöpfung, das Alte ist vergangen, siehe, Neues ist geworden.
Eph.	2, 5	Da wir tot waren in den Sünden, hat er uns samt Christo lebendig gemacht und hat uns samt ihm auferweckt und samt ihm in das himmlische Wesen (Himmelswelt) versetzt.
	4, 23	Ihr werdet jetzt erneuert im Geist eurer Denkungsart und habt den neuen Menschen angezogen, der nach Gott geschaffen ist.
Gal.	6, 15	In Christo ist weder Beschneidung noch unbeschnitten sein etwas, sondern eine neue Kreatur (Schöpfung).
Eph.	2, 15	Auf daß er aus zweien einen neuen Menschen in ihm selber schüfe (Jude und Heide wird in Christo zu einem neuen Menschen umgeschaffen).
Titus	3, 5	Nach seiner Barmherzigkeit rettete er uns durch das Bad der Wiedergeburt und Erneuerung des (durch den) Heiligen Geistes.
Röm.	8, 15	Ihr habt den Geist der Kindschaft empfangen.
1 Petr.	1, 3	Gelobet sei Gott, der uns . . . wiedergeboren hat zu einer lebendigen Hoffnung durch die Auferstehung Jesu Christi von den Toten.

c) Die schöpferischen Kräfte der Wiedergeburt.

Joh.	3, 5	Wasser (im Sinn der Abwaschung, Taufe zur Vergebung vgl. Apgsch. 2, 38: Lasse sich ein jeder taufen auf den Namen Jesu Christi zur Vergebung der Sünden, so werdet ihr empfangen die Gabe des Heiligen Geistes) und Geist.
Titus	3, 5	Bad der Wiedergeburt.
Gal.	3, 2	Geistesempfang nicht durch des Gesetzes Werke, sondern durch die Predigt vom Glauben.

1 Petr. 1, 23 Wiedergeboren nicht aus vergänglichem, sondern aus unvergänglichem Samen, nämlich aus dem lebendigen Wort Gottes.

Jak. 1, 18 Er hat uns gezeugt nach seinem Willen durch das Wort der Wahrheit, auf daß wir wären Erstlinge seiner Kreaturen (Taufe, Geist und Wort sind nicht zu trennen von dem gekreuzigten und auferstandenen Christus, daher Eph. 2, 5: Samt Christo lebendig gemacht).

1 Petr. 1, 3 Wiedergeboren durch die Auferstehung Christi.

2. Die dauernde Erneuerung.

Eph. 4, 23 »Werdet jetzt erneuert und habt angezogen« faßt einmalige und dauernde Erneuerung zusammen.

2 Kor. 3, 18 Wir werden verklärt (genau: verwandelt) in dasselbige Bild von einer Klarheit zur anderen.

Kol. 3, 10 Ziehet den neuen Menschen an, der da erneuert wird zu der Erkenntnis (Gottes) nach dem Bilde seines Schöpfers.

Gal. 2, 20 Nicht ich, sondern Christus lebet in mir; was ich jetzt lebe im Fleisch, das lebe ich im Glauben an den Sohn Gottes (Der Glaube ist das ständige Festhalten an Christus, das einen Kampf notwendig macht. Diesem Kampf, in dem wir leider manchmal lässig sind, ist unbedingter Sieg verheißen. 1. Tim. 6, 12; 1 Joh. 5, 4).

2 Petr. 1, 4 Teilhaftig werden der göttlichen Natur, nachdem uns allerlei seiner göttlichen Kraft geschenkt ist.

3. Kennzeichen des Wiedergeborenen.

1 Joh. 2, 29 Wer recht tut, der ist von ihm geboren.

3, 9 Wer aus Gott geboren ist, der tut nicht Sünde, denn sein Same bleibt bei ihm und kann nicht sündigen (Sünde ist unmöglich, solange wir mit Jesu verbunden sind. Leider fallen wir oft aus der Gemeinschaft mit ihm heraus, aber nie ohne tiefe Reue und Umkehr, da wir als seine Kinder nicht ohne ihn sein können. 1 Joh. 2, 1: Ob jemand sündigt, so haben wir einen Fürsprecher bei dem Vater).

4, 7 Wer liebhat, der ist von Gott geboren.

5, 4 Alles, was von Gott geboren ist, überwindet die Welt.

5, 1 Wer da glaubt, Jesus sei der Christ, der ist von Gott geboren.

4. Die Wiedergeburt der Welt.

Joh. 3, 3 Die Wiedergeburt versetzt den Menschen in ein neues Lebensgebiet, in das Reich Gottes. Dieser Neuanfang steht im Zusammenhang mit einer künftigen Erneuerung des Menschenleibes, ja der ganzen Natur (Eph. 2, 6).

Röm. 8, 11 So nun der Geist in euch wohnet, wird der, der Christum von den Toten auferweckt hat, eure sterblichen Leiber lebendig machen.

1 Kor. 15, 22 Gleichwie sie in Adam alle sterben, also werden sie in Christo alle lebendig werden.

Röm. 8, 21 Denn auch die Kreatur frei werden wird von dem Dienst des vergänglichen Wesens zu der herrlichen Freiheit der Kinder Gottes.

Mtth. 19, 28 In der Wiedergeburt, da des Menschen Sohn wird sitzen auf dem Stuhl seiner Herrlichkeit.

Apgsch. 3, 21 Welcher muß den Himmel einnehmen bis auf die Zeit, da herwiedergebracht werde alles (Bis die Verheißungen der Propheten erfüllt sind).

Jes. 65, 17 Ich will einen neuen Himmel und eine neue Erde schaffen (Offenb. 21, 1).

Offenb. 21, 5 Siehe, ich mache alles neu.

Wiederkunft, siehe Hoffnung [3 b 1].

Wort, reden, sagen. I. Durch das Wort hat sich Gott uns geoffenbart. II. Durch das Wort offenbart der Mensch sein Inneres.

I. Durch das Wort hat sich Gott uns geoffenbart.

1. Das Wort Gottes Offenbarung.

Hebr.	1, 1	Nachdem vor Zeiten Gott manchmal und auf mancherlei Weise geredet hat zu den Vätern, hat er am letzten in diesen Tagen zu uns geredet durch den Sohn.
Ps.	33, 6	Der Himmel ist durchs Wort des Herrn gemacht und all sein Heer durch den Geist seines Mundes.
Jerem.	1, 9	Siehe, ich lege meine Worte in deinen Mund.
	5, 14	Ich will mein Wort in deinem Mund zu Feuer machen.
Joh.	1, 1	Im Anfang war das Wort, und das Wort war bei Gott, und Gott war das Wort.
	1, 14	Das Wort ward Fleisch und wohnte unter uns.
Offenb.	19, 13	Sein Name heißt: das Wort Gottes.
Hebr.	1, 3	Er trägt alle Dinge mit seinem kräftigen Wort.
Joh.	14, 26	Der Tröster, der Heilige Geist, wird euch alles lehren.

2. Das Wort Gottes ist Gesetz und fordert Gehorsam.

5 Mose	6, 6	Die Worte, die ich dir heute gebiete, sollst du zu Herzen nehmen und sollst sie deinen Kindern einschärfen.
	27, 26	Verflucht sei, wer nicht alle Worte dieses Gesetzes erfüllt.
Ps.	119, 9	Wie wird ein Jüngling seinen Weg unsträflich gehen? Wenn er sich hält nach deinem Wort.
Micha	6, 8	Es ist dir gesagt, Mensch, was gut ist und was der Herr von dir fordert, nämlich Gottes Wort halten.
Jerem.	22, 29	O Land, Land, Land, höre des Herrn Wort!
1 Joh.	2, 5	Wer sein Wort hält, in dem ist wahrlich die Liebe Gottes vollkommen.
Jak.	1, 22	Seid Täter des Wortes, nicht Hörer allein!

3. Das Wort Gottes ist Gericht und wirkt Buße.

Jerem.	23, 29	Ist mein Wort nicht wie ein Feuer, spricht der Herr, und wie ein Hammer, der Felsen zerschmeißt?
Jes.	66, 2	Ich sehe aber an den Elenden, der zerbrochenen Geistes ist und der sich fürchtet vor meinem Wort.
Hebr.	4, 12	Das Wort Gottes ist lebendig und kräftig und schärfer denn kein zweischneidig Schwert . . ., es ist ein Richter der Gedanken und Sinne des Herzens.
Eph.	6, 17	Nehmet das Schwert des Geistes, welches ist das Wort Gottes.
Joh.	12, 48	Das Wort, das ich geredet habe, wird ihn richten am Jüngsten Tage.
Hosea	4, 6	Du verwirfst Gottes Wort, darum will ich dich auch verwerfen.

4. Das Wort Gottes ist ewige Wahrheit und fordert Glauben.

1 Kön.	17, 24	Des Herrn Wort in deinem Munde ist Wahrheit.
Ps.	33, 4	Des Herrn Wort ist wahrhaftig, und was er zusagt, das hält er gewiß.
Joh.	17, 17	Dein Wort ist Wahrheit.
Ps.	93, 5	Dein Wort ist eine rechte Lehre.

1 Tim.	1, 15	Das ist gewißlich wahr und ein teuer wertes Wort.
Ps.	119, 89	Es bleibt ewiglich; macht klug die Einfältigen (Vers 130); ist nichts denn Wahrheit (Vers 160).
Jes.	40, 8	Das Gras verdorret, die Blume verwelket, aber das Wort unseres Gottes bleibt ewiglich. Luk. 21, 33: Himmel und Erde vergehen.
Mtth.	24, 35	Himmel und Erde werden vergehen, aber mein Wort wird nicht vergehen.
Röm.	10, 17	So kommt der Glaube aus der Predigt, das Predigen aber aus dem Wort Gottes.
1 Thess.	2, 13	Nahmen es auf nicht als Menschenwort, sondern als Gottes Wort.
2 Petr.	1, 19	Wir haben ein festes prophetisches Wort, und ihr tut wohl daran, daß ihr darauf achtet.
Jak.	1, 21	Nehmet das Wort an mit Sanftmut.

5. Das Wort ist Heilmittel, Erquickung und Leben.

Weish.	16, 12	Es heilte sie weder Kraut noch Pflaster, sondern dein Wort, welches alles heilet.
Ps.	119, 25	Meine Seele liegt im Staube, erquicke mich nach deinem Wort.
	119, 50	Das ist mein Trost in meinem Elend, denn dein Wort erquickt mich.
Jerem.	15, 16	Dein Wort ist meines Herzens Freude und Trost.
Luk.	11, 28	Selig sind, die Gottes Wort hören und bewahren.
Mtth.	4, 4	Der Mensch lebt nicht vom Brot allein, sondern von einem jeglichen Wort, das durch den Mund Gottes geht.
Luk.	8, 11	Der Same ist das Wort Gottes.
Joh.	6, 63	Die Worte, die ich rede, sind Geist und sind Leben.
1 Petr.	1, 23	Als die da wiedergeboren sind aus dem lebendigen Wort.
Jak.	1, 18	Er hat uns gezeuget nach seinem Willen durch das Wort der Wahrheit.

6. Das Wort Gottes ist Kraft und bewahrt.

1 Kor.	1, 18	Das Wort vom Kreuz ist eine Gotteskraft.
Sprüche	30, 5	Die Worte Gottes sind durchläutert; er ist ein Schild denen, die auf ihn trauen.
Weish.	16, 26	Dein Wort erhält die, so an dich glauben.

7. Das Wort Gottes hat eine Verheißung und fordert Hoffnung.

Ps.	130, 5	Meine Seele harret, und ich hoffe auf sein Wort.
Joh.	8, 51	So jemand mein Wort wird halten, der wird den Tod nicht sehen ewiglich.
Jes.	55, 11	Mein Wort soll nicht leer wieder zu mir kommen.

8. Das Wort Gottes wird gepredigt.

Hesek.	2, 7	Du sollst ihnen mein Wort sagen, sie gehorchen oder lassen es.
Jerem.	5, 14	Ich will mein Wort in deinem Mund zu Feuer machen.
Röm.	10, 17	Es kommt der Glaube aus der Predigt, das Predigen aus dem Wort Gottes.
1 Petr.	4, 11	So jemand redet, daß er es rede als Gottes Wort.

9. Um Gottes Wort nutzbar zu machen, ist Hunger, inneres Licht und Fleiß, nötig.

Jes.	28, 19	Allein die Anfechtung lehrt aufs Wort merken.
Amos	8, 11	Es kommt die Zeit, daß ich einen Hunger ins Land schicken werde nach dem Wort des Herrn.

Mtth.	19, 11	Das Wort fasset nicht jedermann, sondern denen es gegeben ist.
Joh.	8, 47	Wer von Gott ist, der höret Gottes Wort.
Kol.	3, 16	Lasset das Wort Christi reichlich unter euch wohnen.

10. Das Wort Gottes wächst, siehe Wachstum.

II. Das Wort des Menschen offenbart sein Inneres.

Mtth.	15, 19	Aus dem Herzen kommen arge Gedanken.
	12, 36	Die Menschen müssen Rechenschaft geben von einem jeglichen unnützen Wort, das sie geredet haben. Aus deinen Worten wirst du gerechtfertigt, aus deinen Worten wirst du verdammt werden.
Ps.	139, 4	Siehe, es ist kein Wort auf meiner Zunge, das du, Herr, nicht alles wissest.
2 Mose	20, 16	Du sollst kein falsches Zeugnis reden!
Sprüche	10, 19	Wo viele Worte sind, geht es ohne Sünde nicht ab.
Pred. Sal.	5, 1	Laß deiner Worte wenig sein.
Eph.	5, 4	Laßt nicht von euch gesagt werden schandbare Worte.
Kol.	3, 17	Alles, was ihr tut mit Worten oder Werken, das tut alles in dem Namen des Herrn Jesu.
Sprüche	25, 11	Ein Wort, geredet zur rechten Zeit, ist wie goldene Äpfel auf silbernen Schalen.
1 Kor.	4, 20	Das Reich Gottes besteht nicht in Worten, sondern in Kraft.
1 Joh.	3, 18	Lasset uns nicht lieben mit Worten noch mit der Zunge, sondern mit der Tat und mit der Wahrheit.
	1, 6	So wir sagen, daß wir Gemeinschaft mit ihm haben und wandeln in der Finsternis, so lügen wir und tun nicht die Wahrheit.
	1, 8	So wir sagen, wir haben keine Sünde, so betrügen wir uns selbst, und die Wahrheit ist nicht in uns (1, 10; 2, 4 u. 6).

Zeit, Zeitraum, Tag, Stunde, Zukunft. Der Schöpfer hat die Zeit geschaffen und bestimmt ihr Ende. Er ist erhaben über ihre Vergänglichkeit (siehe Ewigkeit). Gott bestimmt ihre Maße, die Dauer der Zeiträume sowohl wie das Eintreten des Augenblicks, das Jetzt. Die Zeit wird in ihren drei Beziehungen nach Vergangenheit, Gegenwart und Zukunft von dem überzeitlichen Gott durchwaltet, begrenzt und bestimmt.

1. Gott hat die Zeit geschaffen, ist über sie erhaben und bestimmt ihr Ende.

1 Mose	1, 14	Es werden Lichter ... und geben Zeichen, Zeiten, Tage und Jahre.
Ps.	90, 1	Herr Gott, du bist unsere Zuflucht für und für. Ehe denn die Berge wurden, bist du, Gott, von Ewigkeit zu Ewigkeit.
2 Mose	3, 14	Ich werde sein, der ich sein werde.
Jes.	43, 13	Auch bin ich, ehe denn ein Tag war.
	44, 6	Ich bin der Erste und ich bin der Letzte, und außer mir ist kein Gott.
Offenb.	1, 8	Der Herr, der da ist, und der da war, und der da kommt.
	10, 6	Daß hinfort keine Zeit mehr sein soll.

2. Gott bestimmt die Maße der Zeiträume sowohl wie das Eintreten jedes Augenblicks und seines Geschehens.

2 Mose	32, 34	Ich werde ihre Sünde wohl heimsuchen, wenn meine Zeit kommt.

Mrk.	1, 15	Die Zeit ist erfüllt, und das Reich Gottes ist nahe herbeigekommen.
Gal.	4, 4	Da aber die Zeit erfüllt war, sandte Gott seinen Sohn (Die Zeit wird ein Maß, das voll gelaufen ist).
Offenb.	2, 10	Ihr werdet Trübsal haben zehn Tage.
	12, 14	Eine Zeit und zwei Zeiten und eine halbe Zeit (Es ist tröstlich, daß Gott das Maß der Leiden bestimmt und daß es kurz ist. Mtth. 24, 22: Tage verkürzt).
2 Kor.	4, 17	Unsere Trübsal, die zeitlich und leicht ist.
Ps.	31, 16	Meine Zeit steht in deinen Händen.
Sirach	17, 3	Er bestimmte ihnen die Zeit ihres Lebens.
Dan.	2, 21	Er ändert Zeit und Stunde.

a) Jesus läßt sich in vollkommenem Gehorsam von seinem Vater den Zeitpunkt seines Handelns bestimmen. Solcher Gehorsam ist auch uns befohlen.

Joh.	2, 4	Meine Stunde ist noch nicht gekommen.
	7, 6	Meine Zeit ist noch nicht hier.
	7, 8	Meine Zeit ist noch nicht erfüllt.
	17, 1	Die Stunde ist da, daß du deinen Sohn verklärest.
Mtth.	26, 45	Die Stunde ist hier, daß des Menschen Sohn in der Sünder Hände überantwortet wird. Luk. 22, 53.
	24, 36	Von dem Tag aber und von der Stunde weiß niemand, sondern allein mein Vater.
Offenb.	14, 15	Die Zeit zu ernten ist gekommen.
Röm.	12, 11	Schicket euch in die Zeit (wörtlich: Dienet dem von Gott gesetzten Zeitpunkt).
Eph.	5, 16	Kaufet die Zeit aus!

b) Die Zeit der Entscheidung für Gott ist immer jetzt, in dem Augenblick, wo die Botschaft von Christus verkündet wird. Ein Beharren in der Unentschiedenheit verschärft das Gericht.

Hebr.	4, 7	Heute, so ihr seine Stimme hören werdet, verstocket eure Herzen nicht!
2 Kor.	6, 2	Jetzt ist die angenehme Zeit, jetzt ist der Tag des Heils.
2 Tim.	4, 2	Predige das Wort, halte an, es sei zur rechten Zeit oder zur Unzeit (nach menschlichem Ermessen).
Luk.	19, 42	Wenn doch auch du erkenntest zu dieser deiner Zeit, was zu deinem Frieden dient! Aber nun ist's vor deinen Augen verborgen!
	19, 44	Darum, daß du nicht erkannt hast die Zeit, darinnen du heimgesucht bist.
Apgsch.	24, 25	Wenn ich gelegene Zeit habe, will ich dich herrufen lassen (Felix).
Mtth.	11, 23	Gericht über Kapernaum.

c) Die Schrift erwartet die letzte Zeit, den Tag des Herrn, die letzte Stunde (siehe Ende 8 u. 4), die Zukunft des Herrn.

Amos	5, 18	Weh denen, die den Tag des Herrn begehren! Des Herrn Tag ist Finsternis und nicht Licht.
Jes.	2, 12	Der Tag des Herrn wird gehen über alles Hoffärtige.
	61, 2	Tag der Rache unseres Gottes, zu trösten alle Traurigen.
Maleachi	3, 19	Es kommt ein Tag, der brennen soll wie ein Ofen.
	3, 23	Der große und schreckliche Tag des Herrn. Apgsch. 2, 20.
Röm.	13, 12	Der Tag ist nahe herbeigekommen.
Mtth.	7, 22	Jener Tag. 2 Tim. 4, 8; Luk. 10, 12.
Röm.	2, 5	Tag des Zorns.
1 Joh.	4, 17	Tag des Gerichts. 2 Petr. 2, 9.
Apgsch.	17, 31	Darum, daß er einen Tag gesetzt hat, auf welchen er richten will den Kreis des Erdbodens durch einen Mann, ... nachdem er ihn hat von den Toten auferweckt. Röm. 2, 16.

1 Thess.	5, 2	Der Tag des Herrn wird kommen wie ein Dieb in der Nacht.
1 Kor.	1, 8	Daß ihr unsträflich seid auf den Tag unseres Herrn Jesu Christi.
	5, 5	Am Tage des Herrn Jesu. 2 Kor. 1, 14; Phil. 1, 6. 10; 2, 16.
Judä	6	Zum Gericht des großen Tages.
1 Joh.	2, 18	Kinder, es ist die letzte Stunde.
Maleachi	3, 2	Wer wird den Tag seiner Zukunft erleiden können?
Mtth.	24, 3	Das Zeichen seiner Zeit.
	24, 27	Die Zeit des Menschensohnes.
1 Thess.	3, 13	Unsträflich auf die Zeit Jesu Christi.
	4, 15	Wir, die wir überbleiben auf die Zeit des Herrn.
2 Thess.	2, 8	Wird durch die Erscheinung seiner Zeit ein Ende machen.
2 Petr.	3, 12	Wartet und eilet zu der Zeit des Tages des Herrn.
1 Joh.	2, 28	Wir nicht zuschanden werden vor ihm bei seiner Zeit.
Jak.	5, 7	Seid geduldig bis auf die Zeit des Herrn.
	5, 8	Die Zeit des Herrn ist nahe.

Zeugnis, Zeuge, bezeugen. Zeuge ist der, der um eine Tatsache weiß, sie bekundet und bestätigt.

1. Das Zeugnis des Bundes, den Gott mit Israel machte (2 Mose 24, 8), sind die Gesetztafeln, im weiteren Sinn die Rechte, die Worte Gottes, die Schrift.

1 Mose	31, 44	Jakob und Laban machen einen Bund. Ein Stein ist Zeugnis.
2 Mose	34, 28	Die Tafeln, die Worte des Bundes, die zwei Tafeln des Zeugnisses.
	25, 21	In die Lade das Zeugnis legen.
	25, 22	Die Lade des Zeugnisses.
4 Mose	1, 50	Wohnung des Zeugnisses. Offenb. 15, 5.
5 Mose	4, 45	Das sind die Zeugnisse und Gebote und Rechte.
Ps.	19, 8	Das Zeugnis des Herrn ist gewiß und macht weise.
	119, 99	Deine Zeugnisse sind meine Rede, Vers 111 mein ewiges Erbe, meines Herzens Wonne. 129 sind wunderbar, 144 die Gerechtigkeit deiner Zeugnisse.

2. Das Zeugnis des Neuen Bundes bezieht sich auf die Messianität Jesu.

Mtth.	8, 4	Opfere die Gabe zu einem Zeugnis über sie.
Joh.	5, 34	Ich nehme nicht Zeugnis von Menschen.
	5, 32	Ein anderer ist's, der von mir zeuget.
	5, 36	Die Werke, die mir der Vater gegeben hat, zeugen von mir.
	5, 39	Suchet in der Schrift, sie ist's, die von mir zeuget.
	8, 17	Zweier Menschen Zeugnis ist wahr. Ich bin's, der ich von mir selbst zeuge, und der Vater zeuget auch von mir.
Mtth.	26, 65	(Auf Jesu Selbstzeugnis:) Was bedürfen wir weiteren Zeugnisses?
1 Joh.	5, 7	Drei sind, die da zeugen: der Geist, das Wasser und das Blut.
	5, 10	Das Zeugnis, das Gott zeuget von seinem Sohn.
	5, 11	Das ist das Zeugnis, daß Gott das ewige Leben hat gegeben, und das Leben ist in seinem Sohn (Gottes Zeugnis).
Apgsch.	1, 22	Zeuge seiner Auferstehung.
	4, 33	Mit großer Kraft geben die Apostel Zeugnis von der Auferstehung des Herrn Jesu Christi.
Mtth.	10, 18	Man wird euch vor die Könige führen zum Zeugnis.
Offenb.	6, 9	Die erwürget waren um des Zeugnisses willen.
	12, 11	Sie haben überwunden durch das Wort ihres Zeugnisses (Der Apostel und Jünger Zeugnis).

3. Die Bestätigung der Gotteskindschaft im Herzen der Gläubigen durch den Heiligen Geist (siehe Glaube II, 2 d).

Röm. 8, 16 Derselbe Geist gibt Zeugnis unserem Geist, daß wir Gottes Kinder sind.
Offenb. 12, 17 Die da haben das Zeugnis Jesu Christi.
19, 10 Das Zeugnis Jesu aber ist der Geist der Weissagung (Prophetie).

4. Jegliches Bezeugen irgendeiner Tatsache geschehe in Wahrhaftigkeit.

2 Mose 20, 16 Du sollst kein falsches Zeugnis reden wider deinen Nächsten.
Röm. 9, 1 Zeugnis gibt mir mein Gewissen (siehe Gewissen).
1 Tim. 3, 7 Er muß auch ein gutes Zeugnis haben von denen, die draußen sind.

Zorn Gottes ist die göttliche Gegenwirkung gegen die Sünde im Gericht, das Gegenteil von Heilsmitteilung und Wohlgefallen. Im Alten Testament wirkt der Zorn Gottes sich in der Geschichte in einzelnen Strafgerichten aus, im Neuen Testament mehr in der Endgeschichte als Ausschluß vom Heil.

1. Das Gerichtswirken Gottes, das sich innerhalb des Geschehens in Strafgerichten zeigt und im Endgericht sich vollendet!

2 Mose 32, 10 Laß mich, daß mein Zorn über sie ergrimme und sie vertilge.
4 Mose 32, 10 Des Herrn Zorn ergrimmte zur selbigen Zeit.
2 Kön. 24, 20 Es geschah also mit Jerusalem und Juda aus dem Zorn des Herrn.
Hiob 9, 13 Er ist Gott; seinen Zorn kann niemand stillen.
Ps. 6, 2 Ach Herr, strafe mich nicht in deinem Zorn.
90, 7 Das macht dein Zorn, daß wir so vergehen.
95, 11 Daß ich schwur in meinem Zorn, sie sollen nicht zu meiner Ruhe kommen.

2. Der Zorn Gottes kann abgewandt werden durch Fürbitte und Sühne.

Ps. 78, 38 Er aber war barmherzig und vergab die Missetat und vertilgte sie nicht und wandte oft seinen Zorn ab und ließ nicht seinen ganzen Zorn gehen.
2 Mose 32, 30 Moses' Fürbitte.
4 Mose 25, 11 Die Eifertat des Pinehas wendet Gottes Zorn ab.
3 Mose 16 Der große Versöhnungstag.
Ps. 103, 9 Er wird nicht immer hadern noch ewiglich Zorn halten.
Micha 7, 18 Wo ist solch ein Gott, der seinen Zorn nicht ewiglich behält, denn er ist barmherzig.

3. Der Zorn Gottes in der Endgeschichte (schon jetzt im Anbruch).

Hesek. 7, 19 Der Tag des Zornes. Jes. 13, 13; Zeph. 2, 2.
Mtth. 3, 7 Ihr Otterngezüchte, wer hat denn euch gewiesen, daß ihr dem künftigen Zorn entrinnen werdet?
Joh. 3, 36 Wer dem Sohn nicht glaubt, der wird das Leben nicht sehen, sondern der Zorn Gottes bleibt über ihm.

Röm.	1, 18	Gottes Zorn vom Himmel wird offenbart über alles gottlose Wesen.
	2, 5	Häufest dir selbst den Zorn auf den Tag des Zornes.
1 Thess.	2, 16	Der Zorn Gottes ist schon über sie gekommen zum Ende hin.
Eph.	2, 3	Kinder des Zornes.
	5, 6	Um dieser Dinge willen kommt der Zorn Gottes über die Kinder des Unglaubens.
Offenb.	6, 16	Verberget uns vor dem Zorn des Lammes; denn es ist gekommen der große Tag seines Zornes und wer kann bestehen?

4. Die Rettung vor dem Zorn.

Röm.	5, 9	So werden wir ja vielmehr durch ihn bewahrt werden vor dem Zorn, nachdem wir durch sein Blut gerecht geworden sind.
1 Thess.	5, 9	Gott hat uns nicht gesetzt zum Zorn, sondern die Seligkeit zu besitzen durch unseren Herrn Jesum Christum, der für uns gestorben ist.

Zucht ist Erziehung, das Gegenteil von sich gehn lassen; Erziehung Gottes zum Ebenbild seines lieben Sohnes.

Hiob	36, 10	Öffnet ihnen das Ohr zur Zucht.
Ps.	50, 17	So du doch Zucht hassest.
Sprüche	1, 8	Gehorche der Zucht deines Vaters.
	11, 22	Ein schönes Weib ohne Zucht.
1 Tim.	2, 9	Daß die Weiber mit Scham und Zucht sich schmücken.
2 Tim.	1, 7	Gott hat uns gegeben den Geist der Zucht.
Hebr.	12, 28	Gnade, durch die wir Gott dienen mit Zucht.

Züchtigung, siehe Leiden.

Zukunft, siehe Zeit [2 c].

Zweifel, zweifeln ist ein zwischen zwei Möglichkeiten Nichtwählen-Können, der religiöse Zweifel ist ein Mangel an Vertrauen gegenüber Gott, daher Sünde.

Sirach	7, 10	Wenn du betest, so zweifle nicht.
Jak.	1, 6	Er bitte im Glauben und zweifle nicht.
1 Tim.	2, 8	Ich will, daß die Männer beten und aufheben heilige Hände ohne Zorn und Zweifel.
Mtth.	21, 21	So ihr Glauben habt und nicht zweifelt (Alles, was ihr bittet im Gebet, werdet ihr empfangen).

1. Wer erhörlich beten will, muß den Zweifel lassen.

Mtth.	14, 31	O du Kleingläubiger, warum zweifelst du?
Jak.	1, 6	Wer da zweifelt, der ist gleich wie die Meereswoge, die vom Winde getrieben und bewegt wird.
	1, 8	Ein Zweifler ist unbeständig in allen seinen Wegen.

2. Der Zweifel nimmt uns die Festigkeit und den Halt in der Not.

Röm.	4, 20	Abraham zweifelte nicht an der Verheißung Gottes durch Unglauben, sondern ward stark im Glauben und gab Gott die Ehre.

3. Überwindung des Zweifels durch Vertrauen und Gehorsam.

Mtth. 11, 1 Jesus überwand den Zweifel des Täufers durch die Botschaft von dem, was geschah, und forderte ihn auf, an seiner geringen Gestalt nicht Anstoß zu nehmen (siehe Ärgernis).

Hebr. 11, 1 Der Glaube ist eine gewisse Zuversicht des, das man hofft, und ein Nichtzweifeln an dem, was man nicht sieht.

Lieferbare TELOS-Taschenbücher

2 Dale Rhoton
Die Logik des Glaubens
5 MacDonald
Wahre Jüngerschaft
10 Anton Schulte
Es gibt einen Weg zu Gott
11 Konrad Zeller
Dorothea Trudel
von Männedorf
13 Watchman Nee
Der normale Mitarbeiter
17 Elisabeth Seiler
Berufen und geführt
18 Elisabeth Seiler
Tut seine Wunder kund
19 Elisabeth Seiler
Wunderbar s. seine Wege
26 Karl-H. Bormuth
Alte Gebote u. neue Moral
27 George Verwer
Jesus praktisch erleben
28 Klaus Vollmer
Chance u. Krise d. Lebens
31 Hellmuth Frey
Zusammenschl. d. Kirchen
32 Wolfgang Heiner
Botschafter Gottes, Bd. 1
33 Wolfgang Heiner
Botschafter Gottes, Bd. 2
35 Heinrich Jochums
Heilsgewißheit
39 Heinrich Kemner
Wir wählen die Hoffnung
40 Wilhelm Gottwaldt
Fehler in der Bibel?
41 Alfred Lechler
Ein Arzt gibt Lebenshilfe
47 Otto Riecker
Mission oder Tod
55 Richard Kriese
Besiegte Schwermut
56 Peter Beyerhaus
Bangkok '73
57 Bill Bright
Die letzte Revolution
58 Edith Willies-Nanz
Pelicula
59 Siegfried Wild
Damit die Richtung ...
60 Luise Hubmer
Der Freude Grund (I)
61 Luise Hubmer
Des Lebens Kraft (II)
64 Rolf Scheffbuch
Ökumene contra Mission
65 Arthur Mader
Hören, Schweigen, Helfen
66 Friedrich Hauss
Bibl. Taschenkonkordanz
69 Frieda Wehle
Darum gehe hin
70 Herta-Maria Dannenberg
Komm zu mir nach Afrika
72 Alfred Stückelberger
Autorität – Ja oder Nein
73 Marie Hüsing
Anruf und Trost
75 Friedrich Kosakewitz
Mit Gottes Wort unterwegs
76 Jean Saint-Dizier
Ich bin geheilt
83 Betty Macindoe
Wo alle Wege enden
84 Rolf Scheffbuch
FRAG-würdige Ökumene
86 Karl Heim
Der geöffnete Vorhang
87 Richard Kriese
Ohne Angst in die Zukunft
88 Francis Schaeffer
Zurück zu Freiheit
und Würde
89 W. Ian Thomas
Man braucht Gott ...
90 Otto Riecker
Leben u. Gottes Führung
91 Kurt Scherer
Zu seiner Zeit
92 Friedrich Hauss
Biblische Gestalten
93 Michael Green
Dann lebt er also doch
94 Albert Jansen
Traum der Liebe
96 Erich Schnepel
Wirkungen des Geistes
97 Jakob Hitz
Seelsorge an sich selbst
98 Francis Schaeffer
Die neue religiöse Welle
100 Ludwig Schneller
Tischendorf-Erinnerungen
101 Edith Willies-Nanz
Gauchos hör. v. Christus
102 Anny Wienbruch
Ein Sommer mit Jakob
104 Rolf Scheffbuch
Zur Sache: Weltmission
105 Johanna Dobschiner
Zum Leben erwählt
106 Wilder Smith
Herkunft und Zukunft ...
107 Allan Sloane
Time to run
108 Rolf Scheffbuch
Jesus nach denken
109 Karl Backfisch
Christus i. e. atheist. Welt
110 Hellmuth Frey
Jesus allein oder ...
111 Otto Mosimann
Alles überwindende Liebe
112 Doreen Irvine
Die Königin der ...
114 Ernst Modersohn
Im Banne des Teufels
115 Stückelberger/Rossier
Was sagt u. Gott durch ...
116 Watchman Nee
Der Gebetsdienst
117 John R. W. Stott
Es kommt auch auf ...
118 Aimé Bonifas
Das Evangel. f. Spanien
122 G. C. Willis
Er aber war aussätzig
123 Fritz Hubmer
Die dreifache Freiheit ...
124 Daniel Schäfer
Einsame Heilige
125 Hermann Leitz
Engel gibt es
126 Immanuel Sücker
Weltraum, Mensch ...
127 Elisabeth Marwitz
Wächter über deinen ...
128 Wilder Smith
Ergriffen? Ergreife!
129 Udo Middelmann
Pro Existenz
130 L. A. T. Van Dooren
Realität der Auferstehung
131 L. A. T. Van Dooren
Gebet, das lebensnotw.
Atmen des Christen
132 Bruno Schwengeler
Verschob. Proportionen
134 Festo Kivengere
Erneuerte Gemeinden
135 Watchman Nee
Das Werk Gottes
137 Rolf Lindenmann
Von der Lebensangst
zur Lebensfreude
138 Anton Schulte
Leben ist Freude
140 Horst Zentgraf
Nimm, was dein ist
141 Hildegard Krug
Dein Weg wird hell
145 Michael Green
Jesus bedeutet Freiheit
146 Hermann Gschwandtner
Dein Haus für Christus
147 Erich Schnepel
Bauleute Gottes
148 Werner Kretschmar
Wie teuer ist das Glück?
149 Arno Pagel
Ludwig Hofacker
150 Hans Rohrbach
Anfechtung und
ihre Überwindung
151 Erich Hitzbleck
Wie finde ich
des Lebens Sinn?
152 Festo Kivengere
Wenn Gott handelt
153 Traugott Thoma
Vom Amboß
auf die Kanzel
154 Klaus W. Müller
Südsee-Missionare ...

Lieferbare TELOS-Taschenbücher